柏原市古文化研究会　編

河内古文化研究論集　第二集

和泉書院

序文

『河内古文化研究論集』第二集をここに刊行いたします。

一九九七年の秋、当時柏原市古文化研究会の会長であった山本昭先生の古稀を記念して論文集を刊行したのが『河内古文化研究論集』の始まりです。以来、会の活動そのものは滞っていましたが、二十年近くの歳月を経るなかで、専門分野でさらに研究を深めるもの、また新しいテーマに取り組むものそれぞれが一定の研究成果を上げてきました。しかし、会員各人では論集第二集の刊行をどことなく意識はしていても、話を切り出すきっかけが見出せないままでした。

会員が集まったある日のこと、二〇一五年に竹下賢先生が喜寿をお迎えになる（先生は一九三九年三月三十一日のお生まれ）ことが話題になりました。市立柏原中学校の社会科研究部を長年指導し、将来の考古学・歴史学徒を育て、また柏原市が文化財行政を担うに際し最初の担当者となり、その後の道筋を整えられたのは竹下先生でした。その先生の喜寿のお祝いは、山本先生と同様にやはり柏原や河内をテーマにした論文集の刊行が最も相応しい、ということで一同意見が一致しました。そこで本会会員のほか、竹下先生と親交のある方、また河内地域をフィールドとする研究者にお声かけしたところ、十二名から玉稿を賜りました。市立中学校で、そして文化財行政の場で、長らく柏原の郷土史研究に取り組まれてきた竹下先生に献呈するに相応しい論集になっているかどうか、この点は識者のご判断に委ねるほかありません。

長きにわたり、先生には温かく、そして時には厳しくご指導いただきました。ここに、学恩に感謝するとともに先生の喜寿をお祝いし、本書を捧げます。先生の今後いっそうのご健勝とご活躍を祈念しております。

二〇一五年三月

柏原市古文化研究会

目次

序文
南河内石川上流域における縄文時代遺跡群の動向……大野薫 一
船橋遺跡の縄文絵画土器……山根航 三三
有鍔壺形埴輪－高井田横穴墓出土資料の再検討－……河内一浩 三七
大県郡内の古墳の一試考……北野重 四九
大阪府高井田横穴群の舟線刻壁画再考－第二支群十二号に見る線刻帆舟はあったのか－……辻尾榮市 六三
船橋遺跡の七世紀中葉のガラス小玉の生産工房と古代氏族……田中清美 九五
会明臨見西方について－高安城と大津丹比両道－……米田敏幸 一一一
東大寺の盧舎那仏と河内国大県郡の智識寺……塚口義信 一三五
天平勝寳元年の六十六区……髙井晧 一五一
竜田道の変遷……安村俊史 一七三
南河内と和泉を結ぶ古道についての覚書……阪田育功 一八九
近鉄道明寺線の鉄道構造物についての覚書……石田成年 二〇一
編集後記……二一三
執筆者紹介……二一六

南河内石川上流域における縄文時代遺跡群の動向

大野　薫

一、南河内と石川

石川は一級河川大和川の支流のひとつで、大阪府南河内地域を南から北に貫流する河川である。その水源地は、大阪府と和歌山県の府県境の大阪府河内長野市滝畑の蔵王峠にあり、全長約二九キロメートル、河口は藤井寺市・柏原市の大和川との合流点である。支流を含む流域は河内長野市・富田林市・千早赤阪村・河南町・太子町・羽曳野市・藤井寺市・柏原市の五市二町一村に及び、流域面積は約二二三平方キロメートルである。石川本流筋は石川谷と呼ばれることもある。

石川上流域は河内長野市域がおおむねこれに当たる。本稿では上流域と中流域の境界を、河内長野市と富田林市の市境付近にある峡谷部としている。ここより下流は石川両岸に開けた段丘地形となる。石川中下流域から遡って行くと、富田林市と河内長野市の市境のところで両側から尾根や丘陵が迫り、幅狭い峡谷を通り抜けて上流域の河内長野市域に入っていく。つまり石川上流域は地形的には「小宇宙」とも言い得る地域である。また、近年の観光キャンペーンで「近くて深い奥河内」とネーミングされた地域でもある。

石川上流域は山がちの地形で、沖積地は河川沿いにわずかに分布するにとどまる。大部分が山地・丘陵・河川に面した段丘面からなっており、標高もおおむね一〇〇メートル以上となる。河川は山地に発する多くの谷水を集め、深い谷を刻んでいる。石川は支流も多く、主要なものだけをあげても天見川《あまみ》・石見川《いしみ》・加賀田川《かがた》・流谷《ながれだに》川・岩瀬川《いわせ》など、五指にのぼる。

石川上流域は交通の要衝の地でもある。石川沿いの経路（東高野街道）によって北方中河内方面と、石見川沿いの経路（大沢道）によって南東方大和五条方面と、天見川沿い紀見《きみ》峠越えの経路（高野街道）によって南方紀伊橋本方面と、天野越えの経路（天野街道）によって西方和泉方面と、西高野街道・中高野街道によって北西方和泉堺方面と、それぞれつながっているのである。

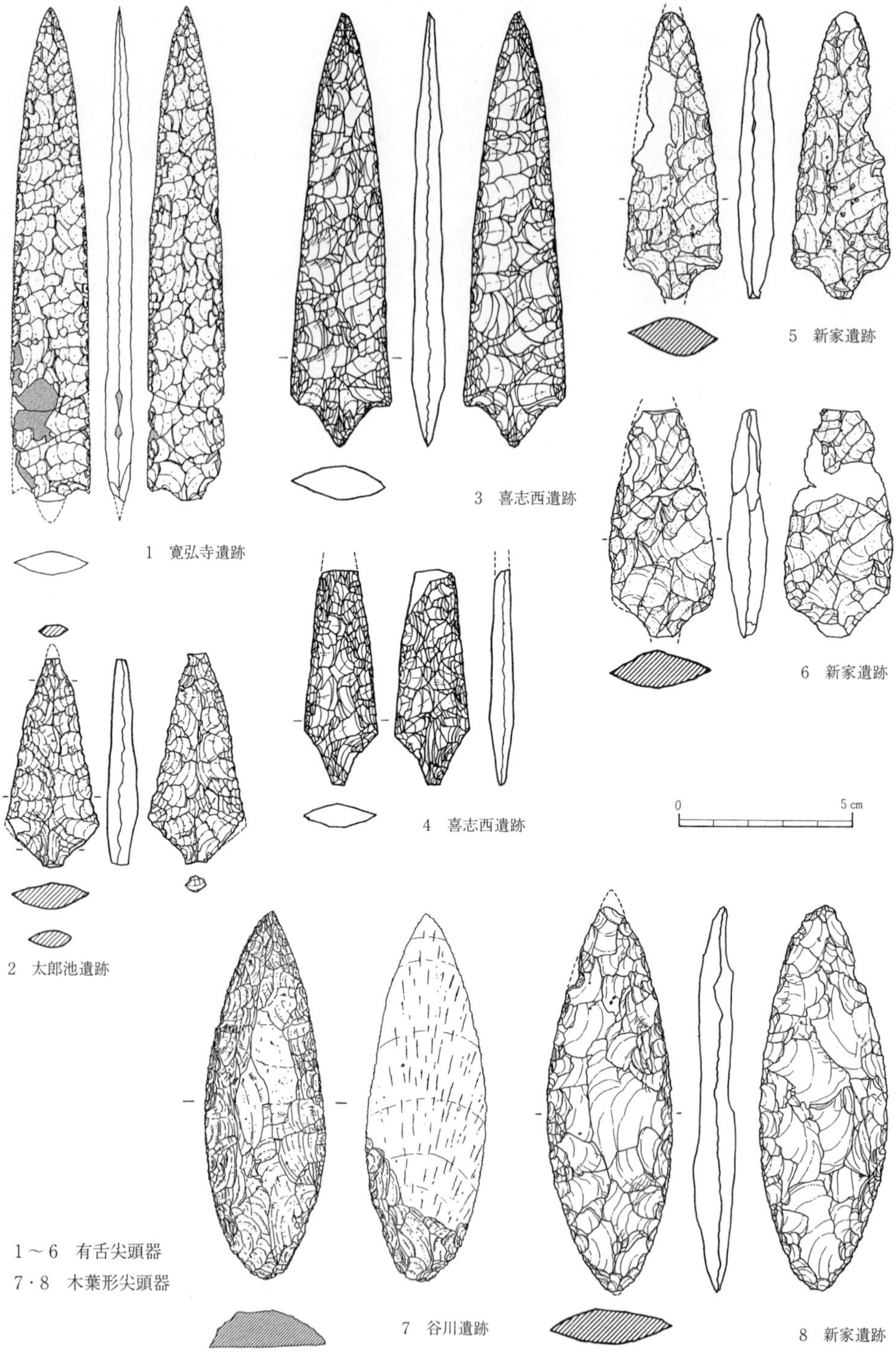

図1 石川流域の主要な有舌尖頭器・木葉形尖頭器

二、石川中流域・下流域の縄文時代遺跡

石川上流域の縄文時代遺跡は後に詳しく述べるとして、中流域・下流域の縄文時代遺跡を一瞥しておこう。

石川中流域では富田林市錦織《にしこおり》遺跡、錦織南遺跡、谷川遺跡、喜《き》志《し》遺跡・喜志西遺跡、西板持《にしいたもち》遺跡、太子町ミヤケ北遺跡、河南町寛《かん》弘《こうじ》寺遺跡、神山《こうやま》遺跡が注目される。

早い時期の調査だが、錦織遺跡は石川左岸の段丘縁辺部から縄文時代前期の北白川下層式土器が出土している［北野一九五一、渡辺一九七一］。錦織南遺跡は縄文時代晩期中葉の流路から篠原式土器とともに大洞式系土器が出土している［山本ほか一九八二］。谷川遺跡は石川左岸の中位段丘上にあり、草創期～早期とみられる片面調整の木葉形尖頭器、石棒片、前期・後期土器などが出土している［西口一九九五］。喜志遺跡では有舌尖頭器一点が［山本一九八二］、喜志西遺跡では有舌尖頭器二点が［枡本一九八八］出土している。西板持遺跡は石川支流佐備川の左岸低位段丘面にあり、河道跡から後期北白川上層式三期および元住吉山Ｉ式土器が出土している［小浜一九九五］。有舌尖頭器は右記以外にも、新家遺跡で二点［辻本一九八一］、太郎池遺跡で一点［平方一九九六］、寺池遺跡で一点［竹谷一九七八］の出土がある。近年調査されたミヤケ北遺跡は、晩期中葉の住居跡と思われるピット群や、突帯文期の土器棺が出土している［山田ほか二〇一二］。神山遺跡では早期押型文土器をはじめとし、前期・中期・後期と土器が出土しているし［上林一九八八］、寛弘寺遺跡で有舌尖頭器が出土している［大谷一九八六］。

下流域では羽曳野市伊賀遺跡、西浦東遺跡、藤井寺市国府《こう》遺跡、林遺跡、土師ノ里《はじのさと》遺跡、西大井遺跡、藤井寺市・柏原市船橋《ふなはし》遺跡が注目される。

伊賀遺跡では晩期の土坑や土器棺墓が検出されている［高野一九九〇］。石川左岸低位段丘面の西浦東遺跡では後期中葉の炉跡や落ち込みが検出されている［木嶋・若林二〇〇一］。国府遺跡は前期の墓地遺跡として著名である。石川・大和川合流点西側の国府台地北端部に立地し、現在までに九〇体もの縄文人骨（後晩期も含む）が発見されている［天野二〇〇〇］。林遺跡では後期前葉の住居跡［藤永一九八二］が、土師ノ里遺跡では晩期中葉の住居跡［上田睦一九九四］が発見されており、国府台地の北端部あたりは縄文時代の活動の痕跡が濃厚な場所である。船橋遺跡は江戸時代に付け替えられた新大和川河川敷を中心に広がる遺跡で、晩期突帯文土器「船橋式」の標式遺跡である［原口ほか一九六二］。

また、石川右岸の大阪府奈良県府境にはサヌカイト原産地の二上山がある。二上山から石川上流域までの最短直線距離は約十一キロメートル、一日で十分往復できる距離である。

三、石川上流域の縄文時代遺跡

石川上流域にあたる河内長野市は、金剛寺や観心寺に代表される

石川上流域縄文時代遺跡一覧表

遺跡名		立地/標高	草創期	早期	前期	中期	後期	晩期	内容	文献
石川本流グループ										
1	滝尻《たきじり》	山間部							北白川上層	鳥羽2001 太田・酒井2006
		210m					□△			
2	日野観音寺《ひのかんのんじ》	山間盆地							縄文土器・石鏃・石匙	鳥羽・福田2005
		160m								
3	高木《たかぎ》	河岸段丘							押型文·繊維土器·石鏃·掻器·楔形	島津2012
		140m		□			□			
4	高向《たこう》	中位段丘							有舌·前期石器製作·北白川下層·石匙·石鏃	西村·駒井1989 尾谷·鳥羽1997
		155m	△		□△					
5	宮山《みややま》	河岸段丘				■			北白川C·石鏃·敲石·台石	尾谷·鳥羽1998
		135m				□△				
6	上原《うわはら》	中位段丘						▲●	土坑(墓?)、後期～晩期土器·突帯文·石匙·石鏃	鳥羽1997 鳥羽1998
		140m			△		□	□		
天見川グループ										
7	西浦《にしうら》	河岸段丘							石鏃·石器	尾谷1995
		140m					□			
8	小塩《おしお》	河岸段丘							黄島·高山寺·突帯文·スクレイパー	尾谷1993a
		130m		□				□		
9	三日市《みつかいち》	河岸段丘							黄島·高山寺·滋賀里Ⅲ·突帯文、石鏃·石匙·盤状剥片	尾谷ほか1994
		130m		□				□		
10	三日市北《みつかいちきた》(南東部)	河岸段丘				▲●	●		土坑(うち1基は墓か)、押型文·北白川C·中津·石鏃·石匙	尾谷1988 鳥羽1995
		125m		□		□	□	□		
	三日市北(中央部)	段丘面中央							北白川C・北白川上層・石鏃	福田ほか2002
		120m				□	□			
	三日市北(西端部)	段丘縁辺						▲●	土坑墓·土器棺、宮滝·滋賀里Ⅲa·篠原·土偶·石棒	小林·舘2013a 小林·舘2013b
		115m					□△	□△○		
11	喜多町《きたちょう》	河岸段丘							剥片	尾谷1990
		115m					□			
石見川グループ										
12	太井《おおい》(小深地区)	河岸段丘							四ツ池·北白川上層1・2・3	阪田·西川2012
		310m					□			
13	太井《おおい》(太井地区)	河岸段丘							北白川C·石匙·磨斧	鳥羽2000;小林·西川2013;竹原·島津2014
		305m				□△	□			
14	奥田井《おくだい》	山裾							石匙	阪田・西川2012
		270m			△					
15	鳩原《はとのはら》	河岸段丘				■	■●		竪穴住居2(中期後葉～後期)·土坑·焼土層、石斧·石刀	大阪府教育委員会2013
		240m				□△	□△	□△		
16	寺元《てらもと》	河岸段丘							底部·石器	尾谷·鳥羽1995
		180m								
段丘面グループ										
17	寺ヶ池《てらがいけ》	高位段丘							有舌尖頭器·石鏃	上田宏範1994 尾谷1994a
		130m	△							
18	塩谷《しおたに》	中位段丘							石鏃·尖頭状石器·楔形石器·スクレイパー	尾谷1994c
		115m								
19	菱子尻《ひしこじり》	中位段丘							石匙	中村ほか1973
		115m								
20	向野《むかいの》	低位段丘					●		土坑、北白川上層2·元住吉山Ⅰ·石皿·敲石	尾谷1993b
		95m					□			

(上段：遺構) ■住居　▲墓　●土坑・ピット
(下段：遺物) □土器　△石器　○その他

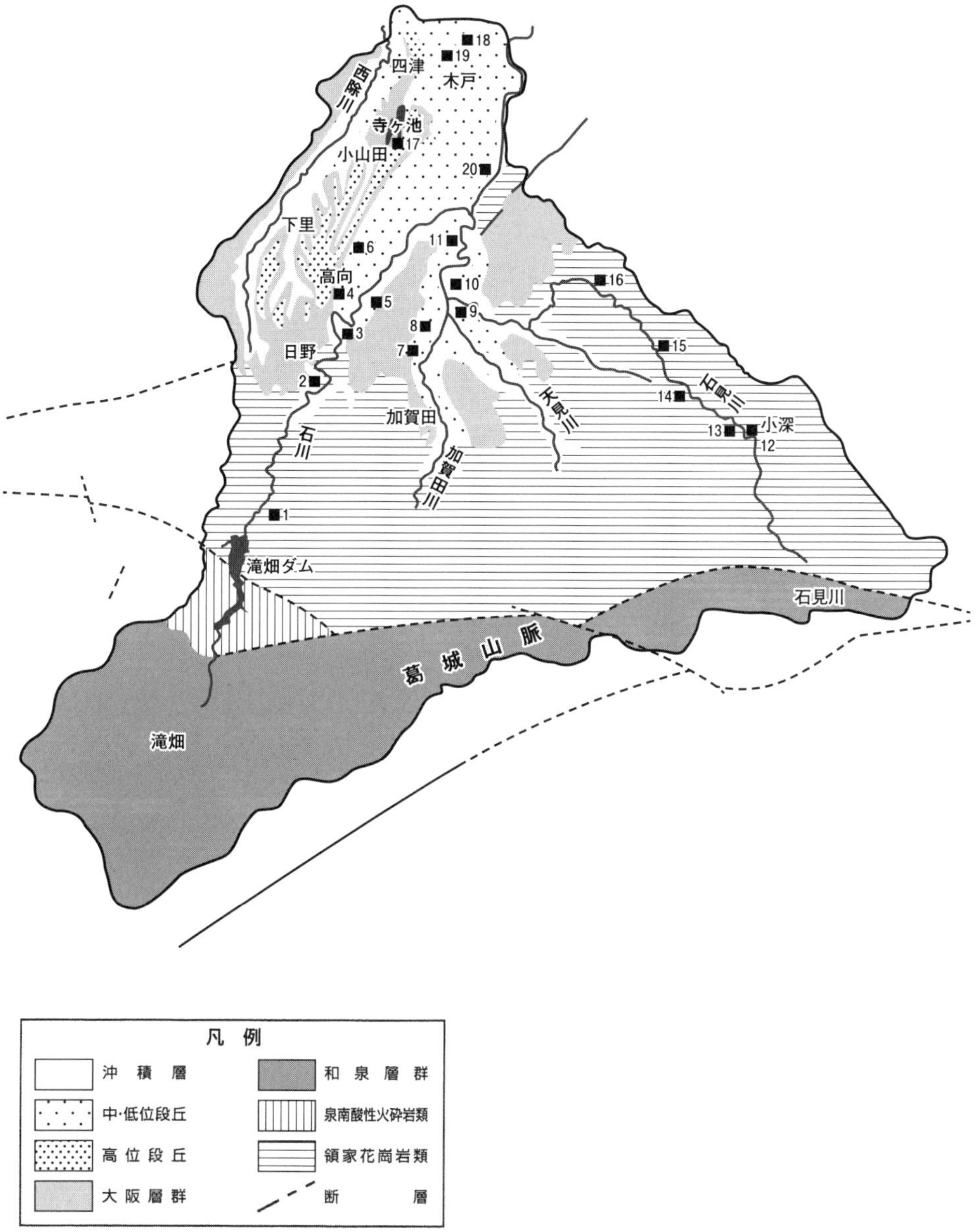

図2　石川上流域における縄文時代遺跡分布図（番号は右ページの一覧表と対応）

古刹の多い地域で、古代中世の仏教関係遺跡も多く知られている。それに比べて先史時代遺跡に調査のメスが入ったのは比較的新しいことであり、本格的な発掘調査は一九八〇年代の三日市遺跡を嚆矢とする。三日市遺跡では旧石器時代の石器をはじめとして、早期押型文土器や晩期の土器が出土し、石川上流域における先史時代遺跡調査の画期となったのである。三日市遺跡以前では、わずかに、菱子尻遺跡出土の石器の報告［中村ほか一九七三］があるにとどまるのである。

　石川上流域においては、石川は数多くの支流に別れて山間部を流下している。先に述べたように、石川本流に加えて、天見川・石見川・加賀田川・流谷川・岩瀬川などの支流がそれぞれの流域を形成しているのである。

　縄文時代遺跡は、図2に示すように、それらの諸河川に沿うように分布している。しかも満遍なく分布しているのではなく、大小広狭の差はあるにせよ、一定のまとまりをもって分布していると見て取ることができるのである。大きく区分して、一、石川本流沿いのまとまり（石川本流グループと記す。以下同様）、二、天見川沿いで天見川・石見川合流点付近のまとまり（天見川グループ）、三、石見川沿いの山間部に点々と分布するまとまり（石見川グループ）、四、石川本流左岸で河川から若干離れた丘陵・段丘面に分布するまとまり（段丘面グループ）、の四グループに区分することが可能である。

（一）石川本流グループ

　上流側から、日野観音寺遺跡、高木遺跡、高向遺跡、宮山遺跡、上原遺跡などが約三キロメートルの範囲にまとまっており、石川本流グループを構成している。さらに上流に滝尻遺跡があり、この遺跡もグループに含めている。山間部に入っており実態が不明確な滝尻遺跡・日野観音寺遺跡を除くと、高木遺跡、高向遺跡、宮山遺跡、上原遺跡の四遺跡は約一・五キロメートルの範囲にまとまっている。

1　滝尻遺跡

滝尻《たきじり》遺跡は滝畑ダム直下の河岸段丘に立地している。石川本流でも最上流域に位置し、標高は約二一〇メートルである。遺構は確認されていないが、後期～晩期の土器が出土している。後期の土器は口縁端部に刻目を入れ、頸部は無文、胴部以下に羽状縄文を施すもので、後期前葉北白川上層式二期とみてよかろう［鳥羽二〇〇一］。

2　日野観音寺遺跡

日野観音寺《ひのかんのんじ》遺跡は山あいに開けた小盆地にある。土器や石器が見つかっているが、遺跡の実態はまだまだ不明確である。

3　高木遺跡

高木《たかぎ》遺跡は石川に向かって南東から北西に半島状に張り出した河岸段丘上に立地している。石川はこの段丘部を廻るように大きく蛇行して流れている。この河岸段丘部は、石川が渓谷部から段丘部に流れ出る最後の蛇行部である。すなわち、石川本流域において、山地と丘陵・段丘部とのちょうど変換点にあたり、ここより上流は峡谷部を蛇行しながら流下する急流であり、ここより下流は蛇行も緩やかになり、河岸に中位段丘・低位段丘が認められるようになるのである。

高木遺跡の立地する段丘面の標高は一四〇メートル前後で、石川とは約二〇メートルの比高差がある。高木遺跡では近年の調査で、縄文時代早期の押型文土器や、さらにそれよりも遡りそうな縄文施文の土器が出土している（図3）。押型文土器は細かい穀粒状のポジティヴ楕円文を若干の間隔をおいて横位帯状に施文するもので、中部高地の細久保式に類似しており、近畿地方ではあまりみられないものである。また厚手で軽く屈曲する口縁部外面に縄文を施文する土器は早期初頭に遡る可能性がある。これら以外に、早期～前期の繊維土器、後期以降と思われる土器片、石鏃などのサヌカイト石器が出土しており、断続的とはいえ、長期にわたり繰り返し土地利用を行った可能性が想定できるのである［島津二〇一二］。

4　高向遺跡

高向《たこう》遺跡は高木遺跡の北方、石川左岸中位段丘面に所在する遺跡である。発掘調査が行われた範囲は段丘面を北東―南西に貫く全長一キロメートルに及ぶが、縄文時代の遺物が出土したのはその南西端に近いE区・F区に限られる。この付近は石川左岸に形成された中位段丘・低位段丘がかなりの幅を有しており、縄文時代遺物出土地点は石川から西に五〇〇メートルほど離れた位置となる。出土土器は縄文時代前期北白川下層Ⅰ・Ⅱ式微量と、多量の剥片石器であ

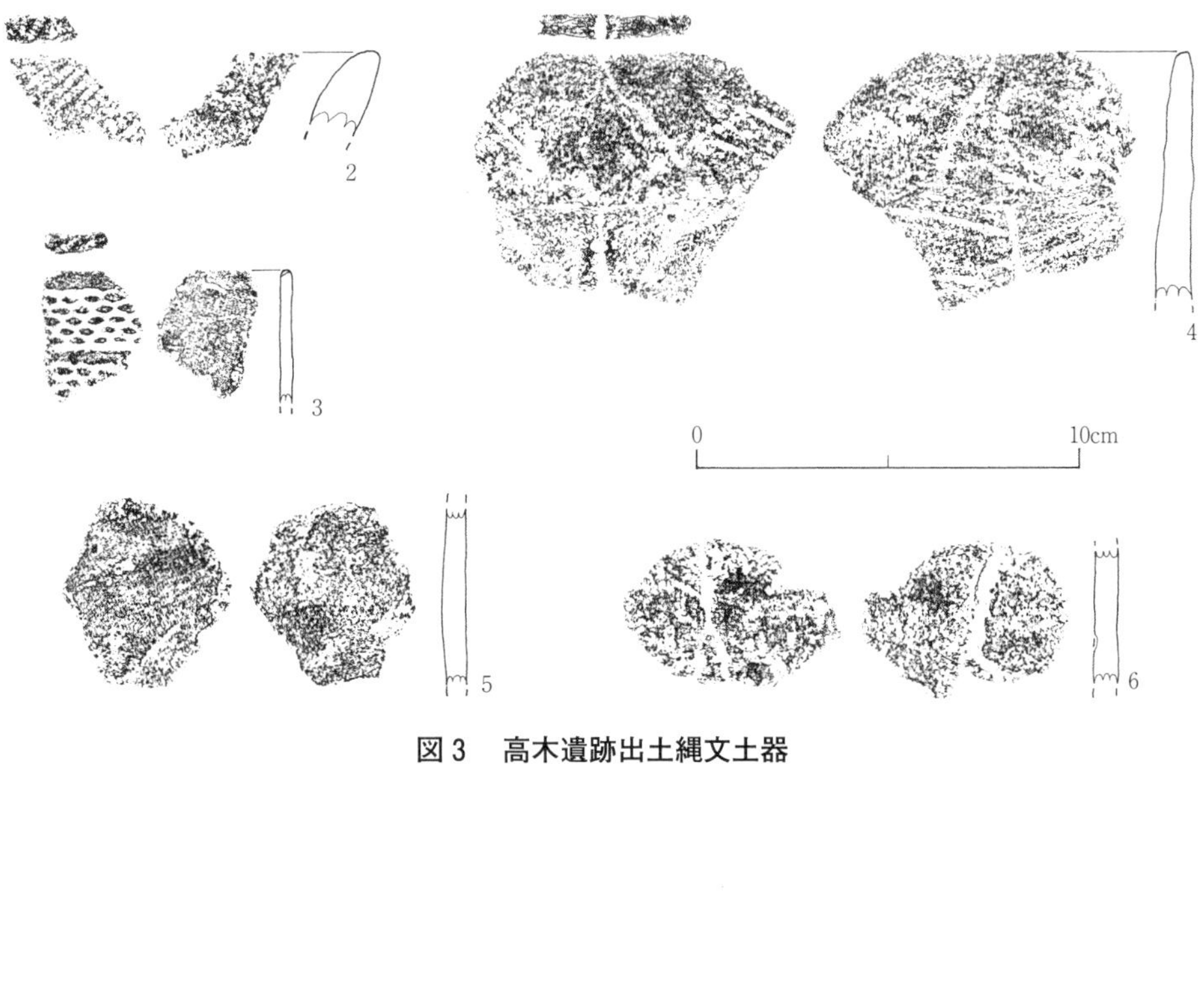

図3　高木遺跡出土縄文土器

る。製品では石鏃が四〇〇点以上でその大部分を占め、他に有舌尖頭器・チャート製トロトロ石器・石匙があり、国府型ナイフ形石器も含まれていた。また石核・剝片・砕片が多量に出土している。出土遺物の偏りから考えて、ここを居住の場とはみなし難いが、石器製作が行われていたことは疑いなく、居住地に隣接するような場の可能性はある［西村・駒井一九八九］。

5　宮山遺跡

高木遺跡から直線距離で七〇〇メートルほど下流にあるのが宮山遺跡である。宮山遺跡は石川右岸の標高約一三五メートルの中位段丘面に立地している。この中位段丘面は長さ約二〇〇メートル、幅約一五〇メートルあり、その面積は単純計算で約三万平方メートルである。一九九〇年の発掘調査では縄文時代中期後葉北白川C式期の竪穴住居一棟を検出した（図4）［尾谷・鳥羽一九八九］。竪穴住居は隅丸方形プラン・四本柱主柱で、竪穴住居中央に炉が設けられている。炉についての詳しい記述はないが、図には散在する礫が示されており、石囲炉の残骸かもしれない。竪穴住居内に残された柱穴は四本以上あり、上屋の更新の可能性が指摘されている［尾谷一九九四b］。竪穴住居を検出したトレンチ以外にも数本のトレンチを調査しており、そこでは縄文時代の遺構は検出されず、縄文土器もごく少ないという。そいうことから、全面調査ではないが、「数棟単位の住居で構成される小さなムラ」（［尾谷・鳥羽一九九八］一五頁二〇行）と報告されている。

6　上原《うわはら》遺跡

上原遺跡は石川左岸中位段丘上にあり、高向遺跡の北方約八〇〇メートルの距離にある。高向遺跡と同様、石川からは西に若干離れており、丘陵裾に立地する遺跡である。第四調査区で数基の土坑・ピットを検出し、そのうち土坑SK四から縄文時代晩期後葉刻目突帯文土器が、土坑SK六から縄文時代晩期の深鉢が出土している(1)。土坑SK六は深鉢が横位に埋設された状況で出土しており、墓の可能性が考えられている。各調査区からは、量的には少ないものの、石鏃をはじめとするサヌカイト石器が満遍なく出土している［鳥羽一九九七、鳥羽一九九八］。

(二)　天見川グループ

天見川沿いに分布し、天見川・石見川・加賀田川の三河川合流点付近にまとまりを見せるグループである。上流側から、西浦遺跡、小塩遺跡、三日市遺跡、三日市北遺跡、喜多遺跡の五遺跡を数えることができる。今のところこれより上流側には縄文時代遺跡は確認されていないが、冒頭で述べたように、天見川沿い紀見峠越えの経路（高野街道）は紀伊橋本方面に通じており、また縄文時代遺跡が立地可能な開地も十分にある。支流加賀田川流域とともに、今後の調査の進展を待ちたい。

7　西浦《にしうら》遺跡

西浦遺跡は加賀田川左岸の中位段丘上に立地する遺跡で、加賀田

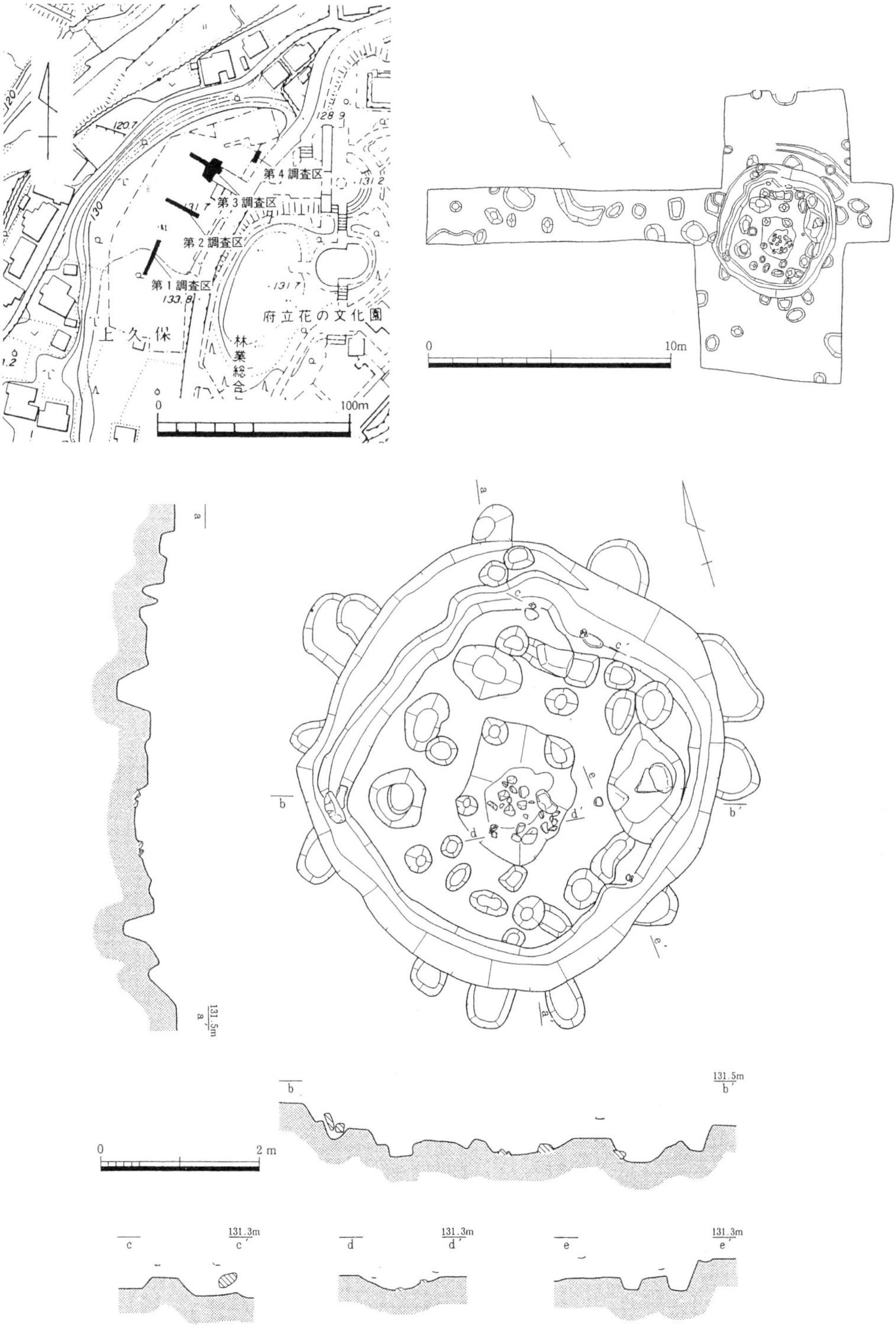

図4　宮山遺跡縄文時代中期竪穴住居跡

川からは約二〇〇メートル離れている。縄文時代後期かとみられる土器片や石鏃・サヌカイト剝片が微量出土しているが遺跡としての実態は不明である［尾谷一九九五］。

8　小塩遺跡

小塩《おしお》遺跡は加賀田川左岸の中位段丘上に立地する遺跡である。一九九二年の調査で押型文土器とサヌカイト石器が出土した。押型文土器は二種あって、小粒のポジティヴ楕円文を施文する黄島式と、粗大なポジティヴ楕円文を施文する高山寺式が認められる。石器は風化が若干進んだもので、スクレイパー二点などがある［尾谷一九九三a］。

9　三日市遺跡

三日市《みっかいち》遺跡(2)は、天見川・石見川合流地点南東側の、段丘上から丘陵地立地する遺跡で、標高はおおむね一三五メートル以上である。一九八四年から始まった調査で、遊離した資料ではあるが、早期押型文土器や石器が出土している。押型文土器は黄島式とみられるやや小粒のポジティヴ楕円文の土器、高山寺式とみられる粗大なポジティヴ楕円文の土器、晩期滋賀里Ⅲ式、突帯文土器などがある。石器では石匙をはじめとするサヌカイト剝片石器やチャート製石鏃、長さ幅とも一〇センチメートル程度のサヌカイト盤状剝片などがみられる［尾谷ほか一九九四］。

押型文土器は、対岸の三日市北遺跡や小塩遺跡でも出土しており、天見川・石見川合流地点付近が縄文時代早期から頻繁に利用されていた土地であることを示している。

10　三日市北遺跡

三日市北《みっかいちきた》遺跡は天見川・石見川合流地点北東側の、標高約一一五～一二五メートルの段丘上に立地している。南海電鉄三日市駅周辺の開発に伴って広域の発掘調査が行われ、石川上流域で最も豊富な縄文時代資料が出土している［小林和美二〇一三］。

遺跡の南東部の石見川に面した段丘面（五地区）では中期後葉の土坑が検出されていて、そのなかでも土坑ＳＫ七三は土坑墓の可能性が考えられており、出土土器は山形口縁の深鉢で中期後葉北白川C式に属するものである。他の出土土器は、遺構には伴わないものの、早期黄島式土器にはじまり、中期後葉北白川C式以降は量的にも増加し、後期初頭の中津式、晩期滋賀里Ⅲa式、突帯文土器まで続いている［尾谷ほか一九八八］。

天見川・石見川両河川から若干離れた段丘面中程のＭＩＮ〇一―六調査区では、遺構は明確ではないものの、中期後葉～後期前葉の土器が若干出土している［福田ほか二〇〇二］。

二〇〇八年から始まった市道拡幅工事、およびこれに伴う住宅移転建築工事に伴って、天見川に面した段丘縁辺部を集中的に発掘調査した結果、晩期中葉の土坑墓・土器棺墓からなる墓域を検出した（図5）。縄文時代の遺構・遺物が濃密に認められるのは、国道三七一号線以西の段丘西縁部で、東西約五〇メートル、南北三〇メートル以上の範囲である。標高約一一五メートル、三日市北遺跡のなか

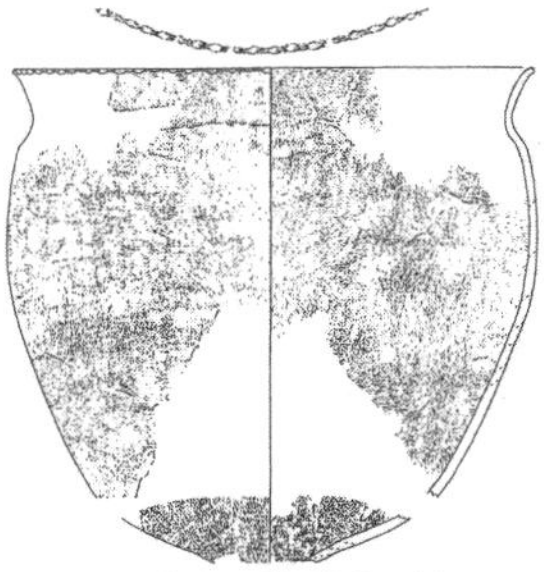
MIN12-3第2調査区ST46

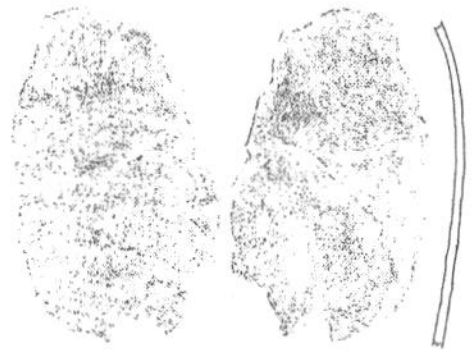
MIN09-1第2調査区ST178

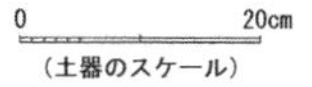

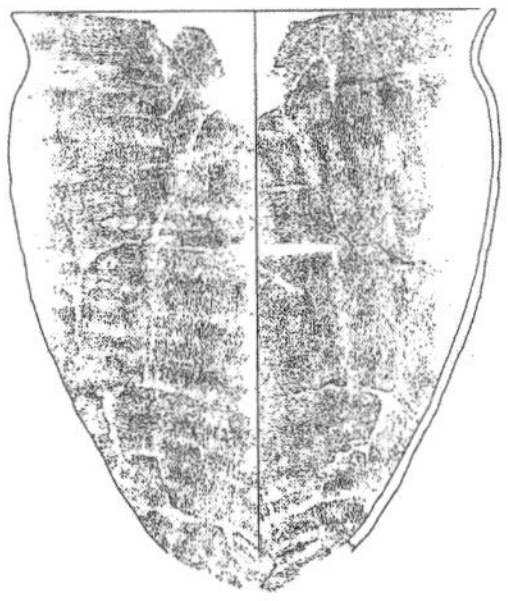
MIN09-1第2調査区ST181

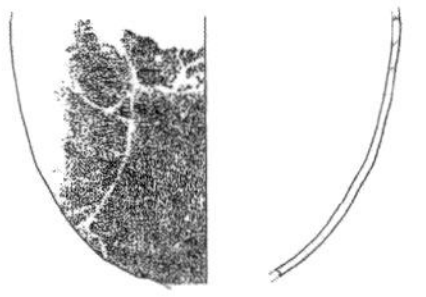
MIN11-3第2調査区ST01

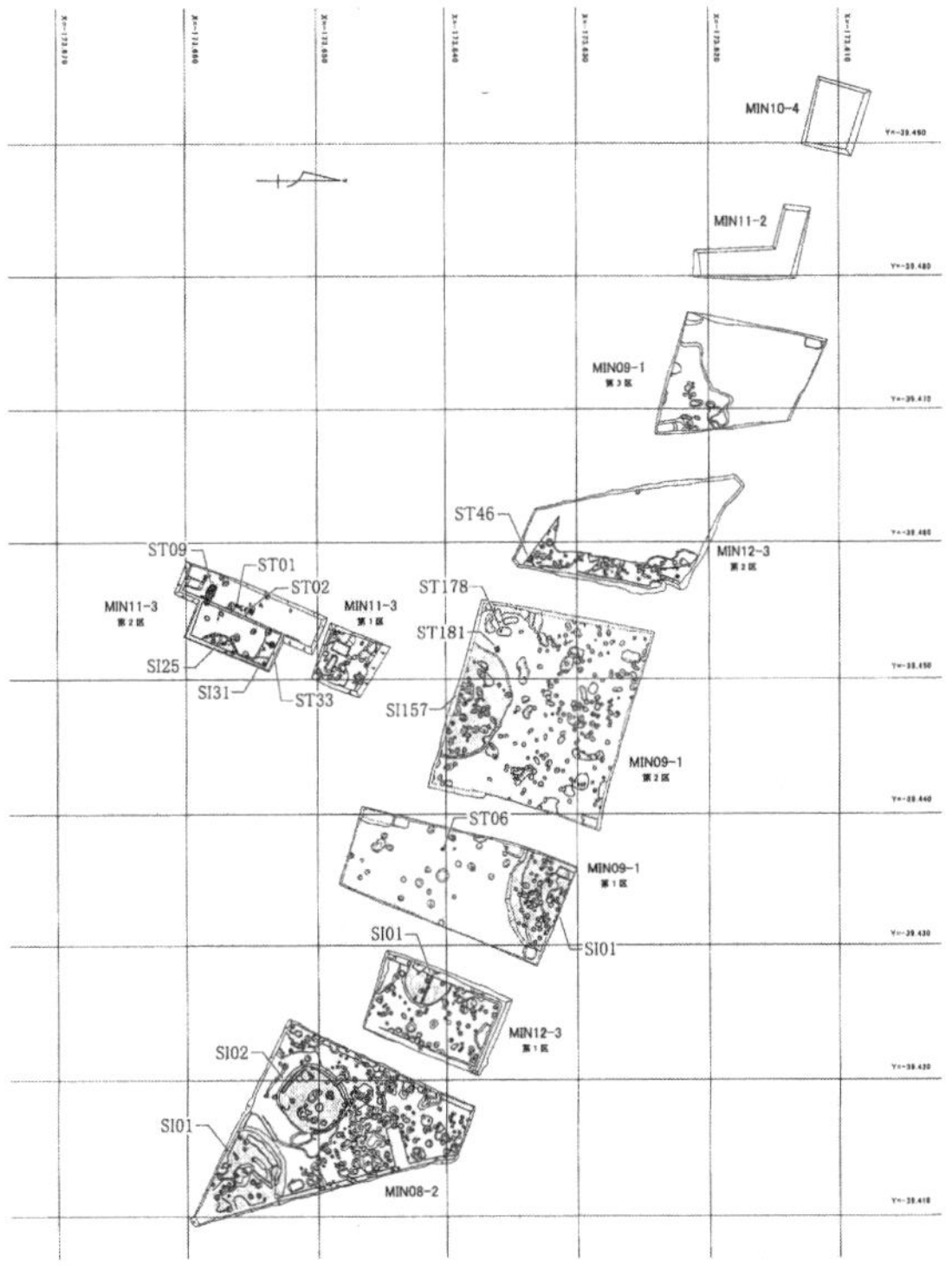

三日市北遺跡08～12年度調査区（メッシュは10m）

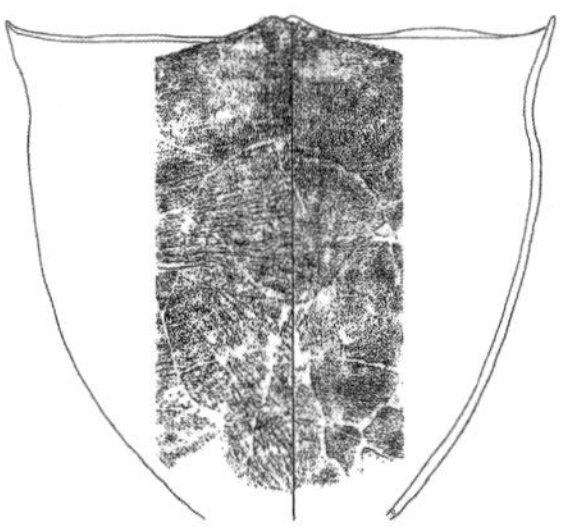
MIN11-3第2調査区ST02

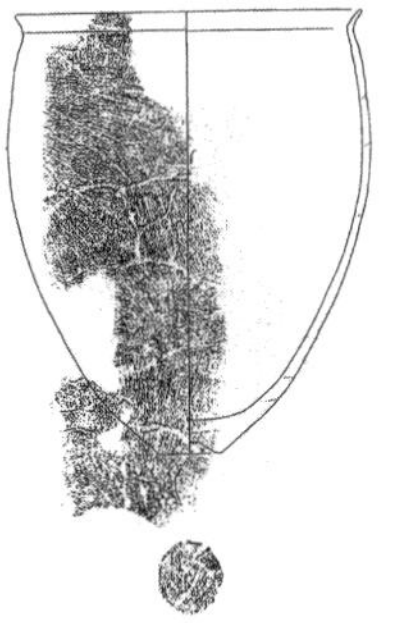
MIN11-3第2調査区ST33

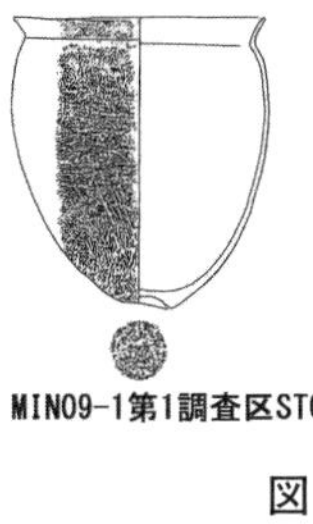
MIN09-1第1調査区ST06

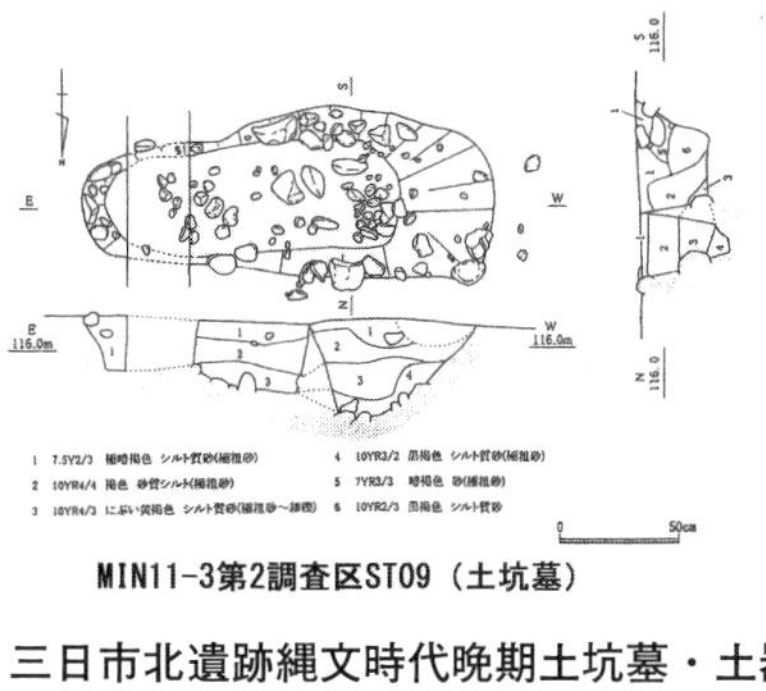

MIN11-3第2調査区ST09（土坑墓）

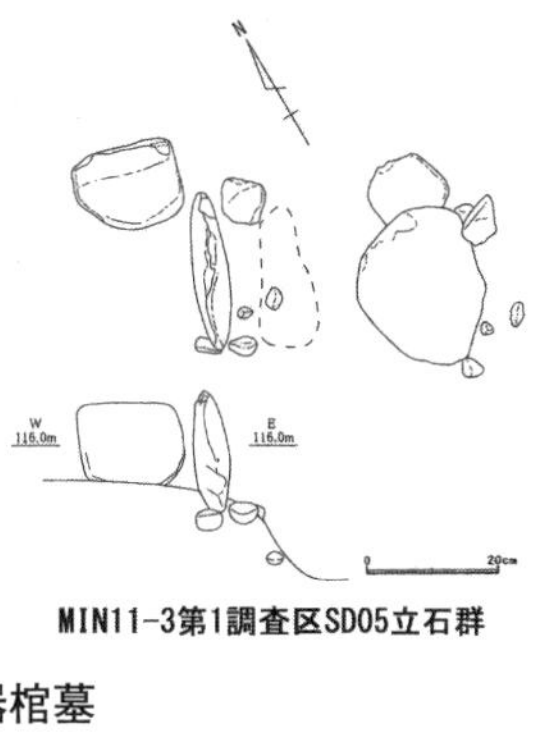

MIN11-3第1調査区SD05立石群

図５　三日市北遺跡縄文時代晩期土坑墓・土器棺墓

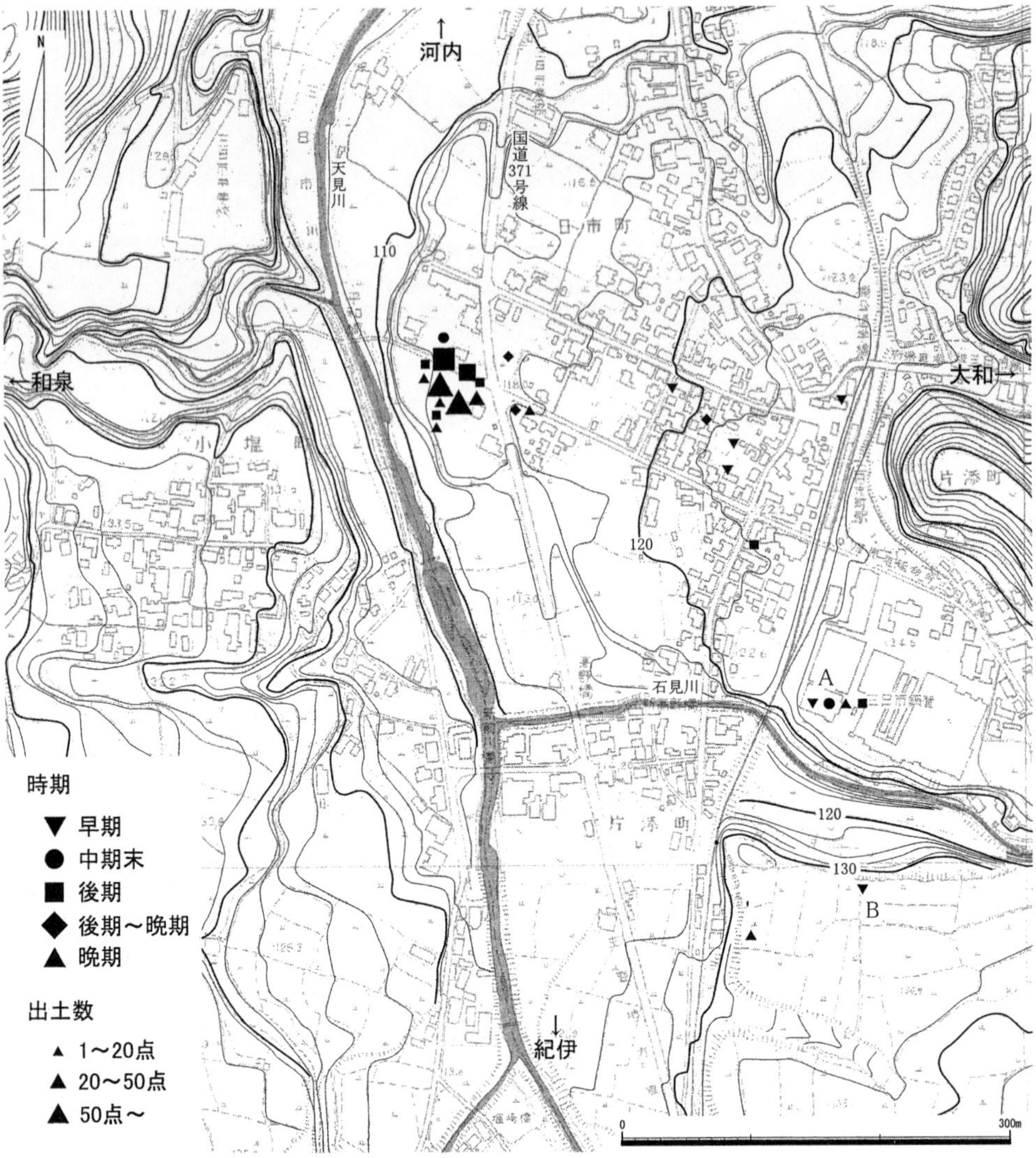

図６　三日市遺跡・三日市北遺跡における縄文土器出土地点
（天見川右岸（東側）で、石見川左岸（南側）が三日市遺跡、石見川右岸（北側）が三日市北遺跡となる）

でも最も低い位置にあたっていて、段丘面中央部から〇・五メートルの段差をもって低くなっている場所である。この範囲で土坑墓一基、篠原式期の土器棺墓七基を検出している（図6）。土坑墓は長さ一・七メートル、幅〇・七メートルの長方形に近い形状で、土坑の肩部に石を並べている。土器棺墓はいずれも遺存状況が良好である。縄文時代に属するとみられる土坑や小穴は多数検出されているが、竪穴住居や掘立柱建物は確認されていない。一方、弥生時代に降る竪穴住居はこの調査範囲において七棟が検出されている。出土遺物は縄文土器・石器・土偶などがある。縄文土器は、後期前葉〜中葉のものがごくわずかに認められるのを除くと、宮滝式期に増加し、いったん減少するが滋賀里Ⅲａ式以降再び増加し、篠原式期が最も出土量が多い。突帯文土器はやや少なめである。注目されるものとして、大洞式系土器、ひとがた土偶脚部がある［小林・舘二〇一三ａ、小林・舘二〇一三ｂ］。

　石川上流域縄文時代遺跡一覧表（四頁）で三日市北遺跡のみ三地区に分けて表示しているのは、三地区が若干の距離をもって分布し、立地条件にも差があり、しかも主体となる時期が異なるゆえである（図6）。南東部は標高約一二五メートル前後で、石見川右岸に位置し、早期に始まって中期後葉以降も断続的な土地利用が認められる。中央部は標高約一二〇メートル前後で、早期・後期〜晩期にかけて、広い段丘面の中央付近を単発的に利用しているようだ。西端部は標高約一一五メートル前後で、天見川を望む段丘縁辺部に位置し、後期後葉以降に新たに出現する。

　この点について小林和美氏は「各時期の遺物の広がりは、およそ直径五〇〜一〇〇メートルの範囲で収まる。性格が明確な遺構が乏しく、遺物分布論に終始するが、直径五〇〜一〇〇メートルの範囲で縄文時代を通じて集落が営まれていた。ただし、エリアの利用としては継続的であるが、集落の中心は時期によって異なり、エリア内を移動しながら断続的に集落が営まれていたと指摘できる。」［小林和美二〇一二　一一二頁八〜一一行］としている。三日市北遺跡の立地する天見川右岸・石見川右岸の段丘面は南北約一〇〇〇メートル、東西約八〇〇メートルの広大な段丘面であり、縄文時代にはその各所を必要に応じて断続的に利用していたと推測されるのである。

11　喜多町遺跡

喜多町《きたちょう》遺跡は、天見川・石見川合流点の下流約一キロメートルの天見川左岸に立地している。史跡烏帽子形城跡の東側に位置しており、かつては烏帽子形城跡に含まれていた。縄文時代後期〜晩期の土器が若干出土しているが、遺構は未確認である［尾谷一九九〇］。

（三）　石見川グループ

　石見川は、先に述べたように、石川支流の一つ天見川に注ぐ小河川で、大阪府・奈良県境の神福山付近に発して、東北流して三日市付近で天見川に合流している。石川支流天見川のさらに支流とは言え、本流に匹敵するほど深い谷を形成し、その谷は奈良県五条方面に抜ける街道筋（大沢道）でもある。またかつて川上村という行政区画でもあり、川上地区、川上谷ともよばれる。

石見川は天見川に合流するまでの途中にいくつかのやや開けた段丘面を形成しており、現在も小集落が形成されている。上流側から、小深、太井、鳩原、寺元（観心寺）と続いており、それぞれの間隔は〇・五〜二キロメートル程である。そしてそれぞれの地区において縄文時代遺跡が認められるのである。小深より上流においても若干の開けた場所が認められるが、谷全体がせまくなり、傾斜も急となる。縄文時代遺跡の存在を否定はしないが、小深より下流域と比べるとその存在感が薄いことが強く感じられる。

12　太井遺跡小深地区

太井《おおい》遺跡小深《こぶか》地区は石見川グループで最上流に位置する遺跡である。石見川右岸の、北から南に張り出した緩傾斜地に立地している。標高は約三一〇メートル前後である(3)。太井遺跡小深地区は、小深地区のなかでは最も下流側にあたる場所で、字名は小深だが、遺跡としては太井遺跡に含まれている。二〇一〇年の発掘調査で、遺構は認められなかったが、縄文土器が若干出土している。縄文土器はいずれも小片で、後期前葉の四ツ池式に始まり、北白川上層式一期・同二期・同三期に及んでいる。土器の遺存状況は良好であり、この地で縄文時代後期に何らかの活動痕跡があるものと推定できる［阪田・西川二〇一二］。

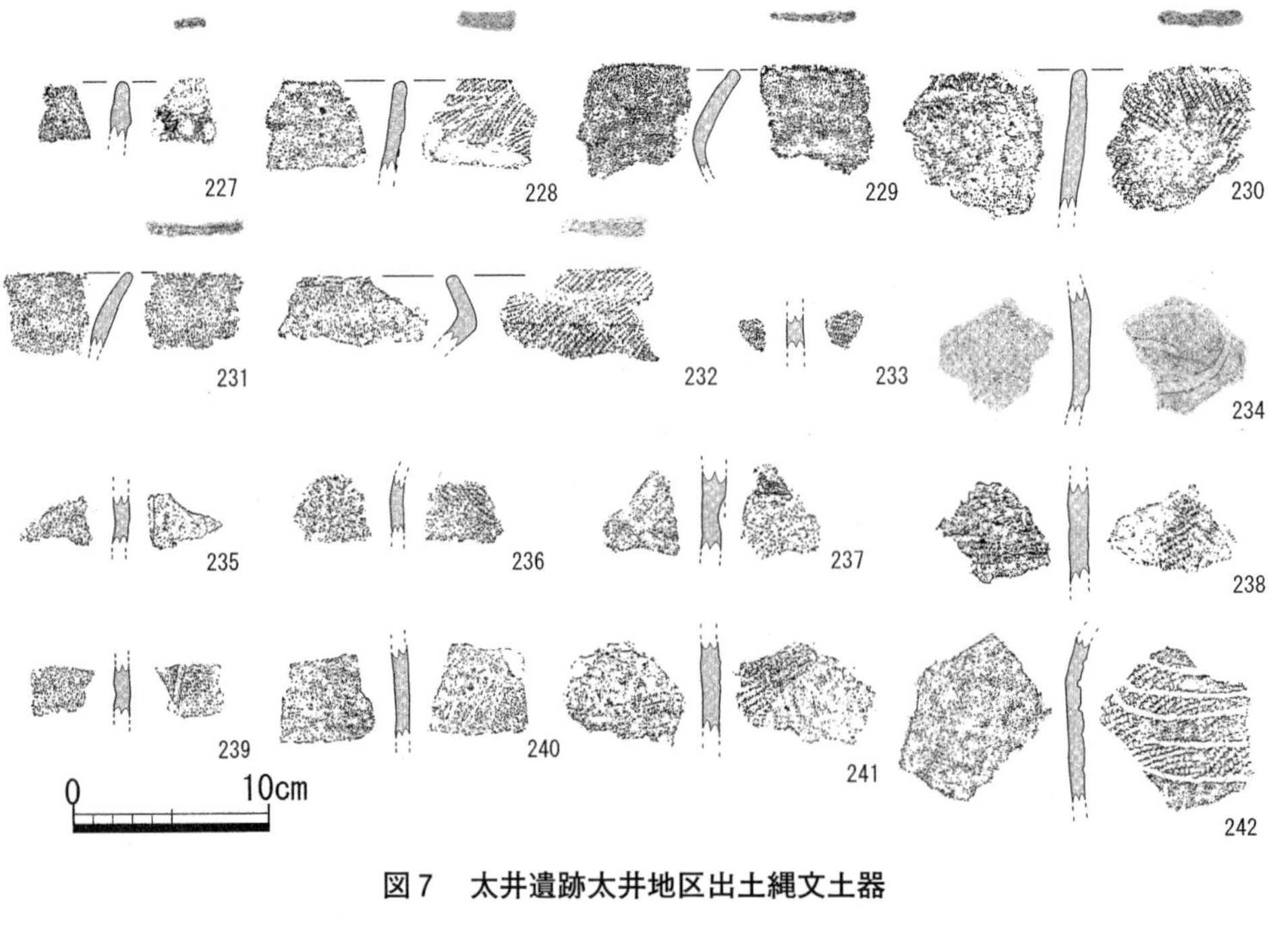

図7　太井遺跡太井地区出土縄文土器

13　太井遺跡太井地区

小深地区から四〇〇メートルほど下流で、石見川左岸に位置している。遺跡は南から北に張り出した緩傾斜地にあり、標高は約三〇五メートル前後である。太井遺跡小深地区とは指呼の距離にあり、見通しも悪くはない。一九九九年の調査で縄文時代中期後葉北白川C式土器、および後期前葉北白川上層式土器が出土した［鳥羽二〇〇〇］。二〇一一年の調査では中期後葉北白川C式土器が出土しているし（図7）［小林・西川二〇一三］、二〇一二年の調査では縄文土器微量と、三角形の石匙や砂岩製磨製石斧が出土している［竹原・島津二〇一四］。太井遺跡太井地区においては、出土縄文土器は中期後葉にほぼ限定され、遺構は未確認であるが、この地における中期後葉の活動痕跡を示すものと考えられる。

14　奥田井遺跡

鳩原地区と太井地区の間にある奥田井《おくだい》遺跡（字名は鳩原）では、縄文時代の遺構や遺物包含層は認められていないが、中世～近世の耕作土層から縄文時代前期に遡ると思われる石匙が単独で出土している。石匙は体部がほぼ正三角形を呈し、一旦括れて上部に小さな円形のつまみを作り出している［阪田・西川二〇一二］。

15　鳩原遺跡

鳩原《はとのはら》遺跡は太井遺跡の下流約一・八キロメートル、天見川・石見川合流点からは直線距離で約六キロメートルのところに位置している。鳩原《はとはら》地区は旧川上村の中心地で、石見川流域では広く開けた地区の一つである。かつては村役場もあった。

二〇一三年の調査で縄文時代中期後葉～後期とみられる竪穴住居跡二棟が発掘された。石見川左岸の段丘面上とはいえ、石見川にかなり近い場所で、北側にも小谷が入り込んでいる場所である。詳しくは報告書の刊行を待って検討したいが、居住痕跡が確認できた意義は大きく、鳩原地区が縄文時代においても中核となる場所であったことがうかがえるのである。また晩期とみられる石刀も出土しており、晩期においても土地利用が行われた場所であったと考えられる［大阪府教育委員会二〇一三］。

16　寺元遺跡

寺元《てらもと》遺跡は観心寺の北東側に位置し、鳩原地区から下流に約一・六キロメートルである。石見川右岸の標高約一八〇メートルの段丘上に立地している。縄文時代の遺構や遺物包含層は認められていないが、縄文時代中期と思われる土器底部や石器が出土している［尾谷・鳥羽一九九五］。

（四）段丘面グループ

石川上流域でも富田林市に近い左岸にまばらに分布するグループで、寺ヶ池《てらがいけ》遺跡・塩谷《しおたに》遺跡・菱子尻《ひしこじり》遺跡・向野《むかいの》遺跡などがある。分布状況にまとまりがなく、各遺跡の内容も不明確なものが多い。寺ヶ池遺跡・塩谷遺跡・菱子尻遺跡は石川から離れた丘陵～段丘面に立地し、寺ヶ池遺跡では有舌尖頭器や石鏃［尾谷一九九四a、上田宏範一九九四］、塩谷遺跡では石器［尾谷一九九四c］、菱子尻遺跡では石匙［中村ほか一九七三］、が出土しているが、いずれも土器の報告はない。向野遺跡は石川左岸の段丘上に立地し、標高は約九五メートルである。縄文時代後期の土坑を検出し、北白川上層式二期土器・元住吉山Ⅰ式土器・石皿・敲き石などが出土している［尾谷一九九三b］。

四、遺跡群の消長と画期

石川上流域の縄文時代遺跡を石川本流・支流ごとにグループ分けしたうえで、その内容を概観してきた。石川上流域の遺跡群と、筆者が今まで分析してきた他の遺跡群――たとえば生駒山西麓域の遺跡群や槇尾川流域の遺跡群――を比べると、最も異なる点はその地形的条件であろう。生駒山西麓域の場合は生駒山地が南北に連なり、その西側に急傾斜の山腹、山麓扇状地、そして沖積低地というように、似たような地形が南北に連続しており、ここを東西ラインでいくつかに分割するように遺跡群が割拠している［大野一九九七、大野二〇一二b］。また槇尾川流域では、上流域・中流域・下流域というように、流域を上・中・下に分割するような遺跡群のまとまりが認められる［大野二〇一一a］。

これに対して、石川上流域では石川本流がいくつもの支流に分かれ、それらが金剛山系に分け入って小渓谷を数多く形成しており、そのなかで河川の合流点や小盆地に遺跡が残される状況を呈している。仔細にみれば、本・支流域ごとの遺跡群のまとまりが地形的制約によって近接した範囲に集中しているともみてとれるし、大きくみれば石川上流域全体が一つのまとまりともとれるのである。この点に立ち入るには各グループの消長を跡付け、それぞれの共通点と特徴（個性）をみていく必要があろう。

草創期の資料は有舌尖頭器のみで、石川本流グループの高向遺跡と段丘面グループの寺ヶ池遺跡で確認されているのみで、それ以上の資料はない。

早期に入ると、石川本流グループと天見川グループにおいて土器の出土が見られる。なかでも天見川グループでは、天見川・石見川合流点付近に分布する小塩遺跡・三日市遺跡・三日市北遺跡で、いずれもポジティヴ楕円文の黄島式・高山寺式の押型文土器が出土しており、強い共通性が認められる。いっぽう、石川本流グループの高木遺跡では、これより遡る早期初頭の可能性がある縄文施文の土器や、穀粒状のポジティヴ楕円文を横位帯状に施文する土器があり、また早期後半～前期とされる繊維土器もみられて、天見川グループとは異なる時期の土器も出土しているのである。このような点から見て、石川上流域で縄文時代の活動痕跡が認められ始めるのは、石川本流グループと天見川グループの数地点においてであり、その時期は早期であることが推測されるのである。石川本流グループの高木遺跡と天見川・石見川合流地点（小塩遺跡・三日市遺跡・三日市北遺跡）は、間に低い丘陵が入るものの、直線距離で約二キロメートルであり、決して遠く離れているわけではない。両グループを分けて評価する必要はないのかもしれない。このように縄文時代早期に石川上流域の縄文時代の黎明を見るとしても、遺構は未確認で出土遺物量も少なく、あくまでも現時点での評価であるが、その活動は濃密なものではなかったと考えられよう。なお、石見川グループ・段丘面グループではいまだ早期の資料は未確認である。

前期の資料は全般的に希薄である。石川本流グループの上原遺跡と石見川グループの奥田井遺跡において縄文時代前期に属するとみられる三角形石匙各一点が出土しているのを除くと、石川本流グループの高向遺跡のみとなる。先に述べたように、高向遺跡は石器製作遺跡とみられるが、居住痕跡は調査範囲では認められていない。しかし、石器製作をかなりの規模で行っている以上、いずれか近い場所に居住を想定することは許されよう。高向遺跡の所在地が石川本流グループの早期高木遺跡に近いことも故なしとしない。それを認めたとしても、石川上流域全体としては、活動痕跡は希薄であったと言わざるを得ない。

前期に引き続き中期も遺跡・資料の希薄な状況は変わりない。このような状況が劇的に転換するのが中期後葉～後期前葉である。石川本流グループでは宮山遺跡で竪穴住居一棟を、天見川グループでは三日市北遺跡で土坑（土坑墓の可能性のあるものを含む）を、石見川グループでは鳩原遺跡において中期後葉～後期の竪穴住居二棟を検出し、中期後葉～後期前葉の土器を出土する遺跡も、右記以外に、三日市北遺跡（中央部）、太井遺跡（小深地区）、太井遺跡（太井地区）、向野遺跡などが出てくる。まとまりを欠く面がある段丘面グループを除き、石川本流・天見川・石見川の各グループに、少なくとも一か所は中期後葉～後期前葉の遺構が認められ、しかもそれが住居や墓と考えられるものであるので、居住域の一部とみることができよう。

居住域の一部とみた宮山遺跡、三日市北遺跡、鳩原遺跡を比較してみると、現在のところ、宮山遺跡が中期後葉の単期のごく小規模な遺跡と考えられるのに対し、三日市北遺跡は早期・中期・後期・晩期の、鳩原遺跡は中期・後期・晩期の複期の遺跡であり、しかも三日市北遺跡では土偶や石棒が、鳩原遺跡では石刀が出土していて、それぞれマツリの道具を保有する遺跡でもある。宮山遺跡が石川本流グループの中の一つの小規模なムラ（小集落）と位置づけられるのに対し、三日市北遺跡や鳩原遺跡はそれぞれのグループの中核となる遺跡の可能性がある。

このようにみてくると、中期後葉以降では、三日市北遺跡を中核とする天見川グループと、鳩原遺跡を中核とする石見川グループはそれぞれ独立したグループとみてよいであろう。一方、石川本流グループについては、未発見の中核となる遺跡があり、宮山遺跡は石川本流グループを構成する一小集落と理解するか、あるいは、草創期・早期がそうであったように、石川本流グループと天見川グループは一つのグループであり、中期後葉以降も石川本流域と天見川流域に及ぶやや広域を集落領域として維持していたと理解するか、のどちらかである。いまのところ筆者は、石川本流域では左岸側に広い段丘面を形成し、右岸側は丘陵が石川本流に迫っている点も参考に、石川本流グループは主として左岸側に展開しているのではないか、高向遺跡や上原遺跡がその根拠の一つになるのではないか、とみている。すなわち、石川本流グループと天見川グループはそれぞれ独立したグループで、石川本流グループでは中核となる遺跡が未発見である可能性を考えたいのである。

晩期に入ると縄文時代遺跡は減少傾向となる。土器・石器を出土する遺跡も減少し、出土しても少量である。そのような状況の中で晩期中葉の墓地が確認された三日市北遺跡は石川上流域で特別な存在といえよう。この墓地に伴う居住域は未確認だが、後期後葉以降、集落から独立した墓地が出現し、その実例もいくつか知られている[大野二〇一〇]。三日市北遺跡がそのような墓地遺跡なのか、現時点では即断はできない。周辺での調査の進展に期待したい。

晩期後葉突帯文期は大阪府下全体を見渡しても遺跡が増加する時期である。しかもこれまで縄文時代遺跡が立地することの少なかった低湿地への進出が目立つ。一方、石川上流域では突帯文期の遺跡はごく少なく、三日市遺跡の滋賀里Ⅳ式、三日市北遺跡（南東部）の船橋式土器、上原遺跡の突帯文土器など、少量の出土が知られているにすぎない。量的に最も豊富なのが三日市北遺跡（西端部）である。石川上流域では弥生時代前期の資料もほとんど認められない。山がちの地形で低湿地がほとんど認められないことがその背景にあるのだろう。

五、結語

南河内石川上流域の縄文時代遺跡を概観し、その動向の一端に触れてきた。その特徴の一つは地形的環境と言えそうだ。標高がもっとも低い向野遺跡でも九五メートルの高さがあり、全般的に標高一〇〇メートルから一五〇メートルに位置する遺跡が多い。生駒山西麓域の縄文時代遺跡とは大きな差があるといえよう。山がちの地形で山地・丘陵が大部分を占め、段丘面も全般的には狭く、沖積地はごく少ないのである。このような地理的・地形的環境の中で、縄文時代集落は中小の河川に沿って展開していく。適度の平坦地があり、水が得やすく、移動に都合のよい場所が選ばれたようだ。中でも三日市北遺跡の立地する場所は、天見川・石見川合流点であり、かつ段丘面が一定の広さを有しており、集落立地の好条件を備えている。三日市北遺跡が縄文時代早期に始まり、住居跡は未確認のものの、中期・後期・晩期と利用が続けられた所以である。

石川上流域全体の画期ということでは、早期に石川本流グループや天見川グループにおいて活動痕跡が認められ、これが第一の画期と言えるだろう。しかし、今のところ石見川グループ・段丘面グループでは早期の資料は未確認で、早期段階の動向を語るには時期尚早とおもわれる。第二の画期は中期後葉～後期前葉の遺跡増加である。これは石川上流域に限ったことではなく、汎近畿地方的現象である。中期後葉ごろから東日本の縄文文化の影響が近畿地方にも及び、遺跡増となって現れたのである。石川上流域においても、石川本流グループ・天見川グループ・石見川グループにおいて遺跡の出現や増加が認められる。また、その影響の一つに、竪穴住居では隅丸方形プラン・四本柱主柱・石囲炉という特徴がある。宮山遺跡の竪穴住居跡はこの特徴をおおむね備えており、この時期の典型的な住居例と評価できよう。

石川上流域における中期後葉～後期前葉の遺跡増加は一時的なもので、後期中葉以降は遺跡数が少ない状況が続く。しかし前期～中期中葉までのようなほとんど遺跡がないという状況ではなく、希薄な状況が続くということである。

晩期後葉に遺跡数が増加せず、むしろ減少するという石川上流域の特徴は、遺跡がかなり増加する生駒山西麓域などと比べると、逆の意味で画期とも言えよう。全般的には遺跡数が増加する時期に、石川上流域では遺跡数が減少するのである。前章で述べたように、山がちの地形で低湿地がほとんど認められないことがその背景にあると推察されるのである。

竹下賢先生には早くから御指導・御鞭撻をいただいており、玉手片山廃寺横のお宅にも度々お邪魔いたしました。先生のご厚情に深く感謝するとともに、ますますのご健勝を心からお祈りいたします。

拙文を草するにあたり、太田宏明・尾谷雅彦・小林和美・小林義孝・阪田育功・島津知子・竹原伸次・舘邦典・谷口夫沙子・西川寿勝・西口陽一・橋本高明・林日佐子・広瀬雅信・山田隆一・渡邊昌宏の各氏、河内長野市教育委員会・河内長野市立ふるさと歴史学習館からさまざまな面で御教示・御協力をいただきました。記して感謝いたします。

図の出典

図1：1寛弘寺［大谷一九八六］、2太郎池［平方一九九六］、3・4喜志西［枡本一九八八］、5・6・8新家［辻本一九八一］、7谷川［西口一九九五］、図2：［河内長野市編二〇一〇］河内長野市地質図から作成、図3：［島津二〇一二］、図4：［尾谷・鳥羽一九八九］を改変、図5：［小林・舘二〇一三a］［小林・舘二〇一三b］から作成、図6：［小林和美二〇一三］、図7：［小林・西川二〇一三］

注

（1）報告書では土坑SK六出土深鉢を縄文時代晩期とするが、後期の可能性もある。

（2）現在は、石見川より南側を三日市遺跡、石見川より北側を三日市北遺跡としているが、当初は三日市遺跡というひとつの広大な遺跡であった。調査が進展し、縄文時代～古墳時代の遺跡が石見川以北にまとまることが明らかになって、中世を主とする石見川以南の地区と区別すべく、二〇〇〇年の埋蔵文化財分布図改訂の際に、石見川以北を三日市北遺跡として三日市遺跡から分離したものである。そのため、現在は三日市北遺跡の範囲内に属する調査区であっても、二〇〇〇年以前調査のものは三日市遺跡として報告されているものがある。

（3）石川本流グループの最上流に位置する滝尻遺跡の標高が約二一〇メートルであるのに比較すると、太井遺跡小深地区の三一〇メートルがいかに高い場所か理解できるだろう。

引用参考文献

天野末喜　二〇〇〇「大阪国府遺跡における縄紋墓地と集落」『関西の縄文墓地』第二回関西縄文文化研究会発表要旨集　関西縄文文化研究会

上田宏範　一九九四「寺ヶ池遺跡」『河内長野市史』第一巻（上）河内長野市

上田睦　一九九四「土師の里遺跡の調査」『石川流域遺跡群発掘調査報告Ⅸ』藤井寺市教育委員会

大阪府教育委員会　二〇一三『鳩原遺跡現地公開資料』

太田宏明・酒井祐介　二〇〇六『滝尻遺跡』河内長野市教育委員会

大谷治孝ほか　一九八六『寛弘寺遺跡発掘調査概要・Ⅳ』大阪府教育委員会

大野薫　一九九七「生駒山西麓域の縄紋集落」『河内古文化研究論集』和泉書院

大野薫　二〇一〇「縄文時代の集落と墓地—集落からみた向出縄文墓地の評価—」『向出遺跡評価検討委員会報告書』阪南市埋蔵文化財報告四七　阪南市教育委員会

大野薫　二〇一二a「縄文時代のまとめ」『府中遺跡・豊中遺跡・板原遺跡』大阪府埋蔵文化財調査報告二〇一一—九　大阪府教育委員会

大野薫　二〇一二b「縄文集落における小規模性と弱定着性」『関西縄文時代研究の新展開』関西縄文論集3　関西縄文文化研究会

尾谷雅彦ほか　一九八八『三日市遺跡発掘調査報告書Ⅰ』三日市遺跡調査会

尾谷雅彦　一九九〇「烏帽子形城」『河内長野市遺跡調査会報Ⅱ』河内長野市遺跡調査会

尾谷雅彦　一九九三a『河内長野市埋蔵文化財調査報告書Ⅸ』河内長野市教育委員会

尾谷雅彦　一九九三b『河内長野市遺跡調査会報Ⅴ向野遺跡』河内長野市遺跡調査会

尾谷雅彦ほか　一九九四『三日市遺跡発掘調査報告書Ⅲ』河内長野市遺跡調査会

尾谷雅彦　一九九四a「寺ヶ池遺跡」『河内長野市史』第一巻（上）河内長野市

尾谷雅彦　一九九四b「宮山遺跡の竪穴住居」『河内長野市史』第一巻（上）河内長野市

尾谷雅彦　一九九四c「塩谷遺跡」『河内長野市史』第一巻（上）河内長野市

尾谷雅彦　一九九五『西浦遺跡』河内長野市遺跡調査会報Ⅸ　河内長野市遺跡調査会

尾谷雅彦・鳥羽正剛　一九八九『河内長野市埋蔵文化財調査報告書ⅩⅣ』河内長野市教育委員会

尾谷雅彦・鳥羽正剛　一九九五『寺元遺跡』河内長野市遺跡調査会報ⅩⅠ　河内長野市遺跡調査会

河内長野市編　二〇一〇『図説河内長野市史』河内長野市

河内長野市教育委員会編　二〇一四『三日市遺跡・宮山遺跡・三日市北遺跡—縄文時代の河内長野—』シリーズ河内長野の遺跡八　河内長野市教育委員会

上林史郎　一九八八『神山遺跡発掘調査概要・Ⅰ』大阪府教育委員会

木嶋崇晴・若林邦彦編　二〇〇一『西浦東遺跡』財団法人大阪府文化財調査研究センター調査報告書第七六集　財団法人大阪府文化財調査研究センター

北野耕平　一九五一「河内錦織縄文遺跡」『古代学研究』第五号　古代学研究会
小浜成　一九九五『柿ヶ坪・尾平・西板持・寛弘寺遺跡発掘調査概要』大阪府教育委員会
小林和美　二〇一三「三日市北・三日市遺跡における縄文集落の展開」『三日市北遺跡Ⅳ』河内長野市文化財調査報告第五六輯　河内長野市教育委員会
小林和美・舘邦典　二〇一三a『三日市北遺跡・高野街道』河内長野市文化財調査報告第五五輯　河内長野市教育委員会
小林和美・舘邦典　二〇一三b『三日市北遺跡Ⅳ』河内長野市文化財調査報告第五六輯　河内長野市教育委員会
小林義孝・西川寿勝　二〇一三『太井遺跡発掘調査概要・Ⅱ』大阪府教育委員会・河内長野市教育委員会
阪田育功・西川寿勝　二〇一二『奥田井遺跡Ⅱ・太井遺跡Ⅰ発掘調査概要』大阪府教育委員会
島津知子　二〇一一『高木遺跡発掘調査概要』大阪府教育委員会・河内長野市教育委員会
高野学　一九九〇「伊賀遺跡」『羽曳野市内遺跡調査報告書―平成元年度―』羽曳野市教育委員会
竹谷俊夫　一九七八『富田林市の埋蔵文化財』富田林市教育委員会
竹原伸次・島津知子　二〇一四『太井遺跡発掘調査概要・Ⅲ』大阪府教育委員会・河内長野市教育委員会
辻本充彦　一九八一「富田林市川西町新家遺跡出土の石器」『新家遺跡発掘調査概要・Ⅲ』大阪府教育委員会
鳥羽正剛　一九九七『上原遺跡』河内長野市遺跡調査会報ＸＶ　河内長野市遺跡調査会
鳥羽正剛　一九九八『上原遺跡　塚穴古墳』河内長野市遺跡調査会報ＸⅨ　河内長野市遺跡調査会
鳥羽正剛　二〇〇〇『太井遺跡　観心寺遺跡』河内長野市遺跡調査会報ＸＸⅡ　河内長野市遺跡調査会
鳥羽正剛　二〇〇一『滝尻遺跡』河内長野市遺跡調査報告ＸＸⅦ　河内長野市教育委員会・河内長野市遺跡調査会
鳥羽正剛・福田和浩　二〇〇五『日野観音寺遺跡』河内長野市教育委員会・河内長野市遺跡調査会
中村浩ほか　一九七三『菱子尻遺跡発掘調査報告』大阪府教育委員会
西口陽一　一九九五『谷川遺跡発掘調査概要・Ⅰ』大阪府教育委員会
西村歩・駒井正明　一九八九『高向遺跡』（財）大阪府埋蔵文化財協会調査報告書第四〇輯　財団法人大阪府埋蔵文化財協会
原口正三ほか　一九六二『船橋遺跡の遺物の研究二』大阪府文化財調査報告第一一輯　大阪府教育委員会
平方扶左子　一九九六『太郎池遺跡』富田林市遺跡調査会報告二　富田林市遺跡調査会
福田和浩ほか　二〇〇二『河内長野市埋蔵文化財調査報告書ⅩⅧ』河内長野市教育委員会
藤永正明　一九八一「八〇―一〇区」『林遺跡発掘調査概要・Ⅲ』大阪府教育委員会
枡本哲　一九八八『喜志西遺跡発掘調査概報』大阪府教育委員会
山田隆一ほか　二〇一二『ミヤケ北遺跡』大阪府埋蔵文化財調査報告二〇一一―八　大阪府教育委員会
山本彰ほか　一九八一『錦織南遺跡―縄文時代晩期河道の調査―』大阪府教育委員会
山本彰　一九八二『喜志遺跡・東阪田遺跡発掘調査概要Ⅴ』大阪府教育委員会
渡辺誠　一九七一「大阪府富田林市錦織出土の縄文土器」『古代文化』第一五一号　財団法人古代学協会

船橋遺跡の縄文絵画土器

山根　航

はじめに

船橋遺跡は、柏原市と藤井寺市の市境にあたる大和川に位置する旧石器から中世にいたる複合遺跡である。この遺跡は、一七〇四年の大和川付替えにより河床となった。そのため、河川が増水する度、河床や河川敷には埋土中の遺物が露呈することとなり、多種多様の遺物が採集されている。

その中に、三点の縄文絵画土器が知られている。いずれも縄文時代晩期末の土器で、一点は柏原市、他の二点は大阪府立弥生文化博物館が所蔵する。前者の縄文絵画土器が、平成二六年五月、柏原市の文化財に指定された。これを機に、船橋遺跡の縄文絵画土器の周知と、その絵画の意味を考えてもらおうと、柏原市立歴史資料館にて、平成二六年度夏季企画展『縄文から弥生へ―船橋遺跡の縄文絵画土器が語るもの―』を開催した。この企画展の担当となり、同博物館が所蔵する二点の資料のほか、大阪府下で見つかっている縄文絵画土器についても、借用、実見する機会を得た。縄文絵画のみを対象とした研究は少ないが、本稿で対象とする突帯文土器に描かれた絵画については、新たな視点が提起されるなど注目されつつある。縄文時代から弥生時代へと大きく移行していくなかで、土器に描かれた絵画は何を意味しているのか。

本稿は、船橋遺跡で採集された三点の縄文絵画土器を中心に、絵画のモチーフの検討と、その意味について論じてみたいと思う。

一、縄文絵画をめぐって

（一）縄文絵画の研究

縄文時代、土偶や土器の把手など立体的表現が主流であり、それに対する平面的表現は、あくまでも文様を描くことに重きが置かれている。土器や木製品に、漆や顔料によって複雑かつ多様な文様を描いているので、いわゆる絵画のような表現は、技術的には十分可能なはずである。しかし、実際には彩色あるいは線刻といった手法で、材質を問わず、絵画的な表現がされている資料は極めて少ない。そういった制約のなか、米田耕之助氏は、縄文絵画資料の集成と分類を行った[1]。米田氏は、土器、石製品など北海道から長野県にかけて二〇点の絵画資料を取り上げ、材質から三つに分類し（土器、土製品、石製品）、さらに絵画の手法から線刻、浮き彫り（浮線・粘土紐貼り付け）、彩色に大別した。結果、縄文絵画は東北地方でも特に青森県に分布が偏り、土器に浮線が多用されること、東北南部から北関東では石製品に線刻を施すこと、関東から中部地方にかけては土器に線刻を施すことなどの傾向を抽出している。分布の意義や、手法の違いについて深く言及していないが、資料が極めて少ない点について、絵を描く行為そのものに、特別な意味合いがあったと指摘する。

　宮尾亨氏も同様に、描くという動作について積極的な評価をしている[2]。宮尾氏は、縄文土器の中の線刻画の定義を、「文様構成および施文の単位や順序から独立した沈線描画」とし、北海道では動物、東北地方では植物という、意匠の選択があった可能性を示している。宮尾氏が特に注目したのは線刻礫で、元屋敷遺跡（新潟県）から見つかった資料を挙げる（図1）。それらの線刻礫は、素材の形状が類似していながら、線刻が多いものと少ないものがあり、かつ完成形と呼べるようなスタイルが存在していない。その点から、線刻という行為そのものに意義があり、さらにその動作の反復によって縄文人の世界観の共有が図られていると理解した。

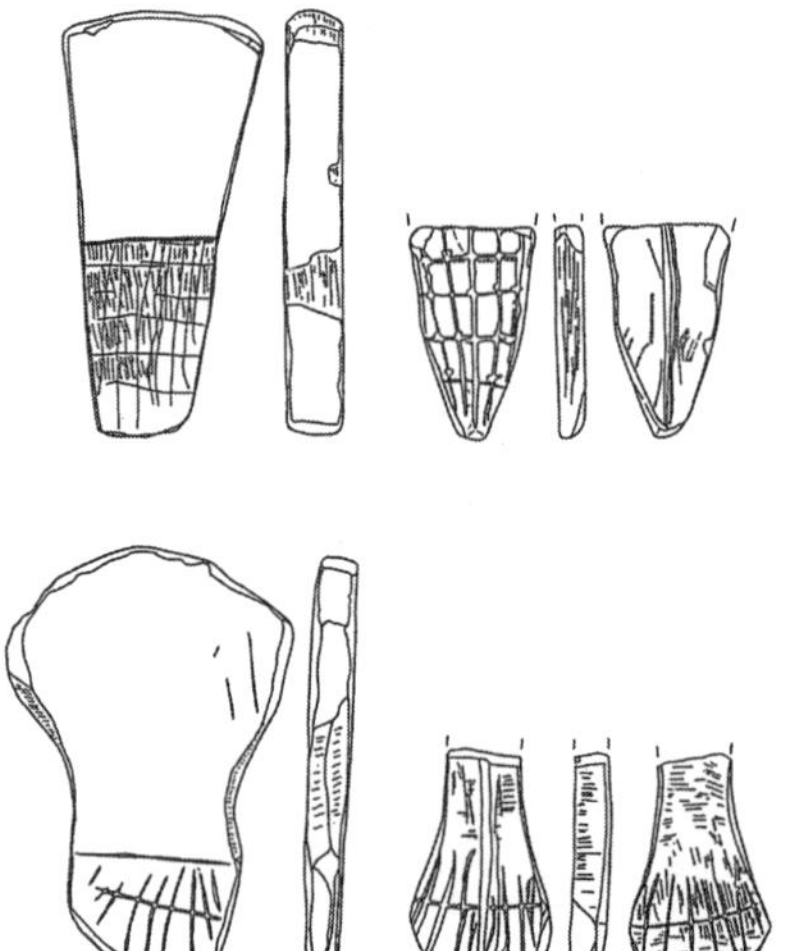

図1　元屋敷遺跡出土の線刻礫

全国的な視野のもと、七〜八世紀以前の絵画資料を対象とした『原始絵画の研究』では、絵画研究の方法や、日本各地の様相など、注目すべき論考が収められている[3]。縄文時代については、設楽博己氏が、立体的な装飾や浮き彫りといった「立体画」の型式学的な変遷について言及し[4]、狩猟文土器についての斎野裕彦氏の論文があるもの[5]の、線刻などによる縄文絵画に関する論文はない。資料数の制約から、縄文絵画の系譜や、背景を探ることが困難なことを物語っている。

　これまでの研究では、資料が極めて少ないゆえに、「描く」という行為そのものに意義が見出されていった。その点に異論はないが、やはり絵画の画題の追求は、当時の精神世界を探る上で重要な研究テーマである。絵画資料だけでなく、その他の資料も含めた様々な視点からの検討が必要とされる。

（二）　船橋遺跡の縄文絵画土器

柏原市が所蔵する縄文絵画土器（以下、船橋絵画土器①）は、一九九三年、個人により大和川河川敷で採集されたもので、観察内容等が報告されている(6)。口縁部の約四分の一が残り、復元口径四九・一センチ、復元高四五～五〇センチの深鉢で、口縁端部に刻み目を残すことから、船橋式でもやや古相の突帯文土器である（図2―1）。口縁端部と肩部の突帯に間に、四つの線刻画が描かれる。その残存状況から、全体を一周して線刻画があった可能性が高く、だとすれば一二～一六ほどの線刻画があったことになる。胴部外面には煤が付着する。線の細かな観察は後述するとして、左から建物、鹿あるいは複数の弓、水田、靫などが想像されている。報告者は、抽象的ではあるものの絵画と考え、絵巻物風に線刻画が複数描かれた土器を囲んで、何らかの儀式があったと想定する。また、土器の時期的にも、縄文・弥生移行期にあたることから、弥生文化の影響により描かれた絵画の可能性を考えている。

大阪府立弥生文化博物館所蔵資料は、柏原市在住の個人が長年にわたって船橋遺跡から採集したもので、縄文絵画土器は、二点のうち一点が紹介されている(7)（以下、船橋絵画土器②）。全体の半分近くが残る船橋式の浅鉢で、復元口径二五センチ、残存高一五・五センチを測る。外面全体と口縁部内面が赤く塗られ、口縁部直下に三つの線刻画が描かれている（図2―2）。線刻の上下には平行する沈線があり、船橋絵画土器①と同様、全周するように描かれていた可能性は高い。だとすれば、六～八の線刻画があったとみられる。線刻画について、具体的な対象物が想定できず、記号とするには複雑すぎること、また、土器が赤彩されていることから、非日常的な土器とし、線刻画は呪術的な符号のようなものと考えられている。

この船橋絵画土器②の線刻画について、いくつかの指摘がある。設楽博己氏は、雌鹿塚遺跡（愛知県）出土の縄文・弥生移行期の土器に、東北地方由来の土器が共伴することに注目し、それらの土器に施される連続したU字形の文様は、大洞式の文様要素のひとつで

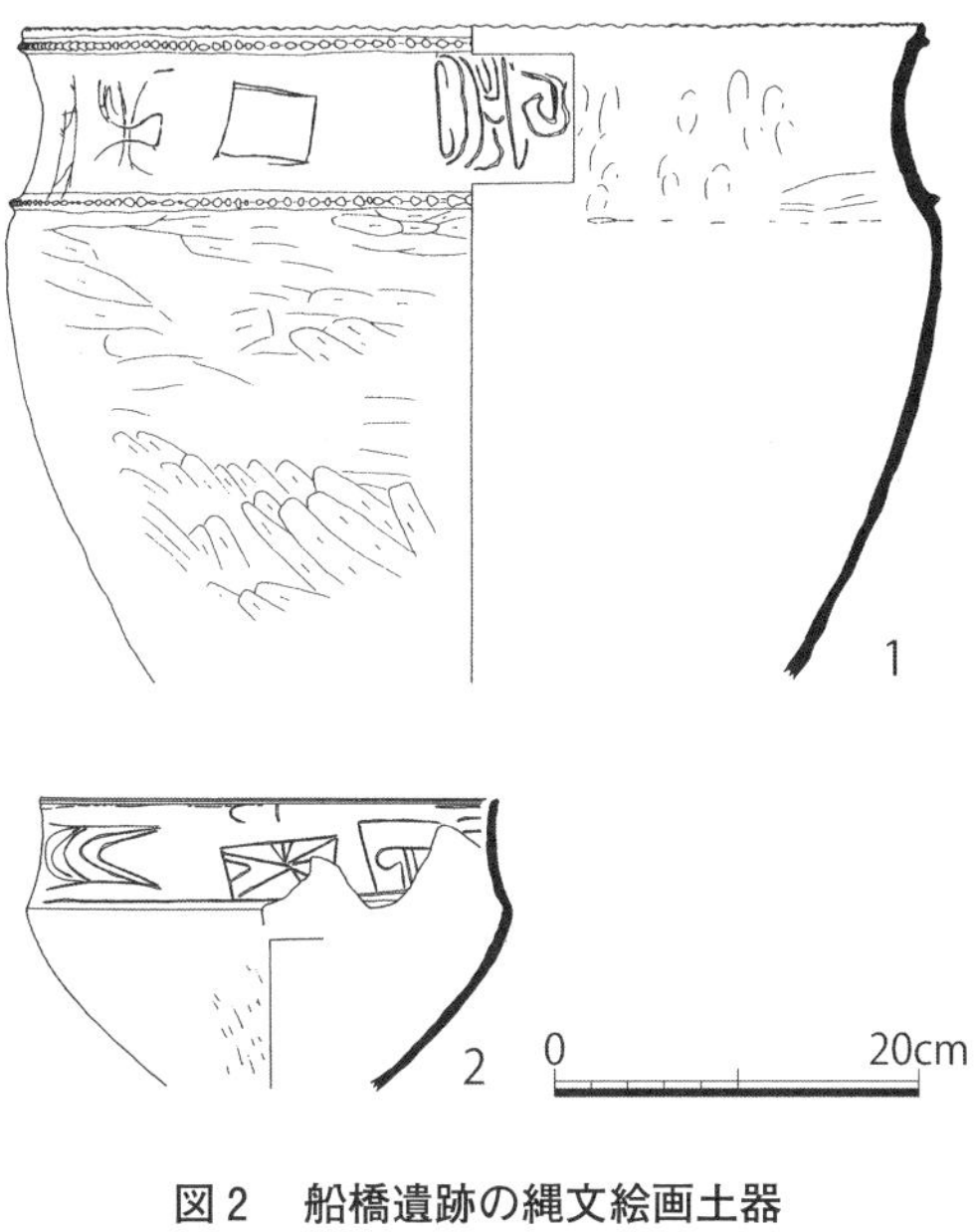

図2　船橋遺跡の縄文絵画土器

あると考えた[8]（図3−1）。土器以外にも粘土板や、石棒頭部にもみられるその文様は、何かしらの意味を持つ象徴的な文様であるとし、船橋絵画土器②のモチーフとなった可能性を考えている。春成秀爾氏は、五貫森遺貝塚（愛知県）でもよく似た突帯文土器の絵画資料があり（図3−2）、東日本の亀ヶ岡式土器にみられる工字文の影響を指摘する。[9]両者とも、可能性を示唆するにとどまっていたが、小林青樹氏は、「突帯文土器」いう括りのなかで、絵画土器を集成し、検討を行った。[10]小林氏はその論文発表以前、縄文・弥生移行期の西日本で出土する「東日本系土器」の研究を行っており、[11]突帯文土器の絵画についても、そうした研究を踏まえたものといえる。小林氏は、突帯文土器の絵画資料が、東日本の縄文文化と接する近畿・東海地方に集中することを明らかにし、それらは工字文といった東日本の縄文系の文様が受容され、変容、変遷したと考えた。変容した理由については、突帯文土器の作り手と東日本の縄文文化の関係性の変化、情報量の欠如によるものとしている。東日本（縄文集団）と西日本（突帯文・遠賀川集団）との関係性から、突帯文土器の絵画を位置づけ、その系譜に迫った小林氏の研究は、突帯文土器に限られるが、縄文絵画に新たな視点をもたらした。ただ、小林氏の評価には問題点もあり、これについては後述する。

大阪府立弥生文化博物館で所蔵するもう一点の縄文絵画土器は、詳しい報告はなく、写真でのみ紹介されている[12]（以下、船橋絵画土器③）。筆者による観察所見では、復元口径約三六センチ、残存高約三〇センチの深鉢で、全体の五分の一ほどが残る。口縁部直下の頸部に線刻画があり、胴部外面に煤が付着する。口縁部の突帯文がやや下がること、頸部が内傾気味であることから、長原式段階の土器である。線刻画は、左側のものが明瞭な線で描かれているのに対し、右側は不鮮明である。線刻画が全周するとすれば、一〇ほどあったとみられる。船橋絵画土器②と同様、具体的にイメージできる対象物はない。

以上が、船橋遺跡から見つかっている縄文絵画土器三点の、現状での評価である。整理すると、何かしらの対象物を描いた絵画とみる見解（船橋絵画土器①）、呪術的な符号とみる見解（船橋絵画土器

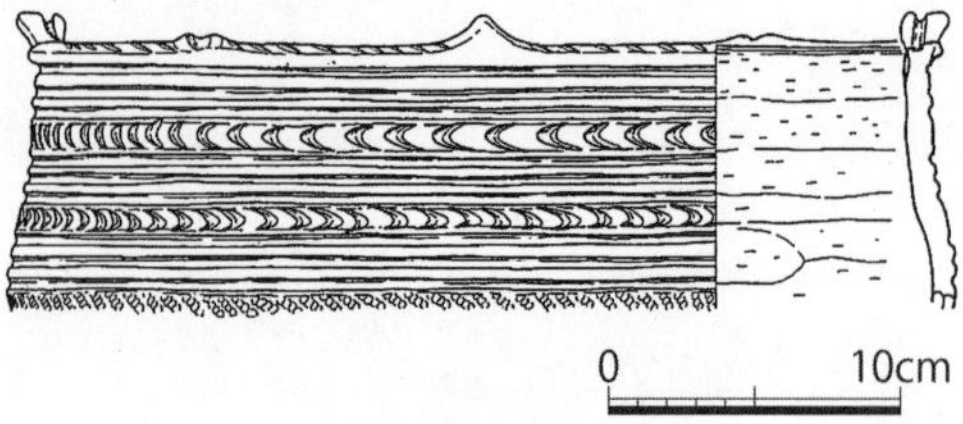

1. 雌鹿塚遺跡出土

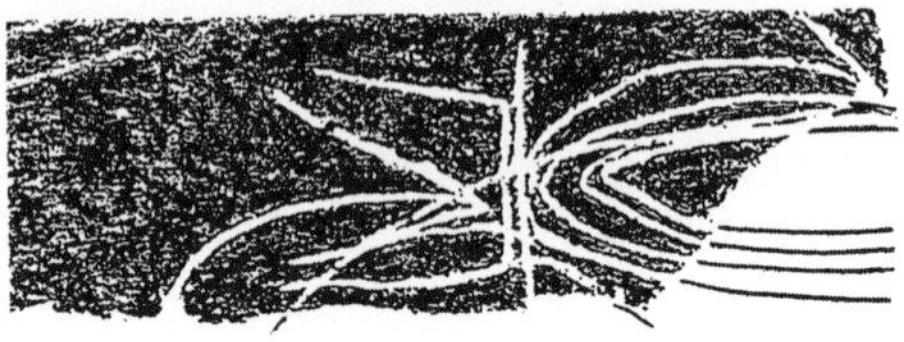

2. 五貫森貝塚出土

図3　船橋絵画土器②に似た文様の土器

②）、縄文土器の文様の系譜上にあるとする見解（船橋絵画土器②）となる。次章で、それぞれの可能性を検証する。

二、船橋絵画土器のモチーフ

（一）各線刻画の特徴

それぞれの見解を検証するにあたって、船橋遺跡の個々の線刻画の特徴をまとめておく。

船橋絵画土器①には、四つの線刻画がある（図4-①）。いずれも約一ミリの先端の鋭い工具で描かれる。aは、左上が欠損する。線は、まず縦の直線が描かれ、その線は肩部の突帯部まで延びる。次に横の直線、左下がり斜線の順に描かれる。その他の線の前後関係は不明。bは、縦方向の二本の弧線を描いた後、この線と直交するように二本の弧線が引かれ、右側で繋げている。最後に左側の短い弧線と横線を描く。cは、左右の縦線が引かれ、次に横線が引かれる。上下の横線には、さらに角度の違う横線が加えられている。dには、切り合う線がない。中央部分は、ほぼ左右対称に線が描かれるが、その左側にはC字・逆C字状の弧線があり、右側には渦巻状の線が描かれる。全体を概観すると、a・cは直線を、b・dは弧線を基調としている、また、a～cのように、いずれも縦方向の直線あるいは弧線から描き始めている。これが手癖といえるか心許ないが、これらは同一人物による線刻画の可能性は高い。

船橋絵画土器②には、三つの線刻画がある（図4-②）。①に比べ、

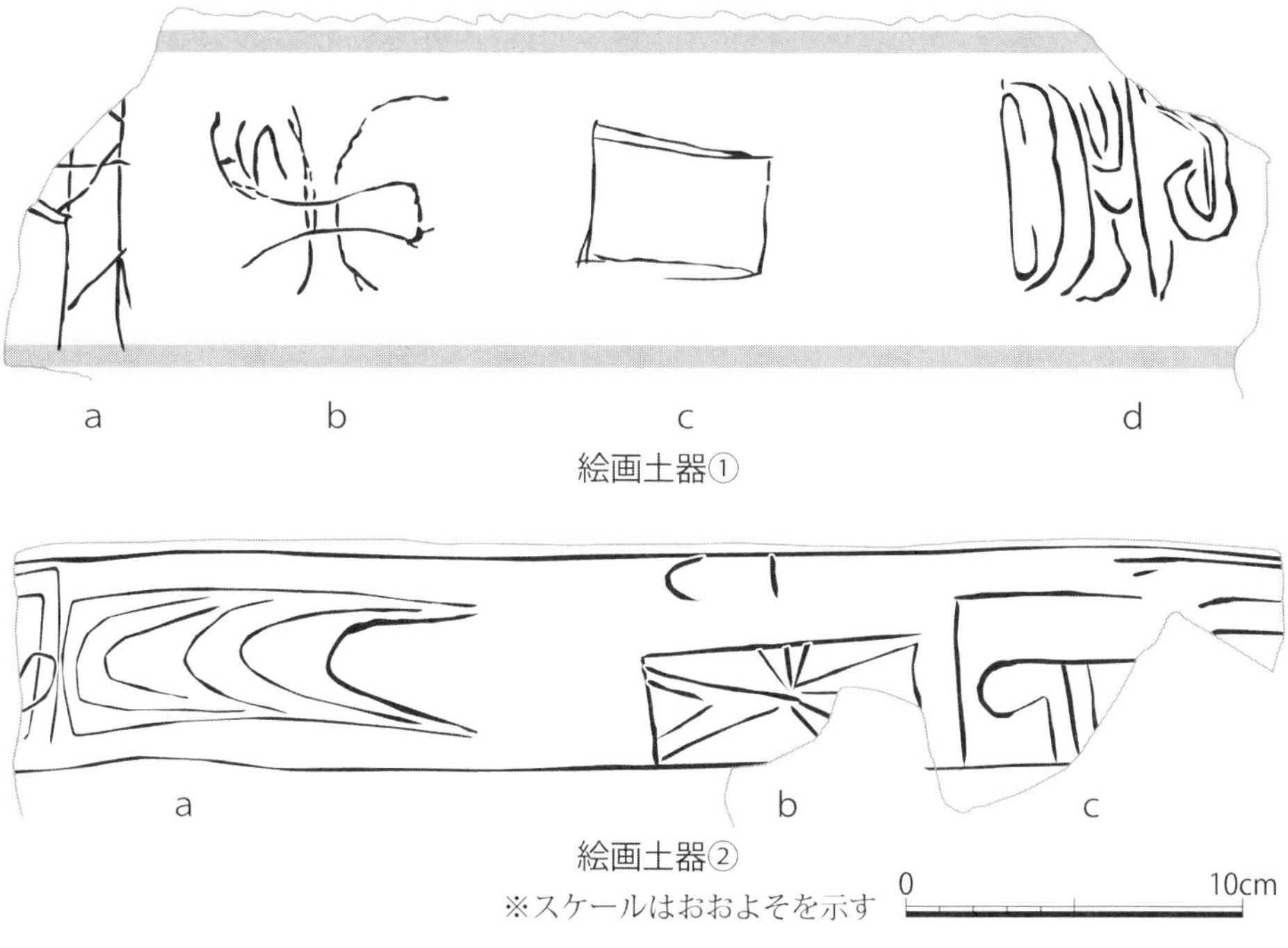

図4　船橋絵画土器①・②の線刻画模式図

やや先端の太い工具が使われている。頸部上下に、平行する沈線がまず描かれており、その線は土器を全周する可能性が高い。aは、左側が欠損する。縦方向の直線が描かれた後、その中央部に円形状の線が描かれる。右側にはC字状の線刻が横に並ぶ。bは右下を欠き、方形状に描いているが、縦線と横線の前後関係は明確ではない。ただ、左の縦線は、下方の沈線を切る。方形状の線の後、内部に三角形状の斜線を描いている。bの上方には、上の沈線を切る形で、短い直線、弧線がある。cは右下を欠き、bと同様の方形状の線を描いているように見えるが、横線の右端が途切れている。内部には横線と縦線三本があり、左端の縦線と横線は弧線によって繋がる。cの右上方には、横線が三本ほどあり、おそらく四つ目の線刻画の一部だろう。bとcについて、土器を全周するとみられる沈線が、線刻画の一部分となっている点が注目される。

船橋絵画土器③は、二点の線刻画がある（図5）。aは左側を欠き明瞭ではないが、X字状の線刻について、右下がり斜線、左下がりの斜線、横線の順に描かれる。その右側には、二つの弧線を縦方向に二段配置し、その接点付近に横線を描く。それを繰り返し描き、右端に縦方向の直線が描かれる。この縦線より右側を便宜上bとする。bはaに比べ先端の細い工具で描かれており、線が非常に不明瞭である。複数の弧線、直線が描かれているが、線も途切れがちである。

以上から、船橋遺跡の線刻画の特徴として、

- 口縁部直下の頸部に、線刻画を描く。
- 線刻画は単独ではなく、複数の単位で描かれる。
- 欠損部があるため、厳密ではないが、各線刻画は基本的に左右非対照に描かれている。
- 似た線刻画の構成として、縦方向の直線中央部に円形状の線刻を描き、その左右にC字状あるいは逆C字状の線刻を描いている①-dと②-a、内部は異なるが方形の形状を指向しているとみられる①-cと②-bがある。
- 突帯部（②は沈線）との関係について、線刻の下端が接している①-a、線刻の上端と下端が接している③-aのほか、沈線が線刻画の一部となっている②-b・cがある。

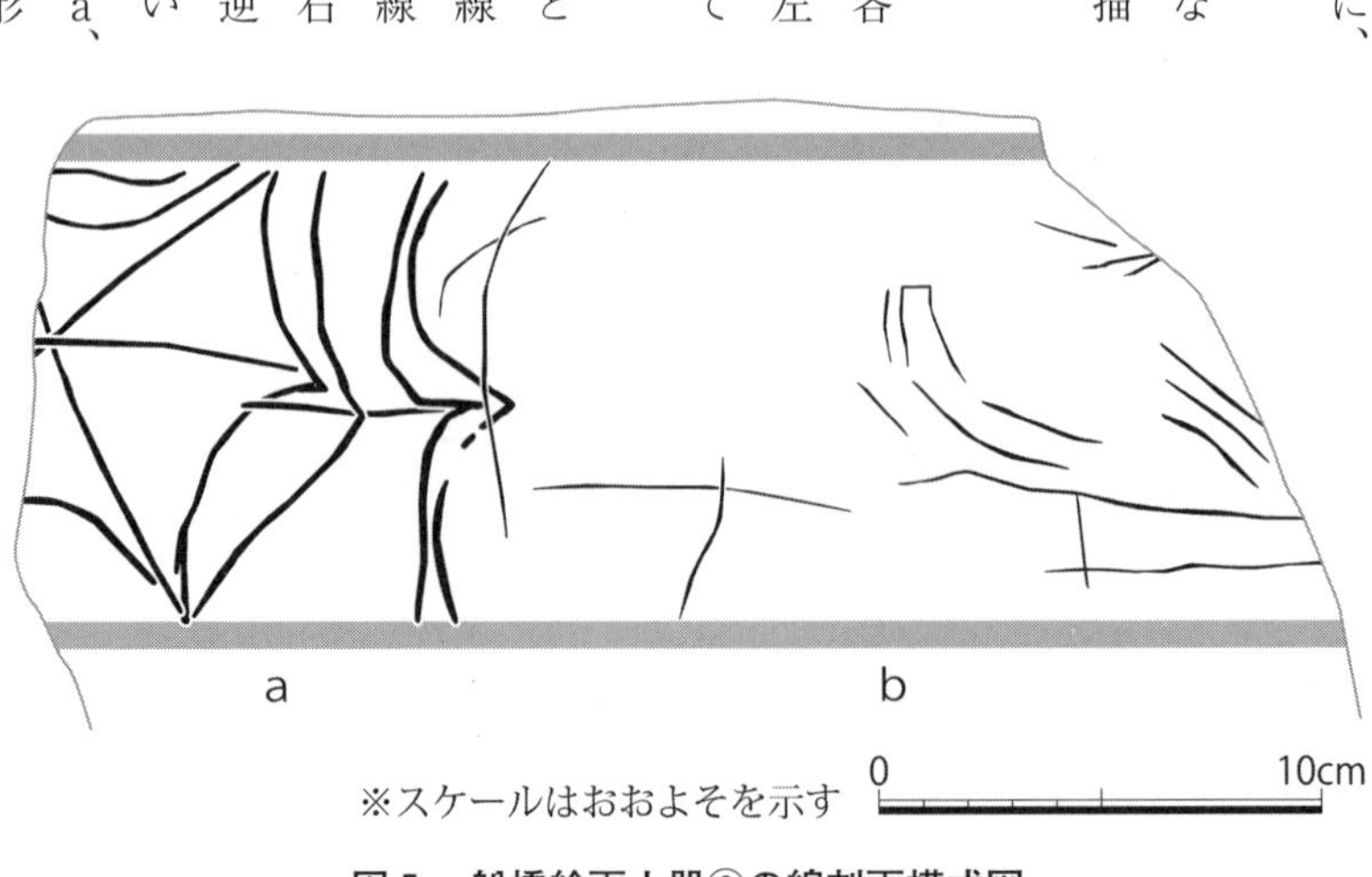

図5　船橋絵画土器③の線刻画模式図

・①・②は、それぞれの線刻画の単位が明瞭で、線を強く描いているのに対し、③は、区分が不明瞭で、bのように線の弱い線刻画が並存している。

などが挙げられる。これらの要素に留意し、船橋遺跡の線刻画が何をモチーフとしているのか検討してみたい。

(二) 線刻画のモチーフ

線刻画が対象物を表現した絵画とする見解は、船橋絵画土器①に対するものである。それぞれの主題は、先に挙げたように建物や鹿、水田などがあるが、報告者も述べているように、想像の域をでない。線刻画が左右非対称であるため、文様や記号には見えにくい点は理解できる。類例は限られるが、突帯文土器以前の縄文絵画土器を見てみよう(図6)。抽象的な1や4などもあるが、明らかに鹿もしくは動物とわかる2や、魚と判別できる6などがある。3の唐渡宮遺跡の例は、線刻ではなく黒色顔料で描かれており、写実的に人物を表現している。少数例ではあるものの、縄文人は平面的な絵画において、ある程度、写実的に表現する技術を有しており、船橋遺跡の線刻画は、それらの縄文時代の絵画とは異なる表現と考えられる。また、絵画の位置をみても、土器の口縁部直下(1)、胴部(2・4・5)、底部(3)、口縁部~底部(6)と様々なバリエーションがあるのに対し、船橋遺跡の線刻画は、すべて頸部に限られている。この特徴は、突帯文土器の絵画全般に共通する。[13] こういった点から

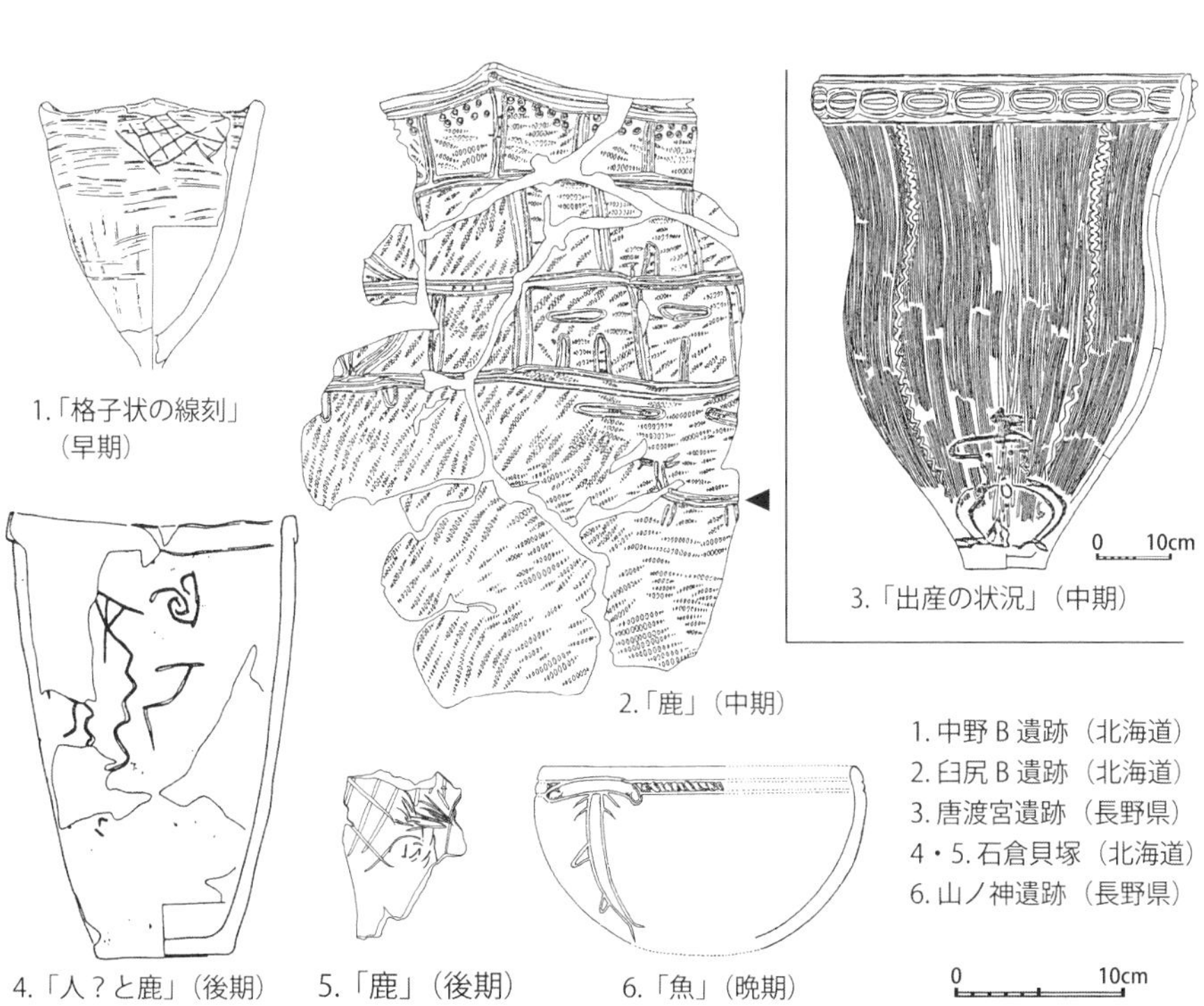

図6　縄文絵画土器

も、縄文時代の絵画の系譜上に、船橋遺跡の線刻画を位置づけることはできない。

時間的な隔たりがあるが、後の弥生時代中期に出現する絵画土器で、モチーフに多用されている鹿や人物、鳥などと結びつけることも難しい。突帯文土器の絵画と弥生時代の絵画に連続性はないと考えたほうがよいだろう。したがって、縄文時代や弥生時代と同列の「絵画」とするのは難しく、それらとは異なる系統の線刻画が、突帯文土器の段階に少数例ながら出現したと考える。

その系統を具体的に示したのが、線刻画が縄文土器の文様の系譜上にあるとする見解である。小林氏は、船橋絵画土器②－aについて、五貫森貝塚資料（図3－2）を類似例に挙げ、その起源を、左右非対称の文様を持つ北陸や東北南部から中部にかけて広がる土器を想定している(14)。工字文の一部を抜粋したとするタイプで、文様の類似性や線刻の順序などからも、線刻画が縄文土器の文様の系譜上にある可能性は高いといえる（図7）。ただ、小林氏がその系譜、変遷を明らかにしているのは、船橋絵画土器②－aのみである。先に述べたように、船橋絵画土器①には一二～一六、②には六～八、③には一〇ほどの線刻画があった可能性は高い。その他の線刻画についても、それぞれの起源、系譜などを検証する必要があるだろう。

また、東日本系土器が船橋遺跡で、未だ見つかっていない点も注意される。東日本系土器と突帯文絵画土器の出土例が、必ずしもリンクしていない点は小林氏も認めており、東日本系土器だけでなく、土偶や石棒などが出土する「縄文系文化の色濃い遺跡」から、突帯文絵画土器が出土するとみている。

船橋遺跡で縄文系文化を示す遺物として、土偶が四点、御物石器

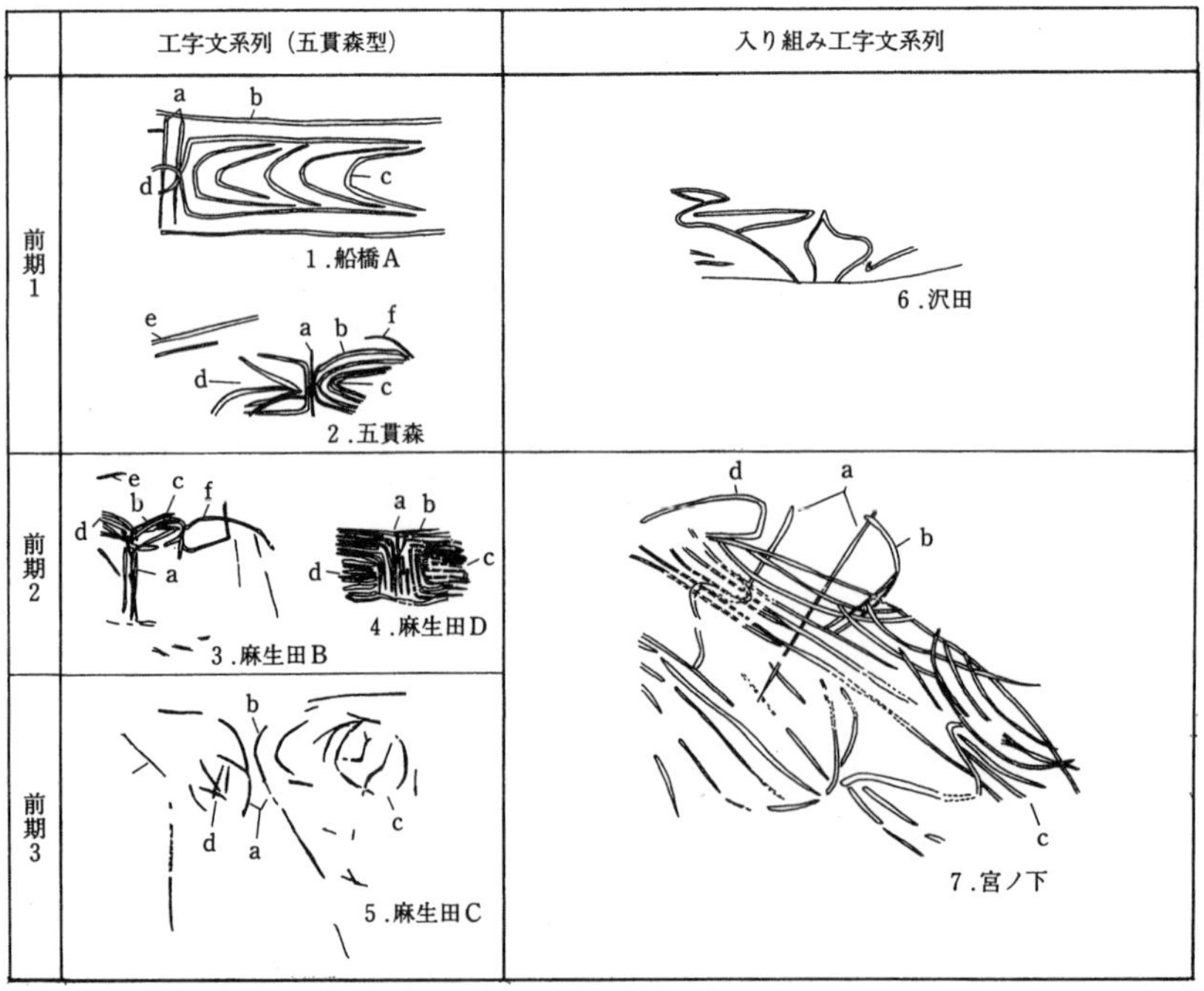

図7　突帯文絵画土器の変遷（小林案）

が一点見つかっている。いずれも採集品であるが、船橋遺跡で見つかっている縄文土器の大部分が縄文時代晩期末（船橋式）である点から、同時期の遺物と考えてよいだろう。土偶について、大野薫氏が検討している(15)（図8-1〜4）。その成果によれば、1は、板状を呈し、ほぼ全形をとどめる。馬場川遺跡（大阪府）出土の土偶の系譜を引いているという。2は、三段の団子状を呈し、消化器と呼ばれる孔が開けられている。出自が不明だが、橿原遺跡（奈良県）、更良岡山遺跡（大阪府）などの土偶から変化した可能性がある。3は、左半身のみ残るもので、胴部と脚部が連続する。橿原遺跡の土偶から変化したと考えられている。4は、右胴部下半〜右腰部にあたる部分である。類似例は橿原遺跡、馬場川遺跡などにあるようだが、系譜は明らかではない。1・3・4は、生駒山西麓産の胎土で、2のみが非河内産の胎土である。船橋遺跡の土偶は、それぞれ異なる系譜上にある。縄文時代晩期後葉〜末には、ほかに台式土偶、黥面土偶などの系譜があり、多様性に富む。その背景は、新来の文化に対し、地域間交流が活発になり、在来の祭祀が活性化した影響とみられている。

　御物石器は、船橋絵画土器②とともに紹介されている(16)（図8）。頭部の一部しか残存していないものの、表面は丁寧に研磨されている。安山岩製で、他地域からの搬入品とみられる。御物石器の用途、起源などは未解明であるが、土偶や石棒などと同じ呪術具である可能性は高い。周辺では、ほかに砂遺跡（大阪府）、橿原遺跡、奈良市大森町で見つかっているのみで、出土例はかなり少ない(17)。吉朝則富氏の研究によれば、御物石器の総数約二五〇点のうち、岐阜県で七割近く、富山県と石川県で一割ずつ見つかっており、非常に局地的に分布している(18)。なお、御物石器は、断面が三角形の「濃飛型」と逆三角形の「美濃型」に分類されており、船橋遺跡のものは濃飛型である。

　土偶2、御物石器は搬入品の可能性が高く、特に御物石器は、そ

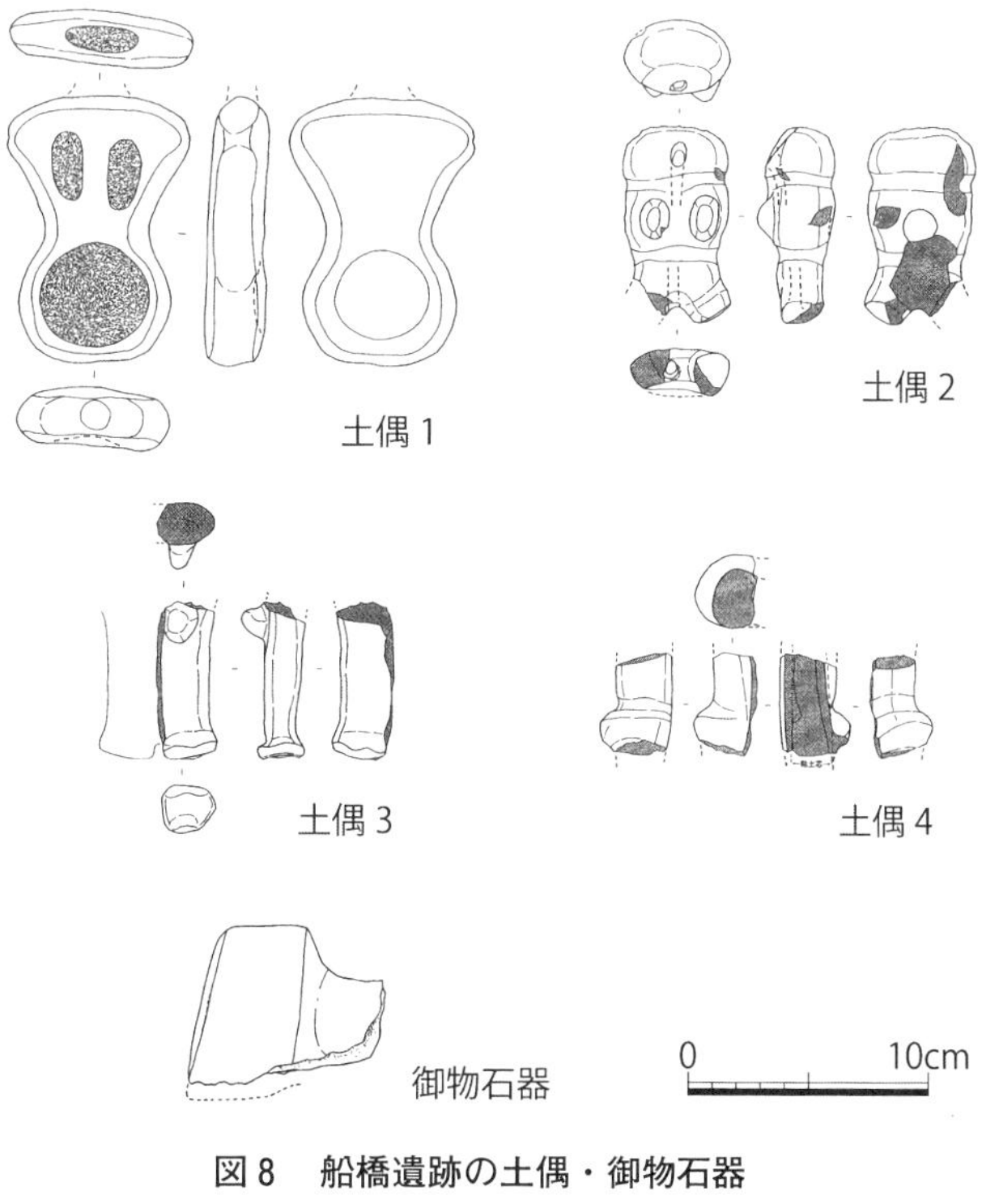

図8　船橋遺跡の土偶・御物石器

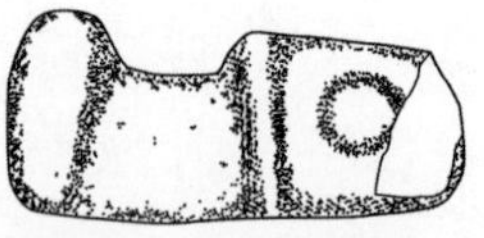
1. 岐阜県下呂市小坂町出土

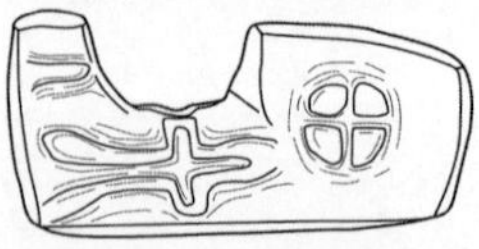
2. 岐阜県下呂市下垣内出土

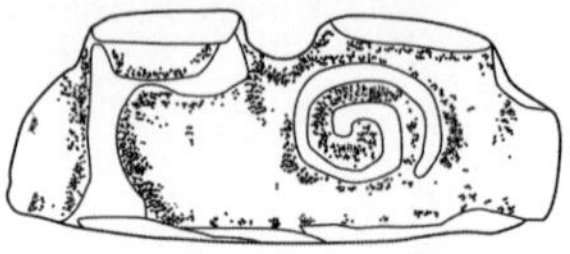
3. 岐阜県高山市荘川町採集

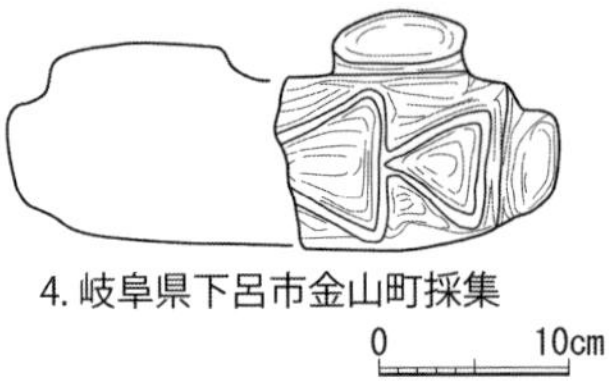
4. 岐阜県下呂市金山町採集

図9　御物石器の文様

の分布の様相から、中部地方から持ち込まれたとみられる。また、御物石器には、文様を持つものがある点が注意される。無文のものも多いが、円文、渦巻文、十字文など装飾性に富む（図9）。御物石器の文様は、同時期の土器の文様とは関連がないとみられており[19]、おそらく呪術的な道具として、独自の文様を採用していたのだろう。残念ながら船橋遺跡の御物石器は、欠損部があり、文様の有無は不明だが、東日本との接点を示す極めて重要な資料である。

　船橋絵画土器②の線刻画を呪術的な符号とした見解があった。現時点で、土器の文様としてたどれる線刻画が、船橋絵画土器②—aのみという点から、今なおこの見解は有効であると考える。船橋絵画土器②に限らず、①や③の線刻画についても、そのモチーフとなったのが、御物石器にみられるような、呪術的な文様だった可能性も考えられよう。御物石器の文様は、土器と違い、ひとつの単位であったり、左右非対称に表現されているものもある。船橋遺跡の線刻画には、明確な単位があり（船橋絵画土器①・②）、左右非対称なのは、御物石器の影響とみることもできる。

　以上をまとめると、何か対象物を描くという点から言えば、船橋遺跡の線刻画は絵画であるといえる。ただ、その対象物は、動物や建物といったものではなく、モチーフとして縄文的な文様が考えられる。具体的には、土器の文様の可能性と、御物石器の文様の可能性が挙げられる。

三、船橋遺跡における縄文絵画土器の意味

　船橋遺跡の縄文絵画土器のように、線刻画を複数、おそらく全周するように配置する土器は、今のところ他に見つかっていない。縄文絵画土器のほとんどが、小さな破片のため、全容は不明であるが、突帯文土器という、縄文時代晩期後葉から末に西日本に共通して使用された土器でありながら、船橋遺跡だけで、複数の線刻画を持つ土器が三点見つかっている状況は、かなり特異といわざるを得ない。

　大阪府下に限られるが、同時期の絵画土器資料は管見の限り、他に五例ある（図10）。いずれも共通するモチーフはみられない[20]。小林氏は、宮ノ下遺跡の絵画土器（図10-4）を、船橋絵画土器②とは異なる系列であるが、縄文土器の文様をモチーフにした絵画としている（図7）。しかし、宮ノ下遺跡例は、円弧状の線の内部に多数の直線と弧線を描いており、船橋遺跡を含めた他の線刻画とは構

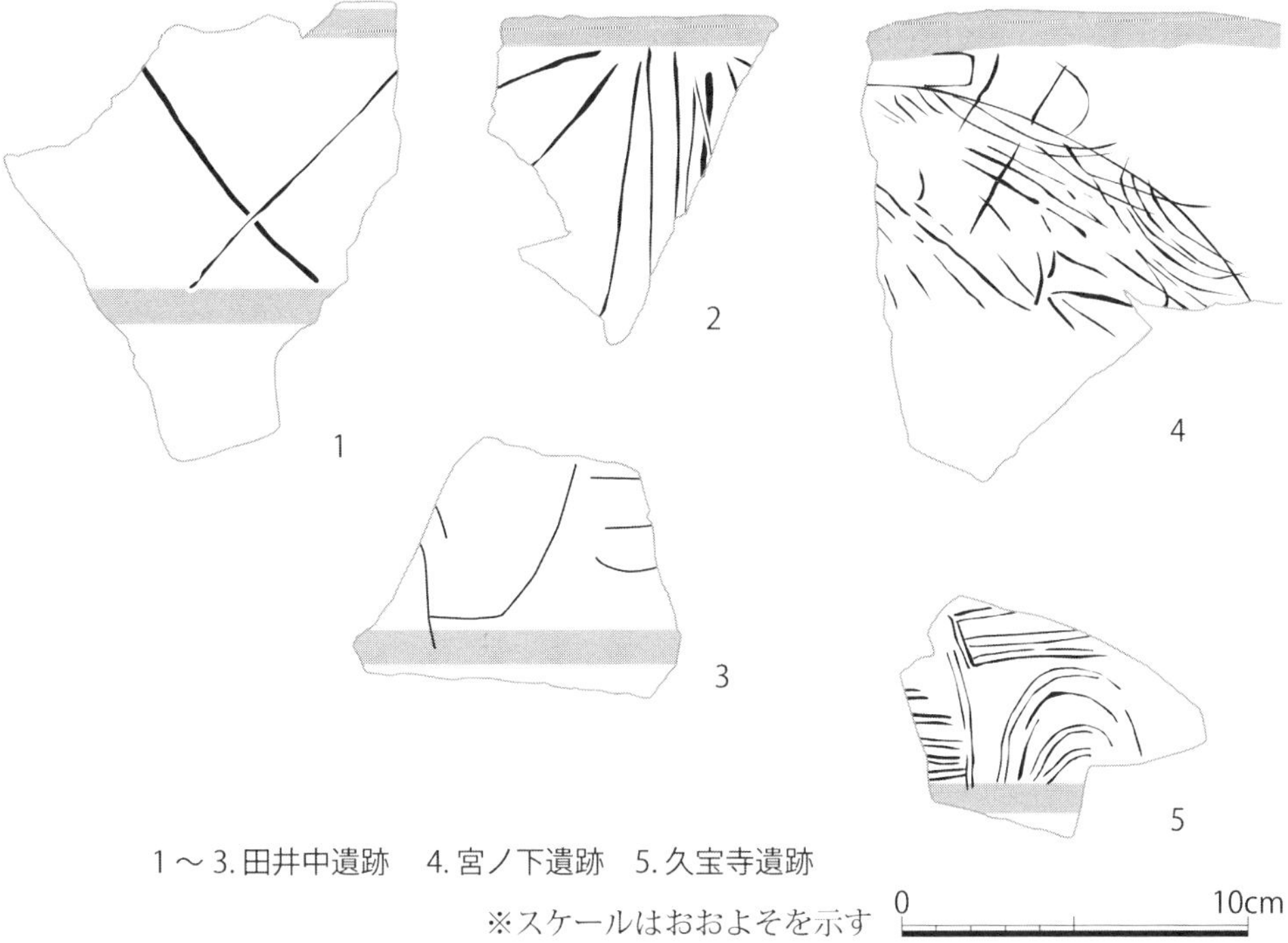

図10　大阪府下の縄文絵画土器（船橋式～長原式段階）

成が異なる。他遺跡の線刻画をみても、構成や表現方法に違いがあり、それぞれの独自性が強く反映されていることが窺える。

船橋絵画土器②は赤彩されていたことから、祭祀用の土器とみてよいだろう。①・③も同様に祭祀に使用されたとして、線刻画が、縄文的なモチーフに由来するならば、祭祀は、自分たちの系譜や文化を再確認する内容だったことが推測される。ただ、祭祀において絵画土器を使用する集団は、出土数からみて、少数派だったのだろう。そのため、絵画土器の線刻画は、遺跡ごとで独自性の強いものとなり、船橋遺跡では、複数の線刻画のある絵画土器が、独自のアイテムとして考案される。縄文・弥生移行期の情報伝播による刺激を受け、新たな波に対する遺跡単位での反応が、絵画土器として表出している可能性が考えられる。土偶にみられた、多様性の背景と通じるものがあるかもしれない。そういった遺跡単位での祭祀が、実際にどれくらいの時間幅で行われていたのか明確ではないが、船橋遺跡では、船橋絵画土器①の船橋式段階から、③の長原式段階まで、ある程度継続していたと考えられる。

しかし、その祭祀が変容していったことが窺える。もう一度、船橋遺跡の絵画土器に立ち返ると、①は線刻画がそれぞれ独立しているのに対し、②は上下の沈線と一体化している線刻画（b・c）があった。②の上下の沈線は、その画面構成から、深鉢にみられる突帯部を表現している可能性が高い。本来、①のように独立して複数描いていた線刻画が、一部、突帯部を表現した線と一体化するという簡略化が進行している。ただ、先に指摘した、①-dと②-a、①-cと②-bが似た構成の線刻画に見える点は、時期的に近いことを示すのかもしれない。③に至っては、線刻画の単位が不明確になり、線自体が不明瞭に描かれている。②からより一層、簡略化、粗雑化が進んでいる。以上のような想定が妥当であるならば、船橋絵画土器①~③は、それぞれが別系統ではなく、①→②→③と変遷していった過程を読み取ることができる。線刻画は、本来、①のように祭祀の参列者に対し、視覚的に訴えかけるものだったが、徐々に変容し、線刻画の意義が失われていった結果、粗雑なものへと変化していった。あるいは、線刻画を「見せる」ことよりも、単に「描く」という行為が重視された結果かもしれない。いずれにせよ、縄文的なモチーフを誇示し、自らの系譜を確認することで集団内の結束を図るといった祭祀本来の目的が変容していったことを示す。変容した要因は、弥生文化の受容が考えられよう。それによって、祭祀、さらには集団のありかたも大きく変わったのである。

おわりに

船橋遺跡の絵画土器について、結論部分は突帯文土器の絵画について評価した小林氏と重なるが[21]、縄文人の精神的な部分を支える「第二の道具」として機能していたのである。縄文時代の船橋遺跡を、隣接する国府遺跡の分村とみるむきもあるが、絵画土器、御物石器といった特殊な遺物が見つかっている点から、単なる集落ではなく、祭祀遺跡としての性格も視野に入れていいのではないか。

本稿は、船橋遺跡の縄文絵画土器のみに終始したが、他の縄文絵画土器を有する遺跡についての検討は、今後の課題としたい。

本稿を草するにあたり、講演会等を通じ、大野薫氏、森岡秀人氏、秋山浩三氏、藤田三郎氏、小林青樹氏、安村俊史氏から、多大なご教示を賜りました。ここに感謝の意を表します。

最後になりましたが、竹下先生が喜寿を迎えられましたこと、心よりお祝い申し上げます。柏原市内のとあるお店で偶然お会いした時には、市内の遺跡のことだけでなく、職場での昔話など、貴重なお話を沢山聞かせていただきました。帰り際、「山根くん、これから頼むよ」とお声をかけていただいたのを覚えています。どうぞお体にお気をつけて、今後ともご指導賜りますようよろしくお願いいたします。

図出典

図1:注2より転載、図2-1:注6より転載、図2-2:注7より転載、図3-1:注8より転載、図3-2:注9より転載、図4・5:注22より転載し一部改変、図6:注3より転載、図7:注10より転載、図8-1~4:注15より転載、図8-御物石器:注7より転載、図9:注18を再トレース、図10:注22掲載の写真をトレース

注

（1）米田耕之助「縄文時代の絵画」『考古学の諸相』一九九六
（2）宮尾　亨「縄文人の線刻画」『季刊　考古学』第一〇〇号　二〇〇七
（3）設楽博己編『原始絵画の研究』論考編　二〇〇六
（4）設楽博己「日本原始絵画研究の歴史と課題」『原始絵画の研究』論考編　二〇〇六
（5）斎野裕彦「狩猟文土器と人体文」『原始絵画の研究』論考編　二〇〇六
（6）柏原市教育委員会『船橋遺跡』一九九三-Ⅵ　一九九四
（7）宮野淳一「大阪府船橋遺跡の御物石器と線刻文土器」『弥生文化博物館研究報告』第四集　一九九五
（8）設楽博己「沼津市雌鹿塚遺跡の縄文晩期土器」『沼津市史研究』第三号　一九九四
（9）春成秀爾「稲祭りの絵」『原始絵画』歴史発掘⑤　一九九七
（10）小林青樹「突帯文土器の絵画」『国立歴史民俗博物館研究報告』第九七集　二〇〇二
（11）小林青樹『縄文・弥生移行期における東日本系土器』考古学資料集九　一九九九
（12）大阪府立弥生文化博物館『船橋展』一九九二
（13）前掲注10
（14）前掲注10
（15）大野　薫「縄文晩期土偶における多様性とその背景―弥生文化博物館所蔵船橋遺跡土偶の分析から―」『大阪府文化財センター・日本民家集落博物館・大阪府立弥生文化博物館・大阪府立近つ飛鳥博物館二〇〇七年度　共同研究成果報告書』二〇〇九
（16）前掲注7
（17）関西縄文文化研究会編『縄文時代の精神文化』発表要旨集・資料集　二〇一〇、岡崎晋明「近畿地方の縄文時代晩期における東日本の影響（一）」『龍谷大学論集』四四五　一九九五
（18）吉朝則富「飛騨の御物石器」『光記念館研究紀要　自然科学』第七号　二〇一一
（19）前掲注18
（20）田井中遺跡1と同様の「×」の線刻のある深鉢が、大県遺跡で見つかっているが（柏原市教育委員会『大県・大県南遺跡』一九八三-Ⅲ　一九八四）、船橋式段階よりも古い突帯文土器のため、除外した。
（21）前掲注10
（22）柏原市立歴史資料館『縄文から弥生へ―船橋遺跡の縄文絵画土器が語るもの』平成二六年度夏季企画展図録　二〇一四

有鍔壺形埴輪

——高井田横穴墓出土資料の再検討——

河内一浩

はじめに

ここで取り上げる「有鍔（ゆうがく）壺形埴輪」とは、字の如く壺に鍔を付けた図１に示した形を呈する。以下、有鍔壺形埴輪の形態を部位名称に従いみることとしよう。

長胴壺の外形に、大きく外方へ開く二重口縁を持つ。二重口縁部は、口縁部突帯によって二分され、上部を二次口縁、下部を一次口縁と称する。頸部には一条の突帯を廻らし、これを頸部突帯と称する。頸部突帯以下は壺形埴輪では体部と呼称するが、ここでは頸部突帯から鍔までを肩部、鍔から底面までを基底部とした。鍔としたのは、幅広い粘土板が水平に張り付けた形状が古代・中世に製作された羽釜の鍔と類似することによる。肩部の丸味が壺をイメージした形態をもち、基底部は円筒形埴輪と同じ製作方法を用いるために底面は解放する。基底部としたのも鍔以上が壺としての機能を持つのに対し、鍔以下は壺本来の体部ではないからだ。以上、形のイメージを持っていただけたと思う(1)。

この有鍔壺形埴輪が初めて発見されたのは一九七二年で、出土古墳は兵庫県朝来市に所在する池田古墳である。同年刊行の報告書には〝壺形埴輪〟として紹介された(2)。

その三年後、奈良県斑鳩町の瓦塚一号墳において発

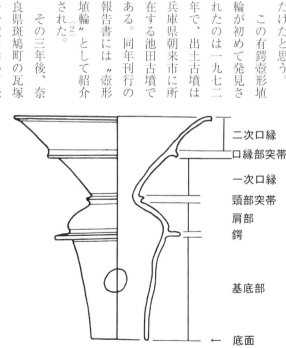

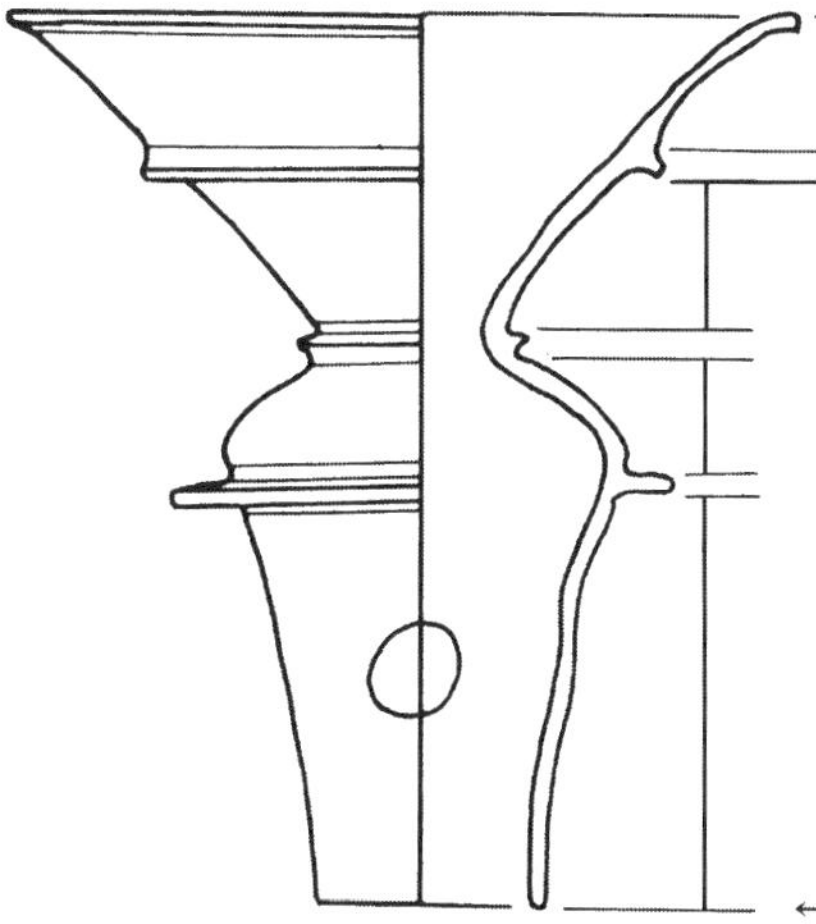

図１　有鍔壺形埴輪部位名称

見された有鍔壺形埴輪も〝壺形埴輪〟の名称が使われている。この瓦塚一号墳では、二種類の壺形埴輪が円筒形埴輪に乗った状態で出土している。報告書によると、壺形埴輪1は壺部と円筒部の間に巾広でやや先端が上り気味の鍔を付加しているのに対して、壺形埴輪3の鍔は巾が狭く下方に傾斜するように付加されている。(3) 壺形埴輪3の形態について赤塚次郎氏は、従来蓋形埴輪として扱われた下大谷一号墳やウワナベ古墳の例と共に壺と円筒形埴輪とのセット関係を意図して壺をより合理的に造形したと考えた。ここで言う有鍔壺形埴輪の形態と異なるが、壺体部下位を省略しその変わりに円筒形埴輪挿入用の円筒部を付加されたものと初めて考えられた。(4)

一九七九年に北岡遺跡で出土した資料は、底部径が鍔部分の直径より小さくなるプロポーションを呈する。(5) 北岡遺跡は大阪府藤井寺市に所在し、古市古墳群の一画にあたる。埴輪棺に転用されていたが、棺に転用された円筒形埴輪の製作時期は中期初頭と考えられ、有顎壺形埴輪も同時期と思われる。このことから古市古墳群内において有顎壺形埴輪をもつ古墳の存在が推定されることとなった。一九八四年、藤井寺市野中に所在する宮山古墳から出土したことで、確定された。

宮山古墳では造出しの地面に直接立て並べられた有鍔壺形埴輪の列が発見された。このことにより円筒形埴輪の上に乗せられず直接配列される例があることが判った。出土した地点からくびれ部と前方部正面外堤に限定されて樹立されていることも明らかとなった。(6)

その後、大和川流域で壺形埴輪が相次いで発見され、有鍔壺形埴輪の検討も行われるようになった。一九九〇年の一ケ塚古墳（長原八五号墳）の報告書の中で積山洋氏は、壺形埴輪には焼成前に穿孔するものと成形当初から大きく開けっ放しにする底部の二分を論じた。後者の開放型の壺形埴輪は、水平鍔の出現で大きく二分でき、鍔の出現は円筒形埴輪の上に載せられるようになったと考えたのである。(7)

一ケ塚古墳の報告書刊行の翌年、同じく長原古墳群の高廻り二号墳の報告書が刊行された。報告者の高井健司氏は、形態変化に注目し、編年を考えている。同古墳のように鍔より下が長い資料から野中宮山古墳のように短い資料に移行すると考えた。時期経過とともに円筒形埴輪に挿入される基底部が短小化することが指摘された。(8)

一九九九年、吉田野々氏は心合寺山古墳から出土した鍔形埴輪を中心に畿内の壺形埴輪を考察した。底部から壺形土器型と底部開放型に二分し、さらに積山氏が扱わなかった鍔形の直口の資料も含め、複合口縁壺型、直口壺型、短頸壺型に分類した。鍔が付くタイプをB類とし、鍔を持たないA類に二分した。(9)

赤塚次郎氏は、二〇〇一年に壺形埴輪を四つに分類する案を提示した。本稿で取り上げる有鍔壺形埴輪を3類とし、円筒形埴輪と組合せることを前提とした組合せ型（壺上半形埴輪）に変化したと捉えた。そして多様な形状を想定した。「壺上半形埴輪」と名づけた壺形埴輪3類はさらに、組合せる行為に、そのカタチと視覚性にこの種の埴輪の意味があるとした。壺形埴輪３類を多用する地域は畿内に偏在する傾向を指摘し、その底部開放型の壺形埴輪が北近畿系列にあると考えた[10]。

　以上の研究史を踏まえると有鍔壺形埴輪の成立・展開について整理された研究は無いようだ。その要因は破片であれば朝顔形埴輪と間違えられ、検討資料の少なさがあげられよう。そこでここでは、①口縁部は広がる二重口縁。②口縁部と胴部からなり、肩付近に幅広の粘土板（＝鍔）を完周するように貼り付ける。③底部を開放する円筒形埴輪と同じ制作方法による。といった特徴をもつ資料を対象とし、資料収集を行う。そして、成立を考えるうえで古く位置付けられる高井田横穴出土資料を俎上に置き次の問題点を検討することにしたい。

一、形態からみる有鍔壺形埴輪の系譜

二、鍔の機能からみた有鍔壺形埴輪の本質

三、壺形埴輪・朝顔形埴輪の使い分け

の三点とした有鍔壺形埴輪の本質論を展開したうえで高井田横穴群の埴輪を持つ古墳についても考えたい。

一、高井田横穴群出土の壺形埴輪[11]

大阪府柏原市高井田。ここにゴンドラの船の壁画で有名な高井田横穴群がある。凝灰岩層の岩盤丘陵斜面に掘られた横穴は、現在一一五基が確認され、地形から大きく四つのグループに分けられている。出土した副葬品からは各グループとも六世紀後葉から造墓活動が始まり七世紀には終焉を向えるようだ。

　この古墳時代後期の墓制である横穴群の一画において古墳時代前期の埴輪が出土する。報告書によれば一九九〇年に実施した柏原市教育委員会の調査で高井田横穴４支群四五号墓の付近に多く埴輪片を認めたが、調査では古墳の痕跡を見出すことができなかったという。出土埴輪は、円筒形のほか家形があった。円筒形埴輪は調整方法やスカシ孔の形状から埴輪共通編年のⅡ期１段階にあたる。推測の域は超えないが、私も報告者同様、跡形もなく削平されているものの地形から尾根頂上にはかつて前期末葉に築造された古墳があったと考える[12]。

　そして、古墳推定地の北側にある谷川から河川改修工事に伴う調査において一九八五年に柏原市教育委員会が円筒形埴輪と共に壺形埴輪を確認している[13]。埴輪は、谷川の南斜面に開削された東西溝（幅三・二ｍ、深さ〇・九ｍ）から六世紀から七世紀の遺物とともに出土している。溝は横穴と同時期と考えられるが、壺形埴輪は出土状況より古墳推定地から転落したものと考えられている。私も同じ見解である。

　出土した壺形埴輪は、『高井田横穴群Ⅰ』にすでに実測図が公表されているが今回再実測した図２をもとに概観しよう。

　検討する資料の遺存状況は、存在したであろう口縁部突帯と二次口縁部が欠損するものの一次口縁部の一部が残り、頸部から基底部

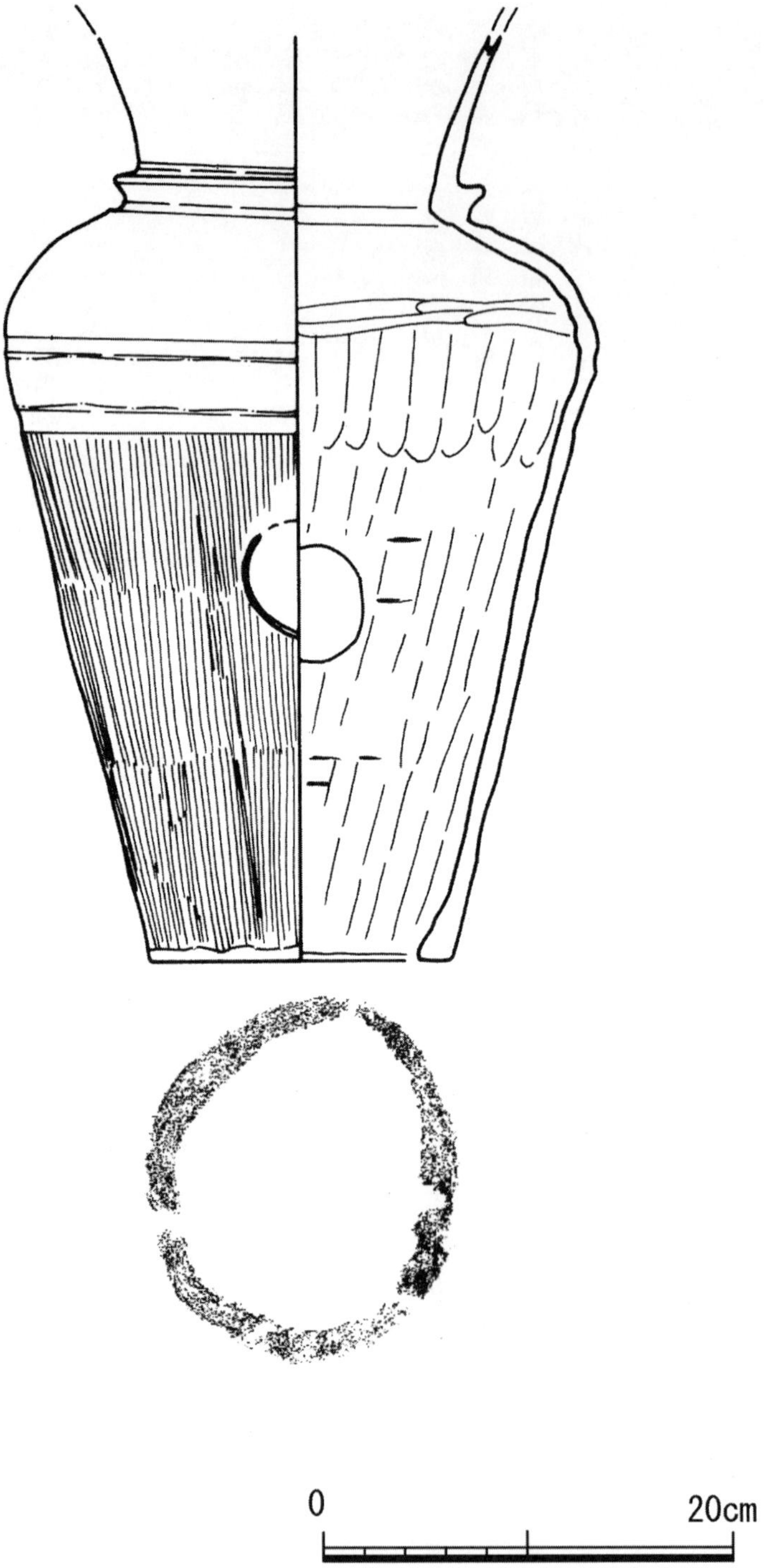

図２　高井田横穴群出土　有鍔壺形埴輪実測図（河内実測）

の底面まで完存する。残存する高さは四五センチ、頸部より下が三六センチであった。長胴の壺のフォルムをもつ最大径は肩部付近で、直径は二九・五センチ、頸部の径が一八・四センチを測る。底面は正円ではなく、短径一五センチ、長径一八センチの楕円形であった。

頸部突帯は、断面が三角形に近い形状を呈する。肩部の下位には二条の平行するヨコナデが施され、その間の二・八センチ幅に剥がれた痕跡が見られた。ここに鍔が貼り付けられていた部分と考えられる。よって本壺形埴輪は〝有鍔壺形埴輪〟ということになる。鍔の破片が確認されていないので鍔幅については不明である。貼り付け痕跡から底面までの基底部高は二五センチを測る。基底部の上位には円形のスカシ孔が二つ施される。粘土紐を積み上げて成形する基底部は、底部を穿孔する壺形埴輪と大きく異なる開放型となる。

調整方法は、肩部は丁寧にナデが施されるが、基底部はタテハケの調整で完了されている（写真1）。基底部内面はタテ方向のナデ調整で、ところどころに粘土紐の積み上げ痕が残る（写真3）。

胎土はやや粗、石英や長石などの砂粒を含む。外面には黒斑が観察され、焼成は野焼きである。断面が黒いが外面の色調が褐色を呈する。

二、有鍔壺形埴輪の問題点の検討

（一）形態からみる有鍔壺形埴輪の系譜

高井田横穴群以外に全国でどれだけの有鍔壺形埴輪が出土しているのであろうか。実見できた資料や報告書から集成したのが表1である。今のところ古墳が二八例、生産遺跡一例が確認できる。

表1から見て取れる有顎壺形埴輪の分布は、今のところ群馬県が最も東端で、畿外以東では静岡県、愛知県、三重県で九古墳に認め

写真1

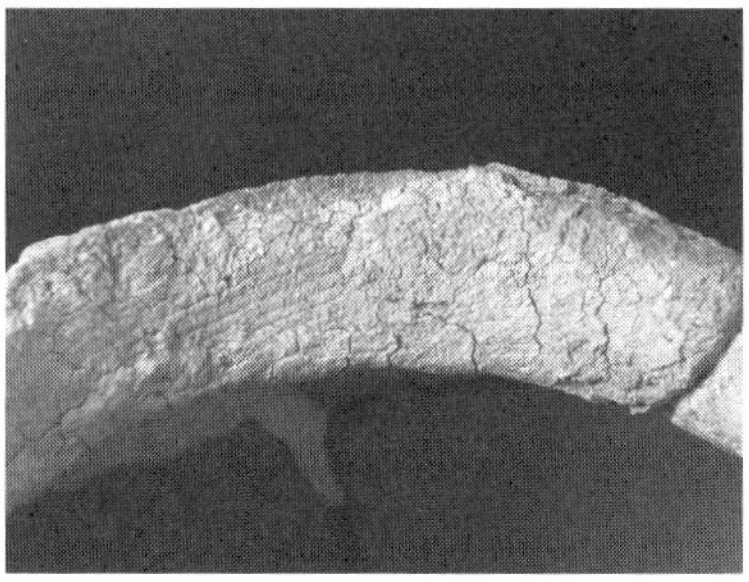
写真2

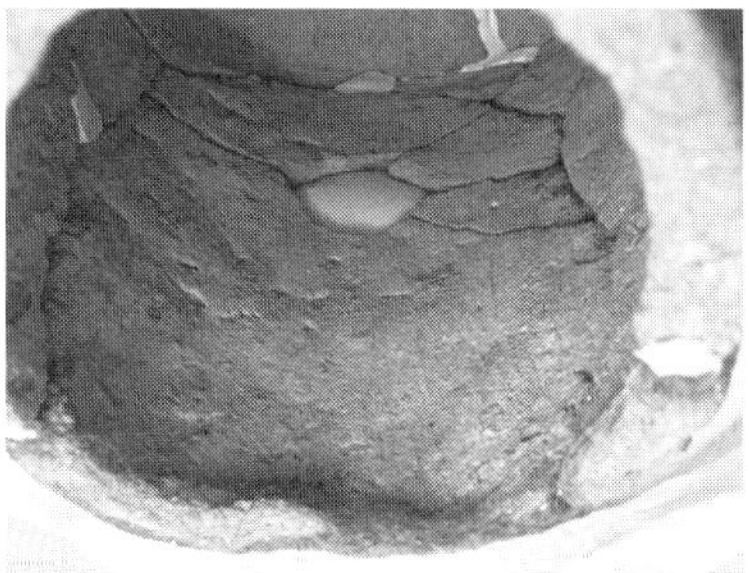
写真3

られる。西端は宮崎県であるが、九州では宮崎県以外に出土例はない。瀬戸内をはじめ山陰、四国も確認できない。

集中するのは畿内で、大阪府八例、京都府二例、兵庫県三例、奈良県四例、滋賀県一例、和歌山県では出土していない。

大阪府の出土古墳の分布を見ると、彼方丸山古墳[(14)]を除くと他は旧大和川流域にあたる。同流域の美園古墳では底部を開放する長胴の壺形埴輪がある。形態的に有鍔壺形埴輪の祖形に成り得る[(15)]。

集成した有鍔壺形埴輪の実測図から大きさの違いに注目すると図３のような四つの規格に分類することが可能である。埴輪の器高が確定できる資料からグループを以下の通りとした。

図３の左からＬサイズは器高七〇センチ以上で、事例は高廻り二号墳

表１　有鍔壺形一覧

No.	古墳名	所在地	墳形（規模　m）	時期	文献	備考
1	赤堀茶臼山古墳	群馬県伊勢崎市赤堀町	帆立貝（62）	6期		
2	澄水山古墳	静岡県磐田市中泉	帆立貝（55）		①	
3	安久路丸山古墳	静岡県磐田市安久路	—	—	①	可能性あり
4	下原古窯跡群	愛知県春日井市味美	—	—	②	埴輪窯
5	味美二子山古墳	愛知県春日井市味美	前方後円墳（94）		③	
6	八高古墳	愛知県名古屋市瑞穂区	前方後円墳（70）			
7	宝塚１号墳	三重県松阪市宝塚	前方後円墳（111）		④	
8	権現山古墳	三重県明和町土羽	方墳（39×46）		⑤	
9	白鳥塚１号墳	三重県鈴鹿市	帆立貝（89）			
10	恵解山古墳	京都府長岡京市勝竜寺	前方後円墳（120）	5期		6次調査
11	梶　古墳	京都府城陽市平川	方墳（50）	6期	⑥	
12	荒神山古墳	滋賀県彦根市石寺町	前方後円墳（124）	3期	⑦	
13	池田古墳	兵庫県朝来市和田山町	前方後円墳（141）	5期	⑧	
14	茶すり山古墳	兵庫県朝来市和田山町	円墳（90）		⑨	
15	東沢１号墳	兵庫県加古川市八幡町	方墳（20）		⑩	造出し
16	瓦塚１号墳	奈良県斑鳩町岡本	前方後円墳（97）	5期	⑪	
17	巣山古墳	奈良県広陵町三吉	前方後円墳（200）	4期		
18	乙女山古墳	奈良県河合町佐味田	前方後円墳（130）	5期		
19	小立古墳	奈良県桜井市山田	前方後円墳（35）	5期	⑫	
20	一ケ塚古墳	大阪市平野区長吉長原西	円墳（47）	5期	⑬	造出し
21	高廻２号墳	大阪市平野区長吉長原	円墳（21）	5期	⑭	
22	萱振１号墳	大阪府八尾市萱振	方墳（27）	3期	⑮	
23	心合寺山古墳	大阪府八尾市大竹	前方後円墳（160）	5期	⑯	
24	高井田横穴	大阪府柏原市高井田	—	—	⑰	古墳に伴う
25	北岡遺跡	大阪府藤井寺市北岡	—	—	⑱	棺に転用
26	野中宮山古墳	大阪府藤井寺市野中	前方後円墳（154）	5期	⑲	
27	彼方丸山古墳	大阪府富田林市彼方	円墳（40）	5期	⑳	
28	西都原169号墳	宮崎県西都市三宅	円墳（49）	5期	㉑	
29	西都原170号墳	宮崎県西都市三宅	円墳（47）	5期	㉑	

をあげた。Mサイズは器高六〇センチ前後で、事例は一ケ塚古墳をあげた。Sサイズは器高五〇センチ前後で、事例は乙女山古墳をあげた[16]。SSサイズは器高四〇センチ以下で、事例は西都原一七〇号墳をあげた。

ここで注目したいのはこの四サイズを並べてみると、高井氏が指摘するように基底部の高さの変化である。つまり、Lサイズの高廻り二号墳は三六センチ、以下二七センチ、二〇センチ、SSサイズ一五センチとなる。大きな流れとしては、LサイズからSSサイズに変化するようだ。形式にも矛盾はなく基底部高が縮小していくのに気がつく。

ところが一ケ塚古墳のように一つの古墳から複数のサイズが認められる例もあり、古い段階に明らかに基底部高の低い例が散見できる。図4の3の四世紀後半の荒神山古墳では基底部高が一八センチで、古い段階にも基底部高が低い例もある[17]。また、北岡2号埴輪棺も同じ例であろう。有顎壺形埴輪のモデルは長胴壺と考えられるため、荒神山古墳や北岡2号埴輪棺は円筒形埴輪に挿入する基底部を短くしたとも考えられ、基底部の長い高井田横穴例と別系譜と考えたい。

(二) 鍔の機能からみた有鍔壺形埴輪の本質

有鍔壺形埴輪の鍔の機能は、円筒形埴輪の上に載せて組み合わせるためにある。したがって、円筒形埴輪の口縁部に安定して置くた

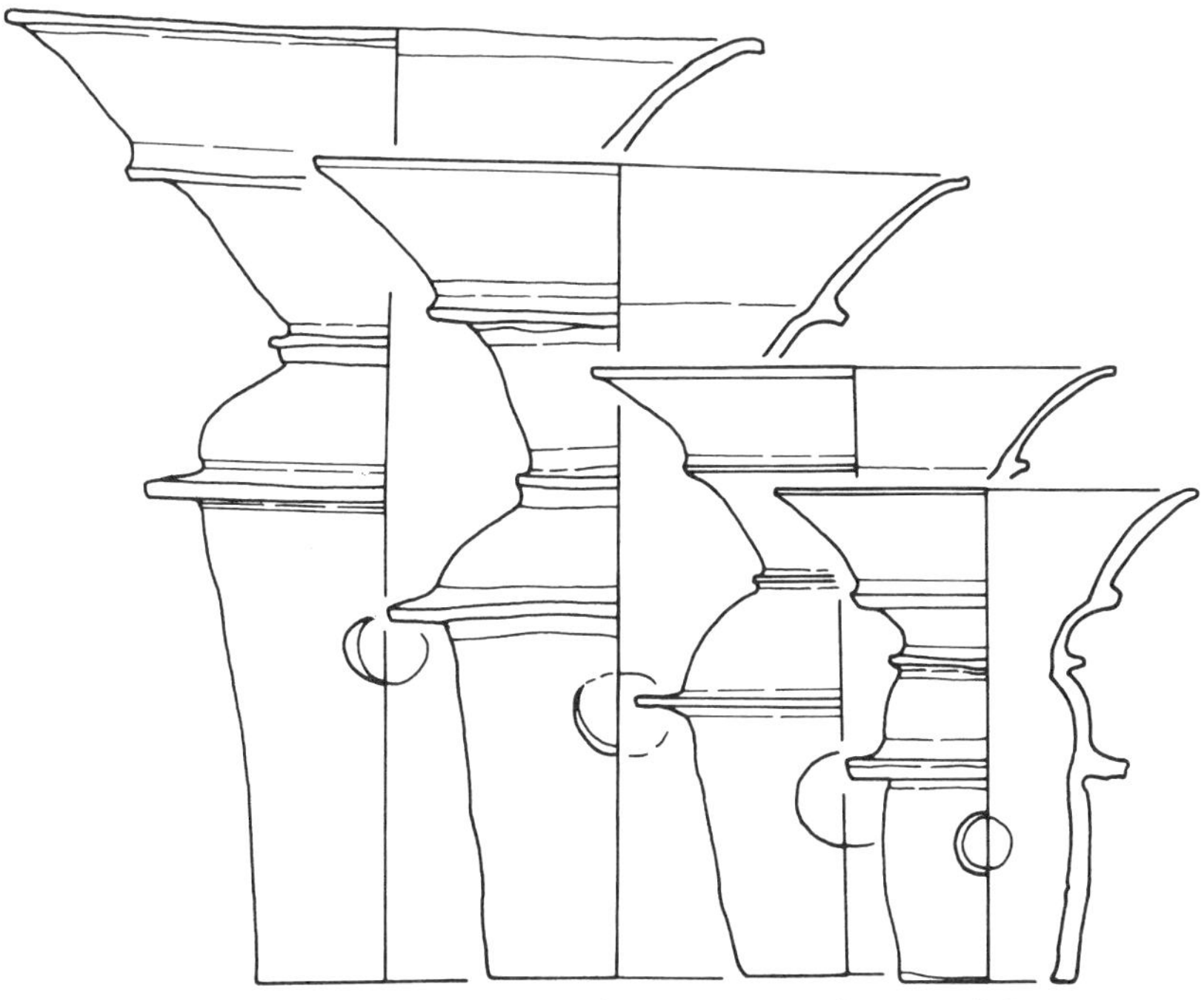

図3　有鍔壺形埴輪規格分類図

めには鍔の幅が広ければ広いほど多様な口径の円筒形埴輪に対応できる。そのため組み合わせの機能を損失すると鍔の幅が狭くなる傾向があると考えられる。

図4の1は、三重県権現山古墳の鍔は幅広く、有鍔壺形埴輪の初期段階の資料である。(18)退化した資料は、図4の2の静岡県の澄水古墳の例で、鍔は退化し狭くなっていることが判る。(19)退化した鍔の例は、兵庫県の東沢一号墳にも見られる。(20)同古墳の有鍔壺形埴輪は肩部に円形スカシが見られ、権現山古墳や澄水古墳と同様に地域色の強い一群として捉えておきたい。

(三) 壺形埴輪・朝顔形埴輪の使い分け

たとえ地域色があっても、有鍔壺形埴輪の外観は朝顔形埴輪である。組み合わせ朝顔形埴輪と呼ぶ由縁でもある。(21)

その朝顔形埴輪の出現は集成編年2期で、(22)東殿塚古墳が初例であろう。埴輪共通編年I期3段階の円筒形埴輪が伴う。(23)そして埴輪共通編年のV期に終焉を向える。長く埴輪祭式に見られる朝顔形埴輪に対して、有鍔壺形埴輪の製作時期は、古墳時代前期後半から中期前半に限られている。共伴する円筒形埴輪は共通編年のII期1段階からIV期2段階である。(24)

しかも、有鍔壺形埴輪の多くは朝顔形埴輪と共存する。高廻り2号墳や一ケ塚古墳は早い段階に見られる例である。このことにより二つの埴輪を組み合わせることにより一体化した朝顔形埴輪の製作

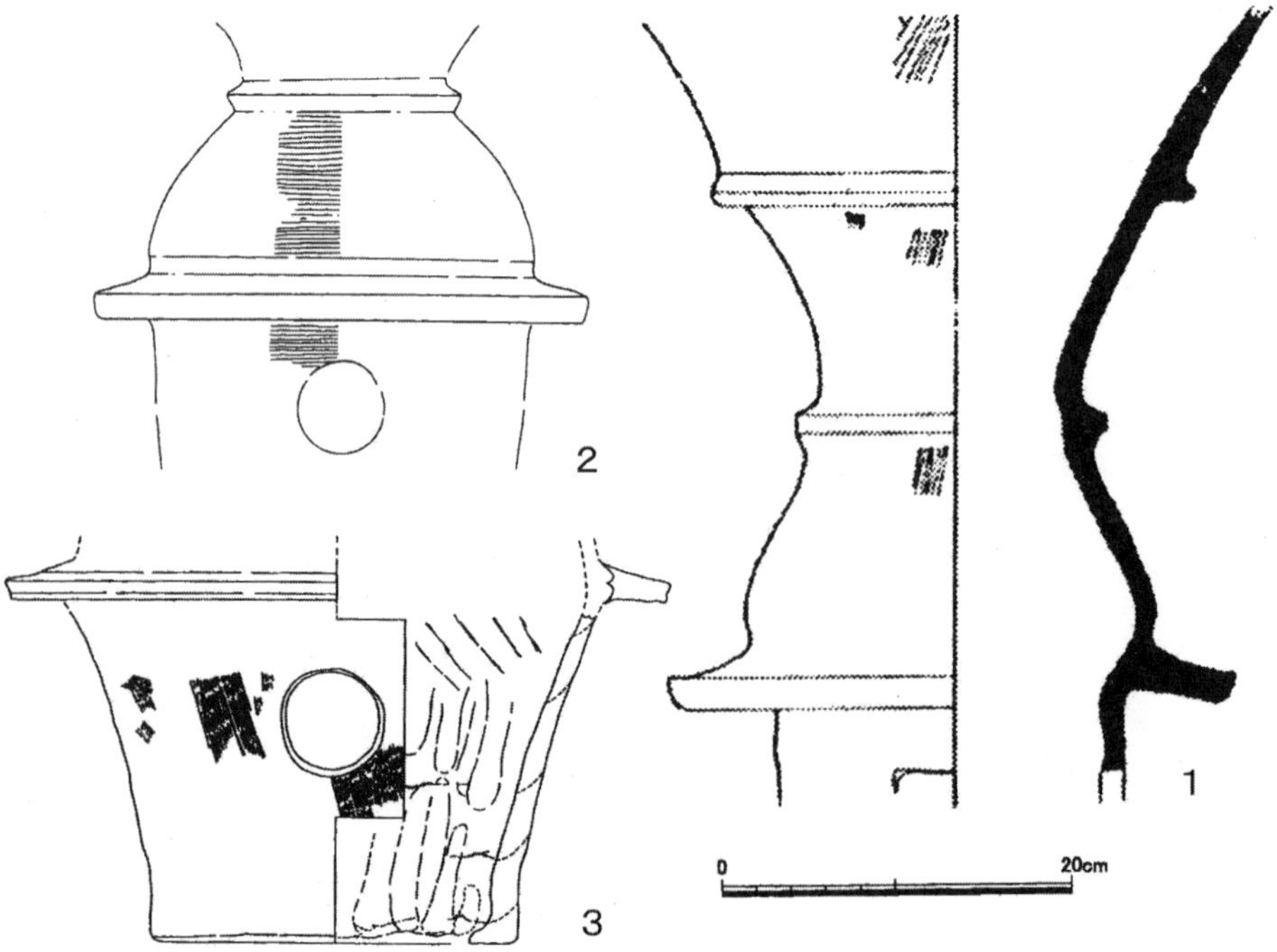

図4　有鍔壺型埴輪の地域色（1.三重・権現山古墳　2.静岡・澄水古墳　3.滋賀・荒神山古墳）

行程を簡略化をしたとは考えられない。

さらに、図5に提示した野中宮山古墳の例は朝顔形埴輪と共存する有鍔壺形埴輪は円筒形埴輪に載せることなく、直接地面に並べていた。円筒形埴輪に載せる祭式に変化が見られる。野中宮山古墳にもその形はバリエーションに富むが、その定型化したものは赤堀茶臼山古墳や西都原古墳群に見ることができる。

図6は桜井市山田の磐余遺跡群で発見された木立古墳から出土した円筒形埴輪と有鍔壺形埴輪である(25)。その組み合わせは、復元図のとおり外観は朝顔形埴輪を呈する。木立古墳は円筒形埴輪の編年から有鍔壺形埴輪の最終段階にあたる。壺を載せる行為が見られる最も新しい有鍔壺形埴輪は愛知県の二子塚古墳で、埴輪が須恵質で供伴須恵器が陶邑TK二一六型式に併行期であろう(26)。

おわりに―高井田横穴群の有鍔壺形埴輪をめぐって

今回、高井田横穴群から出土した有鍔壺形埴輪を検討したところ、

①底部穿孔する壺ではなく円筒形埴輪と同じ底部を開放する長胴の壺に求められる。

②鍔は円筒形埴輪に載せるための支えであるが、朝顔形埴輪に見られる器台（円筒形）に壺を載せた結合が目的でなく、有鍔壺形埴輪はあくまでも組み合わせ式の壺としての意味をもつ。

③そのため朝顔形埴輪と共存することもあり、その配列は造り出しや前方後円墳の場合は前方部正面に配置されることが多い。

図5　一古墳に見られる有鍔壺型埴輪のバリエーション（大阪・野中宮山古墳）

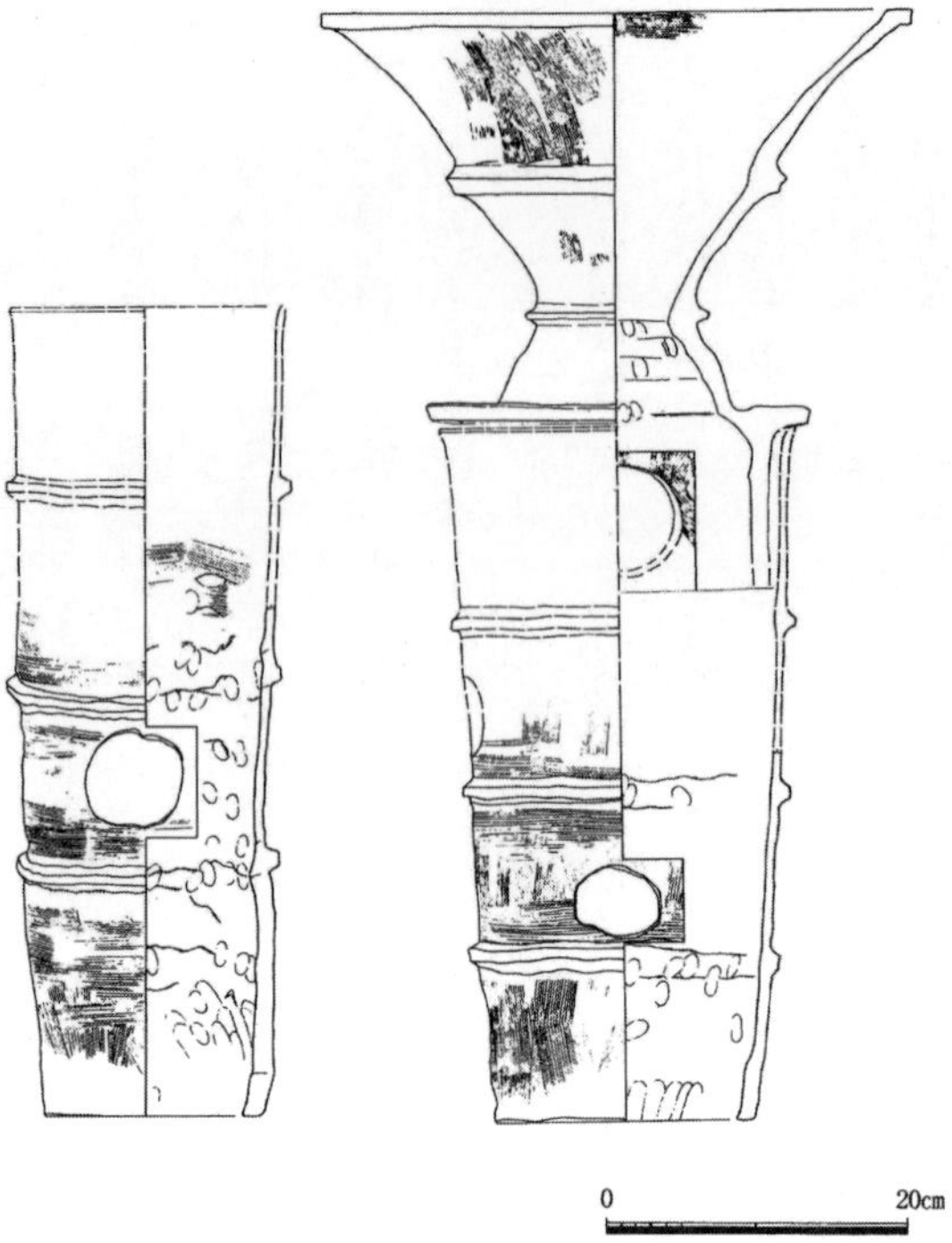

図6　最終段階　有鍔壺形埴輪（奈良・小立古墳）

以上、有鍔壺形埴輪は「壺」にこだわった古墳時代前期末に河内（大和川流域）で創出されたと考えたい。そのうえで、高井田横穴群から出土した意味を次のように考察する。

墳丘は確認できなかったが、玉手山古墳群や松岳山古墳が築造された丘陵の大和川を挟んだ丘陵上に古墳時代前期末に丘陵尾根に古墳が築かれた。

形は美園古墳の壺形埴輪がモデルと考えられる。その後法量は縮小化するものの規格は定型化する。

以上、雑駁な内容となったが、高井田横穴群の有鍔壺形埴輪を通じて思うところを述べてみた。近年盛んになっている工具による工人論や製作技法による系譜論は今回取り上げなかった。次回の検討課題としたい。

図出典

図1～図3：河内作図による、図4-1：注18より転載、図4-2：注19より転載、図4-3：注17より転載、図5：注6より転載、図6：注25より転載・一部改変

注

（1）吉田野々氏は心合寺山の例をあげて直口壺型としている。また、短頸壺型として瓦塚1号墳がある。
（2）和田山町教育委員会『城の山・池田古墳』一九七二
（3）奈良県立橿原考古学研究所『斑鳩町瓦塚1号墳発掘調査概』一九七六
（4）赤塚次郎「壺形埴輪」『奈良市埋蔵文化財調査報告書―昭和54年度』一九八〇
（5）大阪府教育委員会『林遺跡発掘調査概報・Ⅱ』一九八〇
（6）藤井寺市史編纂委員会『藤井寺市史』第三巻資料編一　一九七六
（7）大阪市文化財協会『長原・瓜破遺跡発掘調査報告Ⅱ』一九九〇
（8）大阪市文化財協会『長原遺跡発掘調査報告Ⅳ』一九九一
（9）吉田野々「畿内における壺形埴輪からの一試考―古墳時代の中河内地域の動向を中心に―」『埴輪論叢』第一号　一九九九
（10）赤塚次郎「壺形埴輪の復権」『史跡青塚古墳調査報告書』二〇〇一（犬山市教育委員会）

(11) 柏原市教育委員会『高井田横穴群Ｉ』一九八六
(12) 柏原市教育委員会『高井田横穴群Ⅲ』一九九一
(13) 注（11）と同じ。
(14) 大阪府教育委員会『南河内石川流域における古墳の調査』一九七〇
(15) 大阪文化財センター『美園』一九八五
(16) 大阪大谷大学博物館『西都原』二〇一〇
(17) 彦根市教育委員会『荒神山古墳』二〇一〇
(18) 豊田祥三「朝顔形埴輪の誕生―その成立と展開の背景」『立命館大学考古学論集Ⅳ』二〇〇五
(19) 鈴木一有「遠江における埴輪受容と首長権」『東海の埴輪と宝塚古墳』二〇〇三
(20) 兵庫県教育委員会『東沢1号墳』二〇一二
(21) 篠原慎二「朝顔形円筒埴輪の成立―特殊器台から埴輪―」『奥津城研究』第2号　二〇〇二（奥津城研究会）
(22) 前方後円墳研究会「前方後円墳の畿内編年」『前方後円墳集成』一九九二
(23) 埴輪検討会『埴輪論叢』第4号　二〇〇三
(24) 埴輪検討会『埴輪論叢』第5号　二〇〇三
(25) 桜井市教育委員会『磐余遺跡群発掘調査概報Ｉ』二〇〇二
(26) 春日井市教育委員会『味美二子山古墳』二〇〇四

表1文献

① 鈴木一有「遠江における埴輪受容と首長権」『東海の埴輪と宝塚古墳』二〇〇三
② 春日井市教育委員会『下原古窯跡群』二〇〇六
③ 春日井市教育委員会『味美二子山古墳』二〇〇四
④ 松阪市教育委員会『史跡宝塚古墳』二〇〇五
⑤ 豊田祥三「朝顔形埴輪の誕生―その成立と展開の背景」『立命館大学考古学論集Ⅳ』二〇〇五
⑥ 城陽市教育委員会『冑山遺跡、梶古墳・久津川車塚古墳』二〇一四
⑦ 彦根市教育委員会『荒神山古墳』二〇一〇
⑧ 和田山町教育委員会『城の山・池田古墳』一九七二
⑨ 兵庫県教育委員会『史跡茶すり山古墳』二〇一〇
⑩ 兵庫県教育委員会『東沢1号墳』二〇一二
⑪ 奈良県立橿原考古学研究所『斑鳩町瓦塚1号墳発掘調査概報』一九七六
⑫ 桜井市教育委員会『磐余遺跡群発掘調査概報Ｉ』二〇〇二
⑬ 大阪市文化財協会『長原・瓜破遺跡発掘調査報告Ⅱ』一九九〇
⑭ 大阪市文化財協会『長原遺跡発掘調査報告Ⅳ』一九九一
⑮ 大阪府教育委員会『萱振遺跡』一九九二
⑯ 八尾市教育委員会『史跡心合寺山古墳発掘調査概要報告書』二〇〇一
⑰ 柏原市教育委員会『高井田横穴群Ｉ』一九八六
⑱ 大阪府教育委員会『林遺跡発掘調査概報・Ⅱ』一九八〇
⑲ 藤井寺市史編纂委員会『藤井寺市史』第三巻資料編一　一九七六
⑳ 大阪府教育委員会『南河内石川流域における古墳の調査』一九七〇
㉑ 大阪大谷大学博物館『西都原』二〇一〇

大県郡内の古墳の一試考

北野　重

はじめに

河内国大県郡内にある古墳は、古墳の時期や形態、規模が広範な地域に所在し、現在までに千七百基を超す基数が確認されている。

また、その周辺には、これらの古墳に埋葬された被葬者が生活した集落も密集している。古墳に埋葬された人たちが生前の営みを如何なる職種で如何なる身分を持して生活していたのか、古墳に埋葬された人物の実像は記録もなく知ることは困難である。古墳と集落との関係を解き明かす研究は墓誌等の記録資料がなく、時期、古墳形態、出土遺物の比較検討など各個別分野での究明が必要である。

これまで集落遺跡と古墳群の調査に携わり、現在遺されている地名と丘陵の尾根や谷筋から区分し、平野大県古墳群の被葬者像と集落の性格や出土遺物等から点と点を結ぶ糸口を比定できないか検討した。大県郡内の古墳を築造した集落域が群内の集落だけに想定するには限界がある。よって、大和川以西の河内国の政庁所在地にある集落跡群を組み入れることが群内の古墳の性格を理解する上に政治や経済的な関係を取り上げることが重要な条件である。この視点を念頭に考察を加えたい。

一、郡内の古墳群の現状

郡内の丘陵全体に八つの古墳群を擁しており、地名（字）分類や地形及び地理的区分、等質や等階性など古墳分布のあり方からその性格は三分類出来るのではないかと考える。まず、生駒山地西麓部の集落跡に接する後背地丘陵に築造された古墳群、平野大県古墳群、太平寺古墳群、安堂古墳群の三古墳群があり、丘陵尾根や谷筋など集落跡と繋がる。つまり、山ノ井遺跡や平野遺跡、大県遺跡、大県南遺跡が平野大県古墳群、太平寺遺跡と安堂遺跡が太平寺古墳群、大県郡内の遺跡群及び高井田遺跡は安堂古墳群と対応でき、前者の古墳群と谷筋で区画された丘陵内部に立地する古墳群は、平尾山古墳群や雁多尾畑古墳群、本堂古墳群、青谷古墳群である。更に前後

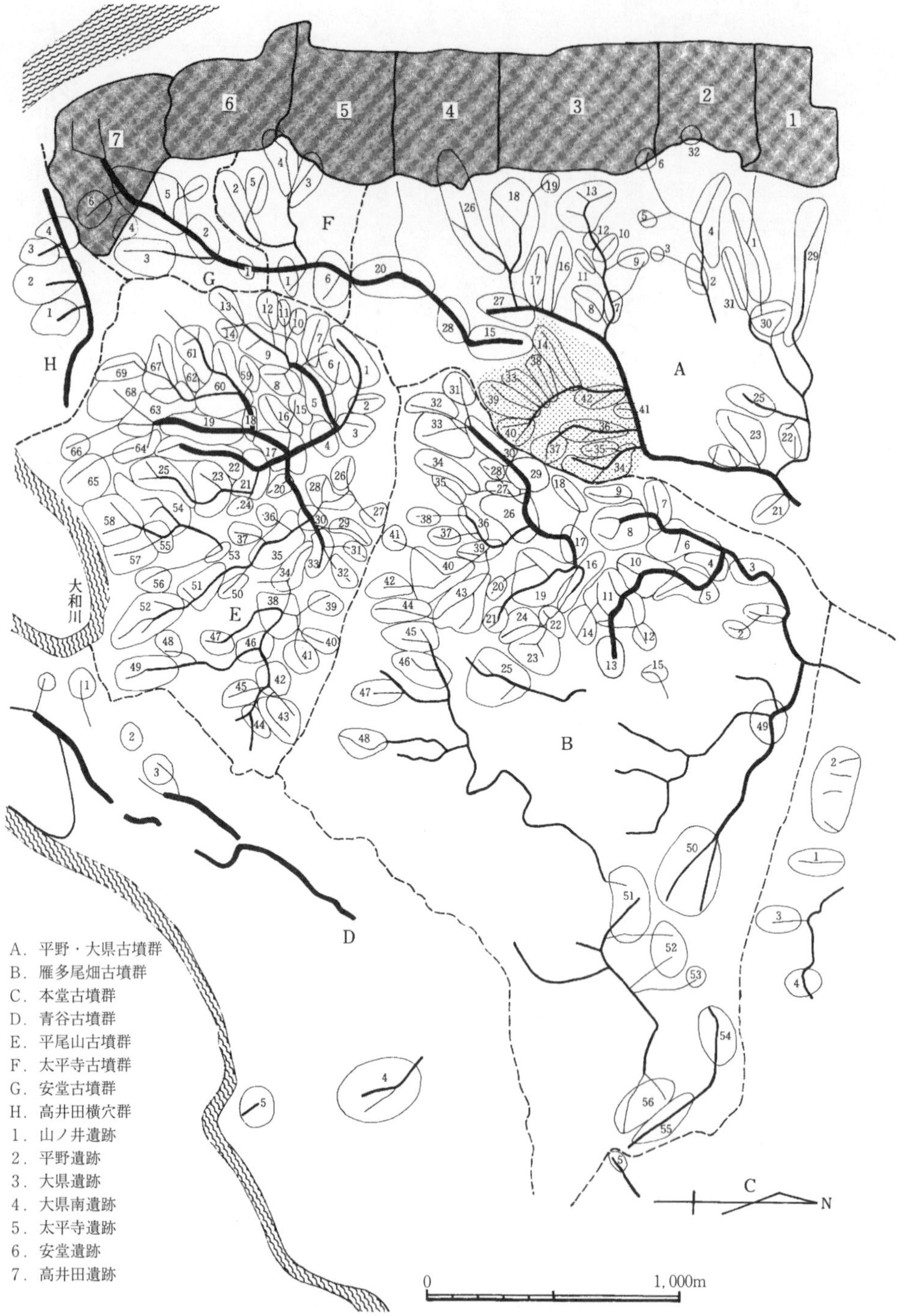

図１　大県郡の古墳分布図（柏原市文化財概報1993-Ⅳより）

者の古墳群の扇の要となる丘陵に高井田横穴が立地する。

(二) 平野大県古墳群

平野大県古墳群については、現在まで支群総数二百七十五基を数え、同古墳群の字名や尾根及び谷筋分類、出土遺物を取り上げ検討したことがある。東接する集落跡に鉄器製作を専業とした集団が広範囲にその工房を稼働した痕跡があり、鉄滓やフイゴ羽口、砥石等の鍛冶関係遺物が出土しており、古墳出土遺物の中に鉄滓や砥石、朱記号を持つ土器など鍛冶関連性が窺い知れる。当古墳群内には埴輪をもつ古墳は確認されておらず、横穴式石室の古墳が占有し、時期も六世紀以降の造墓と考えられる。古墳群の中央部に岩塊高尾山が聳え、大県鏡(多鈕細文鏡)の出土や高尾山高地性集落を擁する西麓部に郡内最大の集落である大県遺跡が拡がる。

同古墳群内には横穴式石室墳、小石室墳、横口式石室墳の古墳形態があり、高尾山以東の丘陵部、以西の集落跡へ伸びる急峻な丘陵にも密集している。巨石を使用した石室墳が多数確認され、古墳群内に石材採取地と考えられる花崗岩の露頭も各所に見られるが、小尾根であることや急傾斜地を克服しながらの造墓技術水準の高等さが窺える。

既に報告した事例であるが、集落跡と古墳群から出土する遺物に関連する事例と特筆すべき事項を報告しておこう。

鍛冶工房跡から朱記号を付した須恵器が多数出土している。同様の朱記号を付した須恵器が古墳群内の副葬品にも見られ、関連性が窺える。まず、第十五支群十一号墳は、関電道路が新設されたおり、石室の大半が破壊された古墳で、数個の袖部石材が数石遺こる状態であったが、周溝底部に据えられた人頭大の石下に一個体分の壺の破片があった。壺を復元したところ、胴部に風化が激しく不明瞭であるが朱模様を描いた事例がある。次に、第二十支群三号墳は、大県鏡出土地直上の稜線上に築かれ、規模が墳長二十六メートルを測り巨石を積上げた横穴式石室墳で、床面に大量の炭を敷き、石棺を納置した数センチメートルの深さに沈み込んだ痕跡が確認された。凝灰岩片は剥片のみで、石棺本体はなく持ち出された可能性がある。この石棺の所在が他の古墳へ運ばれたか不明であるが、狭山池の樋の一部に使用されている石棺の中に規模が極めて近似した石棺があり、今後検証されるべき事例である。

第十七支群二号墳に鹿の頭骨を古墳の玄室に供献している事例がある。大県遺跡の鍛冶工房跡に多数の鹿角を加工した釣り針や刀子の柄、鏃のためし状製品があり、当古墳群の性格を窺える好事例である。

大阪府と柏原市が計画した大阪府民の森公園事業で調査した第十一支群一号墳は、石室上半部は削平され盗掘も受けていたが、副葬品の一部が遺存し、ミニチュア炊飯具土器と釵子など渡来系遺物が出土した古墳であるが、埋葬主体は鉄釘、鎹を使用した木棺に葬られていたが、方形凝灰岩が二個その上に置かれていた状態で出土した。同古墳群内に石棺を埋納する事例は稀少であるが、木棺に加えて方形凝灰岩を添えた事例は被葬者の身分を計る上で参考になる資料である。

平成七年、古墳分布が空白な地域で大阪府の野外活動センター建設に伴う分布調査があり筆者は百四基の古墳を発見した。ブドウ栽培地を含み、かなりの古墳が消滅した可能性があるが、墳丘が大部分遺存する古墳が密集した一画があった。墳丘規模等の測定だけに留めているが、未盗掘古墳も多数あろうかと思える。

古墳群の古墳数や未調査古墳が多いため、立地や性格を理解するために、三つの規模の尾根及び谷筋分類を実施した。各支群には大小規模の古墳が不定期に点在する支群、同一規模と推定できる古墳が連なる支群、二ないし三分類できる規模の古墳が集合する支群など山頂、稜線上、山腹と尾根規模の大小にそれぞれ見られる。将来、古墳の調査が行われ、石室構築や出土土器、副葬品等から時期変遷が想定されれば、大中小の尾根分類から古墳築造集団の身分組織の解明の一助となると考えられる。

(二)　太平寺古墳群

太平寺古墳群は、天冠山を頂点に大小の尾根に西麓部の集落跡である太平寺遺跡及び安堂遺跡の東側丘陵部に接し、山頂付近や丘陵東側にも点在しているが、多くの古墳は各集落跡の生活圏に近い丘陵部に造墓されている。丘陵裾部の開発等が進み、古くから調査が行われ、古墳の規模や副葬品が明らかになった事例も多い。現在、横穴式石墳が八基、木棺直葬墳が五基、横穴が六基確認され、横穴式木質墳一基も確認され四支群総数四十八基を数える。時期は五世紀後半から七世紀まで継続している。木棺直葬墳を造墓した支群及び横穴式石室墳を主体とする尾根（支群）に大別出来る。少なくとも同時並行して築造した古墳に異なる埋葬方法が取り入れられ、四つの尾根筋に埋葬形態が異なる支群が交互に並んでいる。

南側から北側尾根に木棺直葬墳と横穴石室墳、横穴、横穴木質墳の二系統の葬制が東西に伸びた尾根筋毎に築造されている。尾根の地質が選定に関係したことが判る。

太平寺遺跡及び安堂遺跡の集落域は、縄文、弥生から継続した遺跡であるが、大県遺跡群と異なり、大和川と丘陵部との範囲が狭小で地形的に集落や農耕に利用される面積も制限される。近接して石川と大和川の合流地点の東側に位置し、古代からの街道が交錯し、奈良時代には河内大橋が想定され、大和川を利用した水運と大和への陸運交通の要所である。また、智識寺南行宮が茨田宿禰郎女宅を改修して行宮とした記録や荷札木簡、大規模な建物跡なども発見されている。この遺跡群が交通運輸に関わる役割を果たす地理的条件が備わっている。

墳形は前方後円墳や円墳、方墳があり、概して小規模の古墳群である。出土遺物の中にある埴輪には、小型円筒に加え、家形や人物、馬形などの形象埴輪があり、集落域や水陸交通に関わる職種や役割を与えても大過ないかも知れない。

横穴式石室墳がある丘陵は瘠せ尾根且つ丘陵部へ短く伸び、尾根の傾斜変換点付近の縁辺部に横穴式石室墳、横穴式木質墳、横穴が並び、西側下方に急峻な崖を持つごく限られた場所を選定して築かれている。第三支群八号墳は、尾根筋方向に花崗岩盤を掘削した横穴で二人の被葬者が木棺に埋葬された後、中世から近世の小墓として利用されたため、良好な遺存状態で検出された。供献土器も一～三個と少なく、花崗岩質土の風化土であるため高井田横穴のような大型の横穴でなく、未完成横穴に分類される形態で、被葬者の低位な身分に帰来する理由であろうか。

八号墳からは、コの字形と小型V字形釵子が出土し、渡来系被葬者が想定されている。並びに小横穴が幾つか築かれ、更に低位な被葬者が想定される。

(三) 安堂古墳群

生駒山地南端部の低位な丘陵に前方後方墳や前方後円墳など大県郡内では唯一前期を含め中期から後期まで幅広い時期に築かれたと考えられ、竪穴式石室墳や木棺直葬墳、横穴式石室墳があり、総数三十八基を数える。古墳時代中期までの集落跡は発見されていないが、飛鳥時代以降、掘立建物、鳥坂寺の築造などの開発が行われたため、多くの古墳が削平或いは一部損壊され、周溝の一部が遺存する古墳、鳥坂寺造営に際し、塔の建立した場所の丘陵下方や金堂跡の南側整地層内に安山岩や白礫、埴輪片などが含まれ、前期から中期までの古墳が存在した可能性がある。鳥坂寺が廃絶後鳥取氏の祖先である天湯川田を祀る天湯川田神社の社殿が造られているが、その北側丘陵や大尾根に近い丘陵上方にも前方後方墳や前方後円墳が確認されている。また、南側丘陵上にも横穴式石室墳が点在し、鳥坂寺僧坊近くの造成地に、最下段の石材のみが検出された石室墳が検出されている。

第六支群三号墳は、鳥坂寺地域から東側の山腹に終末期の岩屋式切石石室墳を検出した。石材の裏側に版築された土層とその中に排水溝が敷設され丁寧に築造された古墳である。鳥坂寺が造営された時期と前後すると考えられている。

第五支群一号墳は、市内唯一の前方後方墳で測量のみの実施で詳細は不明であるが、当古墳群の中央部を占有しており、当古墳群の性格や系譜を知る重要な手掛かりとなる。丘陵稜線上に埴輪を持つ古墳があり、市域の古墳の中で最も標高が高い位置にある古墳である。

当古墳群は、造墓された時期や規模等を想定したとき、大県郡内の豪族や集落を統合した勢力が築造したと考えられる。神話に登場する鳥取氏の祖先とする天湯川桁が山陰へ目的を持って旅し、政権中央にその目的とした課題を果たし献上する。登場する天皇の比定や目的とした鵠である鳥も一つの物語とすれば、作品『古事記』の読者を想定し国の施策を隠蔽する必要があったかもしれない。つまり、国力増強に不可欠の鉄の原料を如何に調達するかが思い浮かぶ。

（四） 高井田横穴

高井田横穴は、総数二百基以上と推定される大規模横穴群で現在百六十四基が確認されている。大和川が大和盆地から河内平野に流れ出る生駒山最南端部に位置している。地質は、室生凝灰岩に比定され、対岸の玉手山丘陵にも広がる。これまで二上山関連凝灰岩との定説であったが、研究者の分析や諸説などから至っている。

同横穴群の被葬者の住む集落は全く比定されず、出土遺物及び線刻絵画などから渡来系氏族が造墓したとの説も有望である。被葬者の集落跡についての論考はなく、同一墓制の採用や規模などから生駒西麓部の何れかの集落跡を想定するにはその性格や論拠となる出土や副葬品の特定も困難である。

横穴群を構成する主尾根は、東西方向に大和川の流れと平行し、主尾根から各方向へ分岐した小尾根が伸び、大きく四分割した支群で構成される。開口やトレンチ調査で確認した横穴、道路建設のために実施した調査など限定的であり、今なお古代からの環境を遺し、新規発見される横穴が増加する可能性は高い。

まず、横穴群中央部に第二支群五十六号墳とする一基の横穴式石室墳がある。出土遺物には秀品があり、概して近畿地方の横穴式石室墳の源流にされる時期や形態を呈している。この被葬者を出土品の系譜などから百済系王族とする説が論考されている。群内にその系譜の継続性がなく、若干の時期差はあるものの横穴出土遺品との関連性が見いだせない。

当横穴群の特徴は、線刻壁画と掘立建物の家屋に擬した形態の横穴である。船、人物、家、鳥、花等が描かれ、地域に特徴ある要素が多彩であり、被葬者及び葬送者が生前置かれていた生活環境が窺い知れる。造墓時期には仏教伝来と寺院建立が国家容認された事業として認められ、大県郡内に六寺が建立されている。仏教関連する線刻は第三支群三号墳と同支群七号墳等に蓮花や唐草文を線刻している。船は、大和川水運に利用された準構造船で渡航した人が搬入した品物、異国の文化や技術を携えてきたのだろう。

この時期産業の発展に寄与した鉄器の普及が著しく、伝えられた多彩な服飾品のものづくりが社会の生活向上を支え、生活様式、墓制の多様性に著しい変化を与えている。このような多様性から誕生した新たな身分制に基づいて横穴造墓を権利として獲得し、規模や古墳形態、新たな職種や身分を持つ集団が採用した墓制で埋葬されている可能性があろう。

（五） 平尾山古墳群

柏原市域の東山部に二千基を越える古墳が存在すると考えられる古墳時代後期の大規模群集墳である。生駒西麓部の集落跡より大きな谷筋を隔てた丘陵内部にあり、丘陵南端を流れる大和川に接した丘陵である。現在総数五百八十一基の古墳が確認されており、形態の多さもさることながら如何なる方法で分類分割することが適当であるか明確な指針は確立されていない。

尾根谷筋分類では、主尾根が東西方向に走り、中小尾根が東西南北方向に下降している。当古墳群に、横穴式石室墳や横穴式石槨墳、小石室墳、石材を使用しない木棺直葬墳や横穴と多種多様な形態の古墳が見られる基数日本一の古墳群である。

学史的に研究が進められた古墳群であるが、一部の地区の古墳密集地を平尾山千塚と名称された後、大阪府教育委員会により分布調査を実施し、平尾山支群（五百八十一基）、雁多尾畑支群（四百四十五基）、青谷支群（十二基）、本堂支群（十六基）、平野支群（二百七十五基）、太平寺支群（四十八基）、安堂支群（三十八基）、高井田横穴支群（百六十四基）に便宜上区分した。あまりにも大きな支群数と古墳数があり、それぞれ異なる性格を有し特定の集落、職種集団などとの関連性があることから一定の尾根や谷筋を想定して区分し、一つの古墳群と名称することが適当と考える。さらに、平尾山古墳群を含め八古墳群は白石氏が提唱した擬制的同族集団の共同墓地との立場から広義の平尾山古墳群と捉えることも可能であるが、当時の古墳分布の実態が現在確認されている実態と大きく隔離していることも現実である。

当古墳群の分布傾向も平野大県古墳群で提唱した身分制に基づく尾根の構成を検討することによって三つに区分される。第一の事例は、大小規模の古墳が混在して点在する支群、第二は、同一規模と推定できる古墳が連なる支群、第三は、二ないし三分類できる規模の古墳が集合する支群である。

当古墳群は、総数五百八十一基と単独古墳群は河内でも最大規模であろう。古墳石室の実測した事例が多く報告されているが、調査した事例は少ない。釵子出土事例では、第八支群十七号墳は、土器と共に釵子が出土し、近接する第九支群二号墳にも釵子が出土している。渡来系遺物の出土が顕著である。

第三十二支群十一号墳は、木棺直葬墳と連なり周溝と墳丘を持つ横穴が検出されている。これまで墳丘や周溝を持つ横穴はなく、凝灰岩層と異なる花崗岩質に造墓されているのも太平寺古墳群について二例目である。

また、古墳の分布区分について、筆者が古墳石室の実測を行った第十三支群のような築造時期に一定の時期差があり、一定の職種及び階級を持つ第二の事例として考えた。一つ加えておきたい事項は、船橋山と名付けられた山、藤井寺市の飛び地もある。

(六)　雁多尾畑古墳群

平尾山古墳群と同様丘陵の内部にあり、群内で二番目の規模を誇り、総数四百四十五基の古墳がある。古墳形態も横穴式石室墳、横口式石槨墳、横穴式木室墳、粘土室木炭槨墳、木棺直葬墳、小石室墳と多彩で、平尾山古墳群に比して小規模な古墳が多い。

第四十九支群で十基の古墳の他と小規模開発に際して十基の古墳

の調査事例がある。第四十九支群の調査は、大和地域から伸びた大谷筋の上部に位置し、横穴式石室三基、粘土室木炭槨墳一基、小石室墳四基から構成される。粘土室木炭槨墳は床面に敷石があり、副葬された土器も当時のまま遺存し、極めて特異な形態である。小石室墳以外の古墳は、ほとんど天井石はなく、削平を受けている。また、火葬墓もあり、石囲いの石室内に蓋付壺に人骨、和同開珎十枚が副葬されていた。更に、古墳の位置する場所から方形の炭窯が数基発見されている。同開発地域内には完存する横穴式石室墳が数基遺存していたが残念ながら二次調査の実施前に削平を受けた。

調査を実施した中で特異な出土遺物は、釵子、金鋏、馬具等の出土がある。釵子は、第六支群十三号墳、第十三支群六号墳の二基から出土し、埋葬事例の頻度が高い遺物である。金鋏は、第二十支八群号墳から出土している。

(七)　本堂古墳群

本堂古墳群は、雁多尾畑古墳群から更に東側に位置し、大和地域から続く谷筋上部の丘陵に築かれた総数十二基の支群である。

調査事例はなく、横穴式石室が主体と考えられる。瑞花蝶鳥文鏡一面が塚から出土したとの伝承である。奈良時代の鏡ではあるが、横穴式石室墳の被葬者の系譜を持つ当地の有力者であった。また、当地域は、大県郡巨麻郷と称し高麗国人の後裔である大狛連、大狛一族が居住した地域で、延喜式内社の大狛神社に一族の祖神が祀られている。

(八)　青谷古墳群

青谷古墳群は、竹原井行宮を擁する青谷遺跡に接し竜田道沿いの丘陵上にあり、総数十六基の横穴式石室墳で構成する。本古墳群も調査事例がなく、時期や規模等が明らかでない。当地域には、延喜式内社の金山彦神社、金山姫神社があり、山本博氏著『竜田越』や『古代の製鉄』に取り上げられた嶽山周辺の地から鉄滓が出土し、大県郡内の鍛冶工房との関連が想定される。金山彦神社の祭神八体は渡来系氏族を思しき風態の神像を呈している。

二、在地豪族と渡来系集団

大県郡内ではないが、安宿郡内に田辺古墳群がある。古墳群には十九基の古墳が丘陵の山稜や山腹に円墳、方墳、小石室墳と異なる形態の古墳、尾根伝いに火葬墓群が築造されていた。谷筋を隔てた向かい側丘陵上に田辺廃寺が建立されている。更に、火葬墓の中に田辺廃寺東塔基壇に使用されている塼に近似したものが出土した。これまで当古墳群の被葬者についての論考や諸説があり、ここに紹介しておこう。まず、調査を実施した担当者花田勝広氏はこの古墳群を田辺史一族の墓域と考える説を唱えた。確かに、田辺廃寺と関係する塼や平瓦の出土、同一丘陵上には集落跡が拡がり、小さな谷筋を隔てて向かいの丘陵に古墳群が築かれる。集落跡と古代寺院、

表１　古墳群の墳丘規模比較

分類Ⅰ……規模が６～８ｍの古墳
分類Ⅱ……規模が９～13ｍの古墳
分類Ⅲ……規模が14～18ｍの古墳
分類Ⅳ……規模が18ｍ以上の古墳
分類Ⅴ……規模が26ｍ以上の古墳

寺口忍海古墳群　　総数180基

分類	Ⅰ	Ⅱ	Ⅲ	Ⅳ	不明
単位ｍ	６～８	９～13	14～18	19以上	
Ｄ支群（７基）	１基	５基	１基	—	—
	14.3%	71.4%	14.3%	—	—
Ｅ支群（９基）	—	８基	１基	—	—
	—	88.9%	11.1%	—	—
Ｈ支群（41基）	５基	17基	４基	—	15基
	12.2%	41.5%	9.8%	—	36.5%
総数（57基）	６基	30基	６基	—	15基
	10.5%	52.6%	10.5%	—	26.3%

一須賀古墳群　　総数262基

分類	Ⅰ	Ⅱ	Ⅲ	Ⅳ	—
単位ｍ	６～８	９～13	14～18	19以上	—
支群（66基）	４基	23基	24基	15基	—
	6.1%	34.8%	36.4%	22.7%	—

平野大県古墳群　　総数275基

分類	Ⅰ	Ⅱ	Ⅲ	Ⅳ	Ⅴ
単位ｍ	５～８	９～13	14～18	19～21	26以上
支群（176基）	48基	69基	45基	12基	２基
	27.2%	39.2%	25.6%	6.8%	1.1%

平尾山古墳群　　総数581基

分類	Ⅰ	Ⅱ	Ⅲ	Ⅳ	—
単位ｍ	５～８	９～13	14～18	19以上	—
支群（320基）	154基	103基	456基	７基	—
	48.1%	32.2%	17.5%	2.2%	—

雁多尾畑古墳群　　総数445基

分類	Ⅰ	Ⅱ	Ⅲ	Ⅳ	—
単位ｍ	５～８	９～13	14以上	—	—
支群（213基）	174基	29基	10基	—	—
	81.7%	13.6%	4.7%	—	—

田辺古墳群　　総数19基

分類	Ⅰ－１	Ⅰ－２	Ⅲ	Ⅳ	—
単位ｍ	５以下	６～8.5	—	—	—
支群（19基）	10	9	—	—	—
	52.7%	47.3%	—	—	—

大県遺跡は、生駒山地西麓部に連綿として築かれた集落遺跡の一つで、市域の集落では最大級の規模と内容、中核的な役割を持った集落遺跡としても過言ではない。当遺跡は、縄文時代から歴史時代にかけての複合遺跡で大県郡の郡衙所在地とも考えられている。

縄文時代は、早期から晩期までの土器類が確認されており、定住した集落が継続して形成され、弥生時代には、集落域が竪穴住居など遺構や土器類の遺物が扇状地状台地に拡大していった実態が窺える。更に高地性集落が高尾山付近に形成し、近接山中から多鈕細文鏡も出土している。

古墳時代は、中期末頃から後期にかけて次第に大規模な鉄器生産工房を経営、鉄器生産工房が遺跡全体で稼働し、鍛冶炉と鍛冶関連の鉄滓、鞴羽口、砥石等が多量に出土している。共伴した土器の中に韓式系土器があり、渡来系工人が工房の中心的な役割を果たしたことが考えられる。一方、丘陵上に爆発的に築造された古墳が、在地豪族や渡来系工人集団を含めた組織に対比できるのではないかと考える。

飛鳥時代から奈良時代は、大県郡内に河内六寺として知られる古代寺院跡が建立され、『続日本紀』に聖武天皇や孝謙天皇の参拝された記録が記されている。大和川対岸の羽曳野丘陵上に国府遺跡や船橋遺跡、本郷遺跡等の河内の著名な遺跡と中期の古市古墳群があり、南側の安宿郡に前期の玉手山古墳群と松岳山古墳群があり、河内国の中心地域であることを示している。

古墳群と三要素が隣接する好事例として取り上げた。更に、同教育委員会安村俊史氏は、夫婦墓の立場から単次葬であることから規模や形態の古墳に夫婦墓の存在を提唱して花田氏の変遷図に修正を加えた説を唱えた。更に、野上丈介氏は、この古墳群から出土した土器が短期間の土器型式に限定され、円墳、方墳、小石室の古墳の変遷することに無理があるとの見解を提唱している。筆者は、古墳群の調査後、古墳群に連なる同一丘陵上の田辺遺跡において、大規模な鉄器及び青銅器工房跡を調査し、古墳群の尾根と谷筋分類を踏襲し、古墳群の中に供献鉄滓が確認されていることもあり、この工房と同一尾根筋にある古墳群の関連性に導かれた。円墳、方墳、小石室墳の被葬者が鉄器及び青銅器工房跡の三階級に区分できる工人集団の身分階級を示す好事例ではないかと考えた。一つ目に文献等に登場する田辺史氏一族にして古墳の規模が小さく、最大規模が径八メートルである。二つ目は、工房跡には船橋廃寺関連瓦が少なからず出土している。三つ目に、同じ丘陵の延長先に船氏王後墓誌出土地がある。三点から、造墓集団が鉄器及び青銅器、瓦等のものづくり工人が関係する可能性を見出した。このような論考から、大県郡内の古墳についても後期古墳のあり方を考える上で重要な視点と想定できると解した。

河内国に属する大県郡は、「和名抄」の訓は「於保加多」。大阪府中部東端に位置し、北は高安郡、西は志紀郡、南は安宿部郡、東は大和郡平群郡に接する。

大県郡内の古墳のあり方は、こうした河内地域の政治勢力の継続性と変遷と揆を一にする社会構造の表れと見るべきである。古墳を築造する階層の増加は社会の分業化と組織の成熟度を示すバロメーターである。大県郡内の古墳のあり方を見ることは、河内地域の政治や経済に関わる組織の実態が見いだされるのではないかと考える。

太平寺古墳群と安堂古墳群には、前期に分類される前方後円墳や前方後方墳、後期の埴輪を持つ横穴式石室墳や木棺直葬墳の被葬者は、大県や安堂遺跡等に勢力を持つ在地の有力豪族を当てて大過ないであろう。調査を実施した古墳から馬形埴輪の出土は、大県遺跡等集落遺跡から出土する大量の馬の骨や歯から運輸や馬飼いなどの職種と関連性が見いだせる。また、鉄生産の技術は中国や朝鮮半島の国々と日本の製鉄炉の規模や構造、操業手法が大きく異なり、製鉄技術の伝播はなく独自に開発を行わざるを得なかった事情がある。よって、大和政権が鉄生産を開始した記事等の記述が『古事記』や『日本書紀』にはなく、鉄生産に関する情報はそれぞれの国策として極秘にカムフラージュされたのではないかと考えられる。つまり、神話に残る天湯川桁命が山陰へ鳥を追った話を鳥から鉄素材にすれば、大県郡の鉄器生産集団との関連性が理解される。安堂古墳群にある前方後方墳は、鉄生産を行うため訪れた地山陰との関わりを示す事柄かもしれない。

大県郡外の大和川対岸の大集落遺跡内には古墳及び古墳群を築造できる石材の確保や丘陵地が少なく、大県郡の丘陵を利用する必要があり、丘陵を取得した経緯は知るすべがないが、河内国或いは大和政権などの統制が行われた結果であろう。雁多尾畑古墳群や本堂古墳群についても同様であろう。参考になる事項は、平尾山古墳群に船橋山の伝承があり、藤井寺市の飛び地もある。

この他に、渡来人との関連が指摘される遺物に、ミニチュア炊飯具、釵子、鉄滓の供献や副葬がある。

鉄滓の供献は、集落遺跡跡から鍛冶工房跡が少なからず検出されている平野大県古墳群や太平寺古墳群、安堂古墳群に見られる。古墳玄室に数個の鉄滓が供献されることが多いようであるが、玄室床面に木炭と共に多数敷き詰めた事例もある。

ミニチュア炊飯具は、平野大県古墳群第十支群一号墳、第二十支群三号墳、高井田横穴第三支群五号墳などの支群では規模が大きな古墳から出土する傾向がある。また、高井田横穴の事例は、ゴンドラに乗る人物の線刻が描かれた横穴である。

釵子は、平野大県古墳群、太平寺古墳群、平尾山古墳群、雁多尾畑古墳群に見られ、形態は多様で、材質は金銅、銀、木質製のものがあり、出土事例が多い。

このように、古墳の調査事例が少ない大県郡の古墳の中で当該渡来系遺物が出土することは特筆すべき事項である。更に、古墳を築造するために石材の切り出しから運搬、構築、埋葬される木棺や鉄釘の生産も専門的な造墓集団の存在が想定される。

大県遺跡群の鍛冶工房や大県南遺跡のガラス玉工房、青銅器工房と、古墳副葬事例が多い指輪や耳環、釵子などの装飾系遺物もこれら金属工房に組み込まれた産業の一分野の可能性が高い。古墳築造時期の社会に受容されたものづくりが渡来系技術や文化を示す典型であろう。

また、連綿と並ぶ集落の中に仏教文化を象徴する古代寺院が建立され、『続日本紀』に記載される河内六寺がある。古代寺院の僧侶が仏教の知識や経典の読解や実践、寺院建築に必要な土木建築や屋根瓦、仏像を中心とする仏具関係も多様な渡来系文物であり、古墳や仏教文化に対する需要に応えるものづくり組織が古墳文化から仏教文化へと変遷する過渡期に遭遇した時期でもある。

最後に、大県郡内の古墳群が築造された背景に社会の発展に伴う政治や経済に関わる組織のあり方があったのではないかとの観点から検討を加える。大県遺跡群には鉄器生産集団が移住し操業開始された直後から住環境に適しない場所である谷筋や湿地まで活用され集落域が拡大した。鉄器生産が齎した産業分野が農工具の供給により石材や木材加工等職種の増加、金銀銅の金属器からガラス製品の生産工房の組織化などへと導き、ものづくり産業が発展した。その背景には専門的な知識や技術に渡来系技術者が貢献したと考えられる。大県郡内の古墳には在地豪族集団と産業の組織化で中間管理者層が階層性を有する古墳築造を誕生させたのではないかと考える。但し、大県郡内の集落に対応する古墳は完結性が高いが、優位な階層者が別地へ古墳を築造する場合を考慮する必要があろう。規模や基数も比較的調査が進み、副葬品に渡来系文物が多く出土した一須賀古墳群、寺口忍海古墳群との比較を行う。両古墳群も横穴式石室墳が主体であり、百八十基、二百六十二基と大規模な古墳群である。

一須賀古墳群は、六世紀中頃から七世紀前半にかけて築造された群集墳で、府内でも有数の群集墳である。総数は二十三支群二百六十二基を越すと言われており、副葬品に舶載品と考えられる金銅製の沓や垂飾付耳飾、銀製釵子などがあり、北側に位置する七世紀の王陵群である磯長谷古墳群との強い結び付きが想定され、朝鮮半島から齎された渡来系文物を持ち、渡来系氏族の集団を掌握した有力氏族が考えられている。第二、三の規模の古墳が半数を占め、大県郡との比較から総じて規模が大きい。

寺口忍海古墳群は、葛城山東麓からのびる尾根上に形成された群集墳で第二規模の古墳が大半を占め、埋葬施設は横穴式石室が中心に約百八十基で構成されている。副葬品はミニチュアの炊飯具、供献鉄滓、釵子など大県郡の古墳群と古墳規模と渡来系文物の出土など類似した様相を呈している。

大県郡内の古墳群のあり方を自説の分布論によって検討した。集落跡と古墳群との関係性を集落跡で展開したものづくり工房の研究へと進展させたことが大きな成果と云える。古墳出土の副葬品や時期検討など遺された課題も山積である。調査担当者として集落遺跡や古墳群の調査に数多くの指導や教唆を頂いた竹下賢先生に感謝をこめて小論を献呈したい。

参考文献

石田成年「高井田横穴の写真」『柏原市立歴史資料館　館報』第二十号　二〇〇八

大阪府・柏原市教育委員会『柏原市東山地区における遺跡分布調査報告書』一九八〇

大阪府教育委員会『一須賀古墳群発掘調査概要Ⅰ』一九七四

大阪府教育委員会『平尾山古墳群分布調査概要』一九七五

大阪府教育委員会『一須賀・葉室古墳群』一九八四

大阪府教育委員会『一須賀古墳群資料目録Ⅰ』一九九二

橿原考古学研究所新庄町教育委員会『寺口忍海古墳群』一九八八

柏原市『柏原市史』本編第二巻　一九七三

柏原市教育委員会『平尾山古墳群平野・大県支群』一九九一―Ⅲ

柏原市教育委員会『柏原遺跡群発掘調査概報』一九九一―Ⅳ

柏原市教育委員会『柏原市東山地区分布調査』一九九一―Ⅴ

柏原市教育委員会『平野大県古墳群分布調査概報』一九九二―Ⅳ

柏原市教育委員会『柏原市所在遺跡発掘調査概報』一九九二―Ⅴ

柏原市教育委員会『平野大県古墳群分布調査概報』一九九三―Ⅳ

柏原市教育委員会『平尾山古墳群』一九九四―Ⅱ

柏原市教育委員会『大県の鉄』一九九五

河南町教育委員会『一須賀古墳群Ｐ支群発掘調査報告書』一九八三

北野重「大県の鉄」『河内どんこう』一九九六

北野重「平野・大県古墳群の検討」『河内古文化研究論集』柏原市古文化研究会　一九九七

北野重『田辺遺跡』国分中学校プール建設に伴う遺物編　二〇〇二

北野重「日本初期鉄器時代のはじまり」『民俗歳時記』往生院民具供養館　二〇一二

桑野一幸・山根航『鳥坂寺』柏原市教育委員会　二〇一一

白石太一郎「畿内の後期大型群集墳に関する一試考」『古代学研究』四二・四三合併号　一九六六

白石太一郎「巨大古墳の造営」『古墳』吉川弘文館　一九八八

野上丈介「後期古墳の一形態」『斉藤忠古希記念論集』一九八八

花田勝広『田辺古墳群』柏原市文化財概報　一九八四

堀江門也「河内における大型群集墳論展望」『藤沢一夫先生古希記念古文化論叢』古代を考える会藤沢一夫先生古希記念論集刊行会　一九八三

水野正好「雲雀山東尾根中古墳群の群構造とその性格」『古代学研究』四　元興寺仏教民俗資料研究所考古学研究室　一九七四

安村俊史「大県郡の成立について」『柏原市立歴史資料館　館報』第二十一号　二〇〇九

吉岡哲『河内太平寺古墳群』一九八〇

大阪府高井田横穴群の舟線刻壁画再考
――第二支群十二号に見る線刻帆舟はあったのか――

辻尾榮市

はじめに

大阪府高井田横穴群の線刻壁画は、九州地域ほかで見られる鮮やかな彩色壁画とは違い、そこに何らかの葬送儀礼的思想を見出すことは難しいが、壁画に表現された線刻図形紋様から他界情景を読み取ることは可能であるかもしれない。五~七世紀までの古墳には、石積み構築する横穴式石室や、岩盤崖面を横穴に掘削した墓室を埋葬施設とした横穴墓があり、それらの墓室内外には様々な方法、例えば鋭利な道具を用いて岩盤を彫り込み彫刻したり、溝を刻む線刻によって図形紋様を表現し、あるいは岩肌に直接顔料を用いた彩色によって図形紋様を描き、抽象的な図形紋から形象的な図形紋への表現が行われてきたことが知られている。

図形紋様の多くは、円紋、三角紋、同心紋、渦巻紋、蕨手紋を単独、あるいはそれらを組み合わせた直弧紋などの記号的図形紋、人物、舟、馬、鳥、日月、盾、靫、弓矢、鞍、刀剣などの武器・武具類などの形象的図形紋、さらに組み合わせて情景的図形紋を表現しており、それらを含めて装飾古墳と呼ばれている。

このような壁画と称される目的は、すでに被葬者が他界したであろう世界を表現してはいるはずであるが、描かれる図形紋は共通する内容とはかぎらない。共通するものがあるとするならば舟や鳥が天鳥舟とする神話に語られる天界への通交を意味する図形紋伝承しかないが、このような伝承がどのように語り継がれてきたのかということにもまだ疑問があり、謎は解かれていない。また装飾古墳の分布は九州、中国、近畿、関東、東北地方の諸地域に点在集中することも視野に入れなければならない。

小林行雄(1)は装飾古墳の意味を「死者を葬るために用意した別の世界であったはずである。死者のために作る石造や塼築の墓室の壁面を、絵画や彫刻で装飾することは、洋の東西を問わず、かならずしもめずらしい風習ではない」とし、古墳の隠された内部に関して用いられる壁画・細工などを総称してそのように定義した。

さらに石室内部における四種の違った構造部分に注目して系統的に分類している。（1）壁画系として「石室の壁面に彩色もしくは線刻の文様や絵画を描いた」ものとする。（2）石障系として「石室の周壁下部にそうて、浮彫ないし線刻の装飾をおこなった板状の石材を組みあわせて、壁面の装飾に代用した」ものであり、羨道などの壁面にもその関連性がある。（3）石棺系として「石室内に安置した石棺の外面あるいは内面に装飾をほどこしたもの」であり、装飾には浮彫あるいは線刻も含まれる。（4）横穴系として「自然の崖面を利用して、岩石を刳りぬいて墓室を作った形式の、いわゆる横穴において、主として入口の上部に近い外部の崖面に、浮彫の装飾をおこなったもの…横穴の内部にも、彩色や線刻による装飾をおこなったもの」があるとした。

次の課題は装飾の技法であり、それには彩色と彫刻に大別し、彫刻には浮彫と線刻に区分し、さらに彩色には直接彩画と彫刻彩色がある。この装飾の問題点は、描かれた内容が何なのかである。抽象的な線刻図形紋様から何が理解できるのか、それに対して形象的図形紋様からは形によって理解できることは多くある。ここで取り上げようとするのは線刻図形紋様であるが、線刻にも抽象的と形象的図形紋があり、さらに彩色の可否がある。

乙益重隆(2)はその装飾古墳の起源を四世紀末期に求め、「最初から呪縛的な意味のつよい幾何学文様から始まっている。つまり、大陸の装飾古墳の発足とは無関係で、そこには独自の発想があったとみなければならないだろう」として、一部の装飾古墳とは区別して習俗として幾何学紋様を徐魔的な呪術性から発生して描いたとし、線刻はこのような考えから始まって見ることができるとした。装飾古墳に描かれた図形紋は、五世紀段階に畿内における石棺に施された幾何学的紋様にあり、その一定の規則性にもとづいて構成される直弧紋、円紋、三角紋などを連続的に組み合わせた線刻図形紋様は四世紀には出現していたものであるが、その規則性ある紋様から形象的な図形紋への出現は五世紀後半から見られ、しかも歪な彫刻と彩色が描かれるようになる。この変化は奈辺にあるのか。六世紀以後に見られる殴り書きのような線刻がたとえその情景が全く理解できない画面、不明確で断片的にも理解できない画面であったとしてもそこに呪術的な行為があった可能性を見出すことができるかもしれないと考えられてきた。

さて線刻壁画古墳とは、横穴式石室、横穴墓の室内外などに線刻によって壁面にそれと理解できる画面が描かれ、その線刻画の壁面に描かれた様相から判断すると、具体的な内容・情景が理解できる画面、内容・情景が全く理解できない不明な画面、不明確・断片的にも理解できない画面などに区別される線刻があると見ることができる。

森貞次郎(3)は線刻画について「粗雑な線描画であって、とくに習練を経た者の手になるとは考えにくく、また描画の過程で無意味な線がきわめて多いので、おそらく被葬者に近しい人々の手によるもので、やはり呪術的意味をもった鎮魂の供養図であろう。無数の無意味ともみえる線にも、やはり呪術的な意味があったのかもしれない」とする。

この線刻壁画での最大の問題点は、古墳時代に描かれた線刻であるのか否かということであろう。[4]従ってこの線刻に対して時期決定を与えるとすれば横穴式石室、横穴墓が未開口であることが最大の条件となる。とは言え、既存のそれら横穴墓は開口していることが多く、線刻だけから判断することには問題点がある。古墳の時期比定に関しては出土遺物、構築などから判断することが可能であったとしても、線刻だけから判断することは不可能に近い。線刻だけからでは古墳時代なのか単に時間が経過しただけなのか断定できない要因が多いからである。壁画の構成が仮に古墳時代にしか存在し得ない場（画）面であったとしても、また他の線刻画と共通するような構図・表現があったとしても、二次的線刻であるのか否か、時期判断を決定することは困難である。

さて装飾古墳の壁画には、舟を表現した図形紋が多く見られる。もちろん彩色と彫刻（浮彫・線刻）とが見られるが、その舟の描き方は様々であり、弧形、半月形、吊籠形（ゴンドラ形とも）など抽象的な描き方は共通している。舟が描かれた場面状況も様々であり、人物を乗せたもの、人物が櫂で漕いでいるもの、舟上に何か設備のあるもの、舳艫のいずれかに鳥が留まっているもの、馬が乗るものなどがある。舟と鳥の組み合わせは神話に見る「天鳥舟」、あるいは舟葬を意味することが考えられてきた。さらに彩色画の舟では構造に迫る要素は少ないが、線刻によって描かれた舟画はむしろ構造に迫るものがある。櫂、柁、碇、あるいは帆を描くものがあり、人物が櫂で漕ぐ様子、あるいは舳艫から櫓櫂を挿している様子、一本檣竿と帆が描かれた状況、複数の檣竿などが見られるがそこから舟の構造の真実に迫ることができるのか。ここでは線刻で描かれた舟画の帆舟を中心に若干の考察をこころみたいと思う。

一、高井田横穴群の成立

横穴墓は岩盤を掘削して洞窟を造り、そこを墓として用いた施設であり、古墳時代五世紀中頃に北九州地域で発生し、中部九州に伝播して山陰地方から六世紀段階には畿内にその風習が至ったと考えられる。[5]

高井田横穴群は生駒山地南端に位置し、大和川が奈良盆地から河内平野に流れ出て、石川と合流する手前、右岸（北側）にあたる張り出した傾斜地の尾根上に立地する。この地は開折する深い谷川を形成する尾根斜面で海抜三五〜六〇m前後の位置にあり、二上山の火山活動による凝灰岩質砂岩層の堆積地である。このような立地に横穴墓群が分布している。

この地域に分布する横穴墓群は尾根、小谷などの自然地形を四区域の支群に分けられ、第一支群は全域の東端に位置して二五基、第二支群は中央部に五六基、第三支群は国指定史跡内に分布する二五基、第四支群は尾根上に位置する四一基が知られており、全体では二〇〇数基を越えるといわれる。

それらの横穴墓の内部構造は、被葬者を埋葬する玄室、閉塞部である羨道、通路となる墓道から構成され、各々の境を区画する玄門、羨門があり、ひとつの空間を形成している。埋葬施設には造付石棺、組合式石棺、組合木棺や陶棺などがあるが、高井田横穴群では造付刳抜式石棺が一六基確認されている。そして外部構造上墳丘はない。造営時期は六世紀前半から七世紀初頭と考えられている。

高井田横穴群のなかでも線刻壁画が描かれた横穴墓は二七基が確認されているが、全体の横穴墓率から見て描かれる横穴墓は少なく、またその情景には葬送儀礼に関わる統一的な構図がなく、それらに意味をもたせるには懐疑的な要素が少なくない。稚拙であることは否めなく、これまで発見された線刻壁画との共通性も少なく、改めて見直す作業は必要かもしれない。柏原市立歴史資料館(6)においても、これまで線刻壁画の分析などが行われてきた。ここでは三基の横穴墓に描かれた舟線刻壁画について再検証をしてみたいと思うが、高井田横穴群の研究史から触れておきたい。

梅原末治(7)は明治四四年一二月に横穴群を確かめ、翌年正月に開口する五〇数基の横穴構造を踏査したが、その報告は大正五年になってからであった。また喜田貞吉(8)も翌明治四五年に踏査しており、いち早くその概要を紹介したのであった。その後、明治四五年の梅原の踏査に同道した高橋健自(9)は、大正六年の藤田家の墓地造営で見つかった横穴を調査し、副葬品の採集とともに線刻画に注目し、その調査をおこなったが、この時点で正確な分析調査を行って報告したとは言い難いものがあったと思われる。なぜなら線刻画に落書のあることを認めながらより精査した解釈がされておらず、他の多くの調査と同様に墳墓構造や遺物に目が向けられ、線刻画にはさほどの注意は払われなかったと見られるからである。

埼玉県吉見百穴横穴墓群と同じように横穴墓に目が向けられ、その横穴墓に対して大正一一年には国史跡指定を受けたのである。その後も埋蔵文化財分布調査などが行われたが、昭和四八年以後の宅地造成計画による開発によって破壊されはじめた。その後の経過は吉岡哲(10)によって詳しく報告されている。

さてこのような経緯があり、線刻画についてもその都度において様々な意味が論じられてきたが、当を得た論点はなく、考古学的なより正確な実測調査のないこともその判断が紛錯し、歪めていることも否めない事実であろう。あらためて線刻画を見てみる。

第二支群第一二号墓は、南側斜面に開口する両袖式横穴墓であり、玄室は長さ二・九～三・一m、幅二・六m、高さ一・八mを測り、羨道は長さ一・〇m、幅一・〇m、高さ一・一mを測る。天井はドーム型であるが側壁との境ははっきりと区画される壁面がある。線刻壁画は奥壁に向かって、玄室天井面に鳥、玄室奥壁面には人物二ヶ所、鳥、太陽と大きな剝離痕跡があり、玄室右壁面には人物一ヶ所、太陽があり、玄室左壁面に人物二ヶ所、柵状図があり、玄門左右前壁面に格子紋ほかの線刻があり、羨道右壁面に不明線刻、羨道左壁面に帆舟が見られる。

第二支群第二七号墓は、西側斜面に開口する両袖式横穴墓であり、玄室は長さ三・五〜三・六m、幅四・二〜三・六m、高さ一・七mを測り、羨道は長さ一・八m、幅〇・九m、高さ一・一mを測る。天井はドーム型であるが側壁との境はさほど明確ではない。入り口の墓道上部に天井石が乗せられる構造である。線刻壁画は奥壁に向かって、玄室天井面に線路状（縄状）と賽子、鳥、玄室奥壁面には人物三ヶ所、鳥、鳥居があり、玄室右壁面には巨大人物一ヶ所、樹木、建物?があり、玄室左壁面に顔、人物二ヶ所、鳥、鳥居があり、玄門左右前壁面に人物、鳥、舟、獣、日月らしい線刻がある。

第三支群第五号墓は、農道建設によって墓道の一部は削平されたと報告され、その崖面上段に開口する両袖式横穴墓があり、玄室は長さ二・六〜二・九m、幅二・四m、高さ一・四mを測り、羨道の長さ一m、高さ一・三mを測る。天井は偏平ドーム型であり、奥壁・側壁との境がはっきりと区画される壁面をもっている。墓道は玄室・羨道の中心軸より僅かに傾きがある。線刻壁画は入り口から奥壁に向かって玄室右壁面に人物一ヶ所、玄室左壁面に文字があるといわれる。羨道左壁面に人物五ヶ所、舟があり、羨道右壁面に人物八ヶ所、舟があり、墓道左側壁面に人物の一部と槍状の線刻があるが崩落していると報告される。

二、舟線刻壁画の分析

ここでは『高井田横穴群線刻画』[11]（A報告）および『高井田横穴群の線刻壁画—資料集—』[12]（B報告）を参考に線刻壁画を図像学的に図解分析して再確認しておきたいと思う。

第二支群一二号横穴の線刻壁画の状況については、玄室の天井面・奥壁面・両側壁面、羨道の両側壁面に線刻が見られる。ほぼすべての壁面に線刻が見られるが、その情景には全く統一的な構図はなく脈絡がない。玄門から見て正面奥壁は中央部分で剝落の大きな破損が見られる。奥壁面には顕著な線刻の舟（図1）と鳥とが見られるが、壁面の左上部に舟が線刻される。舟は二線によって半月状に線刻、舳先か艫かということであれば左が水押状を呈しており、準構造舟と考えるなら豎壁板と見てとれる。そのほぼ真ん中の中央部に縦一線で示された檣竿がある。その右側には台形状の構造があり、これを葬送儀礼の喪舟とするなら棺か、霊屋か。舟上に伴う屋形とも見られる。詳細に見ると舟首部には両手を挙げ拡げたような人物が立っており、B報告では人物が片手に棒状のものを持っていると考えているが、あるいは喪舟での嘆きか、袖振る姿とも見られる。さらにA・B報告ともに舟尾部に人物がいると見る。舟尾部の人物の左上から艫部後方の右下に向けて一線の斜めの線で表現する長い線を櫂柁とする。櫂柁の見解ではA報告は「この櫂の先端は中央破損部の亀裂に繋っており、後に付刻されたものかもしれない」

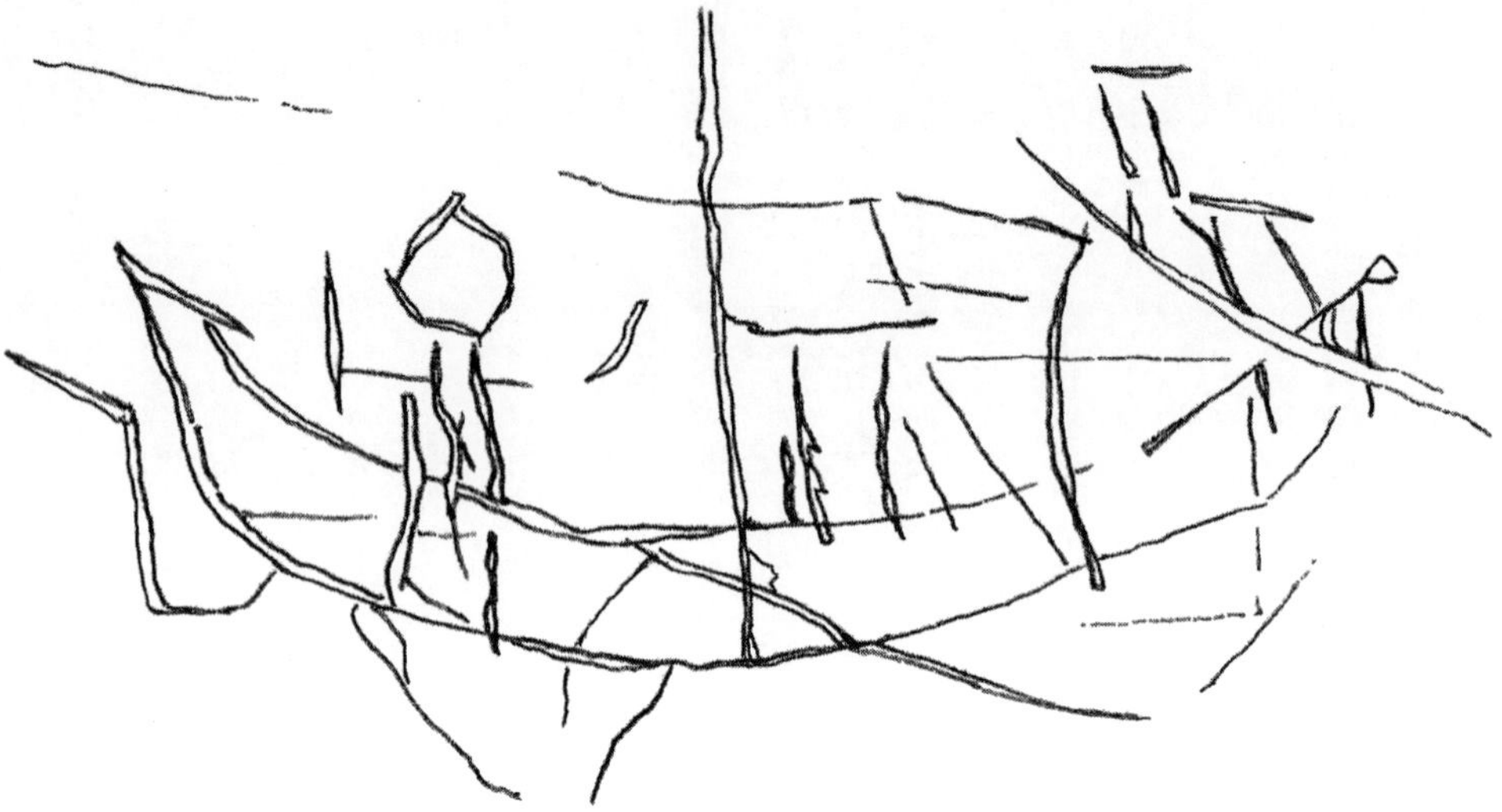

図1

とし、B報告では「梶らしき線刻が、壁面の崩落した部分にものびていることである。梶の追刻とみる考えもあるが、他の線と梶の線の彫り方に差はみられず、おそらく、この船は壁面崩落後に描かれた」とするが、人物が櫂を掻いていると見るか、舟尾部の構築部材とみるか、喪舟を意識しているなら舟上の構造物が多すぎるが、河川の漕運舟なら二人の人物が乗り組んで操縦している図と見てとれる。舟底部には曲線による波形と見られる線が舟首から舟尾に描かれているようであり、中央部の「へ」の字の線刻は櫂の表現かもしれない。

舟の下部に○線刻の中に米印が入り、その下には×印がみられるが、A報告では「車輪状の太陽」と見解を示されるが、日月であれば○か◎（二重円）や同心円紋、渦巻紋とする表現が一般的壁画紋と見なせる。円紋は六世紀代には多く使用される単純紋であり、初発的紋様構成のひとつであり、すでに縄紋土器には渦巻紋が確認されている。このような円紋が鏡であるのか、日月であるのか、○が何を象徴するのかの判断はありのままな理解による解釈傾向にあるが、重要性を示すものである。

舟の右上に鳥らしき線刻がある。S字状の曲線刻を平行に重ねており、ハ字状の線刻が足にも見える。鳥は空間を自由に飛ぶために早い時期から天界と人間界を結びつける神使として位置づけられ、鳥の飛ぶ力を霊魂の化身として原始的信仰と結びついている。この線刻を鳥と見なすのであれば、日本神話での天鳥磐櫲樟舟説話の情景にも見えなくはない。

奥壁正面右上部には先端が尖った鉾様図紋がほぼ同じ高さに揃えられ、柵のようにも見える線刻が並列して、それを連結するかのように横線を引いている。さらにその下部にも同様の先端が尖った鉾様の線刻が横線で纏められている。A報告にはこれを常磐木と解釈するのは五来重の説(13)を引いている。五来は「仏教以前から日本人は、あの香り高い常磐木の枝を墓に挿し立てていたと推定される。これは神道の神籬と起源をおなじくするが、私は風葬死体をこの常磐木の枝で囲んだもの」とするという。

玄室（玄門から）左壁面には、右上部には先端が尖った鉾様図紋がほぼ同じ高さに揃えられ、柵のようにも見える線刻が並列して、それを連結するかのような横線を引いている。その左側には四角い乱雑な線刻があるが、右側のような整然とした柵様ではない。また下部には乱雑ではあるが縦線で長短の差はあるが籬のような状態が引かれている。この壁面で注目されるのは左下部の人物とおもわれる二ヶ所の線刻である。右側の人物は顔だけが強調され、頭部には二本の内側に曲がる角状の線と真ん中に触角状のものがあり、冠り物を表現したのか、あるいは両手を挙げているとも見える。顔面は目・鼻・口を描くが耳はない。A報告は「顔の著しい破綻は、後世の故意の破壊によるものか」と指摘する。左側の人物は顔面頭部に特徴を見出すことができる。頭部には放射状の線刻があり、類似の頭部から放射状に延びる線刻画を特殊な人物シャーマン的な解釈とするか、それとも被葬者を鎮護する姿であろうか。胴部を描くが下半身は描かれない。顔面は目・鼻・口を描くが耳はなく、右側の人物と同じように鼻が三角形で強調されている。さらにその頭上の柵列の間に四角い図形の中に点で表現した仮面か、人物らしい線刻が見られる。

玄室右壁面には落書と見られる線刻があり、A報告では鳥居や「天下□」とある。右上部には人物が描かれ、顔面の内容は不明だが、頭部が放射状に延びる線刻を四角い枠で囲んでいる。中央上部には二重円紋に放射状の線刻が見られる。その右横には三重円紋が線刻される。下段には三角形や不明短線、あるいは曲線、井桁状などは統一的な情景構図ではない。

羨道右側壁面には歪な三角形に右上に数本の直線線刻が描かれるが意味は不明である。

羨道左側壁面には帆装の舟（図2）が描かれる。太い線刻であるが舟体部を上下二線で表現している。舳先は向かって左方になり、舟尾の艫部には一本の直線で櫓櫂と漕ぐ人物らしい線刻が見られる。ほぼ真ん中の中央部に縦一線で示された檣竿がある。その両側に示される線刻が方形の帆を表現し、檣竿の頂部から反り上がった舳艫の先端に帆綱が張られた状態にある。葬送儀礼の舟図とすれば帆装の舟が必要であったのか、解釈によっては速く他界（あの世）に辿り着くような特殊舟とするような考え方の観念があったと解する意見もあるのかもしれない。

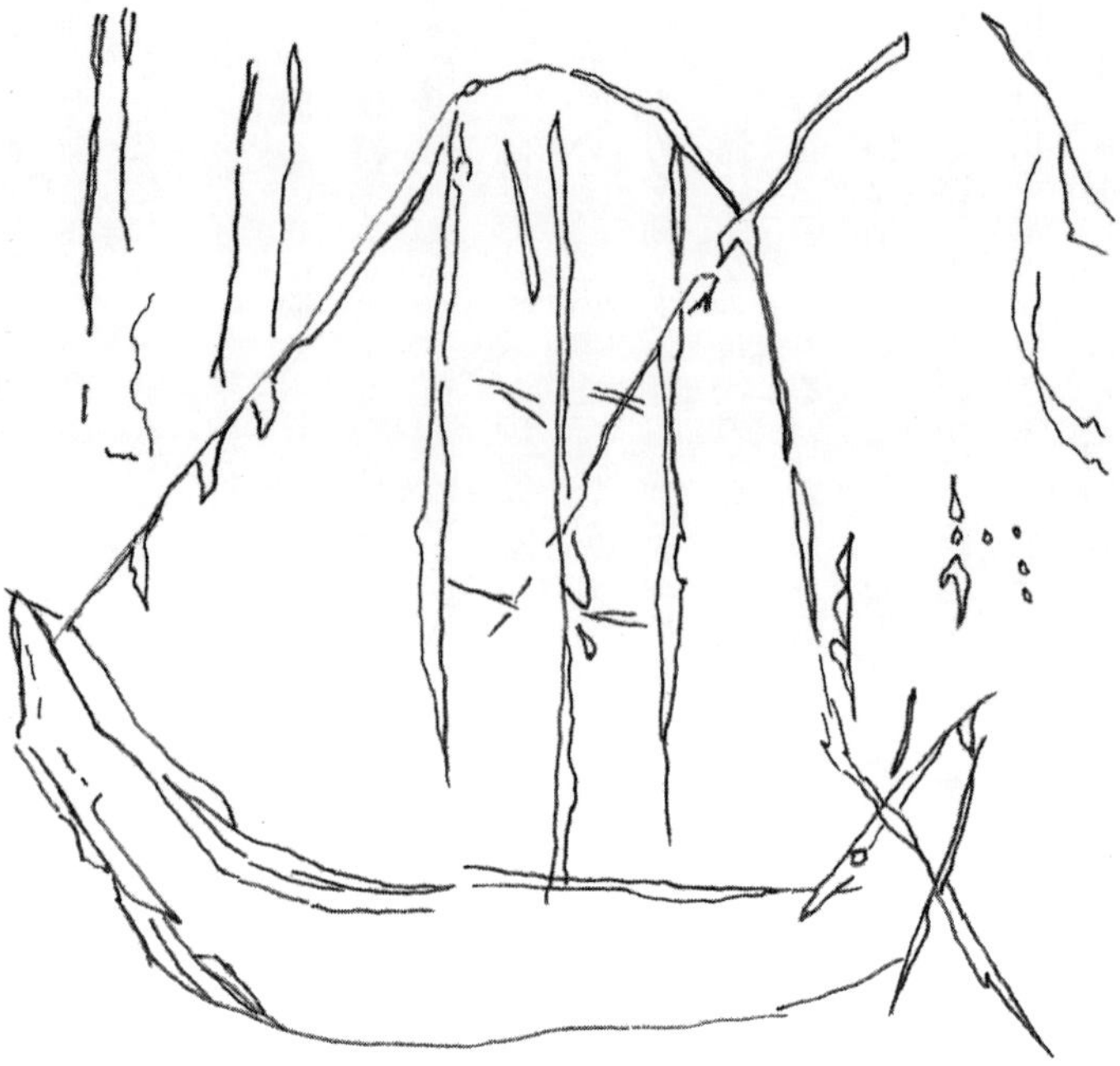

図2

玄室天井面、羨道天井面には長い首を伸ばす鳥、数本の直線と曲線で鳥を表現しているとこれまでの報告書などには紹介され、その解釈はさほど変わるものではない。

　玄門前壁面の右側には非常に稚拙な線刻が見られる。人物でも線刻しようとしたものか不明である。左側には方形の線刻、中央部には格子状の線刻がある。

　第二支群一二号横穴の線刻壁画の状況について改めて概観したが、全体的に見てその情景には物語性は示されていない。少なくとも線刻の主題を構成する単位として、鳥、舟は表現の動機として中心的な葬送的思想を見ることができるが、ここで検証する舟に関して言えば、奥壁面に示された舟には檣竿があり、舟尾から長い櫂、もしくは櫓を操っている。これを描いた人は川舟を見たことがあるか、もしくは川舟に乗船したことがある人物であろう。舟船に関して特徴のある部分としては帆装が描かれているだけである。そのことは羨道左側壁面に描かれる帆装の舟にも言えることである。注目される点は檣竿と帆である。五世紀以後の古墳内部に描かれた装飾壁画の中には帆装の舟は認められているが、この時期に帆装の舟があったのか否かの疑問が残される。

　第二支群二七号横穴の線刻壁画の状況については、玄室の天井面・奥壁面・両側壁面、玄門前壁面に線刻が見られる。ほぼすべての壁面に線紋が見られるが、その情景は人物が中心的な主題になっているが、その構図には全く統一的な情景はないと思われる。

　奥壁面は中央部に横たわった人物を線刻する。頭部から放射状の線が描かれ、顔面の目・鼻・口は削り痕として耳はない。胴部の真ん中を衣類の合わせ様の一線を描き、両手は表現されず、下肢は二線で描かれる。仮に埋葬表現なら被葬者ということになる。左上部には足の長い鳥であろう。縦線があるので籠に入っているのかもしれない図形紋である。左下部には鳥居が描かれる。両部鳥居のような線刻を描いているが、この形体の鳥居で有名なのは広島県に所在する厳島神社であり、落書した者は厳島神社を知っていなければ描けない鳥居である。その中に顔のような面相を描くが不明。幼児の絵画ならアニミズム的といわれる手法である。その右側に円形頭部と楕円形胴部に両足を拡げた瓢箪形の人物らしい形が描かれるが裸体であり、右腕を大きく湾曲させて翳状の長柄を持っているような儀礼表現にも見えるが、胴体部の左右にも線刻や瑕痕跡があり、想像すればそれも両腕のように見える。

玄室右側壁面には、左側に放射状の線紋で描いた（報告のいずれも）樹木とする。葬送の場面なら常磐木であろうか。その右側に放射状の線紋と頭部らしい円紋があり、その下部は複雑な線刻があり、太い線刻の二本が足のようでもあり、また台形のマントの中に別の顔面に放射状の線紋が顔と見られなくはない。縦横などの線紋が複数刻まれる。右端には台形と梯子状の線刻が見られ、建物群と考えて竪穴住居を描いたと考えるB報告がある。

玄室左壁側面には、B報告では左端に人物と報告するが不明。右側に鳥居、鳥が線刻される。中央下部に人物、顔面と胴体を線刻表現し、両腕を前に出し指を開く、下肢左右は外側に開く状態である。右上部に顔面とおぼしき目・口を彫り、放射状の線紋を描いている。さらに上部には×紋が二ヶ所にある。

玄室天井面には二線を基本に線路枕木のような無作為の図紋がある。賽子の六・五の目を描き、綾杉紋、鳥が線刻されている。

玄門前壁右側には縦の線刻で示され、森の中に鳥？がいるようであり、縦線は樹木を想像したものか。左側には○に放射状の図紋、鳥と見られる図紋、井桁紋、人物とは見えないがそれようの線刻、二線で描かれ示された舟画、その上を海獣？のように見える二頭、あるいは小舟にも見えるが、このような図形紋を想像的に解釈するといかようにも見える。

第二支群二七号横穴の線刻壁画の状況について概観したが、この窟内では人物といえばいいのか、それらを中心的に表現したモチーフとなっている。これらの図紋の情景から葬送儀礼を想像することはできない。あるとすれば鳥と舟だけであるが、この場面で鳥が意味することはない。また頭部の放射状紋という単純な○に放射状の図紋などは性的表現としか見られない。「木の葉形の図様が如何に多きか…葉部の斜の線が、やたらに多く引かれてゐる点である。之を以て木葉の繊維を現はしたものである」[14]と線刻の樹木を表現し、あるいは「鳥の羽根が散乱せる状」を表現しているとの考えもあるが、何を意味するのか、その場面での情景になっていない。天井面の二線を基調とする線路様紋は単純な線刻でしかない。玄門前壁面の意味のない習作、舟が描かれているのは葬送舟とは考えられないだろう。付近の大和川を航行する川舟を思いついたまま線刻したと見られるかもしれない。

第三支群五号横穴は、大正六年一〇月に藤田家墓所を営む折りに数ヶ所の横穴を発見したことが切っ掛けと言われており、当時、東京帝室博物館鑑査官であった高橋健自が明治四五年に「南河内郡玉手村大字玉手なる安福寺門前の横穴壁面に陰刻せる図象」を調査したことがあり、再度高井田の地を訪れ調査を行った経緯がある。高橋は各所の横穴を調査し、各々和名を付けたが「人物の窟」と称したのは第三支群五号横穴である。高橋報告(15)(T報告)では「羨道の左右及び玄室の左右壁面には、人物その他の図象及び漢字を陰刻せるは最注意すべきものとす。この横穴の玄室の奥壁に近きところより人骨残片と鉄釘残片とを発見せられし…上部向って右に「ゴンドラ」式の舟あり、一将中央にあり、左手に槍の如きものを杖き、右手を腰部に当て、左足を挙げて立てる状、多聞天などに見る如き姿勢なり。左右に従士と覚しきもの各一人あり、一人は石塊を索にて結び留めしかと想はるる原始的の錨の索を持ち、一人は櫂を把れり、中央上部の人物は双手を以て槍の如きものを捧げて立てり。その下に図せるは右手を斜に高く挙げ、左腕を張りて、また直立せり。なほこの左右にも構図のみにて未だ揮毫に至らざるが如き人物見えたり。舟中の人は遠景に水上此方に進み来れるを示し、中央上部なるは中景として今方に上陸せるを示し、その下部なるは近景として既に上陸して歓喜措く能はざる状を書きしものにてあらむか。」と記している。

この第五号横穴の線刻は玄室両側壁面、羨道両側壁面、墓道右側壁面で確認されていると報告されており、報告に従って紹介する。玄室右側壁面についてT報告には「羨道に寄りたる上部にあり。刻線細く浅く、拓影によりて辛うじて見得る程なれば、…人物の立てるを表したるなるべく、右の方形の輪廓ありて下方に線を垂れたるは何を意味せるか不明なり。両者の間下方にあるは二頭の獣の如く見ゆ。」とあるが、現状では確認できないと報告される。模写図を見ても人物には見得ず、獣とするも情景の想像ができない。玄室左側壁面は現状では全く線刻が確認できないとされる。T報告では「中央より向つて右下部に確に漢字と認むべきもの四字あり。…初の二字及び次ぎの一字は「殺」の字の古体にして、我が奈良朝以前に往々見るところなり。最終の一字は未だ詳ならず。」とあるが現状では確認できないと報告される。

羨道右側壁面は中央部に剝落がある。左上部には二線による舟(図3)があり、舳艫が反り上がる。舟の内部真ん中には弧形の二線で示された荷物か、舟室かがある。多くの見解は喪舟として棺か霊屋と考える。舳先は櫂の方向から左と見て、舟首で一人の人物?が櫂を漕ぎ、舟尾の人物は大きく描かれ、頭部に放射状の線紋が見られ、両腕を開くが片方で櫂を漕いでいる。頭部の後に十字の線刻があり、想像を逞しくすれば竿の先に旗が靡く様子か、あるいは帆柱とも見られる。二人の人物に差をつけているのは遠近で示すように舟が大きいことを示しているのかもしれない。その右には雪達磨形に三角形帽子を被せ、目が大きい線刻がある。その右には三叉の錐先状を示す×を重ねた一本線が描かれる。さらに右に瓢簞形の顔面に目・鼻・口が刻まれる人物か。左下部に大きな人物を描くが瓢

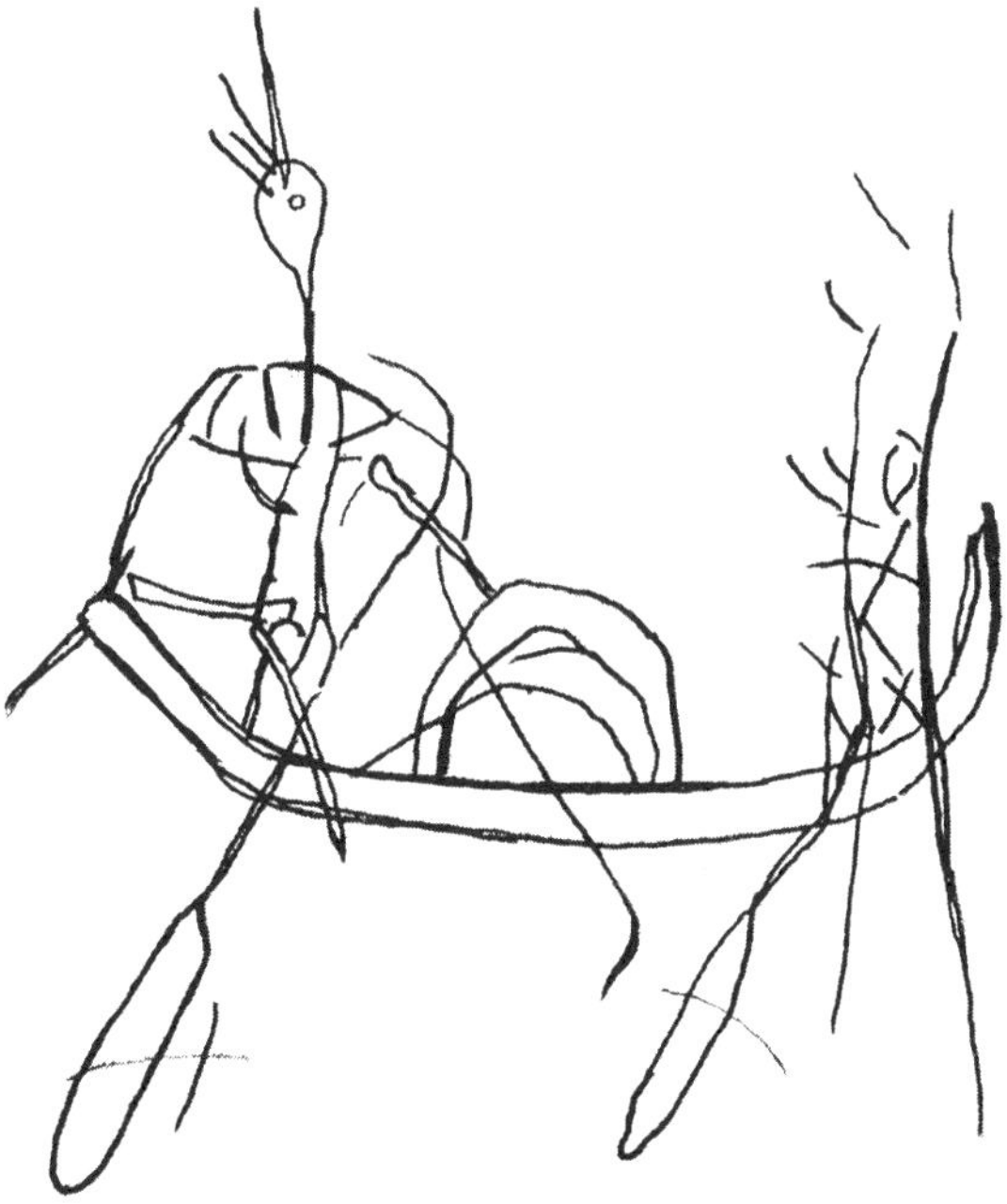

図3

簞形に上衣の裾が三角形に大きく開き、袴を脚結で膨らませているのか、鈎形の沓を履いている。頭部には昆虫の触角のような線刻がある。顔面には目・鼻・口が刻まれる。肩部から腰部に弧線で示されるのは腕なのか、羽根なのか、外套なのかわからない線刻が見られる。

羨道左側壁面が注目される線刻である。八ヶ所の人物と見られる線刻がある。B報告では線刻には明らかに深い線刻と薄い線刻の表現が区別され、線刻が深いため濃く見え「その質の高さは群を抜くと報告され、辰巳和弘[16]は「具象的かつ動的な表現技法において、多くの古墳壁画のなかでも群を抜く秀作」と評価している。

八ヶ所のモチーフはすべて正面を向く立画である。このことから言えることは、幼児が殴り書きで手慣れた一筆書きを描きこなすことに表現はないと言われる図画[17]と同じである。六ヶ所は埴輪で表現するならば、典型的な男性文人立像とよく似ている図画である。山形冠を被り、上衣は腰で結い、裾は大きく開き、袴は膝頭の下を紐で結び脚結として太腿部をふくらませて両裾が張っているように描いている。このモチーフからどのような情景が想像できるのか見ておきたい。

注目される右上部には著明な舟（図4）に乗る人物がある。舟と見られる直角な舟底と舷側を表現しているのは縦断面なのか、もしくは横断面として見るのか、舟として反り上がった構造として見た時には深さのある準構造舟と考えられなくはない。この二線で描かれた部分だけなら舟と見ることはないだろう。舟内の真ん中に立画される人物、頭部に三角形状の被り物は冠であろうか。小さな逆三角形の顔面には目・口が彫り込まれるだけである。服装は上衣と袴を着用する古代の埴輪人物のようであり、上衣は腰のあたりで帯を二重に締めて腰が細くなっており、臀部あたりは上衣の裾が三角形状に広がり開いていることを表現して、袴は膝頭の下を紐で結び脚結として太腿部をふくらませているが、膝下は素足のようであり、靴はない。右手は二線の湾曲線で腰に持っていき、左手はやはり二線で描き上げた腕は棒状を示すようであるが、その竿の上部に十字

図4

に交差する横線が靡くようなので旗とも考えられる。とは言え舟が準構造舟のように大きければ真ん中の中央部に縦一線で示された線刻は帆を揚げる檣竿と見ることも可能である。この人物は正装した古代人を表現していると見られるだろうか。さらに舟内には小さな表現で二人物が描かれる。右側の人物は三角帽子に三角形の胴部、両腕は長い棒状のものを摑まえている。一線で描かれた部分の先は丸い形状であり、櫂かもしれないが、舳先の碇であることも考えられる。左側の人物は瓢箪形に描き頭部に放射状の線紋が放たれ、腕は舟から延びる線で描かれた櫂を持っているかのように描かれる。

舟画の左側、真ん中上部の人物について、頭部には三角形状の帽子、冠ではなく兜か、胴体部は一線で瓢箪形と三角形状の裾と頭部を区別せず描かれる。顔面は目・口が丸く彫り窪まれている。その顔の両左右に弧形の線紋があると報告され、古代の男性の髪結いである髻ではないかと見られている。複雑な線紋が入り乱れるが、すべて撫で書きと見てよい。腰部には二線で大帯を示し、袴は膝頭の下を紐で結び脚結として太腿部をふくらませているのか、三角形状である。いずれも縦線があり、模様か、皺を表現しているとは見られない。膝下は細く、爪先が尖り反り上がった長靴を履いているのか、両足は右向きに立っているが体は正面向きである。細い二線の両腕は右側の竿か、棒状のものを摑まえている。その先端に鋭い山形の槍先と月形円弧形金具の刺股様であり、棒状の右側には先端から流れ描かれる曲線が引かれており、垂れ下がった旗様の飾り布と見られなくはない。

真ん中下部の人物について、頭に縦線の入った三角形状の帽子を被り、この人物も胴体部は一線で瓢箪形と三角形状の裾と頭部を区別せず描かれる。顔面は目・口が丸く彫り窪まれている。腰部は二線の帯ではなく紐を結んだようにも見える。また上衣の裾が開き、その下は袴ではなく、縦線で示された「縦縞の裳」に見え、足は描かれない。先に見てきた人物画と基本的には同じであるが、着衣している袴が裳のように見えるだけで女性のように見える。他と違う点は両腕の袖にある。幅を持たせた筒袖とし、この袖にも真ん中に線が入り、描き方の癖とも見える。右手の平の指を開き、左手も袖に隠れるように指が見える。重なる線刻から二次元的な広がりが動いているかのように見え、恰も舞踊している表現に見えるが足の動きはない。あるいは頭部の帽子を鳥の嘴と見て島根県鹿足郡津和野の鷺舞のように鳥舞を踊る葬送儀礼として成立するかもしれない。

以上が明らかな線刻として認められる画である。それ以外に習作と見られる人物画がある。壁画の左側に瓢箪形と三角形で表現され、下肢は三角形の袴?、足の部分は描かれない。腰部に帯びらしい二線や腕らしい線刻、撫で書きのような線刻で輪郭を描いているようである。その上にも同様の輪郭で示された人物?らしい曲線があると報告されている。いずれも顔面は描かれていない。また右下部にも同様の二線で輪郭様の図紋が見られる。これらの線刻は先に見たはっきりとした線刻ではなく、薄い線刻図紋である。

見てきたように正面向きの三ヶ所の人物と輪郭だけの三ヶ所の人物から物語の情景を想像することは困難である。落書ということであれば、稚拙という言葉だけでは解決できないが、人物の服装から見て埴輪に代表される正装とは看做すことはできない。全体にわたって特徴のある部分がなく、埴輪で見られるように本来なら描かれたであろう首飾り、上衣の袷の結び、武具などの表現に欠ける点が見られる。百歩譲り、埋葬時に何らかの線刻が描かれたとして、二次的な手が入ることで線刻画面が損なわれてしまっていると判断できるだろう。

この第三支群五号横穴で注目される人物像について、人体部分の描き方から見ると、顔面は円紋を描くだけで表情がなく、丸い彫り込みや点といった省略が多過ぎる。頭髪は放射線状で描かれるものが多く、古代人の頭髪の特徴である大きな上げ鬘の表現がない。上肢の腕、手の平、指の表現が単純な線紋だけでしか描かれない。服装では古代人が着衣していたと見られる埴輪例のような線刻絵画が一点も見られない。客観的に見て武人はなく、女性と見られる人物は一ヶ所、それも舞踏らしい仕種を表現しているだけである。しかもその情景に相応しくはない構図である。

近世、桃山時代から江戸時代初期にポルトガル人来航の情景を描いた絵画があるが、その『南蛮屛風』(18)に描かれる西欧人の誇張された描写に目を向けてみよう。描かれる技法・様式は日本在来によるが、異国趣味を反映した描き方が見られ、特に人物の絵では帽子を被り、上肢の上着姿に肩掛けマント、大きく膨らんだカルサン、脚にはタイツ、先の尖った靴を履く出で立ちは埴輪の文人像に似ており、興味ある絵画である。

この線刻壁画で描かれた人物画の腰が極端に括れた描き方には特徴があるように見られる。このような絵画手法は中世欧州で服飾史上のコルセットが流行する一六世紀になって胴を細く締める服装が流行するが、そのような先入観と心得がなければ描けない画とも見られる。幼児が描いた落書とは見られないが、何らかの知識のある者の手になると考えられなくはない。

これらの横穴墓の線刻調査をしたのは高橋健自であったが、高橋は埴輪を資料として古代服飾史の研究を確立し、しかも考古学的資料を用いて原始絵画論を解く先駆的な業績を残してきたことは知られている。その高橋なら五号横穴での人物線刻を古代服飾史から何か重要なことを指摘できたはずである。しかしここでは全体の人物線刻を神話の情景として解釈し、遠・中・近景の画面として捉えながら生前の功績を描くことが目的であったと想像して服装史から見直すことはなかった点は懐疑的である。

第二支群一二号横穴、二七号横穴、第三支群五号横穴のそれぞれの線刻について概観したが、それらの線刻は単純に表現されたものが多く、とは言え子ども・幼児の落書と簡単に解釈される線刻ではないことは指摘できる。この線刻壁画の何をもって喪葬画、落書とするのか規準はない。石室内に態々入って落書する意味があるのか否か。その理由が明らかでない状況では落書とする判断材料はない。また古墳時代の喪葬画であるという根拠もない。一体、無秩序な殴り書きとも見える画を鎮魂儀礼とする判断基準はあるのか。線刻の中には歴史的な背景や知識を知る者の手になる線刻画があり、なかには古墳時代に遡る線刻があるかもしれないが、見てきた横穴での線刻には特別な理由を訴えている場面とは言い難いことは言えそうである。これら全体を通して葬送儀礼の場面としての理解するには隔靴掻痒のものがある。あらためて第二支群一二号横穴に線刻された帆をもつ舟に焦点を絞り、帆装についての時代的背景を再考してみたいと思う。

三、帆の『和漢船用集』の用語と理解

古墳時代には風力を利用したらしい舟船が出現したと考えられている。ここでは六世紀後半以後の古墳内部に描かれた線刻壁画に求められるが、事実、線刻によって描かれた舟船には帆柱らしい線と三角形・四角形状の帆布らしい形が見られる。それらが舟帆と読み取ることは可能であるが、その実態と存在は不明である。存在したとしてその帆は帆布でなかったことは理解できよう。

漢和辞典の説明によれば、「帆」という漢字は、『漢語林』(19)では、「㊀①ほ。風を受けて舟を走らせる布。「順風満帆」②ほかけぶね。帆船。「弧帆」㊁①ほ。②ほをあげて走らせる。」とある。『新字源』(20)

には、「[一]①ほ。舟のほ。②ほかけ舟。「弧帆」[二]①ほを上げる。ほをかけて舟を走らせる。」とある。『大漢和辞典』[21]でも、「帆」は「①ほ。風を受けて舟を走らせる布」と解釈している。

文字の構造法に関して『字統』[22]には、形声「声符は凡。凡は風の声符であり、その省文。〔釈名、釈船〕に「帆は泛なり、風に随ひて幔を張るを帆といふ。舟をして疾きこと汎々然たらしむるなり」とあり、舟行に帆をあげて風力を利用した。三国以来、江南に事多く、水軍も編成されて、帆柱を立てた大帆船が作られている。」とある。また『漢字の起源』[23]には、字形は「巾に従い（意符）凡の声（声符）」の形声字である」とし、字義は「風を孕む布である。呉都賦の注に「船帳」、広韻に「船上の幔なり」とあるはそれである。」とする。

このように漢和辞典類からは明解な意味と時代背景は察することができない。漢字は必ずしも厳密な舟船舶的部材とは一致せず、その見解は次章において紹介する。

近世の資料であるが、大坂の船匠であった金沢兼光が明和三年に著述した和漢船に関した文献『和漢船用集』[24]がある。その第十一巻には近世関船の付属道具、工具類などの詳細な記録があり、しかも中国文献『武備志』などから引用した記述が含まれており、参考となる。その「帆」については「雑字大全曰く、古人硯釁魚遂に帆を作る。釈名に曰く、帆は汎なり、風に随って幔を張るを帆と曰ふ、疾かなら舟をして使う汎汎然たり也。風土記に曰く、帆は風に従ふの之幔なり、舟前に施す、各々宜しき随って大小制を為す、大なる者は布の一百二十幅を用ゆ、高さ九丈。和名抄四聲字苑に云う、帆は風衣なり、一に曰く船上檣上に掛けて風を取て船を進むるなり。和名保。字彙に曰く、舟上の帆以て風を汎ぶる所又船に棹さす羽なり、颿䑺篗檴幭航並びに同し。徐鉉曰く、舟船の之颿本と此字を用ゆ、今別に帆に作る。周伯温曰く、馬疾く歩むなり、馬風に従う会意借て舟颿の字と為す。」と中国文献から紹介するが、帆の起源や発生については知ることはできない。また「帆之品」として部品の項目を載せているが明解ではない。

『国史大辞典』[25]には、「風力を利用する船の推進具。その出現は人力推進具の櫂より遅いが、…日本では縄文・弥生時代に使用した確証がなく、五世紀の装飾古墳の壁画によって素朴な固定式帆装が認められる程度にすぎない。これが大陸伝来の技術とすれば、弥生時代の使用も考えられるが、むろん人力航漕の補助的役割以上をでない。飛鳥・奈良時代は大陸との頻繁な往来から帆の進歩が推定されても実態は不明で、『万葉集』に櫂を漕ぐといった人力航海の歌は頻出するけれど帆走の歌はなく、古墳時代よりさして進歩していなかったともみられる。ただし例外は遣唐使船で、中国、唐時代の先進的技術による帆を装備したとみられるが、これも遣唐使廃止で日本に定着せず、実態はわからない。…」とある。日本での帆を利用した舟船の実態は中世を待たなければならず、帆柱に四角形筵帆を装着する程度にすぎなかったのである。それでは中国での帆舟について検証してみる。

四、中国の帆舟出現の時期

日本における帆舟の問題は中国からの造舟技術を待たなければならなかったに違いない。その中国での帆舟研究では、帆舟のひとつの証拠として殷代の甲骨刻辞の中の「凡」字を充てており、それが「帆」字であると認識して、これが現在比較的もっともな説となっている。またこの説を支持する研究者は多いであろう。ところが最近ではいくつかの甲骨文研究と文献資料によって、殷代の甲骨文の「凡」字が「帆」と釈することができない否定的な説が出されている。中国の歴史的文献において帆舟に関する最も早い記載は西暦一一五年に出現したこととしている。このことは遅くとも後漢時代前半にはすでに確かな帆舟が存在していたことを明らかにしているが、これは文献の記載だけで得られた慎重な結論であり、実際に出現した時期はやはりすこし早いはずである。中国で帆舟が出現した時期は西洋の帆舟よりも遅かったことは推測されるが、その後に移入された技術の発達はかなり迅速であったことは間違いないと思われる。

日本の帆舟とも関わりがあるが、その中国での河川や湖、海上において、いつ頃颯爽たる帆影が出現するようになったのであろうか。この問題に対して中国の研究者から有益な追究が行われており、以下では文尚光「中国風帆出現的時代」論文(26)の抄訳を紹介する。

(一) 甲骨文の「凡」は「帆」ではない

文尚光の考えは、〈帆舟は太古の時代あるいは禹の夏王朝に生まれたという説は、その議論に根拠がなく問題にしなくてもよいと考えている。取り敢えず三千年あまり前の殷代において、仮に甲骨刻辞の「凡」字が確かに「帆」字と解釈できるとすると、これが殷代に帆舟があったという確たる証拠と認めなければならない。しかしことは決してそう簡単ではなく、その中にやはり少なからず問題が存在しており、追究の必要がある。

甲骨文「凡」字についての形体を考察するが、中国科学院考古研究所の『甲骨文編』①は、現在比較的整った「甲骨文大字典」である。そこに清末時代以来の数十年において発見された甲骨文が集められており、その中の「凡」字は総てで二八種の形体がある。もうひとつの古文字字典の性質を持った文献は『古文字類編』②であり、甲骨文の「凡」字を列挙しており、さらにその後の周代の金文と秦代の篆文の「凡」字がある。多くの船舶史を研究する者はこの「凡」字こそが「帆」形をかたどった象形字であると認識している。いわゆる象形字は図画のように具体的に正確に実物の形態を描いているわけではない。日・月・水・舟のように単に実物の形態のある特徴を表現したものにすぎない。そして紹介した甲骨文・金文ないしは秦代篆文の「凡」字は、「帆」の形態の特徴を明確に表現しているといえるのか。先入観を交えなければおそらく表現していると判断するのは難しいと思われる。

このことから文字の釈義に従って分析することにするが、甲骨刻辞の中で「凡」字はよく見られるが、その用法はかなり異同がある。いくつかの甲骨文の専門書によれば「凡」字には以下に紹介するように全部で七種の釈義[3~10]がある。すなわち古の「凡」字である。また「般」字となり、「盤」字となる。ある時には「凧」字として用いられ、あるいは「犯」字として用いられる。字の偏旁として用いられる時には「舟」偏と同じであり、さらに偏旁として「皿」偏と同じとなる。

この七種の釈義のなかでは、初めの解釈を除いて他は明らかに「帆」字と全く関係がなく、最初の「凡」字がつまりその本義である。清代の段玉裁は、「凡の言は氾（即ち泛）なり、泛濫一切を包挙するの称なり。」[11]という。これは平凡・凡是・大凡など現代漢語の「凡」字の意味と同じである。段玉裁は決してそれが「帆」字と通用できるとは言っていない。中国で収録字数が最も多い字典である『中華大字典』には「凡」字の釈義が総一六種あり、いずれも古籍を引いて例としているが、ひとつとして「帆」と釈したり、同音仮借しているものはない。『毛詩』・『尚書』・『周易』・『礼記』・『春秋』など十三部の儒家の経典中で「凡」字の句は総八五六件あるが、ひとつとしてその中の「凡」字を「帆」字と解釈[12]できるものはない。

このような分析から見ると甲骨文の「凡」字は決して「帆」字と解釈することはできないことになり、従ってこの文字の解釈からだけでは殷代にすでに帆舟があったする証拠にはならないと考えられる。〉と論証している。

（二）先秦時代及び前漢時代の遺物と文献

文尚光の考察は遺物や文献から〈一歩譲って、もし殷代にすでに帆があったとすれば、その後の西周時代・春秋戦国時代・秦漢時代の間にも帆が存在した形跡があるはずである。しかし残念なことに一千年あまりという長い年月の中で残された遺物・文献のなかには帆舟が存在したという形跡は見られない。

上海博物館に収蔵されている銅器に見られる饕餮紋には、「人が物を担いで舟に乗っている」図象があるが、その舟には帆が見られない。有名な「戦国水陸攻戦銅鑑」と「宴楽銅壺」には、精美な図案紋が生き生きと古代水戦の雄大な場面が再現されており、そこには二層の楼閣がある戦艦、勇敢に奮闘する戦士、力を振り絞って舟を漕ぐ櫂手、風にひらめく旗、さらには激しい波と泳いでいる魚については極めて精緻に鋳造されているが帆だけは見られない。数年前に河北省平山県で発見された戦国時代中山王の墳墓内の痕跡から船や刳舟を発見したが、帆を掛ける檣竿跡は見つかっていない。

春秋戦国時代の飛び抜けた思想家であった墨子は、その著述の中に二ヶ所において専門的に水戦の利器である「鉤強」、水戦の艦隊の組織、人員の編成、武器の配置について談論しているが、いずれも帆や檣竿[13]については言及していない。また戦国時代の傑出した軍事家の孫臏は、その著述の中で「水戦の法」をまとめ、数種の戦艦の類型及びその用具を列挙しているが、やはり帆や檣竿[14]については言及していない。さらに戦国時代の偉大な詩人であった屈原は、長江や漢江の浜辺で詩を吟じ、洞庭湖の湖畔に徘徊し、多くの雄壮で美しい詩編を著述しているが、その水郷の美しい風物に対して存分に描写した「舲船」、「桂櫂」、「蘭枻」といった記述はあるが、やはり帆あるいは檣竿[15]についての情景を謳った詩編は見られない。先秦時代の諸子百家の著述にも帆や檣竿に関する記載は存在しないだけではなく、また前漢時代の文献もこれらと同様である。

漢武帝の水軍兵士を配備した樓船は非常に巨大であるが、班固は『漢書』食貨志の中で「樓船を治む、高さ十余丈、旗幟其の上に加へ、甚だ壮」としか述べておらず、旗幟よりさらに壮観なはずの帆については描写していない。漢の武帝と同時期の偉大な歴史家司馬遷は、かつて「万巻の書を読み、万里の路を行き」、その足跡は黄河上流と下流、長江の南北に及んでいるが、千古を雄視した『史記』の中でさえ一片の帆や一本の檣竿すら記載がない。前漢時代の研究者が収集・整理した中国最初の専門の字義を解釈した書である『爾雅』には二九一〇件の語句を収集しているが、「帆」・「檣」の類語は一つとして存在していない。前漢時代末年の有名な文字・言語学者である揚雄（前五三年～後一八年）が二七年の歳月をかけて撰した『方言』は、古代の典籍や著者自ら調査したものが材料の来源となっている。これは前漢時代の黄河流域と長江流域での大部分の地域の漢語方言を研究した名著であるが、この書の第九巻[16]では舟船及びその用具の名称を専門に解釈し、総三一件を列挙しており、舟船を寄せるための竿や舵を支えるための杙、舵や舟船に懸ける縄すら漏らさずに記載しているが、「帆」字や「桅」字、「檣」字は挙げられていない。かつ揚雄は『揚子法言』[17]の中でも五ヶ所において舟船を長江や海に浮かべることに言及しているが、やはり帆や檣竿についての言及は全く見られない。

なぜこのように夥しい先秦時代ないしは前漢時代の文献の中にひとつの「帆」字や「桅」字、「檣」字が記されていないのであろうか。管見に漏れが無いとすれば、これはおそらく偶然の現象とは言えないであろう。帆は古代の舟船舶の極めて重要な動力装置であり、帆には青い波による美しい景色が映り、かつて唐宋時代の無数の詩人が思索創作を掻き立てられ、多くの精妙な詩編を書かせたものである。もし前漢時代及びそれ以前に帆が存在したとすれば、どうしてこのように多くの思想家・軍事家・歴史学者・文学者・言語学者がそれを目にしておきながら気がつかず、無関心であり得ることができるのであろうか。このことはおそらく次のようにしか解釈できないのではないか。その時代にはおそらく舟に帆が無かったからであるということであり、例え存在したとしても筵のようなある種の極めて貧弱な装置としての帆にすぎず、いささか開けた水面で応用しただけの帆であったから普及するには至らず、多くの文人たちの注意を引かなかったということになる。

司馬遷より三、四〇歳年上の漢高祖の孫、劉安（前一七九～前一二二年）には『淮南子』という著述があり、その中に「辟するに之を俔（綄）して風を見（候）つが若きや、須臾の間に定まる無し。」という一文がある。後漢時代の許慎は「綄、風を候つなり、楚人、之を『五両』と謂ふ」と注解している。ある舟船舶史の資料⑱はこの「綄」とは帆を檣竿に懸けて風を待つことであるとしている。それが実際に真実であるならば、これによって当時すでに帆があった証拠とすることができる。しかしながら唐代の李善が晋代の郭璞『江賦』を釈して、「兵書に曰く、凡そ風を候つの法は、鶏の羽の重さ八両なるを以て、五丈の旗を建て、羽を取りて其の顚に繋け、竿を営中に立つ⑲」と言及しており、この「綄」とは陸上の軍営の中で用いられるものであると解釈している。唐代の李白の詩にも「水客帰棹を弄し、雲帆軽霜を巻く。扁舟亭下に敬するに、五両先んじて飄揚す⑳」とあり、これはまた「綄」が船上で用いられるものであることと解釈しているが、同じ「綄」（五両）が陸上で用いられ、さらに船上でも用いられたということになる。従って『淮南子』の「綄」は必ずしも帆舟の檣竿上の「綄」ではないとも考えられ、『淮南子』の原文で何を指しているのかは明らかではない。さらに統計的に抽出すると『淮南子』の中で舟船に言及している部分は五〇件あり、ほかに舟船及びその用具の名称は総七四件が用いられており、重複しているものを除外すると一八件（異体字を含む）になるが、その中にはひとつとして「帆」・「檣」の類字が存在していない。このことから『淮南子』中の「綄」は決して帆舟の檣竿上で用いられていたか否かは分からないことになり、当時すでに帆があったという証拠とすることはできない。〉と解釈している。

（三）「帆」の最も早い記載について

さらに文尚光は文献の分析から〈中国の歴史文献において、帆に関する記載は後漢時代の馬融の著述が最も早いとする。馬融（七九～一六六年）は有名な古文学の経学・文学者である。元初二（一一五）年に『広成頌』を漢の安帝に上書し、軍備を緩めてはならないと提案している。その中で美しい帆に対して次のような生き生きとした描写をしている。それを現代漢語に訳すと「然る後に余皇を方べ、舼舟を連ね、雲帆を張り、蜺幬を施し、飃風に靡き、迅流を陵ぎ、櫂歌を発し、水謳に従ひ、滛魚出づ。蓍蔡浮かび、湘霊下り、漢女游す㉑。」であり、その大意は「余皇（春秋期の呉国水軍の旗艦）のような戦艦で艦隊を組み、雲や虹のようなきらびやかな帆を上し、軽快な風に乗り、激しい波を迎え、船歌をうたい、出航して前進すると、魚や亀が水面に浮き出て耳を傾け、湘水と漢水の女神も降臨した。」となる。中国の帆はこのように絢爛な色彩と神秘的な姿態であったことから、初めて歴史文献上に出現したのであろう。

ここで指摘しておかなければならないことは、このように精美できらびやかな帆は、当然原初的な帆であるはずがなく、従って帆が実際に出現した時期は馬融の時代よりも早く、おそらくこの時期になってようやく著述の中で表現されたということになる。司馬遷の

『史記』には斉の威王と宣王・燕の昭王・秦の始皇帝らが人々を海外へと派遣して三神山を探させたことを記載しており、それらの舟船が三神山に到達しようとすると、風に吹かれて「終に至る能ふ莫し」[22]と記載している。このことは当時の海で舟船がすでに風力を利用するある種の簡単な装置を有していたことを暗示しているのであろうか、さらなる検討に値する。また班固の『漢書』の記載によると、前漢時代に朝鮮・日本・東南アジア、あるいはインド・スリランカに至るまで、いずれも海路を経由して頻繁に友好的な往来があったことを記載している。『海中星占験』[23]などの天文による航海指南書は総六点があり、それらは一三六巻に達している。もし帆が無ければ海上交通がここまで発達したか否かが疑わしいが、残念なことに文献上では帆があったことを明確に記載しておらず、このことによって一千年、二千年後の今日において推測の限りを尽くすことになったのである。

馬融が『広成頌』を献じてから六年後、すなわち西暦一二一年に有名な古文学の経学・言語学者である許慎（五八年？〜一四七年？）は言語学の大著『説文解字』を完成させ、彼の子に漢の安帝に献上させた。その中に「颿」字（原文は篆書）があり、許慎自らが注解してその意味は「馬の疾歩するなり」[24]と解している。これは秦代篆文及び先秦時代の文献によって解釈したものであり、その後の文献にはその字を借りて「帆」の意であるとした。三国時代魏の張揖の『埤蒼』に「艢は、颿の柱なり」とあり、南北朝時代梁の顧野王の『玉篇』には「颿は、馬の疾歩なり。風吹きて船進むなり」[25]とある。北宋時代の徐鉉は「舟船の颿は本と此の字を用ふ、今則ち帆に作る」[26]と解し、清代の朱啓風は「古、帆字は写して颿に作る、風を得れば則ち駟馬の如く疾きを言うなり」[27]と解釈した。清代の段玉裁は、晋代の将軍で学者の杜預（二二二〜二八四年）が『左伝』を注釈した時にはすでに「颿」を「帆」と記していたとする。しかし実際に『説文解字』が世に問われる以前には、馬融はすでに「帆」字を用いている。漢代以後の歴代典籍の中には変わらず「颿」・「帆」が併用されている。例えば西晋時代の文学者左思の『呉都賦』の中では「軽輿轡を按じて以て隧を経、櫻船颿を挙げて肆を過ぐ」[28]の語がある。北宋時代の徐競は著名な運航史の文献である『宣和奉使高麗図経』の中で変わらず「帆」のことを「颿」と記しており、さらに清代の典籍でさえもまだこのような使用をしている。

『説文解字』中の「颿」字は秦代篆文の原義から考えると決して「帆」ではないものの、後には「帆」の意味に借用したのであるからそれは中国の造船史上においては重要な歴史的資料となる。

馬融と許慎の後にも、後漢時代末年の文学者で「建安七子」の一人である王粲（一七七〜二一七年）の『従軍詩』の中には、「衿を柎して舟檣に倚る」の一文（柎衿とは着物の襟を指す）があり、これが檣竿に関する比較的早い記述例となる。

さらに劉熙はその生没年は不詳であるが、清代の学者畢沅の考証[29]によると、おおよそ後漢時代末年あるいは三国時代魏の人らしいが、その著述『釈名』の中で「帆」に対して明確な定義を下している。「帆は、泛なり。風に随ひて幔を張るを帆と曰ふ、舟を使ひて疾きこと泛泛然なり[30]」と記している。

この後、文献上で帆に関する記載はさらに繁多となっていくが、「風に乗り浪を破る」という有名な成語は、南北朝時代の劉宋の将軍宗慤が若い頃に使った言葉である。唐代に至って帆はすでに詩人たちのありふれた詠歌の題材となっており、関連する名編佳句はいくらでも存在している。

このように引用した文献からは以下のような結論が得られる。西暦一一五年の馬融の『広成頌』中で初めて明確に帆の記載が現れ、かつ馬融に引き続いて文献中に帆に関する記載がより多くなってきたということは、遅くとも（強調して）一世紀の中国にはすでに帆があり、このことは恐らく後漢時代前半期に相当するということがいささかの疑いもなく断定できる。当然、これは文献の明確な記載についてなされた最も慎重な結論である。もし常識によって推断したとすれば最初に実物があって、それから名前ができ、その後記録がなされたはずである。前漢時代には海上交通は相当発達しており、すでに帆があったか否かは考慮に入れることができる。ただしその史伝に乏しく、しかも現在なお確かな証拠が無いことから考古学の発掘調査による新成果と歴史文献研究による新発見がこの問題に答えることができ、それを期待するだけである。〉と結んでいる。

(四) 諸外国の帆舟について

文尚光は諸外国の帆舟について〈他の文明において古代国と比較すると、早くも紀元前三千年あまり前にエジプトとバビロニアではすでに帆舟が発明されているが、中国の帆舟は西暦一一五年になってようやく文字による記載が知られただけである。従ってその出現の時期は遅いものであった。しかしそれがひとたび伝播すると「長風に乗りて万里の浪を破る」勢いで迅速に新型式へ向かって発展し、その技術や構造に関して先端を示すようになった。帆の形体から見ると、西欧では長期間一枚物の横長の軟帆と三角形の軟帆を使用していたが、この種の軟帆では迅速な上げ下げが不便である。それに比べて中国の帆は形体に各種あり、長方形・扇形・上部が扇形で下部が矩形の形体や、三角形の形体もあり、軟帆もあれば、堅帆もあり、しかも大多数が迅速に上げ下げができる中国特有の檣竿に密接した堅い篷帆を採用したことである。帆の数について見てみると早くは三世紀の三国時代には中国に七帆の舟船があった[31]ようであり、一五世紀初めの鄭和が南海に航行した宝船には九本帆柱と一二帆があった[32]と想像される。ところが西欧諸国では一五世紀末になってようやく三本帆柱と五帆の舟船が出現した[33]だけである。また風を利用して舟船を走らせる技術について見ると三世紀の三国時代には中国はすでに帆を使って「邪移りて相聚りて以て風を取る、…迅風激浪を避け[34]」ずに航行できたと記している。一二世紀初頭以前では、向かい風に当たる以外でもその他いずれの方向の風を帆によって受け

ずれも迅速に発展することができたのであろう。しかし西欧では帆の発明は早かったものの長期間櫂を操縦するのみで船尾舵が無く、船尾舵を採用することは中国より千数百年遅かったことから帆の発展に制限を受けざるを得なかったのである。有名な科学技術史学者ニーダム（J.Needham）の旧友であるベルナール（J.D.Bernal）は、およそ一三世紀になって北欧バイキング型の舟船がやっとのことで船尾舵を採用し、この船尾舵を持つようになってだんだんと比較的旧式の三角帆が前後の帆へと発展し、「これにより船尾に風が来るのを待たずに出航できるようになり、また風浪が比較的激しい時にも、航行できるようになった。[39]」と指摘している。ベルナールの考察は欧州での帆船の発展が緩慢であった理由をはっきりと証明している。

中国が誇るに値することは、中国の帆船が外国の帆船に対して重要な影響を与えたということである。檣竿の立て方だけについて指摘すると、外国の古代帆船の檣竿は固定して立てられており、自由に立てたり取り外したりできず、ひとたび暴風に遭うと帆が落下したり檣竿が折れたりすることはもちろんのこと、しばしば折れた檣竿が船に覆い被さるという被害に遭うことである。しかし中国では宋代の張択端『清明上河図』と沈括『夢渓筆談』によれば、遅くとも一一世紀初めの北宋時代には「人字桅」や「転軸」が装備されていたことが知られる。この二種の檣竿はいずれも迅速に立てたり倒したりできる。沈括は以下のような一文を書き残している。それは

舟船を進めることができたという。遅くとも一六世紀中頃の明代にはすでに向かい風に逆らって帆で受け舟船を進めることができただろう。しかし西欧諸国では一六世紀以後になってようやくいずれかの方向から風を利用して航行[35]ができるようになっただけである。

中国の帆船はどうしてこのように迅速に発展することができたのであろうか。それは中国の船舶における船尾舵の出現時期が早かったことがおそらくその理由のひとつである。「舵的産生及演進趨議」の論文において中国の船舶の櫂はおそらく前漢時代の武帝時期には、すでに舵へと初歩的な変化をなしていたことを指摘した。当時はなお「楪」あるいは「舳」と称しており、前漢時代の成帝時期にようやく「舵楪」あるいは「舵」と称されるようになったが、その形態はなおいささか櫂の特徴を留めており、それは「櫂形の舵[36]」と言うような形であったと思われる。また席飛龍の考証によれば、中国の船舶の舵は遅くとも後漢時代には誕生[37]していたと推測しており、また杜石然は「船尾舵の出現はおそらく両漢時代の間である[38]」と考えている。このことから考えると中国の帆と船尾舵はほとんど同時に出現した可能性がある。船舶の航行速度は操縦の柔軟性と制約しあい、促進しあうものである。速度が高まれば高まるほど操縦の柔軟性が要求され、操縦が柔軟であればあるほど速度が高まる条件が作られていくのである。船尾舵の操縦の柔軟性が櫂よりずっと高まり、従って中国の帆と船尾舵がほとんど同時に出現するとふたつの船舶器具は互いに補いあい促進しあったと考えられる。このことからい

「北宋時代の嘉祐年間（一〇五六～一〇六三年）、ある外国船が海上で暴風に遭って檣竿が折れてしまい蘇州昆山の入江岸に漂着した。現地役所の官員韓正彦が職人を派遣して修理させたが、この船の檣竿は固定して立てられており、中国の職人は改造にあたって、それに転軸を取り付け、かつ外国の船員に船の檣竿を「起こして倒す方法」[40]を教えたのである。彼らは大変感謝し、喜んで去って行った。」という。中国の檣竿に関するこの種の先進的な装置は、元代に至ってイタリア人のマルコ・ポーロがこれを目にして大変に驚嘆し、特に彼の『東方見聞録』に書き記して西欧に紹介している。このことから中国の帆船の設備がどれほど機能的であったのかが理解でき、中国の造船史の画期的な発明であっただけではなく、また人類の文明に重要な貢献をなしたことは言うまでもない。

　ニーダムの論究では「中国は三世紀（三国時代）から十三世紀（宋・元代）までの間に西欧が望んでも得られないような科学的知識の水準を保持していた。」と述べ、中国の科学技術上の発見と発明は「特に十五世紀（明代）以前はしばしば同時代の欧州を超越していた。」ことであると述べ、中国の帆船設備の先進性からだけでもニーダムの論断は妥当性があり、理解できたはずである。〉と評価している。

　紹介してきたように帆舟の成立時期の問題は解決されたという訳ではない。従って日本に帆舟技術が伝わった時期を確定することはできない。線刻画から帆や檣竿が想像できたとしても、日本での帆舟の成立時期が六～七世紀段階に存在したことを証明するには考古学的な遺物が出土しないかぎり実証することはできない。

五、全国の線刻画舟・帆舟の紹介[27]

①宮城県大崎市高岩一八号横穴
横穴の玄室左側壁に長大な舟あり、右上に数艘の舟か。玄門にも舟か。

②茨城県常陸太田市幡町幡横六号横穴・七世紀
横穴の玄室右側壁には舟体から櫂が出ており、帆柱から帆綱が先後に張られる。船尾には大きな舵が見える。

③茨城県水戸市下国井町権現山二号墳横穴・六～七世紀
横穴の玄室左右側壁に線刻、舟かは不明。

④千葉県富津市岩坂大満Ⅰ群一号横穴・八世紀
横穴の玄室奥壁、羨道右側壁に舟二ヶ所、羨道左側壁の舟は舷側壁の格子垣立の表現、本帆の張り、帆柱から帆綱が先後に張られる。艫の立などの表現。

⑤千葉県富津市岩坂大満Ⅰ群二号横穴・八世紀
横穴の玄室奥壁の天井中央に舟底、水押、上棚に垣立の表現。

⑥千葉県富津市岩坂水神谷Ⅰ群横穴
横穴の玄室右側壁に舟が描かれる。

⑦千葉県富津市西大和田字内田第五号横穴・六～七世紀
横穴の玄室に舟あり。（旧鹿島横穴群）

⑧千葉県富津市西大和田字内田第八号横穴・六〜七世紀
横穴の玄室左右側壁に線刻、舟あり。
⑨千葉県富津市相野谷字表第三号横穴
横穴の玄室に舟あり。
⑩千葉県富津市相野谷字障子ヶ谷第一八号横穴
横穴の玄室に舟あり。
⑪千葉県富津市亀田大作谷一号横穴
横穴の玄室に舟あり。
⑫千葉県長生郡長柄町千代丸・力丸三一号横穴
横穴の玄室に舟あり。
⑬埼玉県行田市若小玉地蔵塚古墳・七世紀中葉
方墳の横穴式石室、玄室に舟あり。
⑭神奈川県中郡二宮町一色大日ヶ窪一号・七世紀後半
横穴の玄室奥壁に舟あり。
⑮神奈川県中郡二宮町一色大日ヶ窪九号・七世紀後半
横穴の玄室天井から右壁に舟あり。
⑯神奈川県中郡大磯町堂後下九号横穴・六世紀末
横穴の玄室奥壁に舟あり。
⑰神奈川県中郡大磯町堂後下一二号横穴・六世紀末
横穴の玄室右壁に舟あり。
⑱神奈川県平塚市万田字宮ノ入万田宮ノ入八号・七世紀後半
横穴の玄室右壁に舟あり。

⑲神奈川県川崎市高津区久地西前田二号横穴・六世紀末
横穴の玄室左壁に舟あり。
⑳神奈川県横浜市青葉区奈良町熊ヶ谷二号・六世紀末
横穴の玄室左壁に舟あり。
㉑神奈川県横浜市戸塚区小菅ヶ谷町七石山一二号横穴
横穴の玄室に舟あり。
㉒神奈川県鎌倉市打越洗馬谷二号横穴・七世紀末
横穴の玄室右側壁に水上戦か、二艘の舟あり。
㉓鳥取県鳥取市国府町美歎四一号墳
円墳の横穴式石室、玄室右側壁に舟あり。
㉔鳥取県鳥取市国府町美歎四三号墳
前方後円墳の横穴式石室、玄室奥壁、右側壁に舟あり。
㉕鳥取県鳥取市国府町宮下二二号墳・六世紀末〜七世紀
円墳の横穴式石室の玄室左右側壁、羨道右側壁・天井に多数の帆舟、櫂をともなう。
㉖鳥取県鳥取市国府町鷺山古墳・六世紀終末
円墳の横穴式石室、玄室奥壁、左右側壁に舟底から櫂、帆柱から帆綱が先後に張られ、本帆、舟尾に艫屋形か。九艘あり。
㉗鳥取県鳥取市国府町栃本四号墳
横穴式石室、玄室左側壁に舟あり。
㉘鳥取県鳥取市久末空山一五号墳・六〜七世紀
円墳の横穴式石室の玄室奥壁・右側壁に弧形の舟と櫂か。

㉙鳥取県鳥取市久末空山一六号墳・六～七世紀
円墳の横穴式石室の玄室左側壁に舟と櫂ほかあり。
㉚鳥取県鳥取市青谷町阿古山二二号墳
横穴式石室の玄室左右側壁に九艘、特に左側壁に弁才船帆舟か、碇、帆があり、また大きな本帆の帆舟が見られる。
㉛鳥取県鳥取市青谷町吉川四三号墳
横穴式石室の玄室右側壁に帆舟か。
㉜鳥取県東伯郡北栄町西穂波九号墳
横穴式石室の玄室奥壁・右側壁に舟ほかあり。
㉝鳥取県東伯郡北栄町西穂波二七号墳
円墳の横穴式石室、玄室の奥壁・左右側壁に舟あり。
㉞島根県松江市山代町十王免一号横穴
横穴の玄室に舟あり。
㉟香川県善通寺市善通寺町宮ヶ尾古墳・六世紀末
円墳の横穴式石室、玄室奥壁に約一五艘の舟、多くは刳舟か。
㊱香川県坂出市加茂町鷺ノ口一号墳・六世紀末
円墳の横穴式石室、奥壁・玄室入り口に三艘の舟か。
㊲福岡県大牟田市倉永古墳・六世紀後半
円墳の横穴式石室、舟?あり。
㊳福岡県朝倉市狐塚古墳・六世紀後半～七世紀前半
円墳の横穴式石室、後室・玄門・袖石・前室などに舟あり。
㊴福岡市博多区剣塚古墳・六世紀中頃
前方後円墳の横穴式石室、舟多数あり。
㊵福岡県中間市土居の内横穴
横穴の玄室に舟あり。
㊶福岡県中間市瀬戸口横穴・七世紀前半
横穴の玄室に舟あり。
㊷福岡県中間市羅漢山横穴・七世紀前半～後半
横穴の玄室に舟あり。
㊸福岡県豊前市黒部六号墳・六世紀末～七世紀中葉
円墳の横穴式石室、玄室に複数の帆舟あり。
㊹大分県国東市国見町伊美鬼塚古墳・七世紀前半
円墳の横穴式石室の玄室奥壁には複数の舟線刻、舟体から櫂、また帆柱から帆綱が先後に張られた舟がある。
㊺佐賀県多久市東多久町天山横穴・六世紀末
横穴（消滅）に舟あり。
㊻佐賀県多久市東多久町古賀山四号古墳・六世紀末～七世紀初
円墳の横穴式石室、玄室の奥壁、前室袖石に舟あり。
㊼佐賀県武雄市北方町勇猛寺古墳二号石室・六世紀後半
円墳の横穴式石室、玄門右側壁石材に大きく歪んだ舟あり。
㊽長崎県諫早市小長井町長戸鬼塚古墳・七世紀前半
円墳の横穴式石室、玄室に帆柱、櫂をともなう舟あり。
㊾長崎県壱岐市郷ノ浦町鬼屋久保古墳・七世紀後半
円墳の横穴式石室の玄室西側壁に複数の舟団。舟体中央に帆柱か、

帆綱を先後に張ったものが見られ、クジラ漁の表現か。

㊿長崎県壱岐市郷ノ浦町大米古墳・六世紀末

円墳の横穴式石室、前室左側壁に舟体中央に帆柱か、帆綱を先後に二条線を張り、舵か碇表現の帆舟。楣石の右側に大型舟、櫂、左側に大型舟の下に帆柱の舟が表現。

㉛長崎県壱岐市芦辺町百田頭五号墳・六世紀末

円墳の横穴式石室、石室前石材、帆柱から帆綱が先後に複数張られる。船尾には大きな舵が見える。船内には立がある。他に前庭部に三角帆の舟。通路の一艘は四角い網代帆か、帆柱から帆綱が先後に張られ、立がある。

㊾長崎県壱岐市芦辺町兵瀬古墳・六世紀末

円墳の横穴式石室、前室に帆舟あり。

㊿長崎県壱岐市芦辺町釜蓋三号墳・六世紀末

円墳の横穴式石室、前室に舟の線刻か。

㊿長崎県壱岐市芦辺町釜蓋五号墳・六世紀末

円墳の横穴式石室、前室に舟の線刻か。

㊿長崎県壱岐市芦辺町釜蓋六号墳・六世紀末

円墳の横穴式石室、前室に舟の線刻か。

㊿長崎県壱岐市勝本町双六古墳・六世紀後半~七世紀末

前方後円墳の横穴式石室、前室右側壁の玄室より、帆柱、艫に舵か、帆舟。

㊿熊本県玉名郡袋明町大原九号墳・古墳時代前期

箱式石棺内壁　弧形舟一艘と星か。

㊿熊本県玉名市石貫穴観音二号横穴・六世紀~七世紀末

横穴の玄室床仕切・庇・縁？に弧形舟あり。

㊿熊本県玉名市石貫ナギノ一二号横穴

横穴の玄室屋根部に舟形あり。

㊿熊本県玉名市石貫古城Ⅱ群一三号横穴

横穴の玄室奥壁に二艘三角帆、櫂。右側壁に四艘帆柱、三角帆、四角帆、舵あり、左側壁に二艘、四角い帆、いずれも近世弁才船を表現か。

㊿熊本県玉名市玉名永安寺東古墳・六世紀後半

円墳の横穴式石室、前室右壁に二艘の舟あり。

㊿熊本県玉名市溝ノ上城迫間二号横穴

横穴の縁に舟あり。側壁に二重線刻。

㊿熊本県山鹿市小原大塚三九号横穴・六世紀末~七世紀

横穴の羨道右壁・右外壁に弧形舟あり。

㊿熊本県熊本市小島下町千金三号墳

円墳の横穴式石室、奥壁に舟あり。六世紀中頃。

㊿熊本県宇土市神馬町宇土城三の丸跡石材（3）

龍舟？一艘・箱舟構造舟、櫂多くあり。

㊿熊本県宇土市神馬町宇土城三の丸跡石材（4）

一艘・近世弁才船を表現か。

㊿熊本県宇土市神馬町宇土城三の丸跡石材（6）

一艘・箱舟構造舟？か。
(68)熊本県宇土市椿原町椿原古墳・七世紀初頭
方墳の横穴式石室、羨道左側壁に帆舟か。
(69)熊本県宇土市笹原町梅崎古墳・六世紀末～七世紀前半
円墳の横穴式石室、玄室に舟あり。上部にも小舟か。
(70)熊本県宇土市城塚町城塚古墳・七世紀
円墳の横穴式石室、玄室に舟か。
(71)熊本県宇土市恵塚町仮又古墳・七世紀前半
円墳の横穴式石室の玄室奥壁左（東）側壁に複数の箱型舟、右（西）側壁に水押、舷側と帆柱から帆綱が先後に張られた表現。
(72)熊本県宇土市上網田町ヤンボシ塚古墳・五世紀後半
円墳の横穴式石室、袖石内側・側壁に帆柱の舟あり。
(73)熊本県宇城市不知火町不知火塚原一号墳・六世紀末
円墳の横穴式石室、玄室東側壁に弧形舟に帆柱、櫂が複数。
(74)熊本県宇城市不知火町桂原一号墳・六世紀後半
円墳の横穴式石室の玄室に舟底と舷側を表現する構造舟か。多数の櫂が共通。中に本帆の張りは弁才船そのもの舵がある。七艘？か。
(75)熊本県宇城市不知火町桂原二号墳・七世紀
円墳の横穴式石室、羨道左側壁に弧形舟底に帆柱と網代帆か、船尾に櫓床。
(76)熊本県宇城市不知火町鬼の岩屋古墳・六世紀中頃～後半
円墳の横穴式石室、奥壁に帆を張り、帆柱、複数の舷側板か。

まとめ

帆の起源を探ることは容易なことではない。すでにメソポタミアでは紀元前四〇〇〇年代中頃の遺跡から帆舟の土製模型が発見されている。その時代に水上交通が存在していたということは確認できても考古学からはほとんどが推論と想像からしかわからない。欧州から帆舟の技術がどのようにして中国に伝わり、いつ日本にその技術が利用されたのか、ひとつの遺物の仮説から早い時期に利用されたと想像するだけである。

従って高井田横穴に描かれた線刻の帆舟がこの時期に存在したことを証明できるものはない。岩壁に対して線刻された刻圧に元素被膜化の現象が見られるものの、時期判定に結びつく要素はないだけに立証は困難である。このような横穴式石室、横穴墓の形態からこのような葬送儀礼における線刻図紋があるとすれば、彩色壁画と同じように何らかの埋葬風習として存在したことは認めることができる可能性はある。しかし彩色壁画との相違点は多くあり、しかも線刻画には断片的なものが多く、葬送儀礼に関わる具体的な様子を記した情景を確認できるものは少ない。

ここでは線刻に描かれた舟船からその構造や移入時期を解き明かすことにあったが、葬送儀礼においてそのような帆舟が利用される、もしくは想像上の帆舟がどのようにして採用され、描かれたのであろうかという究明はできなかったかもしれない。考古学事例による横穴式石室、横穴墓の壁面に描かれた帆舟が少なくない理由から考えられることは何か。その横穴式石室、横穴などの築造時期は六世紀から七世紀に集中するということや、またその線刻壁画の分布が日本海側あるいは海・河川に面した地域という傾向など、最小限の資料を取捨する作業から民俗事例による近世の漁業行事（絵馬奉納など）の風習などとの関係において選択し得えることはないのだろうか。古墳における葬送儀礼と舟船の関係には結び付けられることが多くあるだけに問題解決しなければならないが、この問題の糸口は開口していない横穴石室などからその線刻資料を得ることが必要である。また日本にいつの時期に帆檣竿構造の技術を伴う舟船が移入されたのか。その解決を求めているのは水上運搬具の問題だけではない。古代における帆舟の資料が少ないだけに改めて壁画に線刻された帆舟をどのように推論するのか、より線刻壁画の帆舟の検証が必要であろう。

注

（1）小林行雄「装飾古墳」『装飾古墳』平凡社　一九六四年

（2）乙益重隆編『装飾古墳と文様』古代史発掘第8巻　講談社　一九七四年

（3）森貞次郎「装飾古墳」『装飾古墳』朝日新聞社　一九七二年
　森貞次郎「自由画風線刻壁画人物像にみる六朝文化類型」「考古学雑誌」第79巻第1号　日本考古学会　一九九三年

（4）安村俊史「装飾古墳と非装飾古墳」『装飾古墳の展開―彩色系装飾古墳を中心に―』第五一回埋蔵文化財研究集会　二〇〇二年

（5）山田良三「河内横穴墓の線刻壁画」『末永先生米寿記念献呈論文集』末永先生米寿記念会　奈良明新社　一九八五年
　松村隆文「畿内の横穴墓」「研究紀要1」大阪府埋蔵文化財協会　一九八八年
　花田勝広「畿内横穴墓の特質」「古文化談叢」第22集　九州古文化研究会　一九九〇年
　花田勝広「河内の横穴墓」「考古学論集」第3集　考古学を学ぶ会　一九九〇年
　花田勝広「近畿横穴墓の諸問題」「おおいた考古」第4集　大分県考古学会　一九九一年
　花田勝広「横穴墓の造墓技術」「ヒストリア」第一二〇号　大阪歴史学会　一九八八年

（6）大阪文化財センター『大阪府柏原市高井田所在遺跡試掘調査報告書―村本建設株式会社開発計画に伴なう―』調査報告V　大阪文化財センター　一九七四年
　柏原市立歴史資料館『高井田横穴群』開館記念特別展　柏原市立歴史資料館　一九九二年
　柏原市立歴史資料館『線刻壁画は語る―高井田横穴群の線刻壁画―』平成一四年度夏季企画展史跡高井田横穴公園開園一〇周年記念　柏原市立歴史資料館　二〇〇二年
　柏原市立歴史資料館『高井田横穴群』柏原市立歴史資料館　二〇一二年

（7）梅原末治「河内高井田に於ける横穴群に就いて」「人類学雑誌」第31巻第12号　東京人類学会　一九一六年
　安村俊史「画題からみた高井田横穴群の線刻壁画」「柏原市立歴史資料館館報」第一五号　柏原市立歴史資料館　二〇〇三年

（8）喜田貞吉「古墳墓雑記三則」「歴史地理」第19巻第4号　日本

歴史学会　一九一二年
（9）高橋健自「河内国高井田なる藤田家墓地構内の横穴」「考古学雑誌」第九巻第九号　考古学会　一九一九年
（10）吉岡哲「横穴線刻画雑感─北原一也先生と高井田横穴群線刻画─」「摂河泉文化資料」第6巻第1号　摂河泉地域史研究会　一九八一年
吉岡哲「河内・高井田横穴群をめぐる二、三の問題」『文化史論叢（上）』横田健一先生古稀記念会　創元社　一九八七年
（11）和光大学古墳壁画研究会『高井田横穴群線刻画』和光大学古墳壁画研究会　一九七八年
（12）柏原市立歴史資料館『高井田横穴群の線刻壁画─資料集─』柏原市の考古資料2　柏原市立歴史資料館　二〇〇三年
（13）五来重「香奠と香花（樒）」『葬と供養』東方出版　一九九二年
（14）島津福之助「河内高井田修徳館構内横穴の絵画及び文字」「歴史と地理」第二四巻第五号　史学地理学同攷会　一九二九年
（15）注（9）に同じ
（16）辰巳和弘『他界へ翔る船─「黄泉の国」の考古学─』新泉社　二〇一一年
（17）創造美育協会『原色よい絵・よくない絵事典』黎明書房　一九八九年
（18）奥平俊六『洛中格外図と南蛮屛風』新編名宝日本の美術第25巻　小学館　一九九一年
（19）鎌田正・米山寅太郎『漢語林』新版　大修館　一九九四年
（20）小川環樹・西田太一郎・赤塚忠『新字源』改訂版　角川書店　一九九四年
（21）諸橋轍次『大漢和辞典』縮写版巻四　大修館書店　一九六六年
（22）白川静『字統』平凡社　一九八四年
（23）加藤常賢『漢字の起原』角川書店　一九七〇年
（24）金沢兼光『和漢船用集』巻第十一『日本科学古典全書』第十二巻　朝日新聞社　一九四三年
（25）石井謙治「ほ帆」『国史大辞典』第12巻（ふ〜ほ）吉川弘文館　一九九一年
（26）文尚充「中国風帆出現的時代」「武漢水運工程学院学報」第3号　武漢水運工程学院　一九八三年
①中国科学院考古研究所『甲骨文編』巻一三　中華書局　一九六五年（『新甲骨文編』福建人民出版社二〇〇九年では一七種とする）
②高明『古文字類編』中華書局　一九八〇年
③朱芳圃『甲骨学文字編補遺』商務印書館　一九三三年
④朱芳圃『甲骨学文字編補遺』第一三　商務印書館　一九三三年
⑤于省吾『甲骨文字釈林』「釈冓」中華書局　一九七九年
⑥于省吾『甲骨文字釈林』「釈洀」中華書局　一九七九年
⑦于省吾『甲骨文字釈林』「釈次、盗」中華書局　一九七九年
⑧于省吾『甲骨文字釈林』「釈凡」中華書局　一九七九年
⑨陳邦懐『甲骨文拾零（附考釈）』天津人民出版社　一九五九年
⑩中国科学院考古研究所『甲骨文編』巻一三　中華書局　一九六五年
⑪段玉裁『説文解字注』上海古籍出版社　一九八一年
⑫葉聖陶『十三経索引』開明書店　一九三四年
⑬孫詒譲『墨子閒詁』中華書局　一九八六年
⑭銀雀山漢墓竹簡整理小組『銀雀山漢墓竹簡』文物出版社　一九七五年
⑮譚介甫『屈賦新編』中華書局　一九七九年
⑯揚雄『方言』巻九　商務印書館　一九三六年
⑰揚雄『揚子法言』中華書局　一九八七年
⑱水運技術詞典編集委員会編『水運技術詞典』「古代水運与木帆船分冊」人民交通出版社　一九八〇年
⑲李昉等『太平御覧』巻七七一　中華書局　一九六〇年

⑳李白『李太白文集』巻一六「送崔氏昆季之金陵」
㉑范曄『後漢書』巻六〇「馬融伝」中華書局　一九六五年
㉒司馬遷『史記』巻二八「封禅書」中華書局　一九五九年
㉓班固『漢書』中華書局　一九六二年
㉔段玉裁『説文解字注』上海古籍出版社　一九八一年
㉕顧野王『玉篇』巻下　上海中華書局　一九八五年
㉖徐鉉注『説文解字』中華書局　一九六三年
㉗朱啓鳳『辞通』巻一一　長春古籍書店　一九八二年
㉘厳可均編『全上古三代秦漢三国六朝文』巻七四　中華書局　一九五八年
㉙周大璞『訓詁学要略』湖北人民出版社　一九八〇年
㉚劉熙『釈名』巻七「釈船」商務印書館　一九三四年
㉛康泰『呉時外国伝』『太平御覧』中華書局　一九六〇年
㉜羅懋登『西洋通俗演義』中国書店出版社　二〇一二年
㉝航運史話編写組編『航運史話』上海科学技術出版社　一九七八年
㉞万震『南州異物志』『太平御覧』中華書局　一九六〇年
㉟周世徳「中国古代造船工程技術成就」『中国古代科技成就』中国青年出版社　一九七八年
㊱文尚光「舵的産生及演進芻議」「武漢水運工程学院学報」第三期　武漢水運工程学院　一九八二年
㊲席龍飛「槳舵考」「武漢水運工程学院学報」第一期　武漢水運工程学院　一九八一年
㊳杜石然等『中国科学技術史稿』上冊　科学出版社　一九八二年
㊴伍況甫訳『歴史上的科学』J.D.Bernal　科学出版社　一九五九年
㊵沈括『夢渓筆談』文物出版社　一九七五年
張星烺訳『馬歌勃羅遊記』Marco Polo　商務印書館　一九三六年

翻訳出版委員会編『中国科学技術史』J.Needham　上海古籍出版社　二〇〇八年
坂元賢三・橋本敬造・安達裕之・松本哲訳『中国の科学と文明』第一一巻「航海技術」J.Needham　思索社　一九八一年
(27)坂詰秀一「千葉県君津郡鹿島に於ける陰刻原始絵画を有する横穴概報」「考古学雑誌」第四一巻第四号　日本考古学会　一九五六年
栗原文蔵「古墳壁画の新資料―埼玉県行田市地蔵塚古墳―」「上代文化」第33輯　国学院大学考古学会　一九六三年
富樫卯三郎・清見末喜「梅咲山古墳発見線刻の舟」「月刊考古学ジャーナル」第20号　ニュー・サイエンス社　一九六八年
赤星直忠「神奈川県における横穴古墳の線刻壁画」「月刊考古学ジャーナル」第48号　ニュー・サイエンス社　一九七〇年
岩坂大満横穴群調査団『千葉県富津市岩坂大満横穴群調査報告』文化財調査報告書Ⅰ　富津市教育委員会　一九七三年
井上勝之・玉城一枝「坂出市加茂町木の葉塚（サギノクチ一号墳）の線刻壁画」「古代学研究」第92号　古代学研究会　一九八〇年
鳥取県教育委員会『鳥取県装飾古墳分布調査概報』鳥取県教育委員会　一九八一年
野中徹ほか「線刻を有する横穴」富津市史編さん委員会編『富津市史（通史）』富津市　一九八二年
金井塚良一「東日本の線刻画―地蔵塚古墳の線刻画を中心にして―」「埼玉県立博物館紀要」第8・9号　埼玉県立博物館　一九八三年
熊本県教育委員会『熊本県装飾古墳総合調査報告書』文化財調査報告第68集　熊本県教育委員会　一九八四年
高木正文「肥後における装飾古墳の展開」『国立歴史民俗博物館研究報告』第八〇集　国立歴史民俗博物館　一九九〇年

上村俊雄「古墳時代の帆船について」「肥後考古―交流の考古学―」第８号　肥後考古学会　一九九一年
国立歴史民俗博物館『装飾古墳の世界』図録　朝日新聞社　一九九三年
千葉県教育庁生涯学習部文化課編『千葉県記念物実態調査報告書Ⅲ』千葉県文化財保護協会　一九九五年
国立歴史民俗博物館編『装飾古墳が語るもの―古代日本人の心象風景―』吉川弘文館　一九九五年
熊本大学文学部考古学研究室「椿原古墳発掘調査概報」「宇土市史研究」第17号　宇土市史研究会宇土市教育委員会　一九九六年
埋蔵文化財研究会『装飾古墳の展開―彩色系装飾古墳を中心に―』第51回埋蔵文化財研究集会　二〇〇二年
千葉県教育委員会『千葉県所在洞穴遺跡・横穴墓詳細分布調査報告書』千葉県教育委員会　二〇〇三年
千葉県史料研究財団『千葉県の歴史―資料編考古２（弥生・古墳時代）―』千葉県　二〇〇三年
高木正文「船の線刻が発見された不知火町鬼の岩屋古墳」「熊本古墳研究」第３号　熊本古墳研究会　二〇一〇年
柏木善治「古墳時代後・終末期の喪葬観念―相模・南武蔵地域における横穴墓の様相を中心として―」「考古学研究」第六〇巻第一号　考古学研究会　二〇一三年

参考文献

木村武夫「河内の史蹟概説」「上方―河内研究号―」第86号　上方郷土研究会　一九三八年
斉藤忠『日本装飾古墳の研究』講談社　一九七三年
杉浦昭典『帆船史話』舵社　一九七八年
田中勝弘「古墳時代における水運技術」「紀要―開館５周年記念号―」滋賀県立安土城考古博物館　一九九八年
森浩一「高井田横穴群の線刻画」「アーバンクボタ」No.16　久保田鉄工（株）一九七八年
山崎直方「河内国ニ於テ発見セシ横穴ニ就テ」「東京人類学会雑誌」第34号　東京人類学会　一八八八年

謝辞　竹下先生を紹介してくださったのは帝塚山大学の故堅田直先生であった。談話会の後にお会いしたのが最初で「郵政考古」誌を知っていてくださった。手厳しい指摘もあったが決して貶すようなことではなく、話をすると生真面目な先生という印象が強かった。不学な私には到底教えを伺うような能力はないが、執筆された正確な報告書を読むと学ぶこと多く、斬新なことに気づかされる。その先生が喜寿をお迎えになられたこと慶賀に堪えません。これからもお元気で過ごされることを祈念いたします。
執筆にあたって、中江彬、石田成年、安村俊史、山岸良二、酒忠史、高木正文、故吉岡哲の諸氏（敬称略）からご教示・資料提供を頂きました。記して深謝いたします。

船橋遺跡の七世紀中葉のガラス小玉の生産工房と古代氏族

田中清美

はじめに

大阪府柏原市の船橋遺跡で二〇〇三年度に大阪府文化財センターが実施した高規格堤防の建設工事に伴う発掘調査では、飛鳥Ⅱ期の土器類に共伴してガラス小玉の土製鋳型、鞴羽口や鍛冶滓が出土したほか、鍛冶炉状の遺構が検出された。これらはここが飛鳥時代のガラス小玉、鍛冶、漆を使う加工などを行った工房で、東郡が小鍛冶、西群はガラス小玉の生産という群による分業であったことや工房と居住域を兼ね合わせていることを示唆するものという興味深い見解が提示された(1)。

我国の土製鋳型（たこ焼き型土製鋳型）によるガラス小玉の生産については拙稿で、大県南遺跡や難波宮下層遺跡ほかで土製鋳型が鉄滓や鞴羽口など鍛冶生産に関わる遺物に供伴することから、ガラス小玉の生産が鍛冶工房内で行われたのではないかと考えたことがある(2)。しかし、船橋遺跡の工房については認識不足もあいまって、遺構・遺物に対する適切な解釈が出来なかった。その後、関東を中心に飛鳥・奈良時代のガラス小玉の土製鋳型の出土例が増えたほか、東京都の中里峡遺跡では古代の豊島郡の郡衙に隣接する場所から金属・ガラスの生産工房に関わる遺構・遺物が検出されたり(3)、埼玉県本庄市の薬師堂遺跡のように七世紀前葉～中葉の土器に伴って完形の土製鋳型を含む一一〇点を数えるガラス小玉の土製鋳型が出土し、一躍有名になった遺跡もある(4)。また、土製鋳型を使ったガラス小玉の製作方法についても実験考古学の成果を含めた研究結果が提示されるなど(5)、関東・東北における鍛冶・ガラスなど、古代の手工業生産関連の個別の研究も目覚ましい進展を見せている。

本稿では、近畿を中心に列島の土製鋳型を使ったガラス小玉の生産について概観した後、船橋遺跡の調査報告で「工人集団は短期間ながら、家族のような日常生活を営む単位を基本としてここに居住していたと見るのが該当と思われる(6)」という調査者の見解および本遺跡の南東に位置する大県南遺跡を含むガラス小玉の生産と流通、工人集団と在地の有力氏族との関係について考えてみたい。

一、近畿および列島の土製鋳型によるガラス小玉の生産

近畿および列島の土製鋳型によるガラス小玉の生産はまず、古墳時代前期初頭に北部九州で始まるが、これは三韓時代（原三国時代）の朝鮮半島の西南部から渡来人によって伝えられたものであり、土製鋳型は長方形を呈するものであった。やがて北部九州に伝播したガラス小玉の生産は、近畿を超えて飛び石的に関東（川戸下遺跡・鶴ケ丘一号墳・豊島馬場遺跡など）に伝えられたが、その後の土製鋳型によるガラス小玉の生産は短期間のうちに収束してしまう。

次に土製鋳型によるガラス小玉の生産が始まるのは、古墳時代中期後葉（五世紀第3四半期）になってからで、これも三国時代の朝鮮半島の西南部から百済の渡来人によって伝えられた可能性が高い。今度は北部九州を超えて畿内に伝わり、難波宮下層遺跡・蔀屋北遺跡・讃良郡条里遺跡・南郷佐田遺跡などからガラス小玉の土製鋳型が出土している。この時期の土製鋳型の形態は円形で、朝鮮半島南部の大木里遺跡から出土した円形の土製鋳型の所属時期もＡＤ四三〇年頃[7]とのことであり、半島と列島の土製鋳型の形態は長方形から円形に移行したことやガラス小玉の生産に百済西南部の渡来人が関与していたことが看取される。

古墳時代中期以降も難波宮下層遺跡・大県南遺跡・船橋遺跡・布留遺跡（杣之内地区）・上之宮遺跡（谷ショップ地区）・飛鳥池遺跡・四条大田中遺跡・平城京左京一条三坊などで、六世紀後葉から八世紀中葉にかけての土製鋳型が出土しているが、これは引き続きガラス小玉の生産が行われたことを示唆している。

奈良時代の土製鋳型は唐招提寺八次調査（型孔径四．八㎜）・平城京左京三条一坊十一・十四坪の坪境小路（型孔径三～四㎜）・史跡大安寺旧境内西塔（型孔径五㎜）・史跡大安寺旧境内賤院跡推定地（型孔径三．五～四㎜）・平城京左京一条三坊十五・十六坪（型孔径五㎜）・平城京左京五条二坊三坪（型孔径二～三㎜）などで出土しており、平城京でのガラス小玉の生産で使われた土製鋳型で形態が判明したものは、平面形が小判形（拙稿の楕円形）である。また、型孔の底にある芯持ち孔は、平城京左京一条三坊十五・十六坪の鋳型の型孔に見られるように鋳型の裏面まで貫通していないことが特徴として挙げられる。型孔径も五㎜大のものが多いようであるがこれも奈良時代以前の土製鋳型との相違点の一つである[8]。平安時代には土製鋳型によるガラス小玉の生産は廃れてしまうが、この要因については社会状況が変わるなど、何らかの事情でガラス小玉が用いられることが激減した結果ではないかと考えられる。

一方、土製鋳型によるガラス小玉の製作は、型孔にガラスの粉末を入れて、鋳型ごとに加熱するため、一度に多量のガラス小玉を製作できる利点があるが、ガラス小玉の製作で欠くことのできないガラス素材をどのようにして入手したのであろうか。奈良時代以前は飛鳥池遺跡で明らかにされたような官営工房で生産されたガラス素

材が供給された可能性が高いが詳細については検討すべく資料も少なく明らかでない。埼玉県の薬師堂東遺跡のガラス小玉の生産工房でもこれまでに公開された資料を見る限り、船橋遺跡の工房と同様にガラス小玉以外にも金属器や漆器を含む木製品を製作した複合的な工房の可能性が高いが、ガラス素材を工房で生産したか否かについては報告書の刊行をまって考えるべきであろう。

また、五〜六世紀に土製鋳型でガラス小玉を生産した工人の動向であるが、鍛冶炉に伴う煙突形土製品・鉄滓・鞴羽口をはじめ、韓式系土器などが出土している工房には、朝鮮半島の西南部を故地とする渡来人および倭人の工人が混在したことを示唆している。彼らは、最初は在地の首長層と関係する中で鍛冶やガラス小玉の生産に従事したが、律令国家が成立した七世紀中葉以降になるとそれまでの関係から脱却して新たに品部や雑戸として再編成されたようである。彼らは、宮都ならびにその近隣に設けられた飛鳥池遺跡のような官営工房に集住し、ガラス素材ならびにガラス小玉を含むガラス製品を生産した。つまり、飛鳥池遺跡のようなガラス素材そのものを生産する官営工房と、ここからガラス素材の供給を受けながらガラス小玉などを生産した中小の工房があって、これらは官営工房に付随した複合工房としての関係を保ちながら操業したものと理解される。このような関係が崩れるのは、平城京左京一条三坊や同左京七条一坊十五・十六坪の工房のように坩堝と土製鋳型が共伴し、ガラス素材およびガラス小玉を共に生産した工房が登場する段階を待たねばならなかったのである。

二、船橋遺跡のガラス小玉の生産工房

船橋遺跡の調査で検出された七世紀中葉に属する遺構のうち、掘立柱建物群は西北群・西群・東群に分けられており、このうちの西群が調査地内での中核を占めるものと想定されている（図1）。なかでも建物の主軸方向が同じ南北棟の建物六および建物一一、東西棟の建物九・一〇と三七六住居（以下建物三七六）は検出状況や出土遺物が飛鳥Ⅱ期に属することを考慮すると、これらは同時期に併存にした可能性がきわめて高いものである。そして、床面積が最も広い掘立柱建物一一（三間×四間）の北東部に隣接する土壙七〇七・七〇八、建物の南側柱筋の南延長上に位置する土壙六八七をはじめ、掘立柱建物六（三間×四間）の西側にある南北方向の溝四一二・五一五では、ガラス小玉の生産工房を示唆する土製鋳型や棒状土製品の破片が出土している（表1）。以下に、ガラス小玉の生産工房の一つとみられる建物三七六および一連の遺構や遺物についてみておきたい。

建物三七六は建物西群の主要建物の一つである建物六の北に位置する竪穴建物で、建物の主軸方位が建物六の柱筋にほぼ平行することから西群の建物群との関係が深いものと考えられる。報告書によれば建物三七六は飛鳥Ⅱ期に機能したあと、まもなく廃棄土壙になっており、炭化物を多く含む埋土からガラス小玉の土製鋳型・棒状

表1

番号	出土地点	部位	鋳型径	芯持孔	型穴数	鋳型穴		型穴の配列	備考
						径	深さ		
30	429柱穴	外縁部片	——	貫通	17	5 mm	3 mm	————	
5	376竪穴	体部片	——	貫通0.5mm	19	5 mm	3 mm	————	
6	376竪穴	体部片	——	貫通0.5mm	44	5 mm	3 mm	同心円状	二次的被火
7	376竪穴	外縁部片	14cm	貫通0.5mm	5	5 mm	3 mm	————	
8	376竪穴	外縁部片	17cm	貫通0.5mm	48	5 mm	3 mm	同心円状	
9	376竪穴	外縁部片	20cm	貫通0.5mm	43	5 mm	3～4 mm	同心円状	
3	376竪穴	外縁部片	20cm	貫通0.5mm	46	5 mm	3 mm	同心円状	角閃石粒含む
4	376竪穴	外縁部片	20cm	貫通0.5mm	99	5 mm	2 mm	同心円状	長方形空白部あり
25	687土壙	体部片	21～24cm	貫通0.5mm	201	5 mm	3～4 mm	螺旋状	二次的被火・長方形空白部あり
34	707土壙	外縁部片	19cm	貫通0.5mm	27	5 mm	2 mm	同心円状	下端空白部？・二次的被火・角閃石粒含む
26	707土壙	外縁部片	20cm	貫通0.5mm	20	5 mm	2 mm	同心円状	二次的被火
27	707土壙	外縁部片	——	貫通0.5mm	22	5 mm	2 mm	同心円状	二次的被火
28	707土壙	体部片	——	貫通0.5mm	29	5 mm	3～4 mm	同心円状	二次的被火・角閃石粒含む
29	707土壙	体部片	——	貫通0.5mm	8	5 mm	2 mm	————	二次的被火
38	708土壙	体部片	——	貫通0.5mm	15	5 mm	3 mm	————	
39	708土壙	体部片	——	1箇所未貫通	22	5 mm	3 mm	————	
40	708土壙	体部片	——	貫通0.5mm	11	5 mm	3 mm	————	
35	708土壙	外縁部片	20cm	貫通0.5mm	12	5 mm	3 mm	————	二次的被火・ガラス滓付着
36	708土壙	外縁部片	20cm	貫通0.5mm	5	5 mm	3 mm	————	
37	708土壙	外縁部片（直線的）	——	貫通0.5mm	36	5 mm	3 mm	同心円状	12個程ガラス小玉の破片が付着
31	412溝	体部片	——	貫通0.5mm	25	5 mm	4 mm	同心円状	
32	515溝	体部片	——	貫通0.5mm	16	5 mm	3 mm	————	
33	515溝	体部片	——	貫通0.5mm	19	5 mm	3 mm	同心円状	

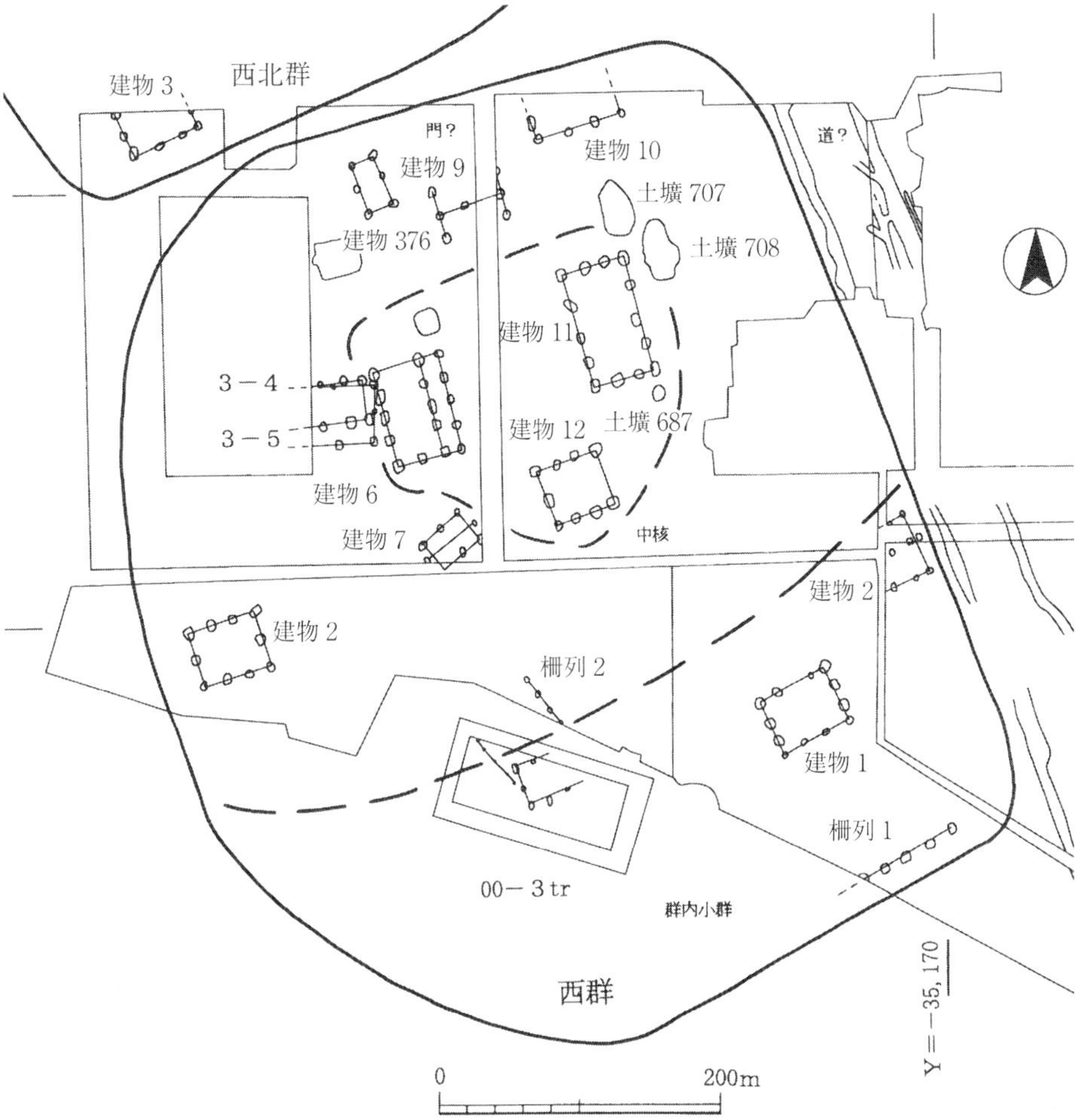

図１　船橋遺跡 飛鳥時代の西群・西北群の建物・土壙配置図
（報告書から転載　一部加筆）

土製品・鞴羽口などが出土している。報告書では土製鋳型や鞴羽口が炭化物層より出土したことから、近くのガラス小玉を生産した工房で不要になったものを竪穴建物が廃絶した後の廃棄土壙に投棄したとみる。しかし、遺構は長辺三・二m、短辺二・五mの隅丸長方形で、面積はわずか八㎡しかなく、深さも検出面から約〇・二mと浅いうえ、床面の中央に埋土が炭化物や灰からなる大きな土壙があるほかには、柱穴がないという住まいとしては適さない構造であった（図2）。そして床面の中央に位置する土壙は、報告者も指摘しているように後述する土壙六七八と同様の鍛冶炉様の炉であった可能性が高いのである。ここでは床面中央の炉ならびにこの周辺から土製鋳型や棒状土製品が出土していることを考慮して、建物三七六はいわゆる住居ではなくガラス小玉を作った工房とみておきたい。

建物三七六が廃絶した後の廃棄土壙では、飛鳥Ⅱ期に属する須恵器・土師器のほか、ガラス小玉の土製鋳型三〜九および棒状土

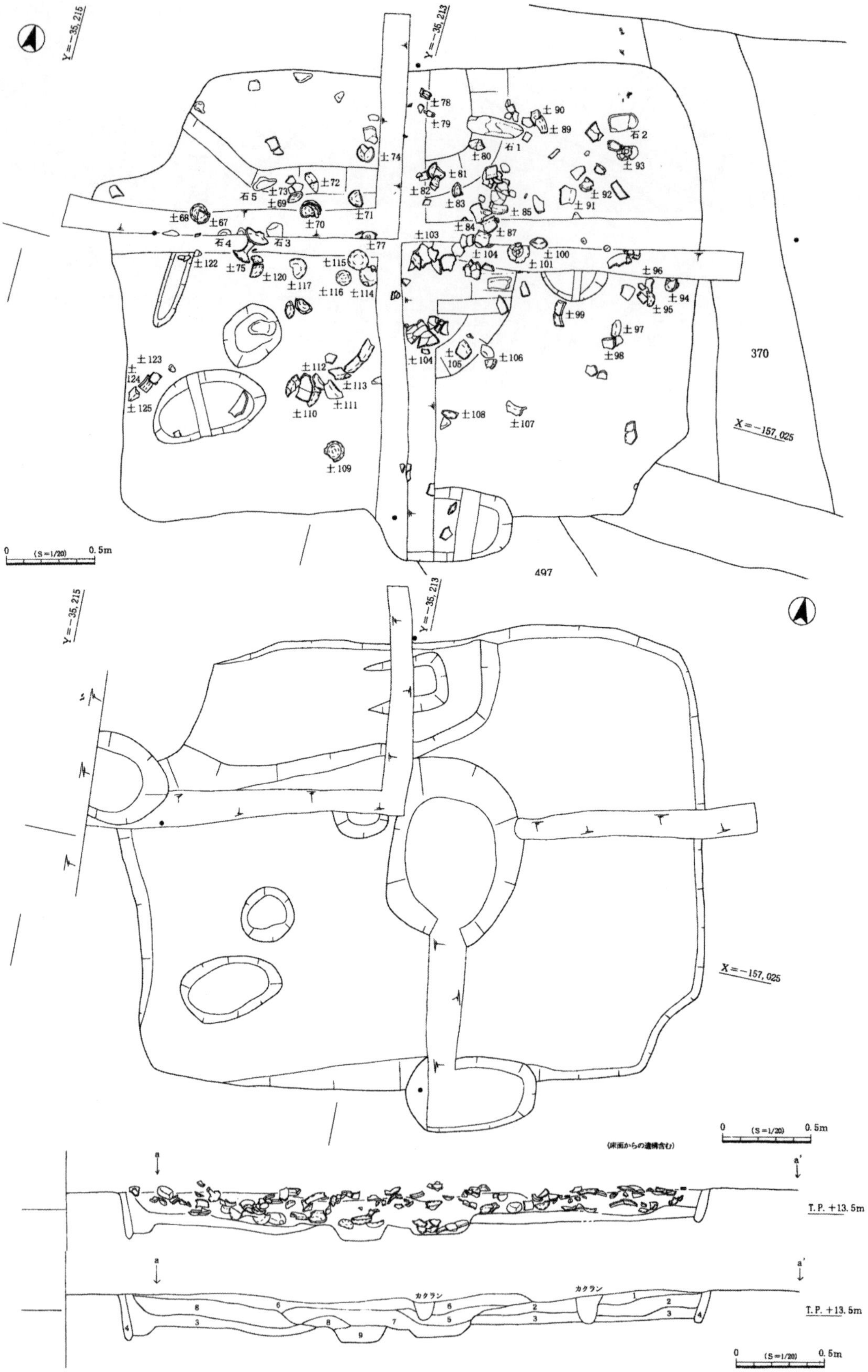

図2　竪穴建物376平面・断面実測図（報告書から転載）

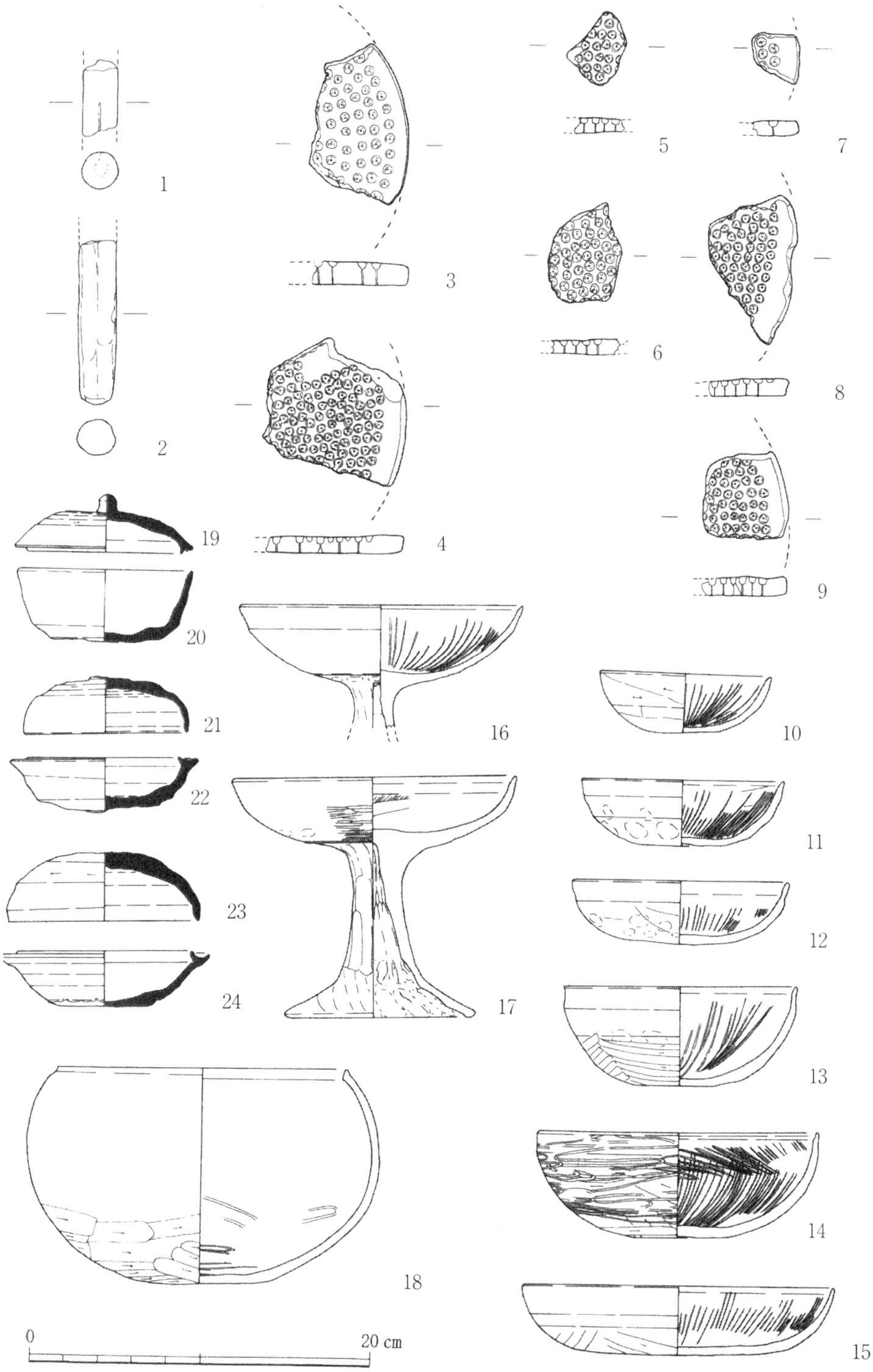

図3　竪穴建物376出土遺物実測図（報告書から転載）

製品一・二、粘土塊・砥石など、ガラス小玉の生産に関連した遺物が出土している（図3）。まず土製鋳型であるが、外縁部が残るものが五点および体部片が二点ある。このうち、前者の鋳型の復元径は、一四㎝および一七㎝のものが各一点、径二〇㎝のものが三点ある。型孔の径は五㎜、深さは三～四㎜で、その配置は判明したものはすべて同心円状に並ぶということである。土製鋳型の一つには鉄鉗で挟むための長方形の空白部が見られる。これらの中には胎土中に角閃石や雲母粒を含む複数の生駒西麓産の土製鋳型がある。いずれの土製鋳型も破片のため、元の個体数については決め難いが、複数の個体が存在したことは間違いない。なお、二点の棒状土製品のうち一点には下端が残っており、同様な土製品は難波宮跡下層遺跡東方のＮＷ一〇―四次調査地から六世紀末～七世紀中葉の土器類やガラス小玉の土製鋳型に伴って出土しており、報告者はガラス小玉の製作に伴うものとみている。(9)

一方、土製鋳型に供伴した飛鳥Ⅱ期に属する土師器は、杯・高杯・皿・ミニチュア高杯・直口壺・甕・鉢・羽釜・移動式竈などの工人が日常生活で使用した什器や炊飯具などであった。このうちの杯・高杯・皿・直口壺の大半および一部の甕・鉢の中には、器面調整が丁寧で精良な胎土、(10)黄橙色を基調とした明るい色調を呈する南河内に居住した土師氏の手によるものといわれる可能性の高い土師器一〇～一八や、生駒西麓産とみられる羽釜や移動式竈が見られた。また、報告書によれば須恵器の中には陶邑古窯址群から供給されたものも含むようである。これは後述するように船橋遺跡のガラス工房の工人が使用した土製鋳型をはじめ、彼らの日常生活用具である土器類の大半が船橋遺跡外から供給されたことを物語るとともに、製塩土器の存在から生活必需品の一つである塩も遠く離れた海浜部から支給されていたことが解る。

建物三七六以外にも建物一一の東隅の南側に位置する平面形が不整形な浅い土壙六八七は、上部を後世に削平されていたが、土壙内にはシルトの偽礫が混る整地土と炭化物があって、この下からガラス小玉の土製鋳型二五・三四（図4）が出土したことから炉跡と報告している。ここから出土した土製鋳型二五は比較的大きな体部片であり、型穴は一見同心円状に配置されたように見えるものの、本来は螺旋状で、型穴が一個飛んで長方形に空く鉄鉗で挟む部分もある。土製鋳型三四は直径二一～二四㎝と復元されており、土製鋳型としては大型の部類に入るものである。以上のことを踏えた上で土壙六八七は工房の中心的な建物群の一つである建物一一の東側柱筋に並ぶ位置にあることから、ガラス工房に伴う施設とみたい。

建物一一の北東部に位置する土壙七〇七・七〇八も南北に長い土壙で、ともに形状や規模が似ているほか、前者の底には凹凸があって、埋土は炭化物やシルトの偽礫が混る整地土という。報告者は土壙七〇七の内部にある二つの窪みを鞴と炉が組み合う施設の一部とみて、鍛冶炉の下半部ではないかと指摘している。本土壙から土製鋳型の外縁部片二六・二七、体部片二八・二九（図4）が出土して

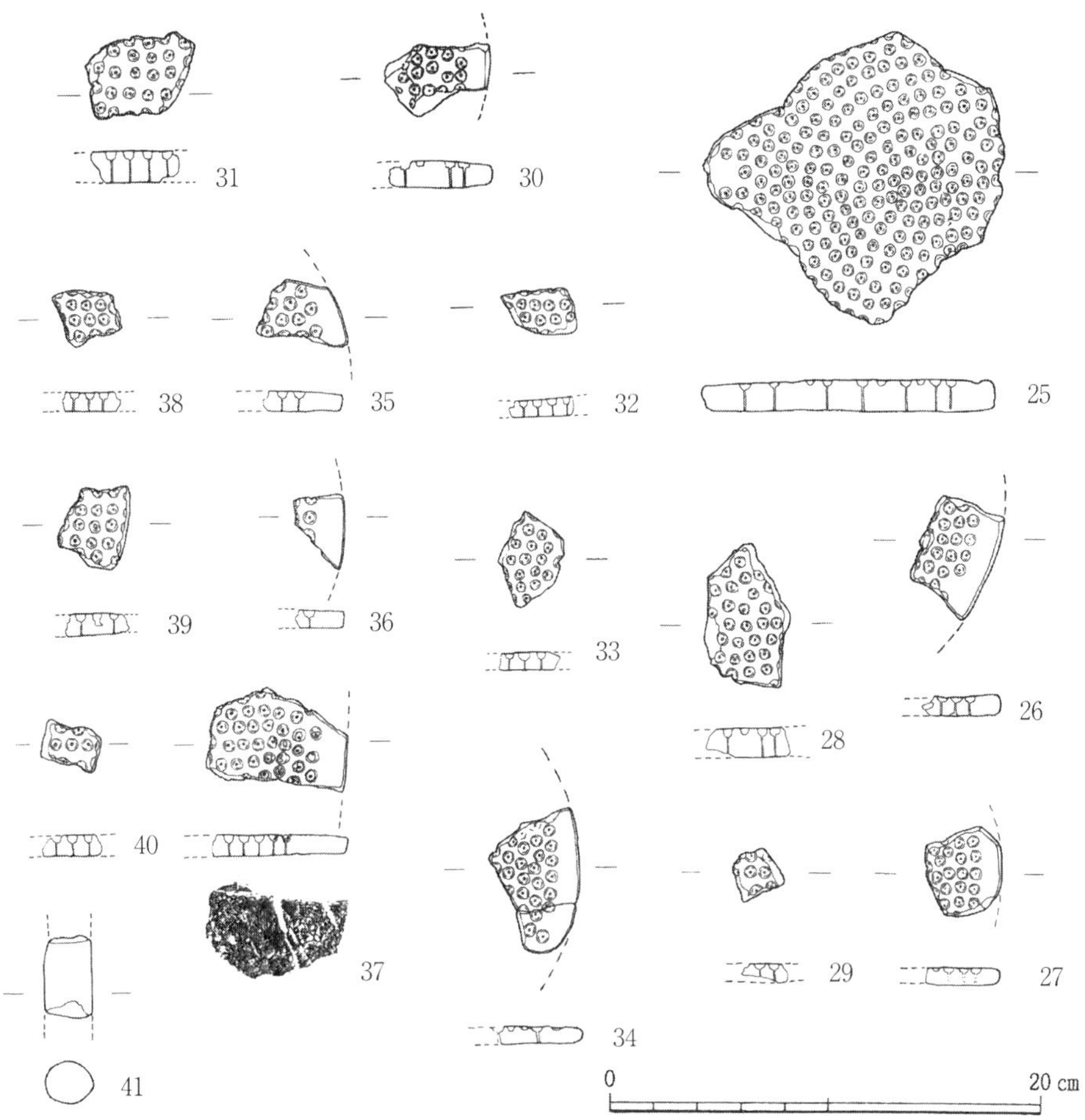

図4　土壙687・707・708、桂穴429、溝412・515出土遺物実測図（報告書から転載）
土壙687：25・34、土壙707：26～29、土壙708：35～41、桂穴429：30、溝412：31、溝515：32・33

おり、ガラス小玉を生産した炉跡の可能性がきわめて高い遺構といえよう。土壙七〇八は土壙七〇七の南東側の近接した位置にあり、埋土はシルトの偽礫および炭化物層で、土壙内の南東隅から土師器の甑が完形で出土したほか、土製鋳型の外縁部片三五～三七、体部片三八～四〇、棒状土製品四一（図4）をはじめ、焼土塊などが出土している。土壙七〇八も最終的には廃棄土壙になってはいるものの、埋土がシルトの偽礫からなる整地土および厚い炭化物層であることから、土壙七〇七と同様に機能時には内部に鞴の羽口を設置した炉があった可能性が高い。ここから出土した土製鋳型のうち直径二〇㎝に復元された外縁部片および体部片の型穴には灰白色のガラス滓とみられるものや、土製鋳型三七の中には一二個程の型穴に白濁したガラス小玉の破片が付着しており、中には直径四㎜のガラス小玉が確認されたものもあった。土製鋳型の型穴内にガラス小玉が残っていた例は難波宮下層遺跡でも確認されているが、一二個も残っていた例は珍しく、白濁している理由について、報告者は温度が上がり過ぎて発泡したものとみている。なお、型穴の一つに青緑色のガラスが付着していたことから、本来のガラス小玉の色調は青緑色であったという。難波宮下層遺跡で出土した土製鋳型の外縁部片には型穴が一〇三個あって、芯持ち孔に管状に固まった淡青色のガラスが残っており、ガラス片の蛍光X線分析法による非破壊元素測定の結果、ソーダ石灰ガラスであることが判明している。(11)

以上のほかにも溝四一二から土製鋳型三一が、溝五一五から土製鋳型三二・三三の体部片が出土しているほか、柱穴四九二からも土製鋳型の外縁部片三〇が出土している（図4）。これらについても出土状況からみて既述した土製鋳型と同様に飛鳥Ⅱ期に属するものであろう。

以上のことから船橋遺跡で検出された飛鳥Ⅱ期の土器類を伴う炉跡ならびに工房跡は、七世紀中葉における南河内地域のガラス小玉の生産と流通の実態を明らかにするうえで希少な資料といえる。そして本遺跡から出土したガラス小玉の土製鋳型は平面形が直径二〇cm前後の円形の鋳型が多かったが、これは七世紀中葉の標準的なガラス小玉の土製鋳型であったことを示唆している。また、炭化物層の入った炉の一部と推定した土壙が床面中央にある建物三七六以外の炉とみられている土壙六八七、炉の可能性の高い土壙七〇七・七〇八などについても旧地表が後世の耕作ほかで削平された可能性があることから炉を覆う上屋が存在したと考える。このようにみると

掘立柱建物一一の北および東・南側に炉を設置した工房が配置されていた状況が想定され、報告者が中核という地区にある柱筋を揃えて建つ建物六・一一・一二からなる掘立柱建物群は、土製鋳型によるガラス小玉を生産した工房の中心を占める建物であったとみても大過ないであろう。このような工房の近くに展開した掘立柱建物の中には工房の管理者や工人の住居ならびに鋳型から取り出したガラス小玉の表面の研磨や紐孔の調整を行う場所となった建物が存在したに違いない。なお、ガラス小玉の工房の東方には鉄滓が出土した地区があり、ここには鍛冶工房が存在したという。これは船橋遺跡の七世紀中葉のガラス小玉の工房は鍛冶工房に付属した複合的な工房であったことを示している。つまり、後述するように本遺跡の東南方に位置する大県・大県南遺跡では遅くとも五世紀後葉以来七世紀後葉にかけて大規模な鍛冶工房が存在し、大県南遺跡でも土製鋳型によるガラス小玉の生産が行われており、船橋遺跡のガラス工房との関係が密接であったことは土製鋳型の中に船橋遺跡と同様の角閃石や雲母粒を含む生駒西麓産の鋳型が見られることから推測しうる。

一方、船橋遺跡の周縁部の残る土製鋳型はすべて円弧を描き、それらは直径二〇cm程になること、同時期の近畿地方の土製鋳型の型穴の配置は直線的に配置されているのに対して、船橋遺跡のものは螺旋状に配置されており、この点について報告者は工人集団の個性ではないかとみている。たしかに朝鮮半島西南部地域の三国時代の

金坪遺跡、難波宮下層遺跡の五世紀後葉の土製鋳型の型穴は直線的に並ぶため、両者は型穴を配列する際の基準や視点が異なっていた可能性がある。土製鋳型の型穴の配置は、古墳時代前期に属する方形の土製鋳型の型穴は直線的に並び、古墳時代中期になって登場する円形の土製鋳型の型穴も直線的に配列されている。六世紀の上之宮遺跡の鋳型は円弧を描くようにも見えるが、六個以上の型穴を直線的に角度を変えて並べたものである。奈良時代の平城京左京一条三坊の鋳型の型穴も直線的に配置されている。以上のことから我国の土製鋳型の型穴の配列は当初から直線的に並べることを基準にしたものであったと理解されるのである。したがって、船橋遺跡の螺旋状に配置された類例の少ない型穴は、報告者が指摘するように工人集団の個性とみるべきかもしれない。

三、大県・大県南遺跡と船橋遺跡のガラス小玉の生産と流通および工人集団と在地の有力氏族との関係

大県・大県南遺跡ではこれまでに六～七世紀後葉の多量の椀形滓を主体とする鉄滓をはじめ、鍛冶炉や鞴羽口などの金属器生産を裏付けるものや、これに付随した骨角器や木製品など、ここが五世紀以来の倭王権の大規模な金属器生産の場所であったことを物語る考古資料が出土している[12]。ガラス小玉の土製鋳型は、柏原市大県三～四丁目に所在する大県南八三―六次調査・同九二―二次調査・同九三―二次調査・同九三―四次調査で計五点出土しているが、以下で述べるように所属時期が確定しているものは少ない。ここでは九三―二次・九三―四次調査で出土した土製鋳型を紹介する。

土製鋳型は鐸比古神社の参道の南側一帯に拡がる大県南遺跡の九三―二次調査地から一点、九三―四次調査地から二点出土している。このうち前者は古墳時代から室町時代の土器類を含む遺物包含層から出土しており、縦五．七cm、横三．六cm、厚さ一．五cmの破片である。型穴は径五．五mm、深さ二．五mm、中央の芯持孔は径一mmあり、裏面に貫通している（図5）。鋳型以外にも鉄滓や鞴羽口をはじめ、坩堝状の小型の壺、鍛冶炉に伴う煙突形土製品なども確認されており、これらはここが鉄器生産を主体にガラス小玉の生産もした鍛冶工房であったことを裏付けている[13]。

九三―四次調査地の包含層から出土した縦四．〇cm、横三．八cm、厚さ一．三cmの土製鋳型四二には円孤状の外縁部が残っており、これから径約一八cmの円形の土製鋳型を復元しえた。型穴は径四mm、深さ三mmで、中央にある芯持孔は裏面に貫通しており、型穴は直線的に並んでいる（図5）。これらの鋳型の胎土は角閃石や雲母粒を含む生駒西麓産であり、土製鋳型に供伴した掛口に同心円当具痕が見られる移動式竈と同様に河内湖東方の中河内地域から搬入されたものである。大県南遺跡の土製鋳型の所属時期については時期を確定しがたいものを含むものの、鋳型の形状や出土した地層からみて、七世紀中葉の範疇におさまるものであろう[14]。なお、先述した土製鋳型の出土地点に近い仮称健康福祉センターの調査地区では、当地も

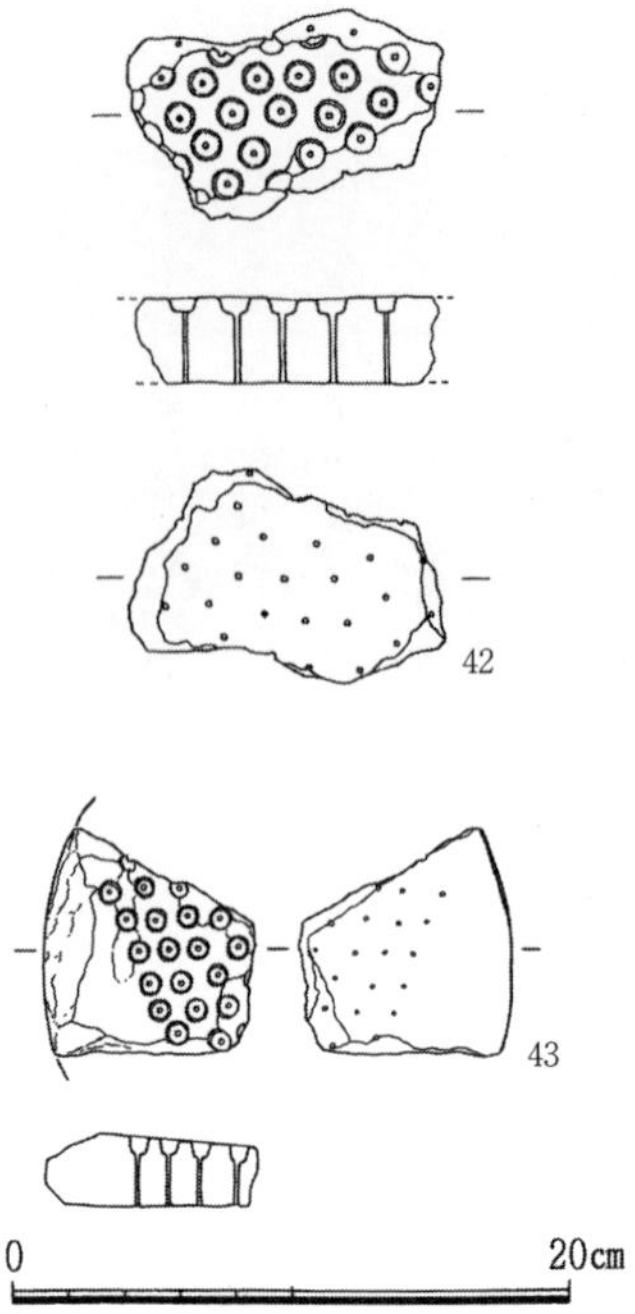

図5　大県南遺跡出土遺物実測図（報告書から転載）

鍛冶工房の一画に当たることを示す筒部に鍔の付いた煙突形土製品・鞴羽口・鉄滓が飛鳥Ⅱ～Ⅳ期の土器類に混って出土している。

　以上のように大県南遺跡の七世紀中葉～後葉の土製鋳型によるガラス小玉の生産は船橋遺跡と同様に鍛冶工房に付属した複合工房において行われていたと考えられる。

　では船橋遺跡および大県南遺跡で生産されたガラス小玉の供給先はどこであったのだろうか。両遺跡で生産されたガラス小玉の供給先を平尾山古墳群（六世紀前葉～七世紀後葉）や高井田横穴群（六世紀中葉～七世紀後葉）をはじめ、これらの近隣にある古墳群の被葬者に求めることも可能であろう。また、船橋遺跡および大県南遺跡ではこれまでのところガラス素材を生産した証拠は確認されていないため、ガラス素材は他地域で生産されたものが供給されたものと考えられる。このようにみるとガラス素材は大和川を遡った大和にある飛鳥地域か、それとも大和川を下った河内湖岸の上町台地の北部に拡がる難波宮下層遺跡などから供給された可能性も捨てきれない。つまり、船橋遺跡や大県南遺跡で生産されたガラス小玉は、金属器や漆塗の木製品とともにガラス素材の供給地に近い消費地に供給されたという可能性が極めて高いのである。ガラス小玉を鋳造した土製鋳型の破片以外にもガラスの原材料である石英・水晶・方鉛鉱をはじめ、鉛ガラス片、砲弾形を呈する坩堝および蓋など、ガラスの素材も作った飛鳥池遺跡のような工房は、橿原市四条大田中遺跡（ガラス滓）や桜井市安倍寺遺跡（ガラス板）など一部の遺跡を除き確認されていない。これは、飛鳥時代のガラス素材の生産は、飛鳥池遺跡のような官営工房で専業的になされており、ここで生産されたガラス素材が他のガラス小玉の工房に供給されたものと理解されるのである。

　同様なことは七世紀中葉以降に前期難波宮址の造営に伴い急激な都市化が進んだ上町台地北部の難波宮下層遺跡の六世紀末～七世紀中葉にかけての一連の鍛冶およびガラス小玉の生産工房の実態とも近いと考えられる。

　上町台地の北部では法円坂遺跡の五世紀中葉の一六棟の倉庫群が営まれた以降も引き続き「難波津」はもちろんのこと、「難波大郡」・「小郡」・「館」や「難波屯倉」など、倭王権の重要な施設が置かれ、七世紀中葉には孝徳天皇の長柄豊崎宮である前期難波宮が造営されたことが判明している。このような倭王権の直轄地とでもい

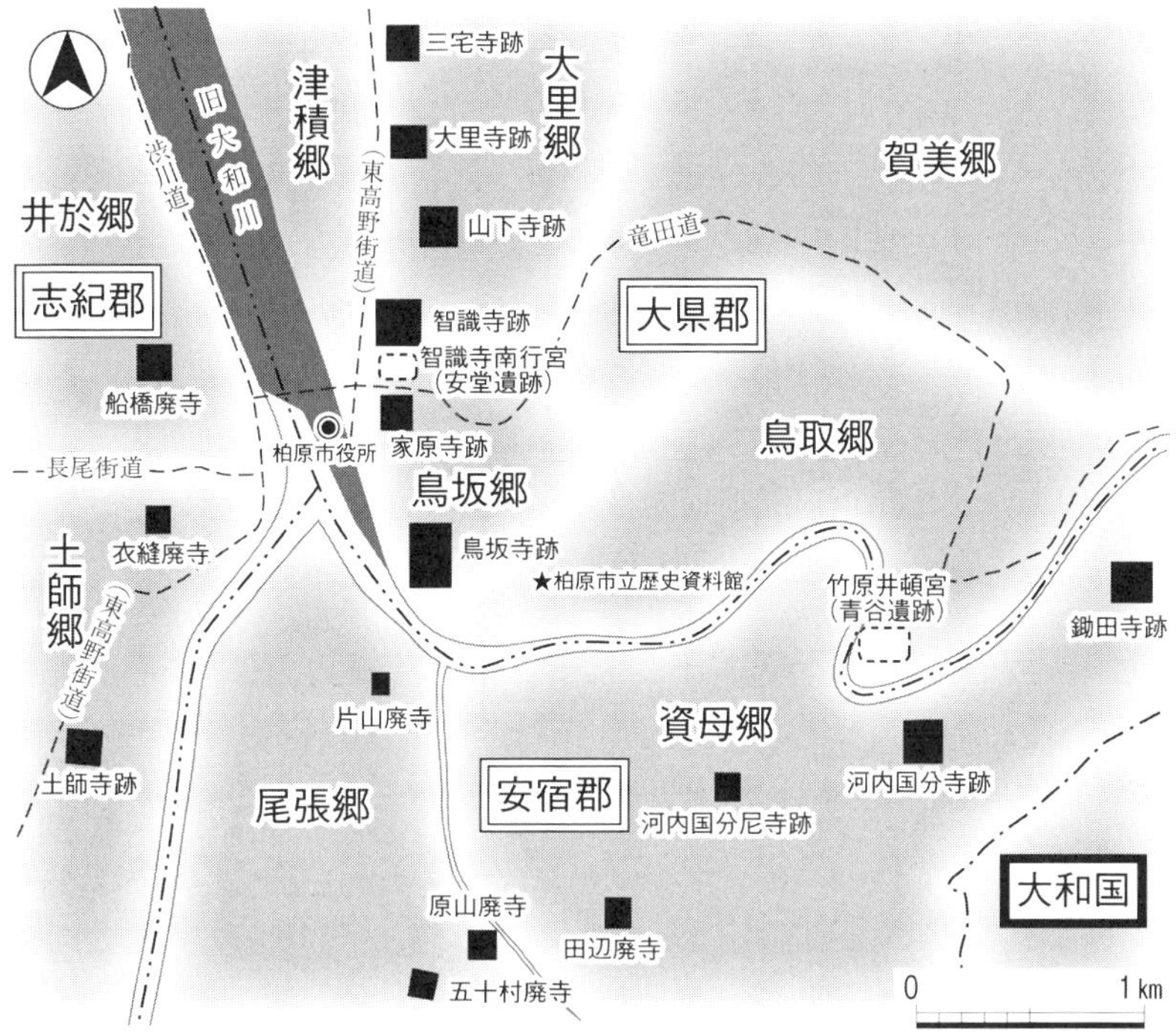

図６　古代の柏原の推定郷域と寺院（柏原市立歴史資料館2012より一部改編転載）

うべき場所であった上町台地北部と船橋遺跡は河内湖から旧大和川水系の長瀬川を経て結ばれているが、住吉大社方面（住吉津）からも東西に延びる磯歯津道を通り長瀬川沿いに南下して船橋遺跡に至る渋川道や生駒山の西側に沿って南北に走る東高野街道とも結びつく交通の要衝に位置している。このような環境にある船橋遺跡と上町台地北部地域の手工業生産は双方が連動しながら成り立っていたのであろう。さらに難波宮下層遺跡および船橋遺跡から出土した七世紀前葉から中葉の土製鋳型の中には、胎土中に角閃石や雲母粒を含む生駒西麓産のものがあったが、これはガラス素材および工人の生活必需品についても手工業生産を統括した工房の管理者から供給されたことを示唆している。このようなシステムが七世紀の中葉に律令国家の体制下で畿内を中心に整備されたのである。

次に船橋遺跡ならびに大県南遺跡の金属器生産およびガラス小玉などの手工業生産に従事した工人集団と有力氏族の関係についてみておきたい。

船橋遺跡および大県南遺跡の古代の郷名は、前者が井於郷で、後者は大里郷に属しており、船橋遺跡の近くには創建が飛鳥時代に遡る船橋廃寺がある。大県南遺跡の近傍には河内六大寺と呼ばれた北から三宅寺跡・大里寺跡・山下寺跡・知識寺跡・家原寺跡・鳥坂寺跡が南北に並んでおり、飛鳥時代以降の有力氏族の氏寺が集中する著名な地であった（図６）。なかでも地名から「高井田廃寺」とも呼称されていた鳥坂寺跡は、生駒山地の南西部の舌状に張り出した丘陵上に位置しており、中門から講堂に至る回廊の中央に金堂を置き、これから西南に七〇m離れた大和川を望む小高い丘に塔が建つ寺院である。(15)鳥坂寺跡の北東に拡がる斜面地には六世紀末から八世紀にかけて営まれた鳥坂寺と関わりの深い高井田遺跡の集落がある。本集落では数次に渡る発掘調査によって一五〇棟以上の建物が検出されたほか、多量の鉄滓や鞴羽口、鍛冶炉の付属品と考える煙突形土製品が出土していて、ここが南河内最大の鍛冶工房を伴う集落であることが明らかになっている。(16)鳥坂寺跡から出土している瓦の中に「玉造ア（部）飛鳥評」と書かれた文字瓦があり、「飛鳥評」は鳥坂寺跡の南側の大和川を挟んで対岸にある「安宿郡」とされ、文字瓦は飛鳥評に居する玉造部によって鳥坂寺に寄進されたものとみられている。(17)

一方、「玉造部飛鳥評」の飛鳥評は玉造にかかるとみて、飛鳥玉造部と解釈し、飛鳥評は玉造部の本貫であり、「ともあれ高井田廃寺は天智天皇九年における法隆寺被災後の程近い年に、百済僧侶を開山として、壇越たる鳥取氏の建立した氏族寺院であって、俗名は郷名によって鳥坂寺といい、また地名によって高井（田）寺ともいい、法名は普光寺といったように考えられる」(18)という鳥坂寺とも関係があったという興味深い指摘がある。

以上、船橋遺跡および大県南遺跡の近在で、両遺跡のガラス玉を生産した工人集団と関係の在りそうな有力氏族を探したが、両工人集団に直接関わる氏族は抽出しえなかった。しかし、既述したように鳥取氏は鳥坂寺跡から出土した文字瓦が示唆するように河内国飛鳥評を本貫とする玉造部とも深い関係にあり、これと同様に船橋遺跡および大県南遺跡のガラス小玉を生産した工人集団も飛鳥評の玉造部とも関係するとともに南河内最大の鍛冶生産を担った古代氏族鳥取氏の管轄下に置かれていた可能性が高いのである。

まとめ

本稿では船橋遺跡の発掘調査の成果を吟味しながら、土製鋳型によるガラス小玉の生産工房の施設がいかなるものか、遺構・遺物に即して概観した。その結果、ガラス工房は鍛冶工房に付属した複合工房であることを改めて認識しえた。また、船橋遺跡のガラス工房で必要なガラス素材は外部から供給されていた可能性が高いことも指摘した。このような状況は大県南遺跡についてもいえるが、両遺跡におけるガラス小玉の生産体制は、律令国家の成立と軌を一にして、官営工房の整備とともに進められたものと予想された。なお、船橋遺跡の工房の工人は、「工人集団は短期間ながら、家族のような日常生活を営む単位を基本としてここに居住していたと見るのが該当と思われる」と報告されたことについては次のようなことが解った。それは七世紀中葉という短期間に工房を営んだ工人集団は、鍛冶・ガラス・漆塗木製品など、業種別に複数の場所で分業していた可能性が強く、彼らの生活基盤は工房の近くにあったことは調査の結果からみて明らかである。つまり、工人の日常生活用品であった土師器の多くが船橋遺跡の近くにある飛鳥～奈良時代の土器生産地である土師の里遺跡から供給されていたことと同様に、ほかの生活必需品も外部から供給されていた可能性が高いからである。

一方、埼玉県本庄市の薬師堂東遺跡で七世紀前葉～中葉の完形の円形土製鋳型が出土したことから、古墳時代中期後葉から飛鳥時代中葉の土製鋳型は円形であって、奈良時代になると平城京左京一条三坊や同左京七条一坊十五・十六坪の土製鋳型のように外縁部の上下端が半円形で中程が直線になる小判形（隅丸方形）の鋳型に変遷することを再認識した。特に飛鳥時代の土製鋳型によるガラス小玉の生産が畿内から遠く離れた関東で行われたことについては、鍛冶・ガラス・漆器を含む木製品の生産など、国の基幹産業である手工業生産が地方に拡大したことと、律令国家の地方支配が同時に進行したことを示唆している。

船橋遺跡や大県南遺跡のガラス小玉の工房を統括したのは、南河内で最大の大県・大県南遺跡の鍛冶工房を掌握し、鳥坂寺を建立した鳥取氏である公算が高い。そして鳥坂寺から出土した「玉造ア（部）飛鳥評」と書かれた文字瓦の評価から、船橋遺跡のガラス工房の工人は、飛鳥評の玉造とも関係があったと指摘した。船橋遺跡の工房は東南東約四〇〇mにある飛鳥時代の船橋廃寺を建立した古代氏族と結びつくという見方もある。いずれにせよ船橋遺跡のある古代の柏原の地は渡来系氏族との関わりのある河内六大寺と呼ばれる古代の寺院跡が集中する手工業生産の先進地域であり、ここで短期間にせよ集中してガラス小玉の生産が行われたことは事実である。

注

（1）大阪府文化財センター二〇〇五、『船橋遺跡』Ⅲ

（2）田中清美二〇〇七、「「たこ焼き型鋳型」によるガラス小玉の生産」『大阪歴史博物館　研究紀要』第六号　大阪市文化財協会編　pp. 一～二四

（3）及川良彦二〇一一、「中里峡上遺跡」『東京都埋蔵文化財センター調査報告書』二五六集　東京都埋蔵文化財センター

（4）薬師堂遺跡では七世紀前半から中葉にかけての完形品を含む一〇点の土製鋳型片が出土しており、現在ガラス小玉の土製鋳型の出土総数が列島内で最多の遺跡である。本稿掲載の完形の土製鋳型については本庄市教育委員会のホームページから引用した。
本庄市教育委員会二〇一二、『日本初の完形品・点数も全国一のガラス小玉鋳型が出土しました』

（5）福田秀生二〇一四、「鋳型からみたガラス小玉の製作方法について」『調査研究コラム』#〇一一　公益財団法人福島県文化振興財団遺跡調査部ホームページ

（6）注1と同じ

（7）注2と同じ
全北大学校博物館・韓国道路公社二〇〇三、『金堤大木里・長山里・荘山里遺跡』

（8）奈良県立橿原考古学研究所付属博物館二〇一一、『奈良県出土のガラス鋳造関係遺物』

（9）公益財団法人大阪市博物館協会大阪文化財研究所二〇一二、『難波宮址の研究』第十八

（10）柏原市の玉手山丘陵に墓地を選び、石川の左岸の道明寺（土師里）付近および石川の右岸玉手村付近に居住したとされる土師部

が生産した土師器の可能性の高いもの。

丸山竜平一九七三、「土師氏の基礎的研究」『日本史論叢』第二輯日本史論叢会　pp. 四四—七一

(11) 田村朋美二〇一二、「第八節ガラス玉鋳型に付着したガラス片の調査」『難波宮址の研究』第十八　公益財団法人大阪市博物館協会大阪文化財研究所　pp. 一八一—一八二

(12) 花田勝広氏は大県遺跡・大県南遺跡・太平寺遺跡などの近隣に位置する古墳時代中期（五世紀前葉）〜奈良時代（八世紀）にかけての金属・ガラス小玉などを生産した鍛冶工房群の総称として大県遺跡群と呼んでいる。
花田勝広二〇〇二、『古代の鉄生産と渡来人—倭政権の形成と生産組織—』（株）雄山閣　pp. 一〇—一八

(13) 柏原市教育委員会一九九九、『大県南遺跡—仮称健康福祉センター建設に伴う—』

(14) 柏原市教育委員会一九九五、「第三章　大県南遺跡」『柏原市遺跡群発掘調査概報』一九九四年度

(15) 柏原市立歴史資料館二〇一二、『鳥坂寺再興』

(16) 田中清美二〇一四、「近畿地方出土の煙突形土製品と渡来人」『韓式系土器研究』XⅢ韓式系土器研究会　pp. 一八五—二〇八

(17) 注15と同じ

(18) 大阪府教育委員会一九六八、『河内高井田・鳥坂寺跡の調査』

会明臨見西方について

——高安城と大津丹比両道——

米田敏幸

一、高安城の遺構発見とその後の経過

天智天皇が六六七年に築城した古代山城の高安城については長い間幻の城とされていたが、一九七八年に八尾市の市民グループであった「高安城を探る会」によって六基の倉庫跡の礎石が発見された（写真1）。そこは金ヤ塚礎石倉庫群と呼ばれ、一九八二年に橿原考古学研究所によって発掘調査が行われた。その結果この総柱の建物跡の礎石の下より高安城の廃城後である奈良時代の土器が出土したことから、この倉庫群も高安城築城時の遺構ではない可能性が強くなった。しかし、この時礎石群の外側に掘立柱痕跡が見つかっている。これについては庇の支柱あるいは二重構造の倉と考えられている(1)。この掘立柱と礎石群が同時に存在したものかどうかは問題で、筆者は今後に残された課題であると考えている。

さて高安城の城域については大正七年に陸軍測地部二万分の一の地形図と「大門」「谷門」「古門」といった門のつく小字地名を基に関野貞によって外郭線の推定が行われた(2)が、十分な踏査に基づくものとは言い難い。その後奈良女子大学の榑松静江氏(3)、高安城を探る会(4)、橿原考古学研究所(5)によってそれぞれに城域の推定がなされている。また山田隆文氏はカナド池の南に土塁状の地形や人工的な列石を確認し、それらとは別の外郭線を推定している(6)。

写真1　高安城を探る会発見の高安城金ヤ塚倉庫群
（以下、写真は2を除き筆者撮影）

一九九九年三月一八日に筆者と奥田尚氏が高安山西側中腹三六〇m付近に所在する巨大な横穴式石室を持つ古墳（服部川九一号墳）の石材調査をしていた時、そこから何気なく九〇号墳が所在する尾根の上方を見上げると標高約三九〇m付近に大きな石材が列をなして並んでいるのが見えた。石材は長径一m以上で、平坦な面を外側に向け、据えられていた。当初この列石は上の古墳の墳丘施設の一部ではないかと思われたが、列石をたどって行くとそれは古墳とは関係なく、尾根の東北側の谷の奥へ向かって一五〇m以上続いていることを確認した。列石の面は外側に揃えられており、加工したような石材も使用されていた。

高安山西側中腹の巨大な列石は何を意味するのか。高安山の二五〇〇分の一の地形図を見ながら検討したところ、同じ標高三八〇m～三九〇m付近の等高線上のいくつかの地点で方形の平坦面になる人工的な地形を見出すことができ、それぞれA～G地点と名付けた。現地に行くとこれらの平坦面のうちいくつかの外側斜面には石積みや列石が残る部分が判明した。そしてこれらこそ日本書紀に記載された高安城の遺構ではないかと考えた。なおG地点は従来信貴山北方において高安城を探る会によって確認されていた石垣遺構である[7]。他の地点と同様の大きな石材が用いられた遺構であることから、高安城の石塁の一部と考え、大凡の高安城の外郭線について地形図上で、城域の検討を試み、古代学研究会の例会で発表した[8]。やがてその事は研究会に来ていたマスコミ関係者が知ることになり、この石塁の発見は筆者が想像していた以上に大きく取り上げられた。

しかし、その後高安城は、日本古代史上の宮都に匹敵するほど全国的に有名な遺跡であるにも関わらず、石塁の存在を否定する一部の専門家からの見解が報道された後[9]、地元は言うに及ばず行政側でも関心が低下し、その結果せっかく発見した遺構群もその後測量や発掘調査等の検証が何らされないままに現在に至っている。発見当時市の文化財部局にいた筆者も直後に別の業務に異動となった事もあり、自らの発見を検証する手段もなくなってしまった。また高安城発見の端緒を切り開いた市民グループである「高安城を探る会」もすでに解散となり現在活動をしていない。

したがってこれらの遺構に対して組織的な検証の機会は失われた。その後の個人的な踏査によって幾つかの発見もあり、二〇一四年二月には古代学研究会でもう一度現地踏査を実施している[10]。ここではその後の成果を含め、古代高安城の遺構について総括的な再検討を行い、日本書紀の壬申の乱における記事の検証により高安城の戦略上の位置について考察を行いたい。

二、高安城の築城から廃城まで

百済が唐と新羅の連合軍に滅ぼされたのがAD六六〇年である。その後高安城の築城から廃城までは日本書紀と続日本紀に記載されている。

天智二（AD六六三）年、大和朝廷が朝鮮半島に送った倭（日本）

軍と百済復興軍が韓国にある白村江で、唐、新羅連合軍と戦い敗れ、大和朝廷は倭国防衛のために西日本各地に高安城をはじめとする山城が築いたというのが高安城の築城の背景であることは言うまでもない。以下高安城に関する記述を時系列を追って記述してみよう。

天智五年（六六六）秋八月に、達率答本春初を遣して城を長門国に築かしむ、達率憶禮福留・達率四比福夫を筑紫国に遣して大野及び椽、二城を築かしむ。

写真２　高安山西側の航空写真（梅原章一氏提供）

天智六年（六六七）この月（一一月）倭国高安城、讃吉国山田郡屋嶋城、対馬国金田城を築く。近江大津宮遷都。

天智八年（六六九）八月三日天智天皇高安嶺に登りまして、議りて城を修むるを欲す。仍ほ民の疲れたるを恤みたまひて止めて作りたまはず。是人感嘆して曰く仁愛の徳亦寛ならざらむやと。

是冬に、高安城を修め、畿内の田税を収む。

天智九年（六七〇）二月、高安城を修りて、穀と塩を積む。又長門城一つ、筑紫城二つを築く

天武元年（六七二）壬申　七月一日　坂本臣財等平石野に次れり、近江の軍が高安城に在りと聞きて登つ。乃ち近江の軍、財等の来を知りて、悉く税倉を焚きて、皆逃げ亡せぬ、仍って城の中に宿りぬ。会明に、西の方を臨み見れば、大津・丹比、両の道より、軍衆多に至る。顕に旗幟見ゆ。

天武四年（六七五）二月丁酉（二三日）に、天皇高安城に幸す。

持続三年（六八九）冬一〇月庚辰の朔庚申（一一日）に、天皇、高安城に幸す。

文武二年（六九八）八月丁未（二〇日）、高安城を修理す。

文武三年（六九九）九月丙寅（一五日）、高安城を修理す。

大宝元年（七〇一）八月二五日、高安城を廃す。其の舎屋・雑儲物を大倭・河内の二国に移し貯える。

和銅五年（七一二）正月壬辰（二三日）、河内国高安の烽を廃す。始めて高見の烽および大倭国の春日の烽を置く、以て平城に通ずる。

和銅五年八月庚申（二三日）高安城に行幸す。

高安城には他の諸城にない大きな特色がある。上の記事から注目されるのは、即ち第一点が天智以後元明天皇に至るまで歴代の天皇が行幸する城であった事と長期に亘り造営が行われた事であろう。

高安城は天智六年築城後四回もの修城記事が掲載されている。ここにいう「修」は増築と考えられる。しかも天智八年八月の記事は築城の一時停止を記しており、この城は三年にわたって断続的に築城され、天智九年までに一旦完成して穀物と塩を蓄えた後、文武二年と三年にさらに増築されたものと考えられる。

このような修城記事が頻繁に見られ、長期に亘り、拡張されてきた城が簡単な作りであったとは考えにくく、さらに歴代の天皇の行幸が見られる城は、民が疲弊するほど大規模な工事を伴う城であったということができる。大宝元年に廃城となるが、その後和銅五年に元明天皇がこの城に行幸している。関根淳氏は「高安城という畿内の軍事施設への行幸は他の行幸とは一線を画す特別な意味を持っている」とし、「国家的支配の確認強化」を目的とした「国見的な性格がつよい」としている[11]。したがって高安城の築城は律令国家の威信をかけた大事業であったに違いない。したがって外郭線で確認できた高安城の大規模な石塁や造成された地形[12]は文献の上からも疑問を呈する余地はない筈である。

三、高安城外郭線の遺構

私と奥田尚氏は地形図に従って探査を行い人工的な地形を調べた結果石垣や列石の存在や上面がフラットな台形状の地形を発見することができた。踏査によって一九九九年時点で確認した地点に西側の北から順にアルファベットでA地点からF地点、さらに金ヤ塚倉庫群を挟んだ反対側である東側に所在する遺構をG地点として設定した。ここではA～G地点の概要を示し、その後確認した遺構を含め現在筆者が認識している高安城について記しておきたい。

(一) A地点

標高四四〇mの立石越えとよばれている地点である。登山道に沿って標高三五〇m付近に道の南側に高さ一m以上に積まれた石垣がある。この石垣の基底に使われている石材は長径が一m以上あり、不必要に巨大な石材が使われているため登山道に沿った石垣は石塁を想わせる（写真3）。この地点の北側に幅二〇m、長さ三〇m程度の平坦面があり、人為的に平らげられたような地形である。

この石垣から上方に行くと標高三九〇m付近から上方に北側に面を向けた巨石が登山道の処々に樹立している（写真4）。このような箇所が山頂までに3箇所存在する。その付近には塁を構成したと思われる巨石が横たわる。三九〇m付近には享保二〇年の紀年銘がある地蔵石仏が石垣の上に置かれ、この付近は城門を想わせるような石塁であると奥田氏は主張する。

写真3　A地点山道石垣

(二) B地点

最初に列石を確認した地点である。

標高三九〇m付近に二階塚と呼ばれる石棺のある服部川九〇号墳[13]の西側から北側にかけて列石を確認している。当初古墳の外護列石と思われたが古墳とは関係なく、古墳の開口部前面を塞ぐように高く盛り上がった平坦な地形となっており、この地形の北側と西側に列石が廻っている。尾根の北側では山道の西側（写真5）から東谷奥へと列石が続く。据えられた石材の上に積まれた石材が崩れたように見受けられる部分もある（写真6）。列石の下方には石塁から転がり落ちたと思われる石材や塁として加工された露岩が散在する。列石は尾根の北側に断続的に見られ、谷奥まで続いているのを確認している。谷奥には列石の延長において垂直に切り立った石材が谷を塞いでいる。

写真4　A地点の立石

写真5　B地点山道西側の列石

（三）　C地点

服部川の神光寺の上方から山頂に繋がる登山道の標高三八九m付近に二〇m×三〇mくらいの人工的な方形の平坦面がある地形を確認した（写真7）。この地形の下方は急峻な斜面であり石材が散在する。

礎石や石塁などは確認できなかったが建造物を構築するのに十分な広さがある台状に造成された平坦面である。

（四）　D地点

近鉄西信貴鋼索線の標高三八〇mの尾根の先端付近の平坦面の直下で露頭する露岩に接して列石を確認している。列石には巨石を用いている。

（五）　E地点

高安山駅の南にある標高四二

写真6　B地点東側奥へ続く列

写真7　C地点の平坦面

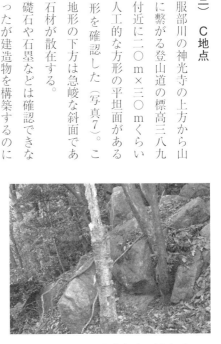

四ｍの展望台の急峻な斜面を西に降りると三九〇ｍ付近でフラットな尾根が一〇〇ｍ程続く。先端は台状に高まる地形があり、平坦面が開ける（写真8）。望楼の基壇のようなものではないかと考えている。この付近の小字名が「鉢伏」となっていることはこのマウンドに因むものかもしれない(14)。

　この基壇状高台の北西隅直下に長径一ｍ〜三ｍの石材が人工的に積まれた石垣が見られる。これらの石材は城壁のように平坦面を外側に揃えて積まれている（写真9）。この石垣の下には自然の露岩が露頭するがその露岩の上に基壇平坦面を補強するかのように石垣状に構築された石塁である。

写真8　E地点尾根先端の土壇

写真9　E地点石塁

　平坦面北側にはこの石塁の一部と思われる大きな石材が見られ、さらにその延長に裏込めと思われる小石材が埋もれているのを確認している。

（六）　F地点

　標高四一〇ｍの展望台の下側にある尾根の先端三九〇ｍ付近が方形の平坦面となっている。平坦面の直下が石塁状になっている。またE〜F地点間の標高三七〇ｍ付近に平坦面が続いており、その下は急な斜面となっているためくっきりした外郭線を見ることができる（一一八頁図1参照）。

（七）　G地点

　信貴山から北方に伸びる三五〇ｍ付近の尾根先端の平坦面の東側、小字ホソワ谷に面する斜面に長径一・五ｍ以上の巨石を三段以上に積んだ高さ一・五ｍの石垣が一〇ｍ程度存在する（写真10）。従来信貴山城の石垣と推定する考えもあったが(15)、信貴山城自体

写真10　G地点石塁

織豊系山城ではなく、主郭部分に石垣は使用されていない。当該地点は信貴山城の主郭から遠く離れており、位置的に高安城の遺構とした方が説得力がある。

この石垣の上は信貴山城の郭とされている造成された細長い平坦面であるが、高安城の他地点に類似しており、ここから須恵器片を採集している（写真11）[16]。

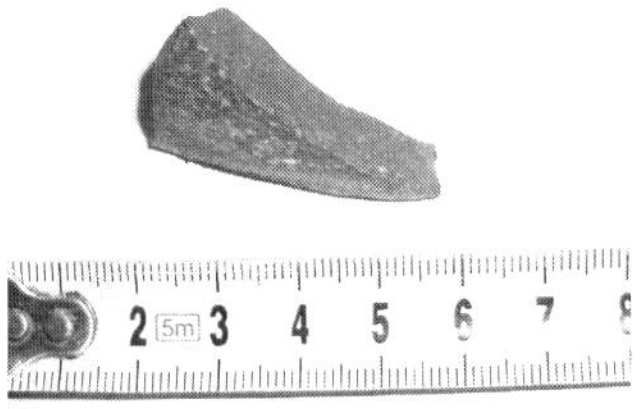

写真11　Ｇ地点採集須恵器

その他Ｇ地点の高安山側に谷を塞ぐ巨大な土塁を確認している。またＧ地点の北方の外郭推定線上の久安寺公民館の東にある小字西カイト[17]でも石垣を確認している（一一八頁図1参照）。石垣自体は明らかに後世のものであるが、その基底に長径二ｍに及ぶ巨石が使われており、本来ここに石塁があった可能性がある。また、奥田尚氏は恩智道上方の峰の鞍部を切断する切り通しにも注目され、ここが高安城の南限になるのではないかと考えられている。その北側Ｆ地点との間にＡ～Ｆ地点同様の平坦面が標高四六〇ｍ付近にあり、その東側に谷を塞ぐように巨大な土塁が存在しているとされている[18]。

従来の研究者は高安城の外郭線を山頂より奈良県側に存在すると推定されていた。しかし、いくつかの点で疑問があった。

続日本紀によると「大宝元年八月二十六日、高安城を廃止し、その建物や種々の貯蔵物を大和・河内の二国に移した。」とある。高安城の外郭線が奈良県側にあったとする従来の説では、河内（大阪府）に建物を移す必要はない。河内名所図会[19]によると高安山は河内では古来「五老峰」と呼ばれていた。高安山西尾根先端に位置する平坦面はその上に楼閣等の構造物が建っていてもよい広さである。

そこで見つかった石塁も平坦面と密接な関係にあり、その造成と補強のために構築された施設であったと考えている。想像を逞しくすれば、高安城の西側尾根上の平坦面には五つぐらいの望楼がそび え立っていても不思議ではない。高安城の外郭線は単に土塁や石塁だけでなく構造物があったことは、続日本紀の記事をみても明らかである。「五老峰」は即ち「五楼峰」だったのではないだろうか。高安城の踏査で遺構を確認した地点から推定する高安城の範囲は大阪府（河内）と奈良県（大和）の境を跨ぐ東西一km、南北二km以上の範囲である。この発見によって上記の疑問が解決することと金ヤ塚礎石建物が高安城築城時のものでないとすれば、現在のところ図1に示す外郭線上の遺構こそ高安城築城時のものである可能性が最も高い遺構群であるといえる。坂本臣財は高安山西方尾根上の望楼に立ったのだろう。

四、大津・丹比両道と高安城の戦略的位置

日本書紀の記事によると壬申の乱の時に高安城に進駐した坂本臣財の軍が「会明に、西の方を臨み見れば、大津・丹比、両の道より、軍衆多に至る。顕に旗幟見ゆ。」と記載されている。この点につい

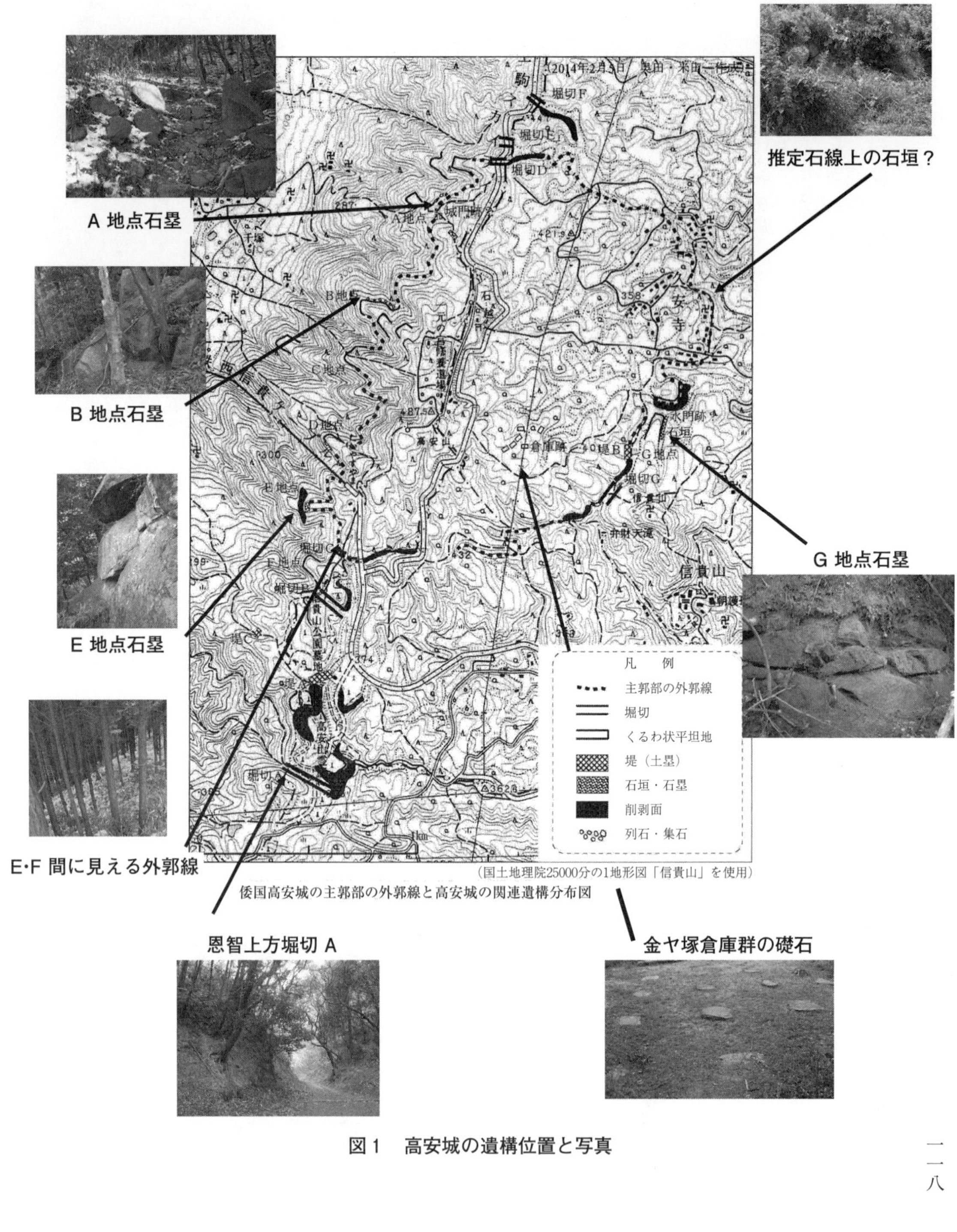

図１　高安城の遺構位置と写真

て高安山の山頂からは大津道も丹比道も見えないことは事実である。高安山でそこを見ようとすれば高安山の西側に張り出した尾根の上に立つ必要がある。B～F地点がまさしくそこに該当する。そこで、B～F地点及びさらにその南側尾根上の平坦地のいずれかに高安城の望楼が存在したとすると現長尾街道を間近に見降ろすことができる。この長尾街道が大津・丹比どちらかの官道にあたるのは間違いない。問題はそれがどちらのルートにあたるのかということであろう。さて大津丹比両道について関野貞は「大津の道は堺より国分に至る所謂長尾街道にして大和川の右岸（旧道なり今左岸に新道あり即ち奈良街道なり）に沿い龍田に至るべし、所謂龍田越えなり、又国分より田尻に出で関屋若くは穴虫を経て飛鳥に達すべし。丹比の道は堺より古市山田に至る所謂竹内街道にして岩屋峠（石手道ならん）を越え當麻に出づるか竹内峠を越え竹内にい出、以て飛鳥に至るべし。」[20]としており、大津道を長尾街道、丹比道を竹内街道としている。岸俊男氏も同様に考えておられたことから長い間それが定説となってきた。[21]しかし、近年安村俊史氏は、渋川道が大津道であり、丹比道が長尾街道ではないかとの異説を唱えている。特に安村氏は「高安城より西の平野を見たとき、竹内街道を進んで来る軍がどこまで確認できただろうか」とし、「渋川道、長尾街道の両道と考えた方が現実的」とされている。[22]その立論には推

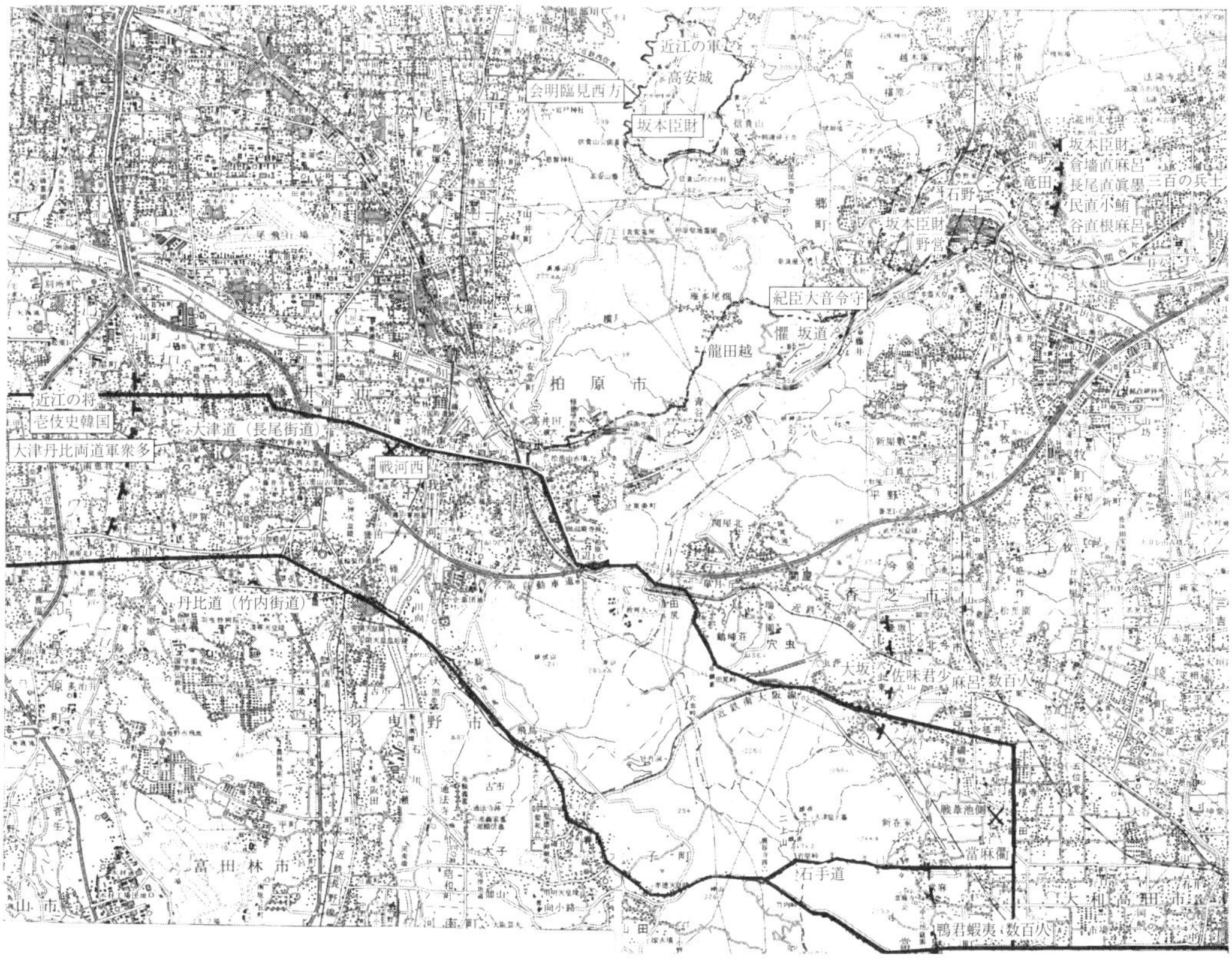

図2　高安城と壬申の乱（奥田尚氏原図作成）

古二一年の「難波自り京に至る大道を置く」の記事で設置された大道が渋川道であることを前提にしている。さらにその根拠としては「竹内街道や長尾街道に相当する道は、古墳時代に存在した」との推察を基にしている。

しかし、渋川道は、日本書紀の丁未（五八七）の乱に際して蘇我氏を中心とする皇子と豪族連合軍が物部守屋討伐に志紀郡から渋川家に侵攻したルートと思われ、推古以前に存在した道である事が知られる。つまり、この時の進軍ルートは近江俊秀氏が推定する雄略紀の磯歯津道のルートに近いと思われるからである(23)。したがって推古朝に新たに設置された道とは考えられない。また、渋川から難波に至るには河内平野西部を横切る必要があるので大軍が難波からこの道を通って河内国府まで行けたかどうか疑問である。この付近は平野川、東除川、西除川が合流する低湿地帯である。加美遺跡や久宝寺遺跡からは多くの準構造船が出土している。そこに大津道のような官道が設置されていたとは考え難い。また、発掘調査による道路の存在は河内平野低地部に於いては未だ証明できていないのが実際である。

むしろ長尾街道や竹内街道は東西の直線道路であり、高安山の西側に張出した石塁や平坦面が存在する尾根上からその方向を眺望することは十分に可能である。また、松原市上田町遺跡の調査では、実際に大津道と思われる飛鳥時代の道路側溝が確認されている(24)。

長尾街道は允恭天皇陵に治定されている市野山古墳即ち河内国府から、河内大塚山古墳の直ぐ北を通り、堺で難波宮朱雀大路の延長の難波大道と交差して反正天皇陵とされている田出井山古墳の北の方違神社に至る東西の直線道路となる。王陵を基準に直線道路を設定するのは欽明大王墓とされる五条野丸山古墳と下ツ道の関係にも例がある事はいうまでもない。直線道路の設定には精緻な測量技術を伴い、今でいう三角点のような動かぬ標識が必要となる。それを陵墓に充てたことは十分に考えられる事である。即ち田出井山古墳、河内大塚古墳、市野山古墳の上で測量を行い、大津道が設定されたのではないかと考えている。その証拠にこの道はさらに東に向かえば奈良県香芝市の狐井城山古墳に至りそこで屈曲して二・八㎞南行し長尾神社で横大路と接続する。塚口義信氏によればこの古墳は河内王朝の最後の大王である武烈天皇陵である可能性が高いとされる(25)。なお筆者もこの意見に賛同しており、ここが大津道の結節点である(26)。

河内大塚山古墳の東隣には式内社の大津神社があり、大塚山古墳の名称それ自体大津道に由来しているので「オオツカ」と呼ばれるのではないかと考えている。この道こそ推古二一年の「難波より京に至る大道」、即ち大津道と呼んだのではないだろうか(27)。

また、竹内街道の延長にあたる丹比道も堺市長曽根遺跡で東西方向の端が確認されている。ここから野中寺南大門の南に至る東西の直線道路と考えられる(28)。さらに西淋寺付近で石川を渡り二上山南方の鹿谷寺の石切場付近の竹内街道を通って當麻へと至る。

なお、近江俊秀氏は、「履中即位前紀には、竹内峠越えのルートは「径」つまり小道と表現されている」とし、関が置かれた記事もないとし、脇道・間道の役割しか与えられていなかったとしている[29]。しかし葛城市の竹内遺跡では竹内街道の北側に六世紀の東西溝が二二五mも続いている事が確認され、ここに古くより道路が存在したことが明らかになっている[30]。

筆者は推古二一年に大和の横大路を整備すると同時に河内の大津、丹比両道も設定されたものと考えており、これらの東西道は河内大和に所在する五〜六世紀の陵墓を基準点にした精緻な測量により七世紀に設置されたものではないかと思っている[31]。

したがって、大伴吹負軍は、坂本臣財等の高安城攻撃時に「大坂道」に佐味君少麻呂を、「石手道」に鴨君蝦夷を配置し、近江朝軍の河内からの侵攻に備えている。これが大津、丹比両道の延長にそれぞれ対応して備えていたとすれば、「大坂道」は大津道である長尾街道の延長にあり、「石手道」は丹比道としての竹内街道または岩屋峠越えのルートに対応している[32]。

堺市長曽根遺跡から竹内遺跡に至る道路が当時存在していた事は確実である。丹比道は安村氏の言うような長尾街道ではなくやはり、竹内街道であったとすることができる（一一九頁図2参照）。

さて、壬申の乱に際しては、高安城を占領した坂本臣財は、七月二日に衛我河の川西に於いて壱岐史韓国の軍に遭遇するが退却を余儀なくされる。

長尾街道は河内国府を通る。壱岐史韓国と大海人方に帰順しようとした河内国守来目臣塩籠との確執が記されていることから壱岐史韓国軍本隊の進軍経路は大津道即ち長尾街道であったであろう。近江俊秀氏も竹内街道が地形や関が置かれなかった事から、「難波より京に至る大道」即ち最古の官道であったことに疑問を呈しており、「近江方の主力は長尾街道」と考えている[33]。

写真12　高安城から見た大津道と丹比道方面

現在高安山の西側に張り出した尾根から西南を見ると河内大塚古墳や大泉緑地をくっきり観下ろすことができる（写真12）。その南北に丹比、大津両道があったとすると敵の軍勢が侵攻してくるのを明確に捉えることができる筈である。それを見て下山し、渡河して旧大和川の西の河内国府付近の大津道で敵軍を迎え撃つ時間は十分にあったと考えられる。坂本臣財は多勢に無勢で敗れ懼坂に退きはしたが、坂本臣財の奮戦によって河内国司守來目塩籠の離反を招いた事で近江朝軍の進軍は一時停止した事になる。それにより大伴吹負軍の迎撃体制が整ったことにより次の勝利に結びついたことをみると、この高安城周辺の戦いが壬申の乱の大和戦線の帰趨を制するのに戦略上重要なステップであったとすることができる。

即ち数日遅れて壱岐史韓国軍の東進が再開された。竹内街道と長尾街道が横大路と合流する地点が葛城市長尾神社前の国道一六六号線の磐城駅前交差点付近と私は推測している（写真13）。大伴吹負軍は横大路を西へ進み、両道を進んできた壱岐史韓国軍の合流地点である當麻衢の葦池の側においてこれと激突し、吹負軍が壱岐史韓国軍（近江朝軍）を撃破している。吹負軍は坂本臣財の奮戦による進軍の遅れを利用して飛鳥古京を防衛するために両道と横大路が交わる當麻の衢[34]で待ち構えることができ、これを殲滅したという他はない。

写真13　両道と横大路の合流点（長尾神社）

まとめ

高安城の外郭線の構造について再度検証し、大津・丹比両道について日本書紀の壬申の乱の記事をもとに筆者なりの見解を整理し、高安城の果たした戦略的役割について述べた。

古代山城は従来逃げ城とされ、積極的にその位置を評価する見解は殆ど見ることはなかった。しかし、壬申の乱を見ると高安城の戦略的役割は明らかである。難波津から飛鳥京に向かう敵軍を監視し、河内国府を防衛するとともに大和に進軍する敵軍を側面から攻撃、あるいは河内国府に進出して待ち構えて迎撃することを目的として築城されていることは明らかである。坂本臣財軍は僅か一五〇名であったが、多くの軍勢がいた場合、もっと有効な打撃を壱岐史韓国の軍に与えることができた筈である。少なくともここでの奮戦が壱岐史韓国と河内国守來目臣塩籠との確執を誘発することで近江朝軍の進軍を一時的に止めたことは間違いない。その結果として大和の大伴吹負軍は決戦準備を終え、両道の合流点である當麻衢で待ち構え、大和に侵入してきた近江朝軍との戦いに勝利することができたと考えたい。この点が高安城の機能が発揮された最も重要なポイントである。西側からの侵攻に備えて築城された高安城の戦略的存在意義はもっと評価されるべきである。

したがって高安城は単なる逃げ城ではなく、飛鳥京や藤原京防衛のための戦略的に意義のある城であったがために時々の政権によって修築や行幸が繰り返されたのである。

最後に高安城は平城遷都が計画されるに及んでその存在意義を失い廃城したが、廃城後の和銅五年における元明天皇の行幸は、国見を意図するものであったとしても日本書紀編纂に伴い壬申の乱における高安城の歴史的意義即ち「会明臨見西方」の大津、丹比両道を望見し、その歴史的価値を再確認するものであったと考えたい。

高安城の石塁の発見よりすでに四半世紀が過ぎた。市民や研究者より一刻も早い調査による検証が期待されている(35)。地元及び両府県の教育委員会がこの課題に真摯に取組んでいただける事を切に望む次第である。

本論の作成にあたり、古代学研究会ウィンターセミナー二〇一四において奥田尚氏から多くのご教示と原図の提供を得、梅原章一氏から航空写真の提供を受けた。記して感謝したい。

注

（1）河上邦彦　佐々木好直一九八三『高安城発掘調査概報2』奈良県立橿原考古学研究所

（2）関野貞一九二七「天智天皇の高安城」『奈良県史蹟勝地調査会報告書』第5回　奈良県

（3）榑松静江一九七九「朝鮮式山城の高安城に関する軍事地理学的研究」奈良女子大学地理学研究報告一　奈良女子大学

（4）棚橋利光一九八五『古代高安城論』高安城を探る会、高安城を探る会編一九八三『夢ふくらむ幻の高安城』第1集・第2集、棚橋利光他一九九八『高安城と古代山城』八尾市立歴史民俗資料館

（5）奈良県遺跡地図による。ウェブ版で最新のものを確認できる。

（6）山田隆文二〇一〇「高安城と飛鳥京　古代山城と宮都を結ぶルートはどこか?」『地図中心』四五三号　国土地理院

（7）岩永憲一郎一九八二『大和信貴山城』日本古城友の会

（8）奥田尚　米田敏幸一九九九「高安城の外郭線について」『古代学研究』第一四八号　古代学研究会

（9）「九九年発見の高安城の石塁は露岩の誤認」というような認識を一例とする。（「最近の古代山城調査事例」『第四〇回古代山城研究会発表資料』二〇〇九）。しかし、このような主張がどの地点の何をもって露岩とされたのか示された事はなく根拠は不明。この報道も両論併記で公正なものであったが何故か地元では否定意見の方が大勢となってしまった。

（10）奥田尚二〇一四「古代学研究会ウィンターセミナー倭国高安城の現地での検討に参加して」『古代学研究』二〇三号　古代学研究会

（11）関根淳一九九五「元明朝の高安城行幸」『紀尾井史学』一五　上智大学

（12）奥田尚　米田敏幸一九九九「高安城の外郭線について」『古代学研究』第一四八号　古代学研究会、同一九九九「築倭国高安城の発見」『大阪春秋』第九〇号　大阪春秋社、同二〇〇〇「高安城の外郭線―探索一年を終えて―」

（13）花田勝広二〇〇八「高安千塚の基礎的研究」『高安古墳群の基礎的研究』八尾市文化財紀要一三　八尾市教育委員会文化財課

（14）高安城を探る会編『八尾市東部小字図』による。

（15）岩永憲一郎一九八二『大和信貴城』日本古城友の会編

（16）二〇一一年五月四日慶北大学朴天秀教授等と現地を訪れた際に

採取された。杯又は小型容器の破片と思われる。
(17) 奈良女子大学古代学学術研究センターHP奈良盆地歴史地理データベースによる。
(18) 奥田尚二〇一四「古代学研究会ウィンターセミナー倭国高安城の現地での検討に参加して」前掲注10
(19) 秋里籬嶋一八〇一『河内名所図会』
(20) 関野貞一九二七「天智天皇の高安城」前掲注2
(21) 岸俊男一九七〇「大和の古道」『日本古文化論考』吉川弘文館、同一九七〇「古道の歴史」『古代の日本第五巻近畿』角川書店、同一九七五「宮都と古道」『岩波講座日本の歴史2』岩波書店他
(22) 安村俊史二〇一二「推古二一年の大道」『古代学研究』第一九六号　古代学研究会
(23) 近江俊秀二〇〇八『道路誕生』青木書店。近江氏は住之江に抜ける東西ルートを想定しているのに対し、安村氏は平野から天王寺へ抜ける斜行ルートを想定する。しかし、いずれも当該期の道路の遺構は未だ検出されておらず、実在を証明するには至っていない。
(24) 松原市HPによると上田町遺跡や高見の里遺跡の発掘調査で道路側溝と思われる幾つかの溝跡が確認されているという。
(25) 塚口義信一九九五「香芝―古代史の謎を探る―」『香芝遊学』第四号
(26) 拙稿二〇一四「傍丘磐杯丘陵考」『古代学研究』第二〇四号　古代学研究会
(27) 飯田浩光氏は推古二一年に「複数のルートが整備された可能性」を考えている。飯田浩光二〇一三「道から見た推古朝」『考古学から見た推古朝』大阪府立近つ飛鳥博物館図録
(28) 森村健一一九九五「大阪・堺市長曽根遺跡の復元（竹内街道）」『古代交通研究』第4号、同二〇〇〇『長曽根遺跡発掘調査概要』堺市教育委員会
(29) 近江俊秀二〇一二『道が語る日本古代史』朝日選書
(30) 神庭滋二〇一三『竹内街道設置一四〇〇年記念竹内街道の成立―大道を置く』葛城市歴史資料館
(31) 拙稿二〇一四「傍丘磐杯丘陵考」前掲注26
(32) 岸俊男「大和の古道」前掲注21。岸氏も「石手道も直接的な論拠はないが、当麻道と同じく竹内街道をさす」としている。
(33) 近江俊秀二〇〇八『道路誕生』前掲注23
(34) 前田晴人氏によると大和の衢は交通上、軍事上の要衝であるとともに境界であり祭祀・祭礼の舞台であるとする（前田晴人一九九六『古代の道と衢』吉川弘文館）。両軍はその衢を目指し激突した。香芝市南部に千股という小字や葦池を連想するイソカベという大字がある。
(35) 読売新聞（二〇一四・三・一二全国版記事）

東大寺の盧舎那仏と河内国大県郡の智識寺

塚口義信

はじめに

　南都七大寺の一つとして有名な東大寺は華厳宗の総本山で、本尊は〝奈良の大仏〟として知られる金銅製の巨大な盧舎那仏である。もっとも、この仏名は、中国におけるまとまった形の漢訳の第一号といわれている六十巻本の大方広仏《だいほうこうぶつ》華厳経（東晋の仏陀跋陀羅《ブツダバダラ》〈覚賢〉によって訳されたもので、五世紀初頭の成立。旧訳《くやく》とも呼ばれる。以下、華厳経と略す）にみえるもので、唐の実叉難陀《シクシャーナンダ》〈学喜《がくき》〉によって訳された八十巻本（六九九年に成立。新訳とも呼ばれる）のそれでは毘盧遮那仏とする。いずれもサンスクリット語のヴァイローチャナ（Vairocana）の音訳である。なお、漢訳はもう一種存在し、それは七九八年に唐の般若によって訳された四十巻本で、一般に六十巻本が六十華厳、八十巻本が八十華厳と呼ばれているに対し、この漢訳本は四十華厳と呼ばれている。

　このように盧舎那仏は華厳経と不可分の関係にある仏であるが、その仏名が「光り輝く」あるいは「万物を遍く照らす」という意味を有していたため、わが国においては鎌倉時代以降、天照大神（日の神）の本地仏とされた密教の大日如来と同一視されるようにもなる。しかし本来、華厳と密教の仏身観にはかなりの違いがあるという。たとえば橋本聖圓氏は、次のように説いておられる。

　密教の大日如来は、無相空寂の妙理、つまり眼に見える形を超えた真如そのものを如来として尊んだ法身仏《ほっしんぶつ》であり、華厳経では、浄飯王家で摩耶夫人を母として誕生された方が盧舎那と呼ばれたり（六十巻本）、娑婆世界の仏が毘盧遮那如来世尊と呼ばれ、衆生の楽欲《ぎょうよく》（願いや欲するところ）に従って、同じ仏を、あるいは釈迦牟尼、あるいは毘盧遮那等々と名付けるのである（八十巻本）と説かれていて、盧舎那あるいは毘盧遮那という名が釈迦牟尼の異名とされているのである。(1)

　さて、奈良東大寺の盧舎那仏は聖武天皇の発願により、平城京の東山に所在した金鐘寺《こんしゅじ》（大和国金光明寺）の寺地において、天平十七年（七四五）八月二十三日から造立が開始された。そして同十九年（七四七）九月二十九日から天平勝宝元年（七四九）十月二十四日に至る二年余りの間に、八度の鋳造を経て完成した（『東大寺要録』）。[2]『東大寺要録』の巻第二縁起章によると、盧舎那仏の各部の寸法は次のごとくであったという。

結跏趺座《けっかふざ》高　五丈三尺五寸　面長　一丈六尺　広　九尺五寸　宍髻《にくけい》高　三尺　眉長　五尺四寸五分　目長　三尺九寸　自御鼻前径（径）二尺九寸四分　高　一尺六寸　人中長　八寸五分　口長　三尺七寸　頤（頤《したあご》）長　一尺六寸
耳長　八尺五寸　頸《くび》長　二尺六寸五分　肩長　二丈八尺七寸　胷（胸）長　一丈八尺　腹長　一丈三尺　臂《ひじ》長
一丈九尺　肘至レ腕長　一丈五尺　掌長　五尺六寸
中指　長五尺　脛《すね》長　二丈三尺八寸五分　膝《ひざ》前径　三丈九尺　膝厚　七尺　足下　一丈二尺　螺《ら》形　九百六十六箇
高各　一尺　径各　六寸　銅座高　一丈　径　六丈八尺
上周　廿一丈四尺　基周　廿三丈九尺　石座高　八尺
上周　卅四丈七尺　基周　卅九丈五尺

（一尺＝三十センチメートル弱）

なぜ聖武天皇はかかる巨大な仏像を造立したのであろうか。『続日本紀』天平勝宝元年（七四九）十月条の河内国智識寺（太平寺《たいへいじ》廃寺・大阪府柏原市太平寺に所在した寺院）行幸の記事を手がかりに、上記の疑問を念頭に置きつつ、東大寺の盧舎那仏と河内国智識寺のそれとの関わりについて、以下、若干の考察を試みたい。

一、天平勝宝元年の河内国智識寺行幸の目的

『続日本紀』天平勝宝元年（七四九）十月条に、次のような記事（史料1）がある。

史料1

冬十月庚午《壬戌朔九日》、河内《かふち》国智識寺《ちしきじ》に行幸《みゆき》したまふ。外従五位下茨田《まむた》宿禰弓束女《ゆつかめ》の宅《いへ》を行宮《かりみや》としたまふ。〇乙亥、石川の上に幸したまふ。志紀《しき》・大県《おほかた》・安宿《あすかへ》の三郡の百姓《はくせい》の百年以下小児《せうに》已上に綿《わた》を賜《たま》ふこと差《しな》有り。また三郡の百姓《はくせい》の負《お》へる正税《しやうぜい》の本利《ほんり》を免《ゆる》す。自餘《そのほか》の諸 郡《もろもろのこほり》は利《くぼさ》を免《ゆる》して本《もと》を収《をさ》む。陪従《ばいじゆ》せる諸司《しよし》に綿《わた》を賜ふこと、亦《また》各《おのおの》差《しな》有り。○丙子《十五日》、河内《かふち》国の寺《てら》六十六区の見住《げんぢう》の僧尼《ほふしあま》と沙弥《しやみ》・沙弥尼《しやみに》とに絁《あしぎぬ》・綿《わた》、各差《しな》有り。外従五位下茨《まむ》田《た》宿禰弓束女《ゆつかめ》に正五位上を授く。是《こ》の日《ひ》、車駕《きよが》、大 郡 宮《おほこほりのみや》に還《かへ》りたまふ。[3]

これによると、天平勝宝元年十月九日、孝謙天皇は河内国智識寺に行幸し、茨田宿禰弓束女の宅を行宮にしたという。柏原市青谷に竹原井頓宮《たかはらい》（青谷遺跡と推定される）[4]があったのに、なぜ弓束女の宅を行宮としたのであろうか。

山本博氏はこの問題について、㈠弓束女が乞うて行幸を仰いだのかもしれない、㈡竹原井頓宮はこのころ泊まれる状態ではなかったのかもしれない、という二つの理由を想定し、後者に解答を見出さ

表１　東大寺・智識寺関係略年表

和暦		西暦	天皇	事　項
天平	7	735	聖武	○この年、不作。また天然痘により多数死亡。
	9	737		○この年、天然痘大流行。
	11	739		○写経司において大方広仏花厳経80巻が書写される。
	12	740		○この年、天皇が河内国大県郡にある知（智）識寺の盧舎那仏を礼拝し（２）、大仏造立を決意する。
				○大宰少弐藤原広嗣が反乱を起こす（９～10）、このとき天皇は国ごとに７尺の観音菩薩の造立を命ずる（９.15）。
				○審詳を講師、慈訓を複師として日本で初めての華厳講説が開始される。
	13	741		○天皇、恭仁宮で朝賀をうける（１.１）。
				○諸国の国分僧寺・尼寺建立の詔が出る（２.14）。
	14	742		○近江国紫香楽村に離宮を造営する（８）。
	15	743		○大仏（盧舎那仏）造立の詔が出る（10.15）。
	16	744		○難波宮を皇都とする（２.26）。
				○紫香楽の甲賀寺に大仏のための骨柱が建てられる（11.13）。
	17	745		○行基を大僧正に任ずる（１.21）。
				○都を平城にもどす（５）。
				○大仏造立工事を大和で開始する（８.23）。
	19	747		○東大寺大仏の鋳造を開始する（９.29）。
	20	748		○元正太上天皇没（４.21）。
天平感宝（４.14）	1	749		○天皇、東大寺大仏を礼拝し、三宝の奴と自称する（４.１）。
天平勝宝（７.２）	1		孝謙	○聖武天皇譲位し、阿倍内親王即位（７.２）。
				○天皇、河内国智識寺に行幸し、茨田宿禰弓束女の宅を行宮とする（10.９～10.15）。
				○東大寺大仏の鋳造完了（10.24）。
	4	752		○東大寺大仏開眼供養（４.９）。華厳経の講説、楽舞などが盛大に行われる。
	7	755		○河内国智識寺の観音菩薩立像完成（２.10）。
	8	756		○天皇、智識寺南行宮に宿泊し、河内六寺を礼拝。このとき、聖武太上天皇、光明皇太后が同行（２.24～２.25）。
				○天皇、難波から渋河路をとり、知識寺行宮に至る（４.14）。
				○聖武太上天皇没（５.２）。

（　）内は月・日を示す。

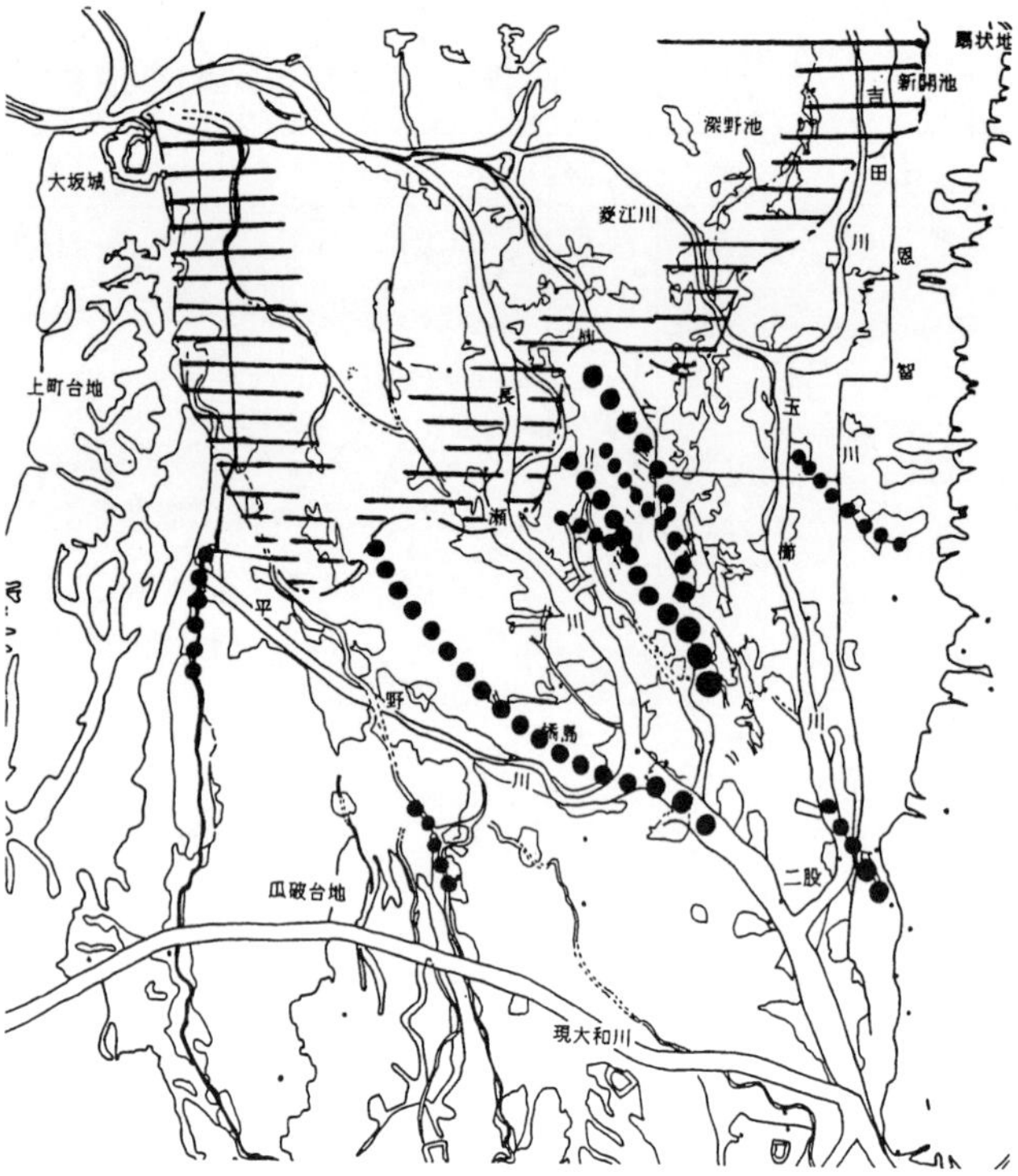

図1　7～9世紀における大和川の流路

れた。(5) 志紀・大県・安宿の三郡の百姓が負っている「正税の本稲と利稲」とを免除し、他の諸郡に対しては「利稲を免除して本稲」を納めさせるという免税措置が、行宮の修理に対する報償としてほぼ適当な額と判断されたことによる。しかし、それでは「河内国の寺六十六区の見住の僧尼と沙弥・沙弥尼」に絁綿を賜ったのは、いかなる理由によるのか。説明に窮するであろう。これら二つの事がらは切り離して考えるべきものではなく、ともに智識寺への行幸によって生じた百姓や僧尼らの負担に対する軽減措置（報謝）であったとみるのが妥当である。

私は、弓束女の宅を行宮にしたことと、この行幸の目的が智識寺参拝にあり、そのとき河内国の寺六十六区の見住の僧尼と沙弥・沙弥尼たちに絁綿を賜ったこととは、決して無関係ではないと思う。実は、行幸のあった天平勝宝元年十月九日といえば、東大寺盧舎那仏の本体の鋳造が完了した同年十月二十四日(6)の、わずか十五日まえである。このようなときに、なんのために天皇は智識寺に行幸し、ここで一週間も滞在する必要があったのか。

そこで注意されるのが、東大寺の盧舎那仏と河内国の智識寺との密接な関係である。すなわち次に掲げる『続日本紀』天平勝宝元年（七四九）十二月二十七日条（史料2）によると、東大寺盧舎那仏造立の直接の契機は、「去にし辰年」（天平十二年〈七四〇〉）、聖武天皇が河内国大県郡にある「知識寺に坐す盧舎那仏を礼み奉りて、則ち朕も造り奉らむ」と思い立ったことにあるという。

史料2

二十七日丁亥、八幡大神《やはたのおほかみ》の禰宜《ねぎ》尼《に》大神《おほみわ》朝臣杜女《もりめ》その輿《こし》は紫色《むらさきいろ》なり。一《もは》ら乗《じよ》輿《うよ》に同《おな》じ。東大寺《とうだいじ》を拝《をろが》む。天皇《てんわう》・太上天皇《だいじやうてんわう》・太后《たいごう》も同《おな》じく亦《また》行幸《みゆき》したまふ。是《こ》の日《ひ》、百官《ひやくくわん》と諸氏《うぢうぢ》の人《ひと》らと咸《ことごと》く寺《てら》に会《つど》ふ。僧《ほふし》五千を請《しやう》して礼仏《らいぶつ》読経《どくきやう》せしむ。大唐《だいたう》・渤海《ぼつかい》・呉《くれ》の楽《がく》、五節《ごせちの》田儛《たまひ》、久米儛《くめまひ》を作《な》さしむ。因《より》て大神《おほかみ》に一品を奉《たてまつ》る。比咩神《ひめがみ》には二品。左大臣《さだいじん》橘《たちばな》宿禰諸兄《もろえ》、詔《みことのり》を奉《う》けたまはりて神《かみ》に白《まう》して曰《い》はく、「天皇《すめら》が御命《おほみこと》に坐《いま》せ、申《まを》し賜《たま》ふと申《まを》さく。去《い》にし辰年《たつのとし》河内《かふち》国大県《おほかた》郡の知識寺《ちしきじ》に坐《いま》す盧舎那《るしやな》仏《ほとけ》を礼《をろが》み奉《まつ》りて、則《すなは》ち朕《われ》も造《つく》り奉《まつ》らむと思《おも》へども、え為《な》さざりし間《あひだ》に、豊前国《とよくにのみちのくち》宇佐《うさ》郡に坐《いま》す広幡《ひろはた》の八幡大神《やはたのおほかみ》に申《まを》し賜へ、勅《の》りたまはく、「神《かみ》我天神《われあまつかみ》・地祇《くにつかみ》を率《ひき》ゐいざなひて必《かなら》ず成《な》し奉《まつ》らむ。事立《ことだ》つに有らず、銅《あかがね》の湯《ゆ》を水《みづ》と成《な》し、我《わ》が身《み》を草木土《くさきつち》に交《まじ》へて障《さは》る事《こと》無くなさむ」と勅《の》り賜ひながら成《な》りぬれば、歓《よろこぼ》しみ貴《たふと》みなも念《おも》ひたまふる。然《しか》れば、猶止《なほや》む事《こと》を得《え》ずして、恐《かしこ》けれども、御冠《みかがふり》献《たてまつ》る事《こと》を恐《かしこ》みも恐《かしこ》みも申《まを》し賜はくと申《まを》す」とのたまふ。……

（下略）　（『続日本紀』天平勝宝元年（七四九）十二月二十七日条）

智（知）識寺は知識、すなわち同じ信仰をもった人たちによって自発的に建立された寺であるが、聖武天皇は盧舎那仏だけではなく、そうした人たちの考え方そのものに強く心を惹かれたのであろう（なお後述参照）。東大寺盧舎那仏造営の詔にも、次（史料3）のようにみえている。

史料3

冬十月辛巳 丁卯朔十五日、詔《みことのり》して曰《のたま》はく、「朕《われ》薄徳《はくとく》を以《もち》て恭《ゐやゐや》しく大位《たいゐ》を承《う》け、志《こころざし》兼済《けむさい》に存《そん》して勤《つと》めて人物《じんぶつ》を撫《な》づ。率土《そつと》の浜已《はますで》に仁恕《じんしよ》に霑《うるほ》ふと雖《いへど》も、普天《ふてん》の下法恩洽《もとほふおんあまね》くあらず。誠《まこと》に三宝《さむほう》の威霊《ゐりやう》に頼《よ》りて乾坤《けんこん》相《あ》ひ泰《ゆた》かにし、万代《ばんだい》の福業《ふくげふ》を脩《をさ》めて動植《どうしよく》咸《ことごと》く栄《さか》えむとす。粤《ここ》に天平《てんひやう》十五年歳《ほし》癸未に次《やど》る十月十五日を以《もち》て菩薩《ぼさち》の大願《だいぐわん》を発《おこ》して、盧舎那仏《るしやなぶつ》の金銅像《こむどうざう》一軀を造《つく》り奉《まつ》る。国《くに》の銅《あかがね》を尽《つく》して象《かたち》を鎔《い》、大山《たいさん》を削《けづ》りて堂《だう》を構《かま》へ、広《ひろ》く法界《ほふかい》に及《およぼ》して朕《わ》が智識《ちしき》とす。遂《つひ》に同《おな》じく利益《りやく》を蒙《かがふ》りて共《とも》に菩提《ぼだい》を致《いた》さしめむ。夫《そ》れ、天下《あめのした》の富《とみ》を有《たも》つは朕《われ》なり。天下《あめのした》の勢《いきほひ》を有《たも》つは朕《われ》なり。この富《とみ》と勢《いきほひ》とを以《もち》てこの尊《たふと》き像《ざう》を造《つく》らむ。事成《ことな》り易《やす》く、心至《こころいた》り難《がた》し。但恐《ただおそ》るらくは、徒《ただ》に人《ひと》を労《つから》すことのみ有りて能《よ》く聖《しやう》に感《かま》くること無く、或《ある》は誹謗《ひばう》を生《おこ》して反《かへ》りて罪辜《ざいこ》に堕《おと》さむことを。是《こ》の故《ゆゑ》に智識《ちしき》に預《あづ》かる者《ひと》は懇《ねもころ》に至《いた》れる誠《まこと》を発《おこ》し、各《おのおの》介《おほき》なる福《さきはひ》を招《まね》きて、日毎《ひごと》に三たび盧舎那仏《るしやなぶつ》を拝《をろが》むべし。自《みづか》ら念《おもひ》を存《そん》して各《おのおの》盧舎那仏《るしやなぶつ》を造《つく》るべし。如《も》し更《さら》に人《ひと》有りて一枝の草《くさ》一把の土《ひぢ》を持《も》ちて像《ざう》を助《たす》け造《つく》らむと情《こころ》に願《ねが》はば、恣《ほしきまにま》に聴《ゆる》せ。国郡《こくぐん》等の司《つかさ》、この事《こと》に因《よ》りて百姓《はくせい》を侵《をか》し擾《みだ》し、強《し》ひて収《をさ》め斂《あつ》めしむること莫《なか》れ。遐邇《かじ》に布《ふ》れ告《つ》げて朕《わ》が意《こころ》を知《し》らしめよ」とのたまふ。

（『続日本紀』天平十五年（七四三）十月十五日条）

そうだとすると、天平勝宝元年の智識寺への行幸は、単なる寺院の参詣を兼ねた遊幸の旅などではなく、東大寺盧舎那仏鋳造の成功を祈願することにその目的があったと考えねばならないであろう。十五日に河内国の寺六十六区の見住の僧尼と沙弥・沙弥尼に絁綿を賜っているのも、河内六十六区の寺が鋳造の成功を祈願して誦経したことに対する報謝の意味があったと思われる。

このようにして、行幸の目的が智識寺における東大寺盧舎那仏完成のための祈願にあったとすると、弓東女の宅が行宮とされた理由も、おおむね察しがつく。それは弓東女が智識寺の有力な知識であったことと共に、その宅が智識寺のごく近くに位置していたからにほかならないであろう。

いったい、弓束女の宅は、どのあたりにあったのであろうか。山本博氏は、茨田宿禰が神武天皇の孫、彦八井耳命《ひこやいみみのみこと》を始祖としている（『新撰姓氏録』河内国皇別。ただし『古事記』では神武天皇の皇子・日子八井命の後とする）ことから、彦八井耳命を祭神とする藤井寺市国府《こう》の総社、志貴県主《しきあがたぬし》神社付近の地に求められた(7)。しかし、おそらくそうではあるまい。

『聖徳太子伝暦』推古天皇二十七年条に次（史料4）のような記事がある。

史料4

数日之後。更還蜂岡。更屆山埼。指北岡下謂左右曰。此地勿垢。應建伽藍。即渡大河。行經交野。自茨田堤。直投堀江。宿江南原。指東原謂左右曰。今後一百歳間。有一帝皇。興都此處。彼處一十餘年後。狐菟成聚。即略住吉。至于河内。駐茨田寺東側。密謂左右曰。吾死之後。廿年之後。有一比丘。智行聰悟。流通三論。救濟衆生。爲衆被貴。是比丘非他。是吾後身之一體也。北望大縣山西下。謂左右曰。一百年後。有一愚僧。於彼立寺造像高大。縫一萬袈裟。施于諸比丘。即召科長墓工。命曰。吾以巳年春。必至彼處。宜汝早造。墓工土師連名忘啓曰。墓巳造畢。未開隧道(挺イ)。太子(イナシ)答曰。勿開隧道(挺イ)。但墓内設二床云々。夕時旋于斑鳩宮(8)。

文中にいう「寺」とは智識寺のことで、「茨田寺」はその寺号から知られるように、茨田宿禰にゆかりのある寺であったと考えてよいであろう。これによると茨田寺の位置は、太子がその「東側」から「北のかた大縣山の西下を望」んだというから、「大県山の西下」の南でなければならない。いま仮に、これを志貴県主神社付近の地に求めると、大県山は東の方向となり、不合理である。さりとて高井田あたりからは、大県山は望めない。結局、大県山の南にあってこれを望めるようなところといえば、柏原市安堂町および安堂（以下、安堂と記す）付近の地以外には見当たらないのである。

従来、茨田寺の所在地については、『太子伝玉林抄』（巻第十九）の「口傳云、茨田寺ハ四十六ケノ伽藍ノ内也。茨田ト者、郡ノ名也、上ノ茨田ト同郡也。私云、或人云、茨田寺ト者、今ハ礎跡はかり也、彼ノ寺ヲ守口ト云處ヘ、引テ立レ之、云々」(9)などを根拠として、茨田郡内に求められることが多かった。しかし、『太子伝玉林抄』は室町時代（文安五年〈一四四八〉）に成った書であり、しかもそれは、あくまでも一つの解釈を示したものにすぎない。われわれは、平安朝（延喜十七年〈九一七〉）に著された『聖徳太子伝暦』の記事が茨田寺の所在地に関する根本史料であることを、ここであらためて確認しておく必要がある。「口傳」なるものも案外、『聖徳太子伝暦』の誤読から生まれてきたものかもしれない。あるいは郡名に引かれて、茨田郡内の寺院とする誤解が生じた可能性もある。いずれにせよ、『聖徳太子伝暦』に記されている茨田寺は本文の記事に即して解釈

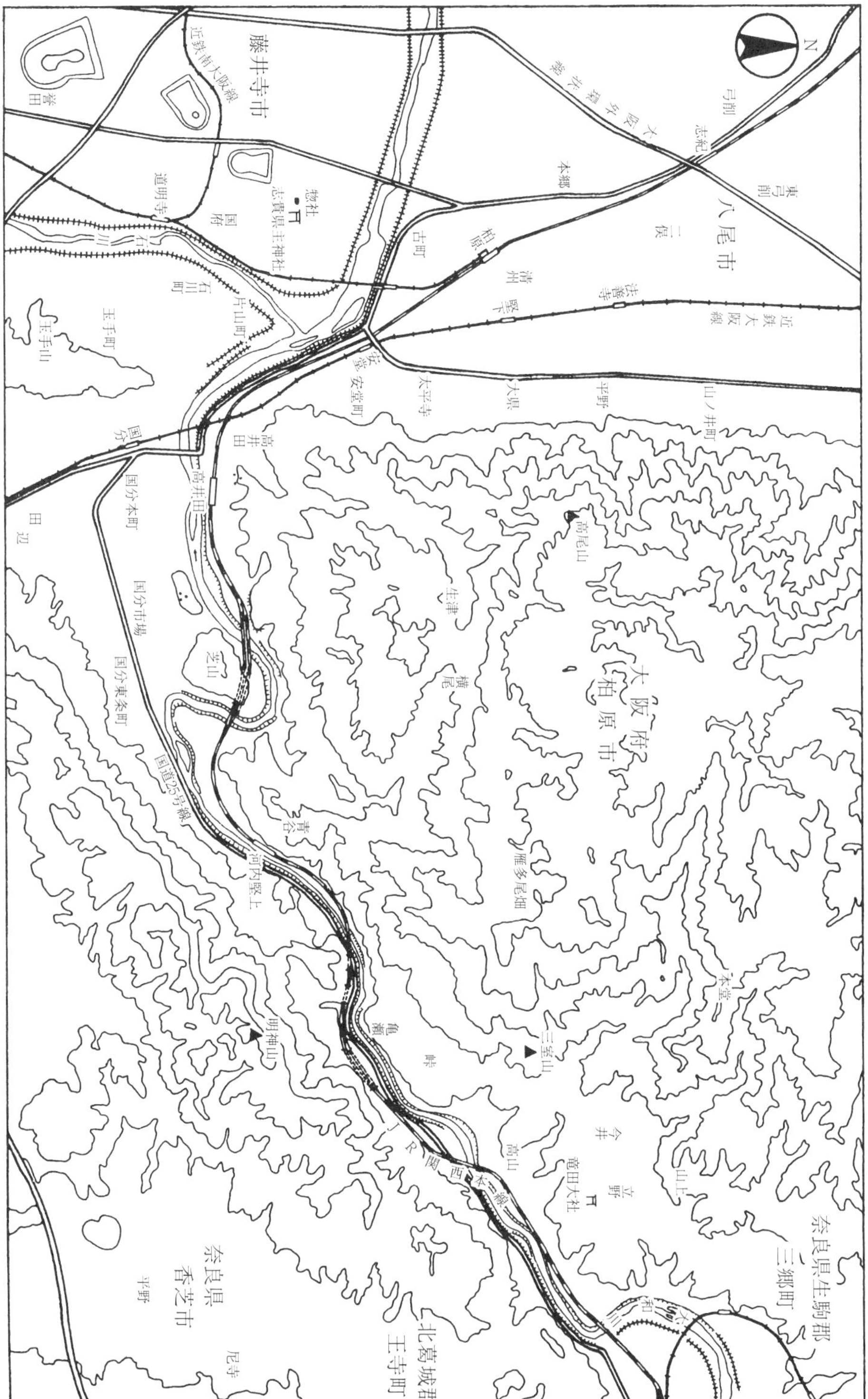
N
藤井寺市
八尾市
大阪府
柏原市
奈良県生駒郡
三郷町
奈良県
香芝市
北葛城郡
王寺町
近鉄南大阪線
近鉄大阪線
国道25号線
JR関西本線
大和川
石川
高尾山
明神山
三室山
芝山
生駒
国分
国分本町
国分市場
国分東条町
高井田
安堂
安堂町
大県
太平寺
平野
山ノ井町
法善寺
堅下
清州
柏原
古町
玉手山
玉手町
片山町
石川町
道明寺
国府
志貴県主神社
惣社
誉田
田辺
河内堅上
青谷
雁多尾畑
亀瀬
本堂
峠
高山
今井
立野
龍田大社
山上
尼寺
本郷
二俣
東弓削
弓削
志紀

図２　柏原市付近略地図

する限り、大県郡以外には考えられないのである。もちろん、『聖徳太子伝暦』の信憑度の問題については、ここであらためて論ずるにはおよぶまい。けれども茨田寺が実在の寺であって、大県山の南に位置していたということまで疑うことはできないであろう。

しかりとすれば、茨田宿禰弓束女の宅もまた、安堂にあったとしてよかろう。

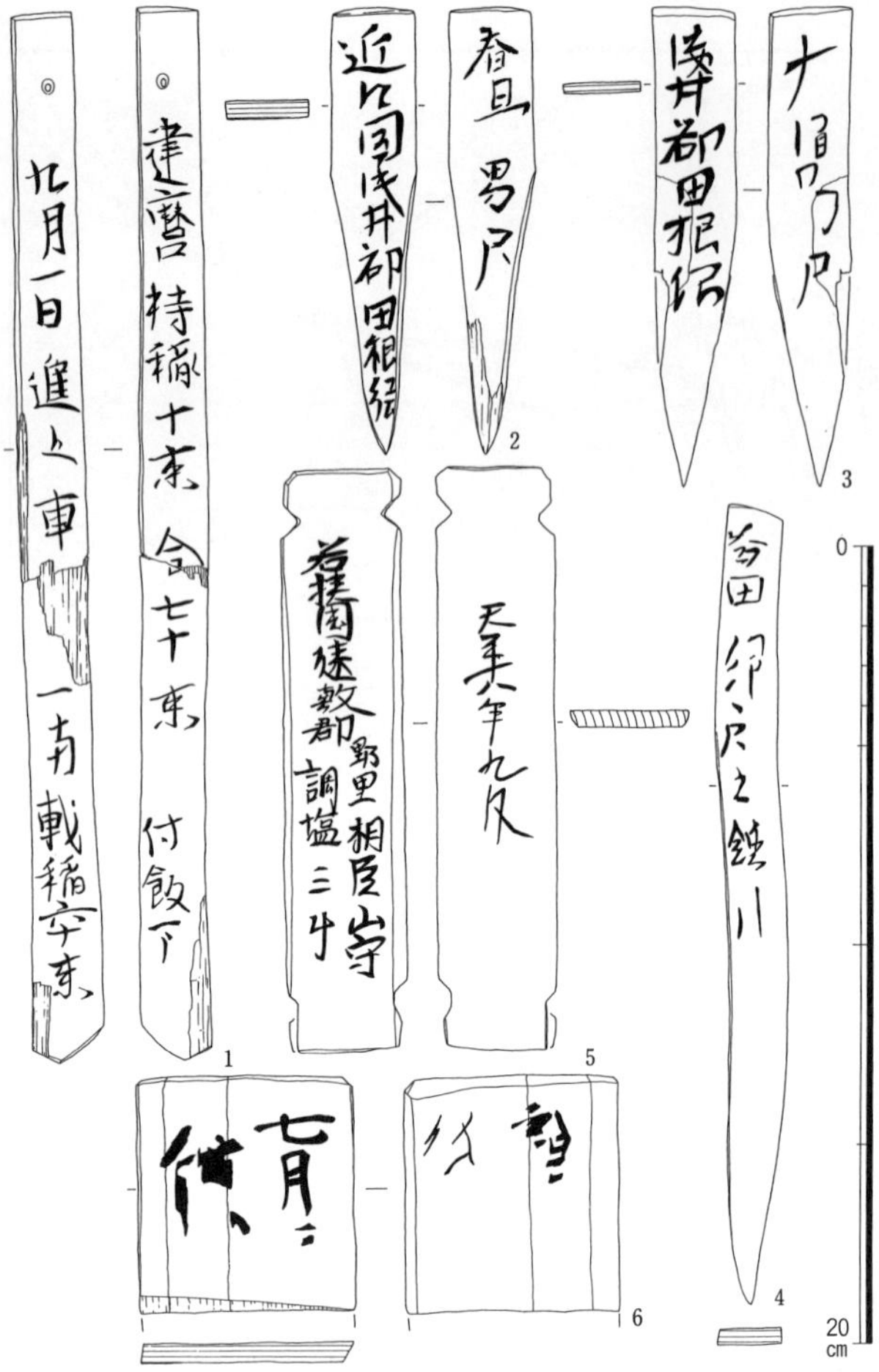

図3　安堂遺跡出土木簡

以上の私見は三十三年ほど前に書いた拙稿(10)の一部であるが、その三年ほど後の一九八五年（昭和六十）十二月四日から翌年の二月二十二日にかけて、安堂遺跡内でマンション建設工事に伴う事前緊急発掘調査が行われた。その結果、智識寺跡の南西二百メートルほどの所（大阪府柏原市安堂町九六八—一番地）に、奈良・平安時代等の遺構のあることが明らかとなった。当地域からは多数の遺物が検出されたが、そのなかに複数の木簡があった。その内訳は文書木簡一点、荷札木簡四点、その他一点であるが、荷札木簡のなかに、年月の記載されている次のようなものがあった(11)（図3の5を参照）。

史料5

（表）若狭国遠敷郡　野里相臣山守
　　　　　　　　　　調塩三斗
（裏）天平十八年九月

「調塩三斗」が「若狭国遠敷郡野里」から平城京に納められた税であることと、土壙より大量の木片が出土していることから考えて、天平十八年（七四六）をあまり下らない時期に、安堂遺跡の近くで公的施設の造営事業が行われていたことは、ほぼ確実とみられる(12)。では、八世紀中葉に智識寺の南で行われていた公的施設の造営事業とは、いったい何であったのか。前掲の拙稿のなかで私は、『続日本紀』天平勝宝元年

（七四九）十月九日条の記事（史料1）の意味について、次のように述べた。

「……（上略）智識寺南行宮（知識寺行宮）の初見史料は天平勝宝八歳（七五六）二月の記事（史料6）をまたなければならないのであり、それより以前に存在していたことを証明する史料は何もない。天平勝宝元年（七四九）当時、智識寺のすぐ南にれっきとした行宮があったのであれば、わざわざ弓束女の宅を行宮とすることもなかったし、またそこに一週間も滞在する必要もなかったであろう。

そうだとすると、その造営年代は天平勝宝元年十月から八年二月の間でなければならないが、『続日本紀』にはそれを示唆するような記事が見当たらない。そこで推察するに、行宮とされた弓束女の宅の一部が、のちに智識寺南行宮となったのではなかろうか。あるいはまた、弓束女の宅そのものを智識寺南行宮と呼んでいた可能性もある。私は、茨田宿禰弓束女が外従五位下から一挙に正五位上に昇叙されていることと、『続日本紀』その他の史料に智識寺南行宮を造営したとする記事がないことから考えて、天平勝宝元年十月に弓束女の宅の一部が供されて行宮となり、これを智識寺南行宮あるいは知識寺行宮と称していた蓋然性が高いと思う（弓束女の宅は安堂に所在していたから、智識寺南行宮あるいは知識寺行宮と呼ばれるにふさわしい）。……（下略）」。

史料6

（二月）戊申《二十四日》、難波《なには》に行幸《みゆき》したまふ。是《こ》の日《ひ》、河内《かふち》国に至《いた》りて、智識寺《ちしきじ》の南《みなみ》の行宮《かりみや》に御《おは》します。○己酉《二十五日》、天皇《すめらみこと》、知識《ちしき》・山《やま》下《した》・大里《おほさと》・三宅《みやけ》・家原《いへはら》・鳥坂《とりさか》等の七寺に幸《みゆき》して礼仏《らいぶつ》したまふ。○庚戌《二十六日》、内舎人《うとねり》を六寺に遣《つかは》して誦経《ずきやう》せしむ。儭施《しんし》すること差《しな》有り。……（中略）……○（夏四月）戊戌《十五日》、車駕《きよが》、渋河路《しぶかはのみち》を取《と》り、還《かへ》りて知識寺《ちしきじ》の行宮《かりみや》に至《いた》りたまふ。○庚子《十七日》、宮《みや》に還《かへ》りたまふ。

（『続日本紀』天平勝宝八歳（七五六）二月および四月条）

この場合、茨田宿禰弓束女の宅の一部は、それが「行宮」となった天平勝宝元年十月九日までに、公費によって、天皇の宿泊施設としてふさわしい建築物に修築された可能性が強いと考えられる。してみると、この想定は安堂遺跡の検討から得られた結論と、くしくも一致する。八世紀中葉に安堂遺跡の近くで行われていた公的施設の造営事業とは、智識寺南行宮のそれであったとみてよいのではなかろうか。この木簡は私見にとって、有力な傍証史料となり得るであろう[13]。

二、東大寺盧舎那仏造立の理由

『扶桑略記』（皇円が著したもので、平安後期の成立）や『七大寺年表』（東大寺東南院恵珍《えちん》が編纂したもので、永万元年〈一一六五〉の成立）、『太子伝玉林抄』などによると、河内国の智識寺には六丈の観音立像が安置されていたという。そしてこの観音立像は『扶桑略記』に「捻像大仏砕けて微塵如し云々」と伝えられていることから塑像であったと考えられるが、『口遊《くちずさみ》』（源為憲が著したもので、天

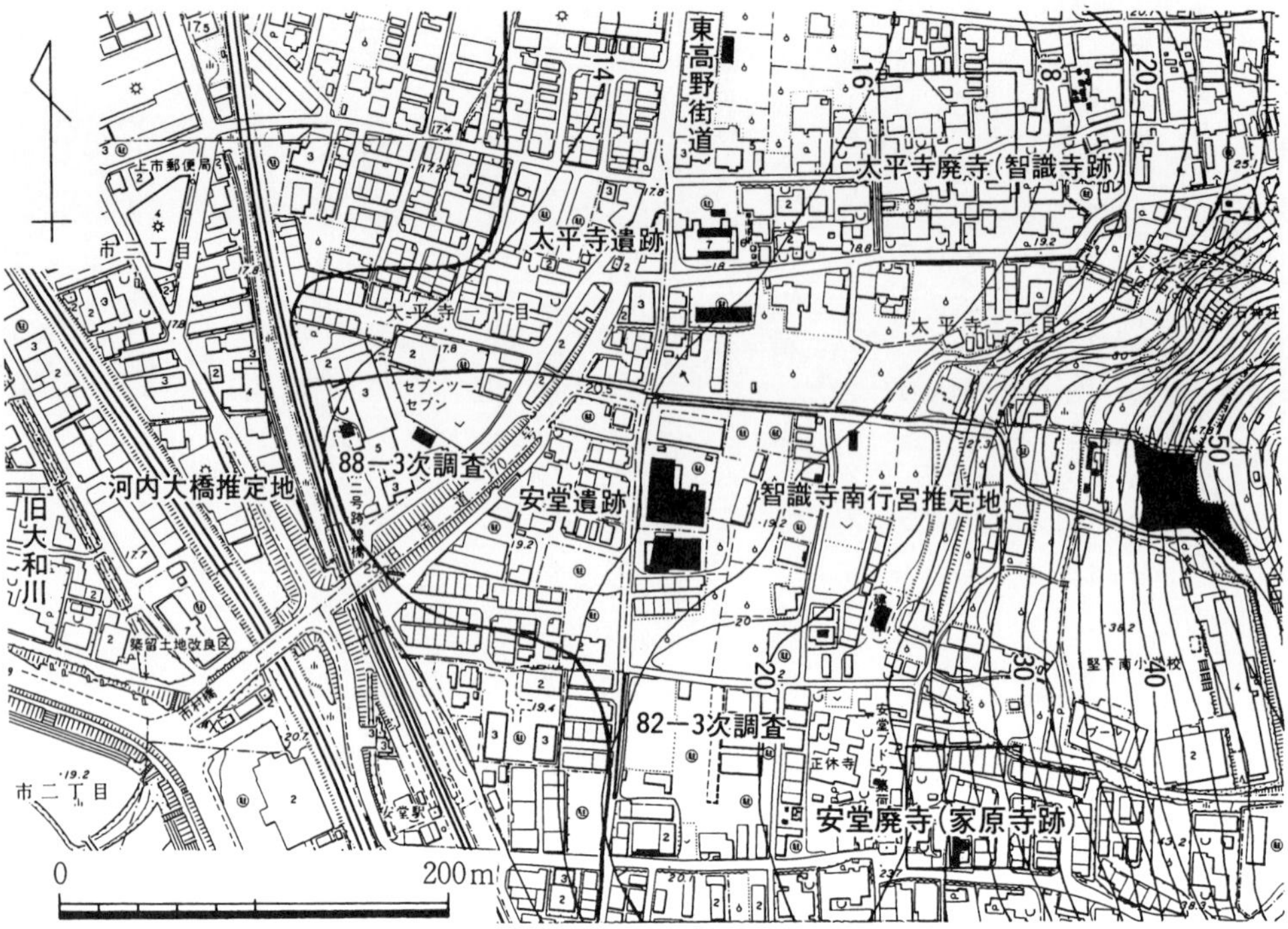

図4　安堂遺跡関係地図

禄元年〈九七〇〉の成立）や『二中歴《にちゅうれき》』（著者不明。人文関係の百科全書で、建久〈一一九〇～一一九八〉の末期頃の成立）、『拾芥抄《じゅうかいしょう》』（洞院公賢が著したものといわれ、暦応四年〈一三四一〉の成立と推定されている）などによると、「和太、河二、近三」と称され、東大寺の盧舎那仏に次いで大きい仏像であったという。創建当初の東大寺の盧舎那仏は唐尺で「高五丈三尺五寸」（約十六メートル）の大きさであったから、「河二」と称されていた智識寺の観音立像の「六丈」は唐尺ではない。なぜなら、これを唐尺とすれば「和太」とされる東大寺の盧舎那仏より大きい仏像となってしまうからである。おそらくそれは周尺（一尺＝約二十三センチメートル）に拠っているのであろう。(14)

それはともかく、河内国の智識寺には東大寺に次ぐ規模の仏像が安置されていた。そこで、聖武天皇はこの仏像を拝して東大寺の盧舎那仏の造営を思い立ったのではないかとする見解がかつて唱えられ、今もこれを支持する研究者が少なくない。しかし、史料に則して考える限り、この見解は成立しないであろう。

なぜなら、まず第一に、上述したように聖武天皇が参拝した仏像は観音菩薩ではなく、盧舎那仏であったからである。このことは詔のなかに「河内国大県郡の知識寺に坐す盧舎那仏を礼み奉りて」（史料2）と明確に記されており、しかもこの仏像の存在は天平宝字五年（七六一）の勘録と推定されている「造法華寺金堂所解」(15)（『正倉院文書』）に「河内盧舎那仏奉修理料」とみえることによってこれを確かめることができる。

第二に、『僧綱《そうこう》補任《ぶにん》』や『七大寺年表』などによると、六丈の観音菩薩が造立されたのは天平勝宝七年（七五五）のことであった。現在のところ、これらの記事を疑わしいとしなければならないような積極的な理由は存在しない。この観音立像は平安時代からその大きさにより著名な存在となっていたので、その造立の経緯についてもかなり正確な情報が伝えられていたと思量される。とすると、聖武天皇が河内国の智識寺を参拝した天平十二年（七四〇）には、観音菩薩はまだ存在していなかったことになる。聖武天皇が拝んだ仏像はやはり、盧舎那仏であったのである[16]。

では、なぜ聖武天皇は十六メートルもの巨大な仏像を造立したのであろうか。後述するとおり、智識寺の盧舎那仏は金銅仏であった可能性が大きい。してみると、財政面から考えて、智識寺の盧舎那仏が東大寺のそれに匹敵するような規模の金銅仏であったとみることは無理であり、したがって大仏造立の理由を智識寺の仏像の大きさに求めることは妥当ではない。では、その理由は何であったのか。私は、その主な理由は二つほどあったと思う。

その一つは、既に指摘されているように[17]、天平七年（七三五）から九年（七三七）にかけて大流行した天然痘や飢饉等による社会不安などから人々を救済するため、宇宙的な拡がりと万物の根源的なあり方を体系的に解き明かした華厳の世界観（蓮華蔵世界）が、王権によって国家の指導原理の核に据えられたことにあると思われる。聖武自身は、天平三年（七三一）の『聖武天皇宸翰雑集』（正倉院）に「盧舎那像讃一首幷序」がみえるように、早くから華厳経に興味をもっていた。しかし、その教理を国家の指導理念の核に据えることを決意したのは、それより下るのではないか。

それは、天平十一年（七三九）に写経所において大方広仏花厳経八十巻が書写された（『正倉院文書』、皇后宮職写経所）こと、聖武天皇の智識寺行幸が天平十二年（七四〇）二月頃であったこと、その直後から三年にわたって審詳《しんじょう》（審祥）による日本で初めての華厳講説が行われたことなどからみて、天平十二年前後の頃であった可能性が大きい。華厳経に対するこのような位置づけは、国家の指導理念の中心が従来の神祇を軸とした信仰の世界から「法界《ほっかい》」（盧舎那仏造立の詔）に替えられたことを意味するが、それを実現させるためには誰もが畏敬の念を抱くような可視物が必要であった。そこで造立されたのが、華厳教主として万物を照らす、宇宙的な存在としての巨大な盧舎那仏であったと推考される。

二つ目の理由は、大宝元年（七〇一）頃より始まる中国化政策の影響が考えられる。大宝元年正月（大宝の元号使用は三月二十一日であるから、正確には文武五年正月）、三十年余り途絶えていた遣唐使が任命され、翌二年（七〇二）六月に出発する。これは従来の新羅（統一新羅）重視政策から唐重視政策への大きな転換を意味し、これ以後、それまで新羅を通じて行っていた唐文化の摂取を直接行うようになる。和銅三年（七一〇）の平城遷都に伴う都の建設、霊亀元年（七一五）から養老五年（七二一）頃にかけて編纂された『養老律令』、養老四年（七二〇）に奏上された『日本紀』[18]など、これらは中国化政策推進の大きな成果であった[19]。このような中国化政策の推進は、単に技術・学問・芸術・宗教等の発展・向上や中央集権的官僚制国家の形成などに資しただけではなく、東アジア世界における国家としての日本の地位の向上にも大いに役立ったと思われる。

かかる状況下で中国では、隋の開皇年間（五八一～六〇〇）における五丈（約十五メートル）の木造盧舎那仏行像を坐像にあらためたこと、開皇十七年（五九七）の襄州における十二丈（約三十七メートル）の脱乾漆の盧舎那大仏の造立、唐代の梵雲寺《ぼんうんじ》における五十九尺（約四十五メートル）の大仏の造立、梓州通泉寺における百三十尺（約九十九メートル）の盧舎那大仏坐像（磨崖仏）の造立などが相次いで行われていた[20]。

なかでも唐の高宗の上元二年（六七五）に完成した河南省の龍門奉先寺窟の盧舎那大仏石像（十七メートル余り）は、東大寺盧舎那仏の造立に当たって強い刺激を与えたといわれている[21]。東大寺に〝大仏〟が造立されたのも、こうした中国化政策と深く関わっていたことが考えられるのである。

三、聖武天皇と河内国智識寺

前章で考察したように、東大寺の盧舎那仏が〝大仏〟となった理由は、河内国の智識寺に大仏（観音立像）が安置されていたためではなかった。では、なぜ聖武天皇は智識寺の盧舎那仏を拝して感動し、東大寺盧舎那仏の造立を思い立ったのであろうか。その理由についてはいくつかの想定が可能であるが、私がかねてより重視しているのは、次の二点である。

㈠　智識寺の盧舎那仏がすぐれた技術によって造られた、金色に輝く見事な金銅仏であったと推測されること。

㈡　それをみずからの力で造立した知識の篤い信仰心と団結力。

まず一つ目の理由から考えてみよう。智識寺の本尊が塑像ではなく金銅仏であった可能性が大きいことについては、高井晧氏と安村俊史氏の興味深い研究がある[22]。両氏の論拠を列挙すると、およそ次のようになる。

①　天平宝字五年（七六一）の『正倉院文書』に、「河内知識寺」から車十二両で「生銅」（精錬していない銅）を法華寺へ運んだ記事がある。

一方、東大寺の盧舎那仏造立に当たって銅素材を提供したことで知られる長登《ながのぼり》銅山跡（山口県美祢《みね》市美東《みとう》町）から「家原殿」と書かれた銅付札（銅の延べ棒の出荷先を書いた荷札）七点が出土しているが、この「家原殿」は左大臣正二位多治比真人嶋《たじひのまひとしま》の妻の家原音那のことで、彼女は和銅五年（七一二）九月三日にその貞節を賞されて五十戸と連の姓を賜っている。この五十戸の所在地は平城京出土木簡の「河内国大県郡家原□」や旧・和歌山県伊都郡花園村（現・かつらぎ町花園）医王寺旧蔵の大般若経の奥書にみえる「家原邑」、『続日本紀』天平勝宝八歳（七五六）二月二十五日条に記されているいわゆる河内六寺の一つである「家原寺」の(23)家原のことと考えられる。そうしてこの地は智識寺のすぐ南に位置している。また、多治比真人嶋は美原（堺市美原区）の鋳物師に影響を与えた人物であり、かつ筑紫大宰《おおみこともち》時代に大鐘を貢している（『日本書紀』天武十一年〈六八二〉四月二十一日条）。よって、この夫妻は銅と深い関わりを有していた。ちなみに、柏原市の田辺遺跡から銅滓が出土している。(24)〔高井晧氏〕

②　いわゆる河内六寺の一つとして知られる鳥坂《とさか》寺跡（高井田廃寺）から、菩薩の金銅製の仏手と天衣《てんね》の断片が出土している。さらに、同じくいわゆる河内六寺の一つである三宅寺の法灯を受け継いでいると推測される壺井寺（柏原市法善寺に所在）に伝来する菩薩像も、金銅製である。そうすると、智識寺の盧舎那仏もまたブロンズであった可能性が非常に大きい。〔高井晧氏〕

③　『続日本紀』や『新撰姓氏録』『正倉院文書』などによると、大県郡やその近隣の高安郡に、秦一族やこれと同祖と称する大里・赤染・高尾などの技術系氏族が居住していたことが知られる。智識寺の盧舎那仏はこれらの技術者たちによって、東大寺のそれと同じ多鋳式鋳造により造営されたのであろう。〔高井晧氏〕

④　東大寺の金銅製盧舎那仏は智識寺のそれを手本にして造られたのであるから、智識寺のそれも金銅製であった可能性が大きいと思われる。〔安村俊史氏〕

これらの論拠のなかには既に先学によって指摘されていることも少なからず含まれているが、一方において、新視点に基づく提案もあり、注目される。そこで以上の四つの論拠について、簡単に論評を加えておきたい。

①について。家原寺付近に、東大寺へ銅素材を提供した可能性の大きい長登銅山と関わりのある家原音那所有の五十戸が存在していたとする指摘は重要である。銅付札の「家原殿」については、東大寺の大仏造営に深く関与した行基開創の家原寺（堺市西区家原寺町に所在）の家原と関係している可能性も捨て切れないが、銅に注目すると、大県の家原に関係している可能性の方が大きいと思われる。おそらく長登銅山から提供された銅素材によって、智識寺の盧舎那仏は造立されたのであろう。智識寺との関連が想定される太平寺遺跡から鉄滓・フイゴ羽口と共に、実は、銅滓が出土している。共伴している遺物からみて、時期は六〜八世紀である。(25)また、その南に位置する安堂遺跡からも鉄滓・フイゴ羽口と共に、銅滓が出土している。時期は七、八世紀である。(26)これらは見逃すことのできない事実だと考える。再生産され、遺物として残りにくい銅が両遺跡から出土している意味は大きい。智識寺で金銅仏が造立されていた可能性は極めて大きいといわねばならないであろう。

②について。鳥坂寺に金銅製の菩薩像が安置されていたことは、ほぼ確実である。しかし、その伝来の経緯が全く不明で、果たして当地で造られたものであるのかどうかも分からない。したがって、

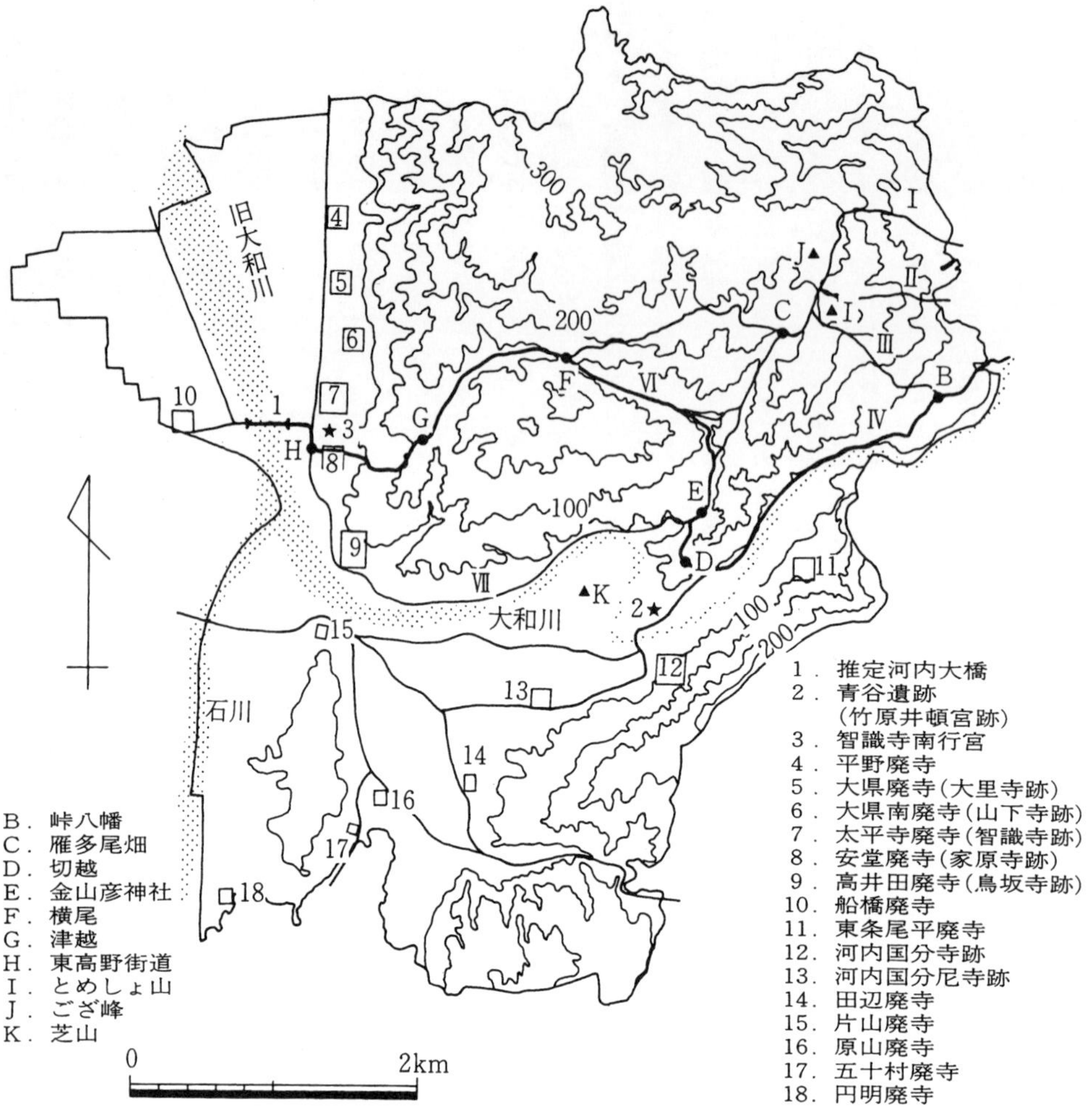

図５　柏原市内の古道と古代寺院・頓宮・行宮の推定地

この点を根拠とすることには無理があるように思われる。ただし今後、それが化学分析等によって長登銅山や東大寺のものと同質のものであることが証明されれば、智識寺の盧舎那仏が金銅製であったことの有力な証左とすることができる。この点は、壺井寺に伝来する白鳳時代の念持仏と推定されている金銅製菩薩立像についても同断であって、その伝来の経緯が明確にならない限り、傍証史料として用いることは困難であるように思われる。

③について。智識寺が所在する大県郡や近隣の高安郡、若江《わかえ》郡、安宿《あすかべ》郡、志紀郡、古市郡などにすぐれた技術をもった朝鮮半島・中国系の渡来人が多数居住していたことは、これまで先学によってしばしば指摘されてきた。[27]そしてそのなかには鍛冶工もいたのである。

ここで私が特に注目したいのは、『続日本紀』養老四年（七二〇）六月二十七日条にみえる「河内国若江郡の人正八位上河内《かふちの》手人《てひと》刀子《かたな》作《つくりの》広麻呂に、改めて下村主《しものすぐり》の姓を賜ひ雑戸の号を免《ゆる》す」という記事である。これによると、下村主の姓を賜った広麻呂はもと「河内手人刀子作」であったというから、小刀を造る鍛冶工であった。下村主の本拠地は安宿郡資母《しも》郷（柏原市東条《ひがんじょ》・国分《こくぶ》・田辺付近）であったと考えられるが、下村主首主のように大県郡に籍を置く者もいた（『大日本古文書　編年文書』五巻、二七四ページ）。

そうすると、彼らの祖先は全国でも屈指の鉄製品供給地であった大県遺跡や田辺遺跡の鍛冶工房と関わっていた可能性が極めて大きい。してみると、その工法が多鋳式であったかどうかはともかく、彼らの技術は金銅仏の製作にも直ちに応用されたとみられるから、智識寺の盧舎那仏が金銅製であった公算は極めて大きいと私も思う。しかもそれは、卓越した技術によって造られた、誰もが畏敬の念を抱かざるを得ないような金色に輝く盧舎那仏であった可能性がある。

天平宝字五年（七六一）と推定されている「造法華寺金堂所解」に、法華寺から金薄（箔）や膠の顔料などを知識寺の盧舎那仏修理の料にあてた記載がある。これも智識寺にそうした料を用いて修理することのできる技術者がいたことを推察せしめる史料である。

また、甲賀《こうか》寺（滋賀県甲賀市信楽町）における大仏造立に功があった技術工人の棟梁と考えられている[28]葛井連《ふじいのむらじ》諸会《もろえ》、茨田宿禰《まむたのすくね》枚麻《ひらま》呂《ろ》、丹比間人宿禰《たじひのはしひとのすくね》和珥麻呂《わにまろ》（『続日本紀』天平十七年〈七四五〉四月二十五日条）などが、智識寺の所在する大県郡やその近隣に本拠を置く人たちであったことも見逃せないであろう。

④について。上述したように、聖武天皇は「知識寺に坐す盧舎那仏を礼《をろが》み奉《まつ》りて、則ち朕も造り奉《まつ》らむ」と思い立ったという。聖武天皇が何に感動したのかについてはすぐのちに考察するが、この記事から「智識寺の盧舎那仏をモデルとして造られた東大寺の大仏が金銅製であることから、智識寺の盧舎那仏も金銅製であった可能性が考えられる」とまでいえるかどうか、いささか不安である。この論法に従うと、「智識寺の盧舎那仏をモデルとして造られた東大寺の大仏が高さ五丈三尺五寸であることから、智識寺の盧舎那仏もそれとほぼ同様の大きさであった可能性が考えられる」と主張することも可能となるからである。しかし、造立に要する労働力や費用の点からみて、それはほとんど無理な推測であるといわざるを得ない。したがって④は、単独では金銅仏説の論拠とはなり得ないように思われる。

これを要するに、髙井・安村両氏の見解の検討を通じていえることは、智識寺の盧舎那仏は金銅製であり、しかもそれはすぐれた技術によって造られた、金色に輝く見事な仏像であったと考えられるのである。

以上の考察結果を補強するものとして、私は孝謙女帝による天平勝宝元年（七四九）十月の智識寺参拝の目的を挙げたい。第一章で考証したように、この参拝の目的は目前に迫っている東大寺盧舎那仏鋳造の成功を祈願するためであった。ではなぜ女帝は〝鋳造〟にこだわったのか。それは鋳造が難事業であったことと共に、智識寺の盧舎那仏が塑像や木像などではなく、優れた鋳造技術によって造られた見事な金銅仏であったからではないか。かくて聖武天皇は、この点に、まず感動したのであろう。

次に、二つ目の理由について考えてみる。聖武天皇が盧舎那仏をみずからの力で造立した知識の篤い信仰心と団結力に感動したらしいことは、大仏造立の詔（史料3）のなかにみえる「是の故に智識に預かる者は懇に至れる誠を発し、各介なる福を招きて、日毎に三たび盧舎那仏を拝むべし。自ら念を存して各盧舎那仏を造るべし。如し更に人有りて一枝の草一把の土を持ちて像を助け造らむと情に願はば、恣に聴せ」という言葉からこれを察することができる。これによれば、聖武天皇は民衆の自発的な信仰の心を期待しているが、それは、智識寺の盧舎那仏をみずからの力で造立した知識の姿を思い浮かべて発した言葉であるようにも受け取れる。聖武天皇は東大寺の盧舎那大仏の造立を国内の者すべてがともに参加する知識事業として位置付け、これによって国土を「法界」にし、造像の功徳によって盧舎那大仏に結縁し、知識たる人民のすべてを救済すると共に、従来のそれとは原理的に異なる新しい国家鎮護システムの構築を目指していたと考えられる(29)。大仏造立の詔が出された二年余りのちの天平十七年（七四五）一月に、民衆救済の宗教活動を行っていた行基を大僧正に任じたのも、そうした政策転換の一環であったと思われる。

このように、聖武天皇をして感動せしめた理由の第二は、河内国智識寺の盧舎那仏を造立した知識の篤い信仰心にあったと考えられる。のみならず、こうした知識が教化僧（たとえば「河東の化主」と尊称された万福法師や花影禅師など）の勧化に従って造寺・造仏・写経などの活動をしていただけではなく、架橋（たとえば河内大橋）をはじめとする社会事業や救済事業を行っていたことに対しても、聖武天皇はいたく感銘を受けたのではないだろうか。

四、河内国智識寺と新羅の華厳教学

河内国智識寺を建立し、ここを拠点として活動していた教化僧や知識のなかには、新羅（統一新羅）を通じて逸早く華厳経の教えを受け入れ、それを布教させた人たちがいたと考えられている。

七世紀後半の日本は、新羅と頻繁に通交していた。白村江で唐・新羅連合軍に大敗を喫してから五年後の天智七年（六六八）、新羅使節団が来朝して国交が再開され、爾来、文武四年（七〇〇）までに来朝した新羅使は二十五回、日本から遣わされた遣新羅使も十回を数えた。これに対し、唐との公的外交は天武元年（六七二）から大宝元年（七〇一）に至る三十年間、全く行われていない。すなわち七世紀後半における仏教、特に盧舎那仏を教主とする華厳経は唐ではなく、新羅を通じて日本に伝来してきた可能性が大きいのである(30)。

また、聖武天皇や光明皇后が河内国の智識寺を礼拝した天平十二年（七四〇）二月の直後に、大安寺に止住した審詳大徳を金鐘寺に招請して講師とし、旧訳華厳経をテキストとしてわが国初めての華厳教学の研究が開始されたが、彼は新羅留学生（僧）の経歴を有する人物であった[31]。このことも当時、新羅華厳が仏教界に大きな影響を与えていたことの証左となる。東大寺盧舎那仏台座蓮弁に描かれた須弥山を中心とする世界図が、新羅華厳学の影響を受けているとされているのも[32]、当然のこととしてこれを了解できるであろう。

一方、新羅における華厳経学は義湘《ぎしょう》（七〇二年没・七十八歳）・元暁（六八六年没・七十歳）の頃から隆盛する。『三国遺事』によると、唐に留学していた義湘は母国が唐に攻撃されることを知って六七〇年に帰国するが、その後（『三国史記』によると文武王十九年〈六七九〉八月）、四天王寺を建立したという。この寺院は東西に木塔を配しており、新羅における双塔式伽藍配置の初期の例とされている[33]。この形式の伽藍配置はその後、六八二年（神文王二）に完工したと伝えられる感恩寺（『三国遺事』）や六八五年（神文王五）に一応完成をみた望徳寺（『三国史記』による。『三国遺事』では六九七年）、普門寺（創建年未詳）、千軍洞廃寺（統一新羅中期）、仏国寺（『三国遺事』によると七五一に創建）などに採用されている。

この双塔式伽藍配置は遣新羅使やそれに随伴した留学僧、あるいは渡来系の人たちによって日本に伝えられ、河内国の智識寺をはじめ善正寺廃寺（埴生廃寺とも・大阪府羽曳野市）・田辺廃寺（大阪府柏原市）・本薬師寺（奈良県橿原市）・新薬師寺（同奈良市）などに採用されたらしいことが既に多くの先学によって指摘されている。これらのうち初期の寺院とされる善正寺廃寺や田辺廃寺はいずれも渡来系氏族と深い関わりをもつ。前者は百済系の船連氏[34]もしくは津連氏[35]か百済に居住していた中国系の伊吉連氏[36]との関わりが推測されており、後者は百済系の田辺史氏との関わりが指摘されている。のちのことになるが、天平十二年（七四〇）より三カ年にわたって行われた華厳教学講義のときに複師に任ぜられた慈訓は新羅留学の経験をもつと推定されているが[37]、彼もまた河内を本拠とした渡来系氏族の出身で、俗姓は船氏であった。

河内国智識寺の創建年代についてはいくつかの説があるが、仮に七世紀後半とする説に従うと、新羅では義湘らが華厳経を布教し、かつ双塔式伽藍配置の寺院が相次いで建立されていた時期に当たる。河内国智識寺の華厳教学を新羅系とみた場合、七世紀中葉説では年代的にやや早過ぎるきらいがある。今後、この点については考古学の視点からさらに検討される必要があるが、歴史の流れからみれば七世紀後半説は魅力的な説といえよう。

五、聖武太上天皇と河内国智識寺の観音立像

この章では、天平勝宝八歳（七五六）二月における孝謙天皇らによる、いわゆる河内六寺礼仏（前掲の史料6を参照）のもつ意味について考察してみたい。

この礼仏は、天平勝宝四年（七五二）四月九日に営まれた大仏開眼供養会に対する御礼と、聖武太上天皇の病気平癒の祈願にその目的があったと説かれている場合が少なくない。しかし、果たしてそうか。後者については異論ないが、前者については疑問なきをえな

い。供養会が営まれてからこの参拝まで四年近い歳月が経過しており、御礼参りにしては遅きに失した感がする。

そこで、あらためてその目的について考えてみると、この参拝が行われた前年の二月、河内国智識寺に六丈の観音菩薩立像が造立されていることが注意される。この観音菩薩立像は第二章で述べたように、平安時代には「和太、河二、近三」として著聞していたというから、その造営の経緯についてはかなり正確な情報が伝えられていた可能性が大きい。

では、河内国智識寺にこのような巨大な仏像が造立されたのは、いったいなぜか。またその仏像が観音菩薩であったのは、どのような理由によるのか。

ここで私が注目したいのは、聖武天皇と観音菩薩との深い関わりである。実は、観音菩薩信仰の高揚は聖武天皇と切り離すことのできない関係にあった。天平十二年（七四〇）九月十五日、藤原広嗣の乱を制圧するときに、聖武天皇は国ごとに七尺の観音菩薩を造立することを命じている。『続日本紀』に次のようにある。

史料7

己亥《十五日》、四畿内《しきない》・七道《しちだう》の諸国《くにぐに》に勅《みことのり》して曰《のたま》はく、「比来《このごろ》、筑紫《つくし》

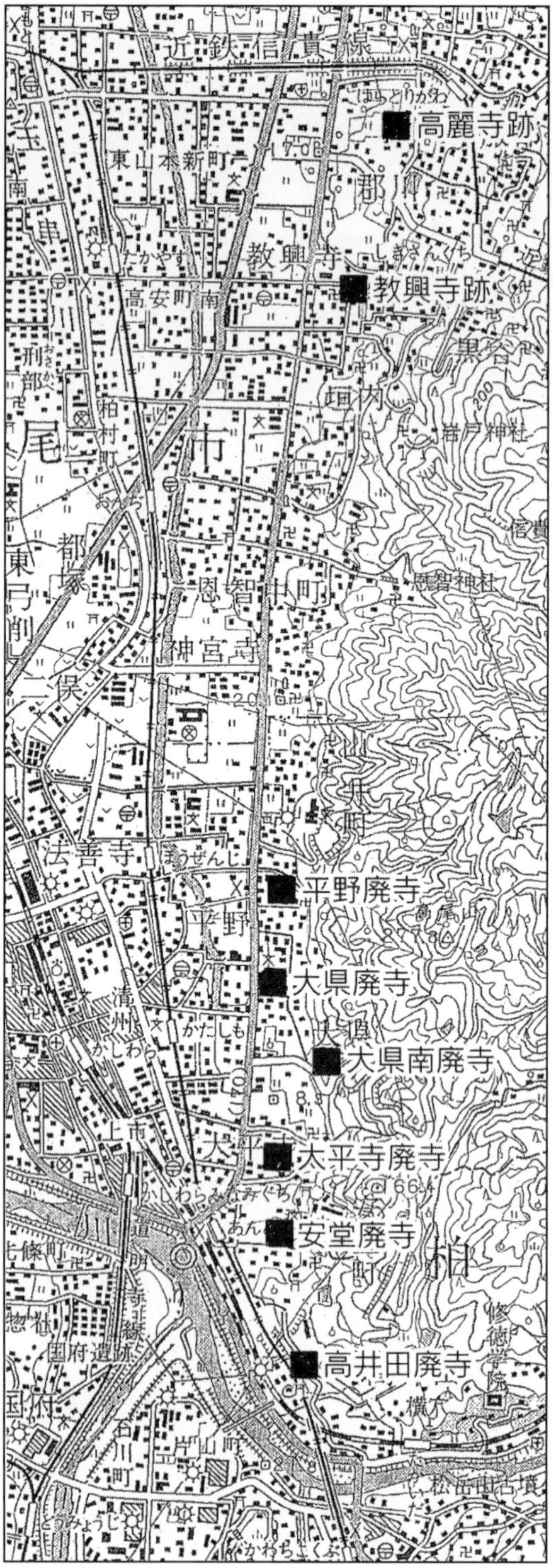

図6　河内六寺跡関係地図

の境《さかひ》に不軌《ふくゐ》の臣《しん》有るに縁《よ》りて、軍《いくさ》に命《おほ》せて討伐《う》たしむ。願《ねが》はくは、聖祐《せいいう》に依《よ》りて百姓《はくせい》を安《やす》みせ欲《む》ことを。故《ゆゑ》に今国別《いまくにごと》に観世音《くわんせおむ》菩薩像《ぼさつざう》壱軀、高《たか》さ七尺なるを造《つく》り、并《あは》せて観世音経《くわんせおむきやう》一十巻を写《うつ》せ」とのたまふ。

（『続日本紀』天平十二年（七四〇）九月十五日条）

また、『続日本紀』神亀五年（七二八）八月甲申（二十一日）条によると、聖武天皇は皇太子の病気平癒のために「観世音菩薩の像一百七十七軀、并せて経一百七十七巻を造り」、礼仏・転経・行道を行っている。さらに聖武太上天皇は天平勝宝八歳（七五六）五月二日に崩じ、五月十九日に佐保山陵に葬られたが、その「御陵所」には純金の観世音菩薩が安置されていた。(38) こうしたことも、聖武天皇と観音信仰との深い関わりを示すものとして注意されてよいであろう。

爾来、観音菩薩は盧舎那仏と共に護国の仏像として登場することになる。(39) これについて、『続日本紀』所載の宣命は次のように伝えている。

史料8

此《こ》れ誠《まこと》に天地《あめつち》の神《かみ》の慈《うつくし》び賜ひ護《まも》り賜ひ、挂《か》けまくも畏《かしこ》き開《あめつち》闢《ひらけてより》已来《このかた》御宇《あめのしたしらしめ》し天皇《すめら》が大御霊《おほみたま》たちの穢《きたな》き奴等《やつこども》をきらひ賜《たま》ひ弃《す》て賜《たま》ふに依《よ》りて、また、盧舎那如来《るしやなによらい》、観世音菩薩《くわんぜおむぼさち》、護法《ごほふ》の梵王《ぼむわう》・帝釈《たいさく》・四大天王《しだいてんわう》の不可思議《ふかしぎ》威神《ゐじん》の力《ちから》に依《よ》りてし、此《こ》の逆《さかしま》に在《あ》る悪《あ》しき奴等《やつこども》は顕《あらは》れ出《い》でて、悉《ことごと》く罪《つみ》に伏《ふ》しぬらしとなも、神《かむ》ながらも念《おもほ》し行《め》すと宣《の》りたまふ天皇《すめら》が大命《おほみこと》を、衆《もろもろ》聞《き》きたまへと宣《の》る。

（『続日本紀』天平宝字元年（七五七）七月十二日条）

史料9

然《しか》れども、盧舎那如来《るしやなによらい》、最勝王経《さいしようわうきよう》、観世音菩薩《くわんぜおむぼさち》、護法善神《ごほふぜんじん》の梵王《ぼむわう》・帝釈《たいさく》・四大天王《しだいてんわう》の不可思議威神《ふかしぎいじん》の力《ちから》、挂《か》けまくも畏《かしこ》き開闢《あめつちひら》けてより已来御宇《このかたあめのしたしらしめ》し天皇の御霊《みたま》、天地《あめつち》の神《かみ》たちの護《まも》り助《たす》け奉《まつ》りつる力《ちから》に依《よ》りて、其等《それら》が穢《きたな》く謀《はか》りて為《せ》る厭魅事《まじわざ》皆悉く発覚《あらわ》れぬ。

（『続日本紀』神護景雲三年（七六九）五月二十九日条）

してみると、河内国智識寺における六丈の観音菩薩像の造営事業は、それまでの梵天・帝釈天・四天王や天皇霊・天神地祇らのうえに盧舎那仏と観音菩薩とを新たに加え、これらを護国の中心に据えた聖武天皇の法界思想（国土を『華厳経』にいう蓮華蔵世界のようにする思想）と不可分の関係にあったといえる。したがって六丈という大きさは東大寺の盧舎那仏を念頭に置いて造立されたものであり、また観音菩薩という仏像の種類は聖武天皇の宗教思想の影響により選定された可能性が大きい。河内国智識寺の盧舎那仏と六丈の観音菩薩は、まさしく聖武天皇の国家鎮護の理念に合致するものであったのである。

『万葉集』（巻第二十）(40) 四四五七〜四四五九の歌の題詞に、次のような記事がある。

史料10

天平勝宝《てんぴやうしようほう》八歳丙申《へいしん》の二月朔《つきたち》乙酉《いついう》二十四日戊申《ぼしん》に、太上《おほき》天皇《すめらみこと》・天皇・大后《おほきさき》、河内《かふち》の離宮《とつみや》に幸行《いでま》し、信《ふたよ》を経て壬子《じんし》を以《もち》て難波宮《なにはのみや》に伝幸したまふ。三月七日に、河内国《かふちのくに》伎人郷《くれのさと》の馬《うまの》国人《くにひと》の家にして宴《うたげ》したまふ歌三首

（『万葉集』〈巻第二十〉四四五七～四四五九の題詞）

これによると、『続日本紀』天平勝宝八歳（七五六）二月条（前掲の史料6）には記されていないが、この河内六寺参拝には聖武太上天皇と光明皇太后も同行していたのである。病を得ていた聖武太上天皇[41]が参拝しているということは、この参拝が孝謙天皇ではなく、聖武太上天皇の意思に基づいて行われたものであることを示唆している。これ以降、孝謙（称徳）天皇が一度も智識寺に参拝していないことからみても、そのように考えるべきだと思う。

そうすると、その参拝の目的も、聖武太上天皇が東大寺盧舎那仏造立の機縁となった河内国智識寺本尊の盧舎那仏と、みずからが推進してきた観音信仰に基づいて新たに造立された六丈の観音菩薩に対し、治病・延命を祈願することに力点が置かれていたとみるのが妥当であろう[42]。

また、この行幸に光明皇太后が同行しているのは、ただ単に聖武太上天皇に付き添っただけではなく、皇太后自身もまた聖武天皇と共に観音菩薩や盧舎那仏による護国信仰を推進してきたという経緯があったからかもしれない。『続日本紀』天平宝字四年（七六〇）六月七日条によると、東大寺や全国の国分寺の創建は、もともと光明皇后の勧めによるものであったという。河内国智識寺から車十二両で生銅が運ばれたという法華寺（奈良市法蓮町）は光明子の皇后宮を前身とする寺院であるが、その本尊が十一面観音（国宝）であり、かつ光明皇后をモデルとして造られたと伝えられているのも、決して偶然ではないように思われるのである。

むすび

最後に、いままで述べてきたことを箇条書きにして、小論のむすびとしたい。

㈠『続日本紀』によれば、天平勝宝元年（七四九）十月に孝謙天皇が河内国の智識寺に行幸し、茨田宿禰弓束女の宅をもって行宮としたという。この行幸についてはこれまで様々なことがいわれてきたが、智識寺の盧舎那仏が東大寺の盧舎那仏造立の機縁となった仏像であったこと、東大寺盧舎那仏の鋳造が完了する直前に行幸が行われ、行宮に一週間も滞在していたこと、河内国寺六十六区の見住僧尼と沙弥・沙弥尼が関係していることなどから考えて、その目的は東大寺盧舎那仏鋳造の成功を祈願することにあったとみるのが最も自然な解釈だと思われる。なお、このときに行宮とされた弓束女の宅が『続日本紀』天平勝宝八歳（七五六）条にみえる「智識寺南行宮（知識寺行宮）」であり、それは智識寺の

すぐ南に所在していたと推定される。そして、かつて考証したように、この行宮は竹原井行宮（頓宮・離宮とも）とは別の施設であって、後者は青谷遺跡（柏原市）である可能性が大きい。

㈡　東大寺に巨大な盧舎那仏が造立されたのは、聖武天皇が国家の指導理念を従来の神祇の世界（それを歴史的に裏付ける目的で編纂されたのが、神々の世界から始まる『古事記』や『日本書紀』である）から、華厳教学の世界観に基づく法界に替えたことに起因する。そして、この新しい指導理念は新羅を通じて受容した『華厳経』の教えにあり、それが説いている宇宙的な拡がりと万物の根源的なあり方とを知識に無理なく理解させるためには、誰もが畏敬の念を抱かざるを得ないような可視物が必要であった。そこで決断されたのが、華厳教主として万物を照らす、宇宙的な存在としての巨大な盧舎那仏の造立であったと推考される。ただし、その決断の背景に、中国で盛んに行われていた大仏造営事業の影響があったことも忘れてはならない。

㈢　聖武天皇が河内国の智識寺の盧舎那仏を参拝して感動したのは、それが渡来系のすぐれた技術によって造られた金色に輝く仏像であったこともさることながら、それをみずからの力で造立した知識の篤い信仰心と強い団結力に基づくところが大きいと思われる。天皇はこの点に強く惹かれ、これが契機となってやがて国家の指導理念を替える一大決心をするに至ったと推察される。

㈣　河内国智識寺は唐ではなく、新羅の影響によって建立された寺であり、それゆえ双塔式伽藍配置が選択された。それは七世紀後半における外国との公的交流が、唐ではなく新羅との間で行われていたことに基因する。したがってその創建年代も、考古学の視点から今後さらに検討される必要があるが、このような歴史の流れからみれば七世紀後半説がもっとも理にかなっているといえる。

㈤　天平勝宝八歳（七五六）二月における孝謙天皇・聖武太上天皇・光明皇太后らの智識寺礼仏は、大仏開眼供養会に対する御礼と、太上天皇の病気平癒の祈願がその目的であったと説かれている場合が少なくない。しかし、後者については異論ないが、前者については論拠に乏しく、これに従うことはできない。聖武天皇と観音信仰との深い関わりに注視すると、この参拝はその前年に完成した智識寺の六丈の観音菩薩と本尊の盧舎那仏に対し、太上天皇の治病・延命を祈願することにその主な目的があったとみるべきである。また、太上天皇が世を去る直前に病を押してまで参拝したのは、新しく造立された六丈の観音菩薩立像が、東大寺の盧舎那仏とともに観音菩薩を護国の中心に据えて国土の法界化を推進してきた聖武天皇の国家の指導理念に基づいて造られたものであったからだと思われる。

以上が、先学の研究に導かれながら論じてきた私見の概要である。このなかには、㈡㈢㈣のように既に先学によって指摘されてきたことに若干の私見を付け加えたものもあれば、㈠のように、かつて論じたものもある。また、㈤のように新しい知見を披瀝したものもある（といっても、一九九七年以来、研究会や講演会・シンポジウム等において、縷々述べてきたことではあるが）。したがって、論文としてはやや変則的なものとなったが、ご批正を賜ることができれば幸いである。

注

（1）橋本聖圓『東大寺と華厳の世界』（春秋社、二〇〇三年）。

（2）筒井英俊編『東大寺要録』（全國書房、一九四四年）による。以下も同じ。なお、この書物は東大寺の寺誌で、平安時代（院政期）の成立。東大寺の創建の事情や平安時代に至る寺院の様子を知るうえに貴重な書物だとされている。注（6）も参照されたい。

（3）青木和夫ほか校注『続日本紀』三（新日本古典文学大系14、岩波書店、一九九二年）による。以下の引用もこの大系本による。

（4）塚口義信「竹原井頓宮と智識寺南行宮に関する二、三の考察」（『古代史の研究』第四号、関西大学古代史研究会、一九八二年）、林陸朗「竹原井頓宮《とんぐう》と河内国分寺」（『歴史情報』一一号、一九八四年）、竹下賢「柏原市域発掘調査の成果」（『八尾あれこれ　文化財講座記録集』2、（財）八尾市文化財調査研究会報告21、一九八九年、所収）、大阪府史編集専門委員会編『大阪府史』第二巻　古代編Ⅱ（中尾芳治氏執筆、大阪府、一九九〇年）、青木和夫ほか校注『続日本紀』二（新日本古典文学大系13、岩波書店、一九九〇年）の補注七―二八、『離宮』（安村俊史氏執筆、柏原市立歴史資料館、二〇〇五年）ほか。

（5）山本博『竜田越』（学生社、一九七一年）。なお、山本氏は竹原井頓宮の所在地を柏原市高井田に求めておられるが、この見解には左袒しがたい。注（4）を参照。

（6）「（天平勝宝元年）冬十月廿四日。奉㆑鋳㆓大仏㆒畢。三箇年八ケ度也。」（筒井英俊編『東大寺要録』〈前掲注2〉本願章第一）、「始㆓天平十九年九月廿九日㆒。迄㆓勝宝元年十月廿四日㆒。合八ケ度所用」（同・本願章第一の「延暦僧録」）、「以㆓天平十九年歳次丁亥九月廿九日㆒。始奉㆓鋳鎔㆒。以㆓勝宝元年歳次己丑十月廿四日㆒。奉鋳已了。三箇年八ケ度奉㆑鋳㆓御躰㆒。」（同・縁起章第二の「大仏殿碑」）、「始㆑自天平十九年歳次丁亥九月廿九日㆒。至㆓于天平勝宝元年歳次己丑十月廿四日㆒。惣三箇年。鋳以㆓八度㆒。」（同・同「縁起」）など。

　鋳造の終了を『扶桑略記』によって七月二十四日とする説（たとえば家永三郎監修『日本佛教史』Ⅰ古代篇〈第Ⅲ章　奈良仏教、高取正男氏執筆、法蔵館、一九六五年〉、東大寺編『東大寺』〈二五三ページの年表、新装版、学生社、一九九九年、一九三八年初出。ただし同書三〇ページでは十月二十四日としている〉など）もあるが、従いがたい。『扶桑略記』は寛治八年以降の堀河天皇の代（一〇九四～一一〇七）の成立であり、『東大寺要録』のこの条の記事は仁治二年（一二四一）に寛乗が頼恵の所蔵本を書写した醍醐寺本の古写本にみえ、嘉承元年（一一〇六）に編纂された『東大寺要録』に書かれていたとみられる。したがって両書の記事はほぼ同時代のものと思われるが、『東大寺要録』は東大寺の僧によって同寺に存在していた諸資料に基づいて編纂されたものであるから、誤りの多い私撰の『扶桑略記』より、この書の方に信憑性を認めるべきであろう。思うに、字形の類似により、『扶桑略記』は依拠した史料の「十」の文字を「七」と誤読したのではないか。なお、『東大寺要録』の史料的性格については堀池春峰「東大寺要録編纂について」（『南都仏教史の研究』上〈東大寺篇〉所収、法蔵館、一九八〇年）を参照。

（7）注（5）と同じ。

（8）『聖徳太子伝暦』下（『続群書類従』第八輯上・傳部、所収、続群書類従完成会、一九七八年版による）。

（9） 法隆寺編『法隆寺蔵尊英本太子傳玉林抄』下巻（吉川弘文館、一九七八年）。なお、この書は法隆寺僧訓海が文安五年（一四四八）に著したもので、『聖徳太子伝暦』の注釈書。

（10） 塚口義信「竹原井頓宮と智識寺南行宮に関する二、三の考察」（前掲注4）。なお、同「たかはらいのかりみや 竹原井頓宮」（『国史大辞典』第九巻、吉川弘文館、一九八八年）参照。

（11） 『安堂遺跡（一九八六年度）』（柏原市文化財概報一九八六―Ⅷ、柏原市教育委員会、一九八七年）による。

（12） 木簡1にも「（表）九月一日進上車 一両載 稲六十束 （裏）建麻呂持稲十束 合七十束 付飯万呂」とあって、租税が安堂遺跡付近の地に運ばれていたことが知られる。

（13） 塚口義信「茨田氏と大和川」（柏原市古文化研究会編『河内古文化研究論集』所収、和泉書院、一九九七年。のち『つどい』第一九九・二〇〇号〈豊中歴史同好会、二〇〇四年〉に再掲載）。

（14） 田村吉永「智識寺の観音立像について」（『史跡と美術』三七〇号、一九六六年）。

（15） 『寧楽遺文』中巻（東京堂出版、一九六二年）による。『大日本古文書』は、この文書を「造金堂所解案正倉院文書」として編年之十六（追加十）の天平宝字六年（七六二）の条に入れているが、小論では福山敏男氏の説に従っている。同「奈良時代に於ける法華寺の造営」（『日本建築史の研究』所収、桑名文星堂、一九四三年）。

（16） かつて私も聖武天皇が参拝したのは六丈の観音立像であったとする説に従っていたこともあったが、一九八四年以降は本文のような見解に改めている。なお、高井晧「河内六寺あれこれ」（『古代摂河泉寺院論攷集』第二集、摂河泉古代寺院研究会、二〇〇五年）、同「智識寺の観音立像」（『坪井清足先生卒寿記念論文集―埋文行政と研究のはざまで―』所収、坪井清足先生の卒寿をお祝いする会、二〇一〇年）、安村俊史『河内六寺の輝き』（柏原市立歴史資料館、二〇〇七年）など参照。

（17） 家永三郎「東大寺大仏の仏身をめぐる諸問題」（『上代仏教思想史研究』〈新訂版〉所収、法蔵館、一九六六年、一九三八年初出）、東大寺編『東大寺』〈新装版〉（学生社、一九九九年）、橋本聖圓『東大寺と華厳の世界』（前掲注1）、長岡龍作『日本の仏像』（中公新書、中央公論新社、二〇〇九年）など参照。

（18） このとき奏上された正史の正式名称が「日本紀」であることについては、塚口義信「『日本書紀』と『日本紀』の関係について」（『続日本紀研究』第三九二号、二〇一一年）を参照。

（19） 鈴木靖民『古代対外関係史の研究』（吉川弘文館、一九八五年）。

（20） 杉山二郎『大仏建立』（学生社、一九六八年）。

（21） 注（20）と同じ。

（22） 高井晧「智識寺跡出土の葡萄唐草紋鴟尾」（『あしたづ』第六号、河内の郷土文化サークルセンター、二〇〇四年）、同「河内六寺あれこれ」（前掲注16）、同「智識寺の盧舎那佛は金銅佛であった」（『あしたづ』第十二号、二〇一〇年）、安村俊史『河内六寺の輝き』（前掲注16）、同「智識寺についての覚書」（『柏原市立歴史資料館館報』第二〇号、二〇〇八年）、同「東大寺大仏のルーツ 河内智識寺の盧舎那仏」（『大阪春秋』通巻一三五号、新風書房、二〇〇九年）ほか。

（23） いわゆる河内六寺については、安村俊史氏の『河内六寺の輝き』（前掲注16）に要を得た解説があり、智識寺・山下寺・大里寺・家原寺・鳥坂寺がそれぞれ太平寺廃寺・大県南廃寺・大県廃寺・安堂廃寺・高井田廃寺に比定し得ることが、よく理解できる。ただ、三宅寺については不明な点が多く、有力な説として定着している平野廃寺（柏原市平野二丁目）説も、若干の布目瓦が出土しているものの寺院跡が検出されているわけではないし、「三宅」に関連するような地名も見当たらない。そこで、法善寺跡や教興寺跡、高麗寺《こうらいじ》跡などがその候補として挙げられることとなるが、いずれも臆測の域を出ていない。こうした状況のなかにあって、最近、原田昌則・尾﨑良史両氏は大阪府教育委員会が一九九四年度に調査した「神宮寺跡」（『神宮寺跡発掘調査概要』、一九九四年）を「神宮寺廃寺」（八尾市神宮寺四・五丁目～柏原市山ノ井町付近）と位置づけ、これを三宅寺跡とみる説を提唱されている（『企画展　八尾を掘る―平成二五年度市内発掘調査成果展』展示解説パネル、八尾市立埋蔵文化財調査センター、二〇一四年）。その主たる根拠は、所在地が高安郡三宅郷と推定される八尾市恩智に隣接している（花田勝広「高安古墳群の基礎的研究」『八尾市文化財紀要』一三、二〇〇八年）、もしくは三宅郷と推定されること、瓦を含む奈良・平安時代の遺物が出土していること、いわゆる河内六寺の他の五寺と比較的近く、いずれものちの東高野街道（国道一七〇号線）およびその延長線沿いに一直線状に並ぶこと、などの点にある。遺跡の詳細は今後の発掘調査を待たねばならないが、現在のところ諸説のなかで最も成り立つ可能性の大きい説として注目される。

（24）『田辺遺跡―国分中学校プール建設に伴う遺物編―二〇〇二年度』（柏原市文化財概報二〇〇一―Ⅱ、柏原市教育委員会、二〇〇二年）。

（25）『柏原市遺跡群発掘調査概報2―太平寺遺跡・安堂遺跡―』（柏原市文化財概報一九八六）、北野重「韓鍛の卓素はどこに移住していたか」（『韓式系土器研究』Ⅱ、韓式系土器研究会、一九八九年）。

（26）『太平寺・安堂遺跡』（柏原市文化財概報一九八三）、北野重「韓鍛の卓素はどこに移住していたか」（前掲注25）。

（27）『柏原町史』（柏原町史刊行会、一九五五年）、『柏原市史』第二巻・本編（1）（柏原市役所、一九七三年）ほか多数。

（28）杉山二郎『大仏建立』（前掲注20）。

（29）長岡龍作『日本の仏像』（前掲注17）。

（30）堀池春峰「華厳経講説よりみた良弁と審詳」（『南都仏教史の研究』上〈東大寺篇〉所収、法蔵館、一九八〇年）。なお七、八世紀の日羅、日唐関係の詳細については鈴木靖民『古代対外関係史の研究』（前掲注19）を参照。

（31）注（30）の堀池春峰氏の論考。

（32）稲本泰生「東大寺二月堂本尊光背図考」（『鹿苑雑集』第六号、二〇〇四年）、長岡龍作『日本の仏像』（前掲注17）ほか。

（33）東潮・田中俊明『韓国の古代遺跡』1新羅篇（慶州）（中央公論社、一九八八年）。なお、以下の叙述は本書と北野耕平「壇上積基壇の成立と初期の新羅系要素」（田村圓澄・洪淳昶編『新羅と飛鳥・白鳳の仏教文化』所収、吉川弘文館、一九八〇年）に負うところが多い。

（34）上田睦「いわゆる王仁後裔氏族とその寺院」（『網干善教先生華甲記念　考古学論集』所収、網干善教先生華甲記念会、一九八八年）ほか。

（35）藤澤一夫「河内埴生廃寺の調査」（『大阪府の文化財』所収、大阪府教育委員会、一九六二年）、ただし藤澤氏ののちの論考では船氏の氏寺とされている。

（36）遠藤慶太「伊吉寺（河内雪寺）をめぐって」（『藝林』第五十五巻第一号、二〇〇六年）。

（37）石田茂作『写経より見たる奈良朝仏教の研究』（東洋文庫、一九三〇年）。

（38）遠藤慶太「聖武太上天皇の御葬」（『皇學館大学史料編纂所報』第二一一号、二〇〇七年）、栄原永遠男『正倉院文書入門』（角川学芸出版、二〇一一年）。

（39）長岡龍作『日本の仏像』（前掲注17）。

（40）小島憲之・木下正俊・佐竹昭広校注・訳『萬葉集』四（日本古典文学全集5、小学館、一九七五年）による。

(41) 聖武太上天皇の病の状況については『柏原市史』第二巻・本編(1)(柏原市役所、一九七三年)の「古代の柏原」(山本昭氏執筆)に詳しく述べられている。

(42) 最近、髙井晧氏は孝謙天皇と千手観音との関わりに注目し、天平勝宝八歳二月における河内六寺への参拝について、次のように述べておられる。「必ずや孝謙天皇の行幸は盧舎那佛よりも新たに造立された六丈の観音立像を礼拝するために立ち寄ったと考えたい。この観音は孝謙天皇が変化観音による悔過のために造立されたものといえるからである」(「智識寺の観音立像」〈前掲注16〉)。氏の見解には賛同しがたい点もあるが、参拝の理由を観音立像の完成との関わりで考えられている点は評価したい。本文で詳述したとおり、かねてより私もそのように考えている。

挿図出典

図1 阪田育功「河内平野低地部における河川流路の変遷」(柏原市古文化研究会編『河内古文化研究論集』所収、和泉書院、一九九七年)。

図2 塚口義信「竹原井頓宮と智識寺南行宮に関する二、三の考察」(『古代史の研究』第四号、関西大学古代史研究会、一九八二年)。

図3 『安堂遺跡(一九八六年度)』(柏原市文化財概報一九八六―Ⅷ、柏原市教育委員会、一九八七年)。

図4 安村俊史「河内国大県郡の古代交通路」(柏原市古文化研究会編『河内古文化研究論集』〈前掲〉所収)。

図5 図4と同じ(一部改変)。

図6 『河内六寺の輝き』(柏原市立歴史資料館、二〇〇七年)。

〔付記〕

本稿は、二〇一〇年十二月十一日(土)に豊中歴史同好会(於豊中市立蛍池公民館、演題「東大寺の盧舎那大仏と河内智識寺」)において行った講演の内容に、加筆・修正を行って成稿したものである(『つどい』第三〇六号・第三〇七号、豊中歴史同好会、二〇一三年、初出)。

天平勝寶元年の六十六区

高井　皓

はじめに

天平勝寶元年（七四九）という年は河内の国とりわけ大県郡にとっては未曽有の大事件の年であった。『続日本紀』によれば、

『続日本紀』天平勝寶元年（七四九）十月九日条

（天皇は）河内国智識寺に行幸した。外従五位下茨田宿祢弓束女が宅を行宮とした。

『続日本紀』天平勝寶元年（七四九）十月十四日条

（天皇は）石川のほとりに行幸した。志紀・大縣・安宿の三郡の人民で百歳以下、小児以上に年齢に応じて真綿を授けた。又三郡の人民が（出挙で）で負っている正税の本稲と利稲とを免除した。（河内国の）自餘の諸郡は利稲のみを免除して本稲を収納した。つき従った諸司（の官人）には位階に応じて真綿を授けた。

『続日本紀』天平勝寶元年（七四九）十月十五日条

河内國の寺六十六区で現在居住している僧尼及び沙弥・沙弥尼に地位に応じて絁・真綿を授けた。外従五位下の茨田宿祢弓束女に正五位上を授けた。是日（天皇は）大郡宮に帰った。

『続日本紀』天平勝寶元年（七四九）十二月二七日条

八幡大神の祢宜尼・大神朝臣社女が東大寺に参拝した。（孝謙）天皇・（聖武）太上天皇・皇太后（光明子）も同じく行幸した。是の日、百官及び諸氏の人たちすべてが寺に会集した。僧五千人を請い招いて礼仏・読経させ、大唐楽・渤海楽・呉楽と五節の田舞・久米舞を上演させた。その上で、大神に一品、比咩神に二品を奉った。左大臣の橘宿祢諸兄は（孝謙天皇の）詔をうけたまわって、大神に（つぎのように）申した。天皇（聖武）の御命として申しあげますと申されるには、去る辰年、河内国大県郡の智識寺におられる盧舎那仏を拝み奉って、その時すぐに朕も（そのような仏を）造立しようと思ったが、できないでいるあいだに、豊前国宇佐郡におられる広幡の八幡大神が仰せ

られるには、「神であるわれは、天神と地祇を率い誘って（佛の造立を）必ず成就させよう。（それは）格別のことであるのではなく、銅の湯を水となし、わが身を草木土に交えて、（どんな苦労をしても）、無事に（大仏造立を）成就させよう」、と仰せられたが、（そのように）成就したので、（天皇は）歓ばしく貴いことだとお思いになります。このままですますことができず、恐れ多いことでありますが、御冠位を（大神に）献上しようということをかしこまりかしこまって申しあげますとおっしゃいます。

「去る辰年」とは天平十二年庚辰（七四〇）で、この年難波宮には行幸の記録があるが智識寺詣での記述はない。しかしこの行幸の行きか帰りに智識寺詣でがなされたことをここで記述しているのである。すなわち、

『続日本紀』天平十二年（七四〇）二月七日・十九日条

（天皇は）難波宮に行幸した。知太政官事・正三位の鈴鹿王と、正四位下・兵部卿の藤原朝臣豊成とを、（平城京の）留守（官）に任じた。

これが智識寺を手本に東大寺の大仏を造立した謂れを記録されている部分である。本稿ではこの中で、

『続日本紀』巻十七　孝謙天皇天平勝寶元年（七四九）

「〇丙子。河内國寺六十六區見住僧尼及沙弥。沙弥尼。賜絁綿各有差」の河内の国寺六十六區とは何を指すのかというのがテーマである。

『日本書紀』の推古天皇三十二年（六二四）九月三日に寺を数えたら四十六ケ寺あったと記されている。これと同様天平勝寶元年（七四九）には河内の国には六十六ケ寺があったということだろうか。

六十六區の研究の先駆者は枚方市の藤井直正氏、それに「龍田道」の著者山本博氏、更に柏原市史の執筆者藤沢一夫氏である。

藤井直正氏は「枚岡市史　本編　第一巻」「第二章古代の枚岡　第四節　律令時代の枚岡　五　仏教のひろまりと寺院の建立　2河内国の寺院」[1]で『続日本紀』の六十六区の条文をあげてはいるが、後の山本・藤沢両氏が注意を喚起されているような二点については厳密に述べられていない。即ち一、に天平勝寶元年には和泉は河内に属していたが和泉の寺院が数えられていない。二、に国分寺・国分尼寺は検討を加えずに、天平勝寶元年当時存在したことにしているなどである。しかしこの発表は六十六区の検討の鏑矢となった。

山本博氏は著書「龍田越」で「四　奈良時代の龍田越行幸　和泉国の設置」及び「六　孝謙天皇と茨田宿禰弓束女」「河内六十六区」[2]という項を特別に設け詳しく検討している。

六十六区は六十六寺としこれが河内国内の全寺院数だろうかといっている。そうして考古学的発見により寺跡を確認するしかないといっている。非常に科学的である。そこで「大阪府文化財分布図（一九六九）」（大阪府教育委員会出版）から六十六寺を数えあげてい

る。その中で奈良時代後期と位置づけられた寺院遺跡でも七四九年以降の建立なら無関係だし、創建が古いものでも七四九年に廃絶していてはこれも無関係である、また今後発見される寺院跡もあろうと断った上で、ここでは偶然六十六寺となったとし、しかし当然河内の全寺院数ではないと断っている。加えて「河内国六十六区」は後の河内・和泉の二国にわたり数えるべきであるといっているのである。

藤沢一夫氏はその著書「柏原市史第四巻史料編Ⅰ」の「柏原地域の古代寺院とその性格二、河内国六十六区という古代寺院[3]」の項で、河内国の中で選ばれた寺院六十六区の僧・尼・沙弥・沙弥尼に絁・綿を賜わったとし、藤井直正・山本博両氏の河内国には全部で六十六寺あったとするのとは基本的に異なっている。また、藤井直正氏は和泉地区を含めず、山本博氏は含めて数えている。しかし藤沢一夫氏はこれまで殆どの飛鳥奈良時代の河内国の寺院跡とその遺物とを自分で調査した結果をもとに、その寺院跡を数える時、新しく編入された和泉地区を含まず旧河内の国の中で選ばれた寺院が六十六区であるとの見解を示している。特に「龍田越」で揚げられている久修園院・小寺廃寺は平安後期のものであるとしている。

また「大東市史」では「枚岡市史」の五八ケ寺に三ケ寺を加えた研究もある。

要するに河内の古代寺院を研究して行くとどんどんその数が増し、六十六ケ寺をはるかに超えることが確実になったのである。そこで本稿では1、天平勝寶元年には和泉は河内に属していて和泉の寺院も数えねばならないとし、2、寺院遺跡でも七四九年以降の建立なら無関係だし、創建が古いものでも七四九年に廃絶していてはこれも無関係である、此の2点を踏まえて、ここに記されている区というのは寺を指しているのではなく郷内にある寺院をまとめて指していると考えてはどうだろう、という考えから起稿した。区には「しきる、わける、さかい、くぎり」の意味があり当時の税制の郷にあたるやもしれない。そこで六十六郷に現在知られる古代寺院を当てはめてみた。

第一章　河内の国の郡と郷の数

それにはまず天平勝寶元年に存在した郡郷を検証せねばならない。基礎にできるのは平安時代（九三〇年頃）に成った『和名類聚抄』である。したがって七四九年にはどうであったかを検証せねばならない。大県郡と丹比郡に変更がありそうである。

名古屋市博物館に蔵する『和名類聚抄』[4]には河内の国には十四郡と七十六郷が和泉の国には三郡と二十四郷が記録されている。合計十七郡壱百郷である。ここで無くなったり増えたりした可能性を見るために今日でも痕跡の残る字などの跡をたどって『和名類聚抄』の書き並べ順を追って検証してみた。それには『続日本紀』で天皇が河内六寺を参拝した順が即ち記載順になっているといわれほぼ確かなことが分かったことに由来する。『和名類聚抄』の郷の記載順はどんな順になっているのか。ちなみに河内の郡の位置は確定しているがその順は「錦部・石川・古市・安宿・大縣・高安・河内・讃良・茨田・交野」南から北へ、それから西にずれて今度は北から南にいうならば左回りに「若江・渋川・志紀・丹比」やはりこれは決してランダムではない。和泉国は三郡しかないが志紀・丹比の続きのように大鳥・和泉・日根と北から南へ、方位順に並んでいる。どうやら方位順に並んでいると考えるのが妥当のようである。且つ郡は変化していないと判断した。

各郡内の郷を方位順に検討した。傍線は名古屋市博物館本にある郷を示す。

錦部　餘部・済・百濟・錦部
石川　佐備・紺口・新居・雑・大国・山代・波多・餘戸・科長
古市　新居・尺度・坂本・古市
　　　羽曳野市史巻一460頁　南西から北へ右回り
安宿　加美・尾張・資母・奈加
　　　羽曳野市史巻一460頁　南から北へ右回り
大縣　大里・家原・鳥坂・鳥取・津積・巨麻・加美
　　　北→南　→西　→東
東急本では　津積・大里・鳥坂・鳥取・巨麻・加美　の順

大縣郡では寺院跡等の考察から郷の位置は明確である。そこで興味ある考察が成り立つ。すなわち家原郷の存亡と津積郷の位置である。

大県郡の家原郷と津積郷の検討[16]

奈良国立文化財研究所が一九九四年から一九九五年にかけて発掘した平城京左京七条一坊十六坪の溝から出土した木簡に「河内國大縣郡家原（郷）」と書かれていた。同時に出土した木簡から年号が解読されて、天平時代（七一〇〜七九四）に河内国に、それもはっきり大縣郡の家原であって鳥坂郷の家原の里ではないということが分かった。

之より以前から和歌山県の花園村の医王寺に伝わる大般若経の奥書に家原里の智識が写経したものが存在していた。

又和銅五年（七一二）九月に左大臣多治比真人の妻で家原連音那が女の鏡ということで邑五十戸と連姓を賜っている。五十戸すなわち一郷を賜ったということである。この五十戸を家原郷と呼ぶならば聖武太上天皇と孝謙天皇の行幸の時期には大県郡に家原郷も家原寺もあったといえることになる。

更に観心寺文書に源康政寄進状というのが収録されていて興国四年（南朝の年号で一三四三）二月に、

寄進　勧心寺伽利帝夷母御宝前常灯粁所光延名田事。
合参段
在河内國大方郡家原里、　（以下略）

というのがあり、十四世紀のなかばに至っても河内国大方郡に家原里と呼ばれる地域があったことが分かる。

家原寺の跡地が安堂廃寺であるとして、安堂廃寺の発掘では多数の古瓦が出土していて他の五寺と同時代・同系統のものであってその位置が古代寺院と関係のある地域である事は明確である。

以上の事実から家原郷の存在が明確になった。

大縣郡は『和名類聚抄』の郡郷順は通常でない郡である。大縣郡の郷は東急本では津積・大里・鳥坂・鳥取・巨麻・加美の順でこれは北から南へ順に津積・大里・鳥坂・鳥取と記載されており巨麻・加美も北から南への順となっている。途中から又北から南に向かうのは養老四年（七二〇）に堅下郡（津積・大里・鳥坂・鳥取）と堅上郡（巨麻・加美）が併合されて大縣郡に成ったことに因っていて、旧二郡の並び順がそのまま記載されていると解することができる。ところで名古屋本を見てみると大里・鳥坂・鳥取・津積・巨麻・加美の順になり異本により特に津積郷の順が移動することが分かる。

津積郷は「つつみ」すなわち堤を意味していて大和川の右岸の堤防に面した細長い地域ではなかったかと思われる。そこには水運に関連する人たちが住んでいたと思われる。税徴収の単位である郷として纏めるには業種もそろっている方が理解しやすかったのではなかろうか。記載順としては堅下郡では西にある津積郷を東に並ぶ大里・鳥坂・鳥取の前にするか後にするかであったと考える。ただ二郡併合後は旧堅上郡が更に東に位置していて名古屋本のように津積郷を後で書いたときは西へ東へと記載順が揺れる、と考えた。

さて家原郷の位置については、地籍「がんじょうじ」を検討した。この地籍はこの論考以前に想定していた鳥坂郷の地域に属し大里郷と接する地域にある。現在墨書土器で確認されている鳥坂寺がある鳥坂郷の南端とは反対の北端に位置する。その地域は現在の安堂・太平寺二丁目を包含する地域と考えても良い地域である。そこには智識寺の推定寺域と安堂廃寺がある。名古屋本の順に従えば大里・家原・鳥坂・鳥取・津積・巨麻・加美の順として家原を挿入することができる。

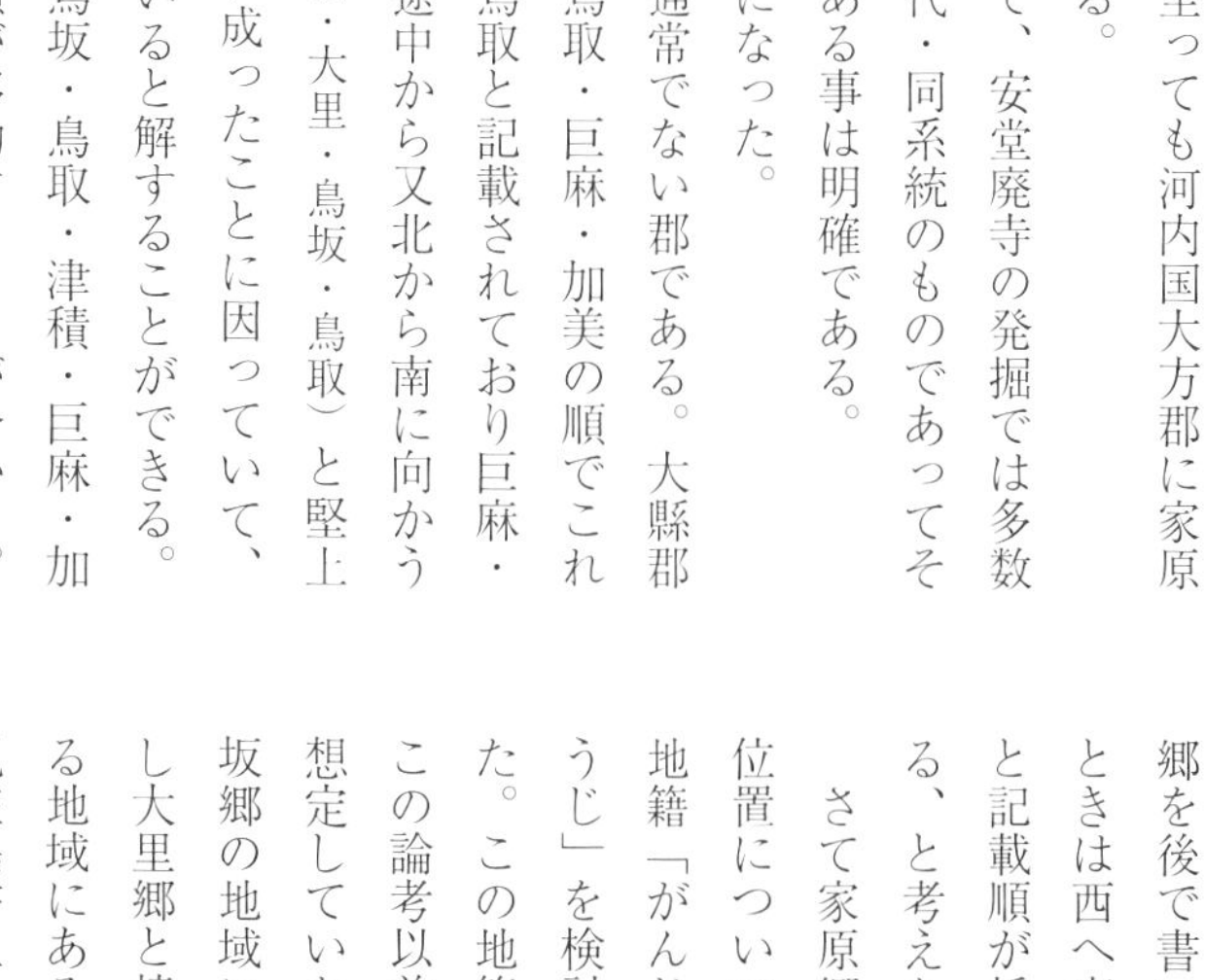

地図Ⅰ大県郡

高安　｜坂本・｜三宅・｜掃守・｜玉祖

河内　南　4　2　3　1　北
英多・新居・桜井・大宅・豊浦・額田・大戸・早

讃良　南　1　4　2↑　3↑　5↑　6↑　7　8北
山家・甲可・牧・枚岡・高宮・石井・馬甘

茨田　幡多・佐太・三井・池田・茨田・伊香・大窪・高瀬・
枚方

交野　三宅・田宮・園田・岡本・山田・葛葉
田宮・三宅・園田・岡本・山田・葛葉
南↓北　1　2　3　4　5　6

筆者が推測したのは右記であったが南の田宮とした地点に妙見山（俗に三宅山）がありやはり三宅・田宮・園田・岡本・山田・葛葉となるのが妥当であろうか。

若江　弓削・刑部・沼・新治・巨摩・臣・川俣・保・錦部・
餘戸

渋川　竹淵・邑智・餘戸・跡部・加美
南　1　2　3　1　2　北

志紀　長野・拝志・志紀・田井・井於・邑智・新家・土師・北
西↓東

志紀郷を羽曳野市史巻一460頁から
拝志　井於
長野
土師

丹比　依羅・黒山・野中・丹上・三宅・八下・田邑・菅生・
丹下・土師・狭山・野下・餘戸・槻本・駅家・八上

丹比郡を羽曳野市史巻一460頁から

丹比郡の検討

依羅から狭山まで十一郷を現在の字名から推測して地図上に置いてみると土師郷のみ郡内東西線上で位置決めができないところであった。今回の試みからすれば西の位置に妥当性があることになる。これまでの記載順に線で結んで行くと左回りでも右回りでも東西南北にも意味不明の線が一面に交錯するだけのものになった。しかし丹比郡の生い立ちを考えるときその中心は黒山であった。この黒山丹上菅生各郷を起点にしてもっとも古く開発された依羅・黒山・野中を第一グループと考え、第二に丹上・三宅・八下・田邑のグループをやはり左回りに結んでみた。さらに第三に菅生・丹下・土師・狭山を左回りに繋いで見た。この各グループは丘陵上の中心部に東除川西除川の地域をそれぞれ含み狭山依羅の池をそれぞれ組み込んだグループである。これは記録には表れていないが開発の順であろうか。まだ支配氏族の実態が明確ではないがこの入り組んだ状態で三組あるいは二組の連合体を別々に支配していたのであろうか。徴税の中心は黒山丹上菅生の地域にありこれらが起点になって異なる職種のグループを形成していたと考えられる。この考えから土師郷の位置を推測したこと、群衙の位置の意味が記述順から絞られてきたという成果があった。この丹比郡の発展は猟場でしかなかった丘陵地帯に灌漑が整備され郡の構造が根本から変わっていったことに由来すると考える。

ちなみに丹比郡は平安時代十一世紀後半に丹北・丹南に分割され更に丹北から八下が分割され八上郡ができたとされる。その構成は丹南郡は黒山・野中・丹上・田邑・菅生・丹下・狭山。丹北郡が依羅・三宅・八下・土師で内八下が分割され新しく八上郡となったという。八上郡の成立は交通の要衝に由来するとされている。

大鳥　大鳥・田部・日・和田・上神・大村・土師・蜂田・
石津・塩穴・陵・常浚・浚・深井・家原

地図Ⅱ丹比郡

天平勝寳元年の六十六区（高井）

和泉　左大回り大鳥→蜂田　右小回り石津→常浚
信太・上泉・下泉・軽部・坂本・池田・山直・八木・
掃守・木嶋

日根　左回り　北→南
近義・加美・於・呼唹・鳥取・日根
北→南

丹比郡と交野郡には問題を残すがほぼ記載順が位置順を表しているといえる。この検討で大県郡に家原郷があった事がわかり一区追加されることとなった。

これらの考察の結果寺院の位置関係が明確になり此の作業が実行出来ることとなった。

石川郡山代郷・大県郡家原郷がない。

第二章　河内国の郷と寺院

文献上存在したであろう寺院は、『続日本紀』には孝謙天皇が礼佛した寺六ケ寺すなわち、

三宅寺（大県大里）、大里寺（大県大里）、山下寺（大県大里）、智識寺（大県家原）、家原寺（大県家原）鳥坂寺（大県鳥坂）

龍華寺（渋川加美）、神護景雲三年十月二十一日「塩卅石。施入龍華寺」

文献とは言えないが聖武天皇の時代の話として『日本霊異記』が伝えているものがある。

原山廃寺（信天原山寺）（安宿尾張）、野中堂（野中寺）、井上寺（血渟上山寺）、鋤田寺（安宿資母）、尽恵寺海会寺（日根呼唹）

行基四九院の内河内の寺は、以下の通り。

慶雲元年（七〇四）家原寺（大鳥蜂田）、慶雲二年（七〇五）大修恵院（大鳥大村）、和同元年（七〇八）神鳳寺（大鳥）、養老四年（七二〇）石凝寺（河内大戸）、神亀元年（七二四）清浄土院（大鳥）、清浄土尼院（大鳥日部）、神亀二年（七二五）久修園院（交野葛葉）、神亀三年（七二六）檜尾池院（大鳥和田）、神亀四年（七二七）大野寺（大鳥土師）、大野尼院（大鳥土師）、天平三年（七三一）狭山池院（丹比狭山）、狭山池尼院（丹比狭山）、天平五年（七三三）枚方院（茨田）、薦田尼院（茨田）、隆池院（和泉国岸和田）、深井尼寺（大鳥常陵）、天平九年（七三七）（大鳥日部）

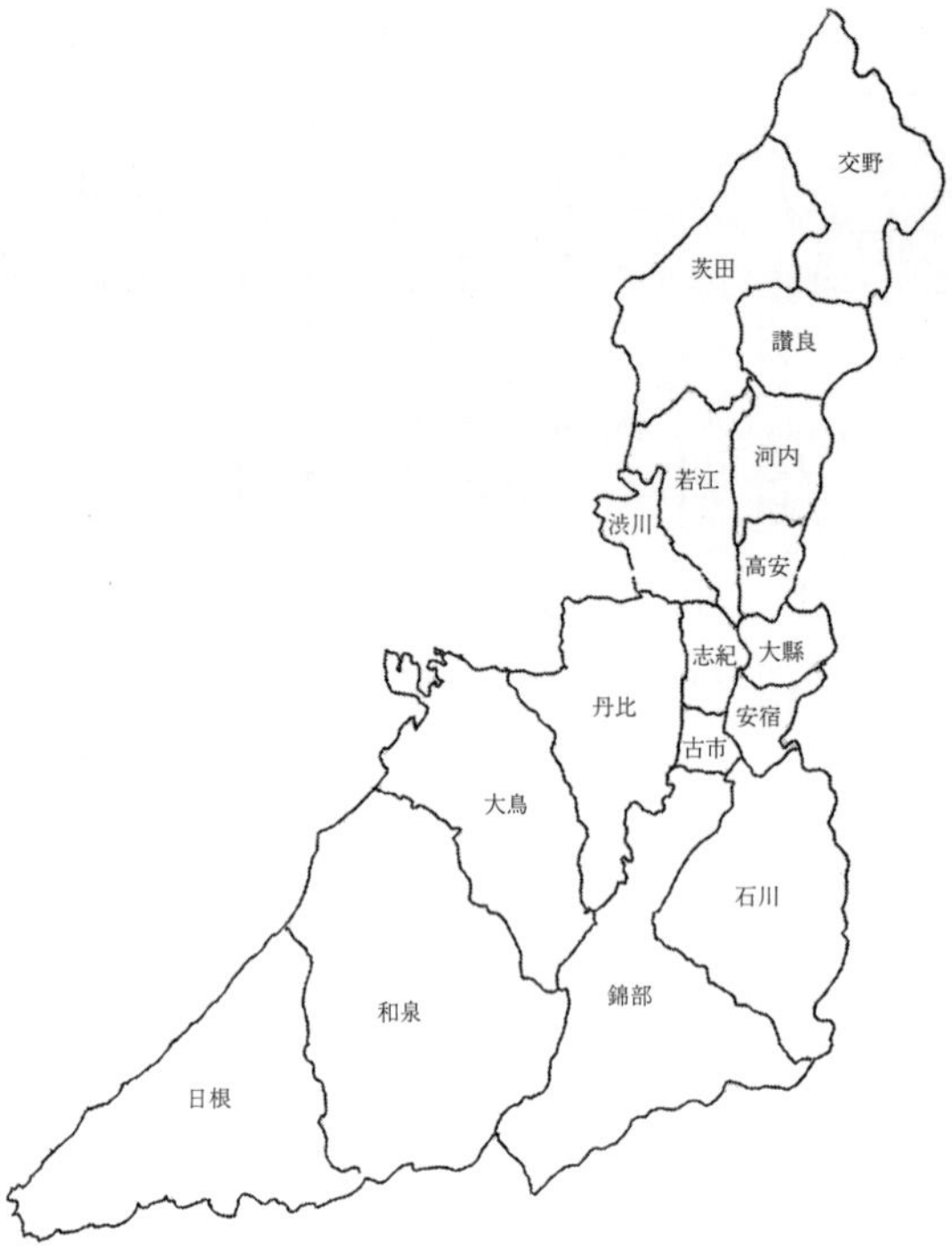

地図Ⅲ河内國の郡5)

出土瓦から七四九年存在を知る

寺には瓦が葺かれていること、塔がある事がまず基準になる。

『延喜式巻五』斎宮式五条に、

「凡そ忌詞、内の七言は、仏を中子と称い、経を染紙と称い、塔を阿良良伎（ノビルの葱坊主）と称い、寺を瓦葺と称い、僧を髪長と称い、尼を女髪長と称い、（後略）称え。」とあり地下から出土する古代瓦は寺の存在を示してくれる。更に阿良良伎の心礎が出土すれば寺の存在は確実になる。天武朝で斎宮が作られたころには瓦葺は寺だけだったのかもしれないがその後宮殿や貴族の住宅でも使用されてくる。持統天皇五年（六九一）に藤原宮を起工し宮殿に初めて瓦が葺かれた。という記録がある。

瓦の出土の有無とその年代を検討してみる。二〇〇一年大阪府教育委員会で編纂された「新堂廃寺」附章「摂河泉の古代寺院」(6)の河内和泉のデータを参考にさせていただいた。

天平勝寶元年（七四九）に存在した古代寺院の検討に入る。

飛鳥時代創建と考えられる寺院は、

新堂廃寺（石川新居）、西林寺（古市古市）、蹉跎廃寺（茨田佐田）、中山観音寺（茨田茨田）、枚方船橋廃寺（交野葛葉）、若江寺（若江錦織）、渋川寺（渋川跡部）、船橋廃寺（志紀志紀）、衣縫廃寺（志紀以於）、土師寺（志紀土師）、小松里廃寺（和泉八木）

の十一ケ寺である。

白鳳時代の寺は、

細井寺（錦部百済）、龍泉寺（石川紺口）、山城廃寺（石川山代）、高麗寺（高安三宅）、秦興寺（高安玉祖）、神感寺（河内桜井）、河内寺（河内大宅）、法通寺（河内大戸）、正法寺（讃良甲可）、讃良寺（讃良枚岡）、高宮廃寺（讃良高宮）、長宝寺（交野田宮）、九頭神廃寺（交野葛葉）、東郷廃寺（若江巨摩）、西郡廃寺（若江錦織）、鞍作寺（渋川竹淵）、葛井寺（志紀長野）、拝志廃寺（志紀拝志）、黒山廃寺（丹比黒山）、野中満願寺（丹比野中）、泉福寺（丹比丹上）、津堂廃寺（丹比丹下）、東野廃寺（丹比狭山）、長承寺廃寺（大鳥大鳥）、土師観音寺（大鳥土師）、百舌鳥陵南土師（大鳥土師）、蜂田寺（大鳥蜂田）、家原寺（大鳥蜂田）、塩穴寺（大鳥塩穴）、和泉寺（和泉上泉）、信太寺（和泉信太）、池田寺（和泉池田）、松尾寺（和泉池田）、安楽寺（和泉池田）、別所廃寺（和泉掃守）、春木廃寺（和泉掃守）、秦廃寺（和泉木嶋）、地蔵堂廃寺（日根近美）、禅興寺（日根賀美）、海会寺（日根呼唹）

の四十ケ寺である。

奈良時代の寺は、

錦織寺（錦部百済）、教興寺（高安掃守）、石凝寺（河内大戸）、太秦廃寺（茨田幡多）、高柳廃寺（茨田茨田）、高瀬寺（茨田高瀬）、開元寺（交野三宅）、徳泉寺（交野三宅）、百済寺（交野山田）、瓜破廃寺（丹比三宅）、大野寺（大鳥土師）、田治米廃寺（和泉山直）

の十二ケ寺である。

奈良時代以前の心礎を残している寺がある。(15)

新堂廃寺（石川大国あるいは新居）、西林寺（古市古市）、飛鳥寺（名古屋城内安宿加美）、片山廃寺（安宿尾張）、田辺廃寺（安宿資母）、智識寺（大県家原）、鳥坂寺（大県鳥坂）、穂積寺（河内大戸）、西郡廃寺（若江錦織）、渋川寺（渋川跡部）、藤井寺（志紀長野）、拝志廃寺（志紀拝志）、衣縫廃寺（志紀以於）、土師寺（志紀土師）、善正寺（丹比野中）、野中寺（丹比野中）、丹比廃寺（丹比丹上）、坂本寺（和泉坂本）、海会寺（日根呼唹）

合計、十九ケ寺である。

河内の素弁蓮華文軒丸瓦を出土する寺院は、(7)

九頭神廃寺（交野葛葉）、新堂廃寺（石川新居）、船橋廃寺（志紀志紀）、山下寺（大縣大里）、野中寺（丹比野中）

以上素弁蓮華文軒丸瓦を出土する寺院跡五ケ寺である。

河内の藤原宮式軒丸瓦出土する寺院(13)は、

片山廃寺（安宿尾張）、船橋廃寺（志紀志紀）、穂積寺（河内大戸）、正法寺跡（讃良甲可）、若江廃寺（若江錦織）、浜寺石津町東遺跡（大鳥石津）、長承寺廃寺（大鳥大鳥）、大園遺跡（大鳥大鳥）、坂本寺（和泉坂本）、別所廃寺（和泉掃守）

以上十ケ所複弁八葉蓮華文軒丸瓦が出土する。

河内の高句麗式の瓦を出土する寺院(7)は、

土師寺（志紀土師）、衣縫廃寺（志紀井於）、船橋廃寺（志紀志紀）、秦廃寺（和泉木嶋）、堀遺跡（和泉木嶋）、小松里廃寺（和泉八木）、加治神前畠中遺跡（日根近美）、地蔵堂廃寺（日根近美）、九頭神廃寺（交野葛葉）、拝志廃寺（志紀拝志）、交野廃寺（交野田宮）、渋川廃寺（渋川跡部）、河内寺（河内大宅）、西山廃寺（交野葛葉）、大里寺（大県大里）

以上十五ケ寺。

河内の船橋廃寺敷の瓦を出土する寺院(7)は、

船橋廃寺（志紀志紀）、西琳寺（古市古市）、衣縫廃寺（志紀井於）、山下寺（大県大里）、家原寺（大県家原）、秦廃寺（和泉木嶋）

以上六ケ寺。

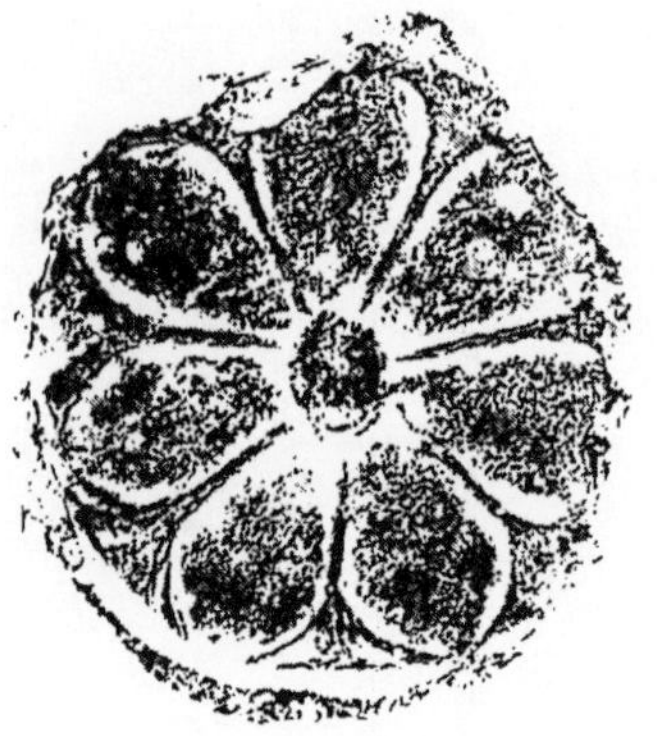

素弁

藤原宮式

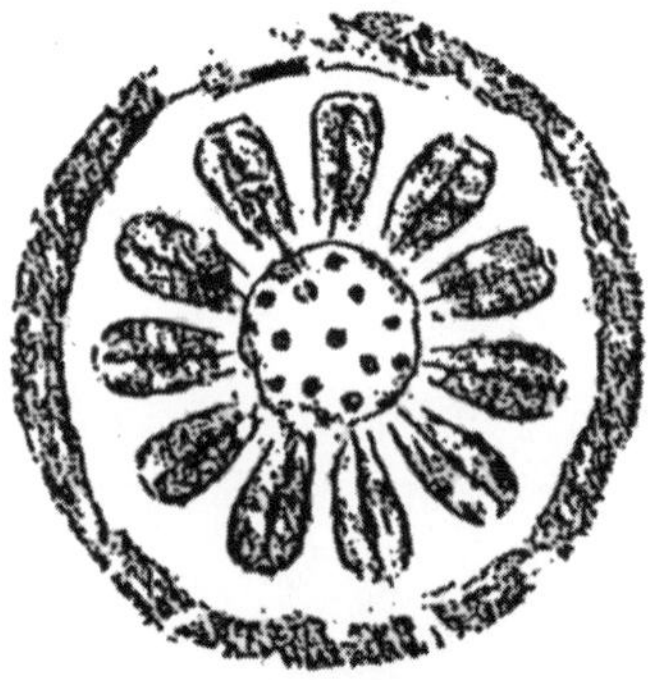

高句麗式

船橋廃寺式

河内の川原式軒丸瓦を出土する寺院[9]は、

龍泉寺（石川紺口）、細井寺（錦織百済）、新堂廃寺、（石川新居）、原山廃寺（安宿尾張）、鳥坂寺（大縣鳥坂）、智識寺（大県家原）、讃良寺（讃良枚岡）、高宮廃寺（讃良高宮）、若江廃寺（若江錦織）、船橋廃寺（志紀志紀）、坂本寺（和泉坂本）、禅興寺（日根加美）、海会寺（日根呼唹）

以上十三ケ寺である。以上複弁八葉蓮華文軒丸瓦。

河内の法隆寺式軒丸瓦を出土する寺院[10]は、

山下寺（大県大里）、西琳寺（古市古市）、船橋廃寺（志紀志紀）、渋川寺（渋川跡部）、和泉寺（和泉上泉）

以上五ケ寺複弁八葉蓮華文軒丸瓦縁鋸歯文中房大。

河内国の山田寺式軒丸瓦（重弁）を出土する寺院[8]は、

細井寺（錦織百済）、新堂廃寺（石川新居）、中野廃寺（石川新居）、善正寺（丹比野中）、西琳寺（古市古市）、野中寺（丹比野中）、黒山廃寺（丹比黒山）、山下寺（大県大里）、妙見寺（石川紺口）、弘川寺（石川大国）、東野廃寺（丹比狭山）、教興寺（高安掃守）、葛井寺（志紀長野）、土師寺（志紀土師）、塩穴寺（大鳥塩穴）、海会寺（日根呼唹）重弁蓮華文軒丸瓦、以上十六ケ寺。ほかに善正寺式と云われるものは、

善正寺（丹比野中）、葛井寺（志紀長野）、野中寺（丹比野中）、船橋廃寺（志紀志紀）、五十村廃寺（安宿尾張）

以上五ケ寺である。

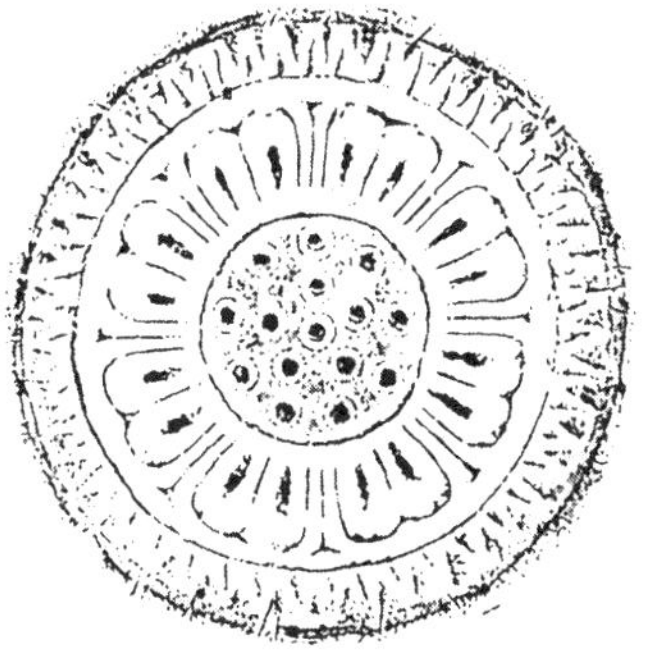

川原寺式

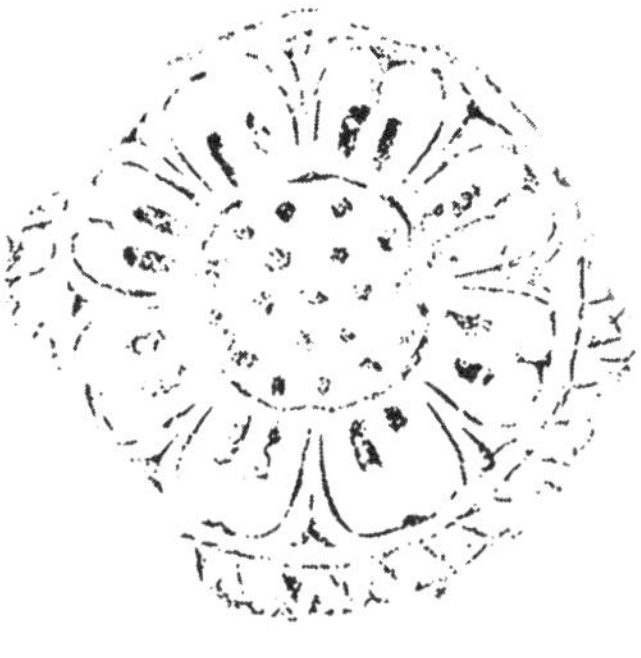

法隆寺式

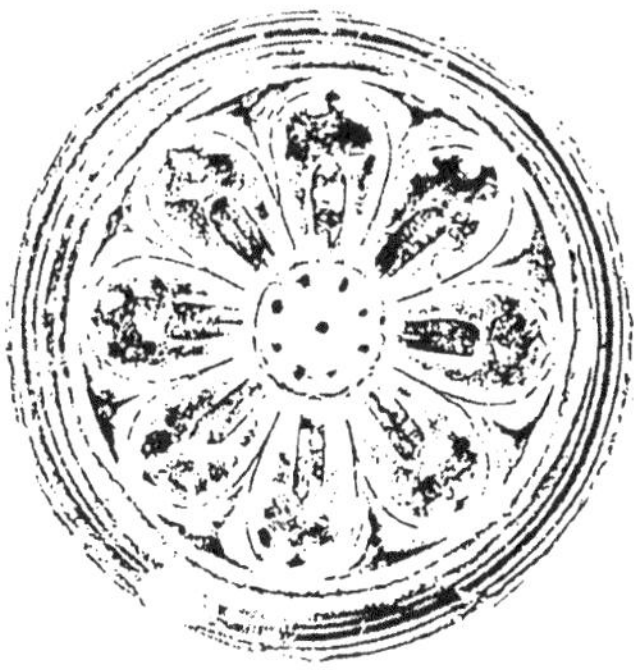

山田寺式

善正寺式

河内国の特徴を示す重弁紋軒丸瓦が出土する寺院がある。(12)

河内特有の重弁の瓦

重弁の瓦は現在七世紀中頃というのが定説になっている。その原因は藤沢一夫氏の編年にある。

しかし筆者としては、重弁は八世紀初頭か七二〇～七四〇年に設定したい。理由は聖徳太子伝暦の著者が百年後の智識寺を見て未来記に記述したもので、聖徳太子伝暦の歴史的真偽とは別に資料として十分役に立つものである。この時代の寺の建立の順は金堂→塔の順が通例であり塔跡から出土した瓦は重弁でこれが智識寺の創建瓦とはかならずしもいえないが聖武天皇の行幸をえて七二〇～七四九年までがこの地域の盛期であることは推測できる。その時には金堂がありそこには盧舎那仏があった。それ以前に塔が建立されていたであろう。少なくとも重弁は七世紀末から八世紀初頭のもので七世紀中頃までさかのぼることはない。分布は鳥坂寺を中心に山背・交野・讃岐にも分布している。すなわち大和川・淀川・瀬戸内海の水路でつながる交流地域である。瀬戸内海は内海であり大河（揚子江のような）の本流程度の川幅であり十分川船でも航行できたと考えられる。

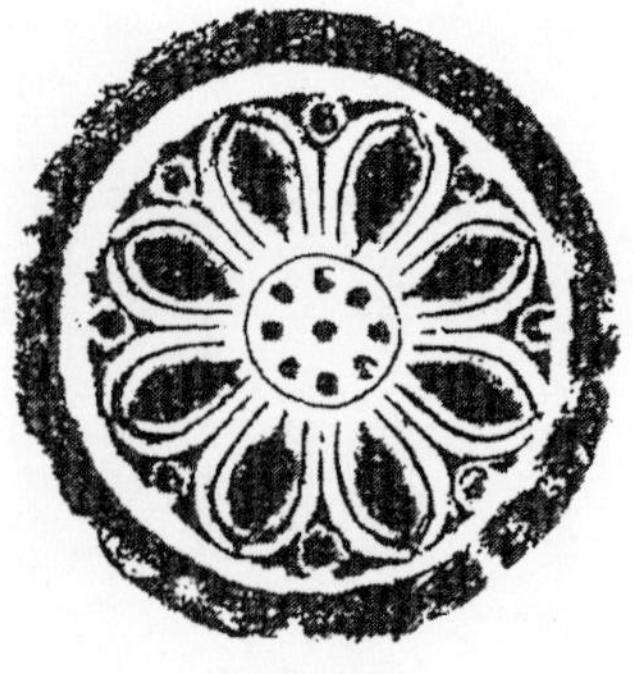

重弁

三重弁

百済式の素弁単弁の瓦を併せ出土する寺院跡については前身寺院として出土位置・状況など検討するべきであろう。建立氏族すら異なることもあると考えねばならない。

片山廃寺（安宿尾張）、五十村廃寺（安宿尾張）、原山廃寺（安宿尾張）、山下寺（大県大里）、智識寺南行宮（大県家原）、智識寺（大県家原）、家原寺（大県家原）、鳥坂寺（大県鳥坂）、教興寺（高安掃守）、中山観音寺（茨田茨田）、九頭神廃寺（交野葛葉）、東郷廃寺（若江巨摩）、西郡廃寺（若江錦織）、渋川廃寺（渋川跡部）、藤井寺（志紀長野）、拝志廃寺（志紀拝志）、船橋廃寺（志紀志紀）、衣縫廃寺（志紀井於）、黒山廃寺（丹比黒山）

の十九ケ寺に及ぶ重弁八葉蓮華文軒丸瓦（写真上）。

僧道昭の関与が推察される三重弁八葉軒丸瓦の出土寺院は、

叡福寺（石川大国）、鳥坂寺（大縣鳥坂）、東郷廃寺（若江巨摩）、拝志廃寺（志紀拝志）、黒山廃寺（丹比黒山）、丹比廃寺（丹比丹上）、

蜂田寺（大鳥蜂田）、小松里廃寺（和泉八木）の八ケ寺と他に摂津に数ケ寺ある。三重弁八葉蓮華文軒丸瓦（前頁写真下）。

僧道昭

仮にこれらの寺院建立に僧道昭が関与していたと見てはどうだろうか。この三重弁八葉蓮華文軒丸瓦を出土する寺院はその地区の拠点になっている寺院である。

道昭の『続日本紀』没伝を抜粋すると、

斉明天皇六年（六六〇年）頃、唐より帰朝。この時将来した多くの経典類は、平城遷都後、平城右京の禅院に移されて重用された。飛鳥寺の一隅に禅院を建立して住み、日本法相教学の初伝となった。六八〇年、天武天皇の勅命を受けて、往生院を建立する。晩年は全国を遊行し、各地で土木事業を行った。

和尚は天下をあまねく巡り、路の傍に井戸を掘り、各地の津や渡し場には船を備えつけたり、橋を架けたりした。あの山背国の宇治橋は、和尚が創めて造った橋である。

和尚がこのように天下をあまねく巡って、およそ十余年たったころ、〔寺に〕還ってほしい、と天武八年（六七九）「常に寺の内に住み、以って三宝を守る。」の勅が出されて、「元興寺の禅院に還り住み、もとのように坐禅をした」。七〇〇年没。弟子に行基がいる。

天平勝寳元年の六十六区（高井）

というのである。記録通りに道昭が行動したとすれば六六九年から六七九年まで土木事業をしていたことになり、その頃此の三重弁文瓦が使用されたとしたい。この瓦の出土する遺跡と重なって塼佛も出土しこれも道昭と関連すると大脇潔氏は言われている。

河内の重圏文軒丸瓦出土寺院[14]は以下の通り。

百済寺（交野山田）、穂積寺（河内大戸）、渋川廃寺（渋川跡部）、東郷遺蹟（若江巨摩）、河内国分尼寺、青谷遺跡（大県鳥取）、野中寺（丹比野中）、葛井寺（志紀長野）、衣縫廃寺（志紀井於）、船橋廃寺（志紀志紀）、智識寺（大縣家原）、大野寺（大鳥土師）、信太寺（和泉信太）十三ケ所他に遺跡十ケ所。

河内の雷文縁の複弁軒丸瓦の出土寺院[11]は以下の通り。

重圏文

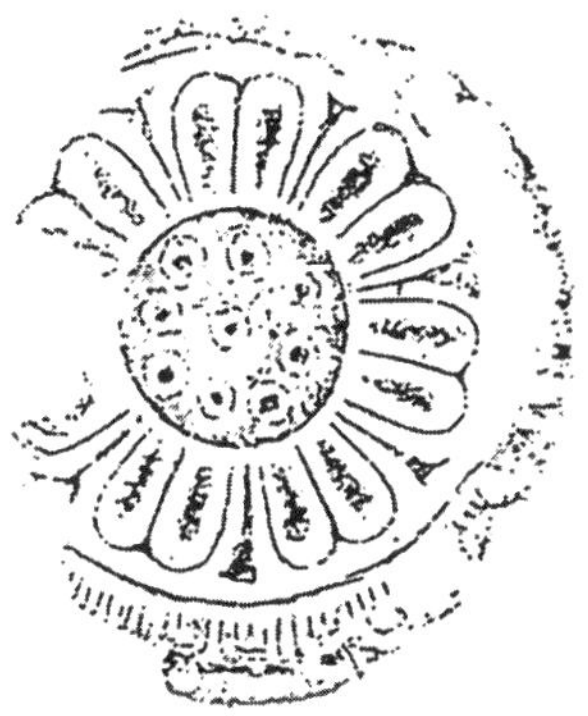
雷文

九頭神廃寺（交野葛葉）、蹉跎廃寺（茨田佐太）、石凝寺（河内大戸）、若江廃寺（若江錦織）、青谷遺跡（大県鳥取）、衣縫廃寺（志紀以於）、拝志廃寺（志紀拝志）、船橋廃寺（志紀志紀）、土師観音寺（大鳥土師）、信太寺（和泉信太）、和泉寺（和泉上泉）、秦廃寺（和泉木嶋）、禅興寺（日根加美）十三ケ所。

奈良時代以前の古代寺院で終末期の横穴式墳墓あるいは骨蔵器主体火葬墳墓と結合したものは縁故の深い壇越などの墓で寺よりも起源が遡る事を示している。そんな寺跡に次のようなものがある。
高柳廃寺（茨田茨田）骨蔵器出土、新堂廃寺（石川新居）亀石古墳、東野廃寺（丹比狭山）骨蔵器出土、野中寺（丹比野中）骨蔵器出土、善正寺（丹比野中）骨蔵器出土、五ケ所を数える。

寺の所在郡を改めて眺めてみると、
蘇我氏がかかわる石川郡に十三ケ寺。国家に関わるすなわち光明子の出身地である安宿郡に九ケ寺。多治比真人に関わる丹比郡十三ケ寺。それに大和への交通の要衝である大県郡の九ケ寺。百済王に関わる交野郡に九ケ寺。国家が都から遠い重要地点とした和泉三郡の異様な寺の数二十八ケ寺。壬申の乱の坂本財にかかわるかと思われる和泉郡十三ケ寺。

その数と配列の整然さから見てとても烏合の衆がやったこととは思えない。文書に現れない指導者の力を感ぜざるを得ない。

和泉に多く見られる集落跡からの瓦出土と推測できる地域についてはカウントから除外せねばならない[6]。
大園遺跡（大鳥大鳥）山田寺同笵塼佛出土、大庭遺跡（大鳥上神）、石津町東遺跡（大鳥石津）、鶴田池東遺跡（大鳥日部）、堀遺跡（日根木嶋）、加治神前畠中遺跡（日根近美）、更に三宅寺（大県大里平野廃寺）は文献上は七四〇年（天平勝寶元年）には存在しているが其の推定地からは平安朝の焼け瓦しか出土していない。この寺は礎石立ちでなく茅葺であったことも考えられるがむしろ近くの遺跡をこれに充てるべきであろう。

中野廃寺（石川新居）新堂廃寺の後身寺院と考えて除外した。国分尼寺（安宿尾張）、河内国分寺（安宿資母　前身寺院鋤田寺）、和泉国分寺（安楽寺）はまだできていなかったとして除外した。

茨田寺（大県家原　智識寺の前身寺院）、普門寺（大県鳥坂　碧雲荘）の心礎から平安の寺。鳥取廃寺（大県鳥取　竹原井離宮の前身下層遺構）は七四九年には存在しない、とした。

結果として寺を持たない郷は、
錦部郡餘戸郷、石川郡佐備郷、古市郡新居郷・尺度郷、大県郡鳥取郷・巨摩郷・賀美郷、高安郡坂本郷、讃良郡石井郷、河内郡英多郷・新居郷・豊浦額田郷、茨田郡三井郷・池田郷・伊香郷・大窪郷、交野郡園田郷・岡本郷、若江郡刑部郷・新沼郷・川俣郷、渋川郡邑智郷・餘部郷・加美郷、志紀郡田井郷、丹比郡依羅郷・八下郷・田邑郷、大鳥郡田常陵郷、和泉郡下泉郷・軽部郷、日根郡鳥取郷以上三十五郷に及ぶ。

なお、ここまで当時使用されたことが少ないこともあり軒平瓦については検討して来なかった。今後精査が必要である。

以上を踏まえて六十六区を一覧表にしてみた。

区	寺院名	所在郡郷	記事
1	細井寺	錦織百済	川原式複弁八葉蓮華文（以下蓮華文を省略する）軒丸瓦縁鋸歯、重孤文軒平瓦、山田寺式軒丸瓦
1	錦織寺	錦織百済	白鳳塼、平安瓦複弁八葉軒丸瓦
2	龍泉寺	石川紺口	複弁八葉軒丸瓦縁鋸歯、六葉忍冬文軒丸瓦、川原式軒丸瓦
2	弘川寺	石川紺口	単弁八葉二重圏線軒丸瓦、山田寺式軒丸瓦、「枚岡市史」「柏原市史」
X	紺口廃寺	石川紺口	寛弘寺「枚岡市史」
X	高貴寺	石川紺口	
3	新堂廃寺	石川新居	在塔心礎、一塔三金堂伽藍、素弁十葉軒丸瓦、川原式軒丸瓦、山田寺式軒丸瓦
X	中野廃寺	石川新居	新堂廃寺の後身寺院、山田寺式軒丸瓦
3	一須賀廃寺	石川新居	「柏原市史」
4	萬法蔵院	石川大国	当麻寺前身寺院禅林寺、単弁六葉軒丸瓦
4	妙見寺	石川大国	七弁細子葉軒丸瓦山田寺式重弁軒丸瓦
4	叡福寺	石川大国	三重弁八葉軒丸瓦
X	岩屋寺	石川大国	平安期石窟、「枚岡市史」
X	鹿谷寺	石川大国	平安期石窟、「枚岡市史」
5	山城廃寺	石川山代	複弁六葉軒丸瓦
	坂戸廃寺	古市坂本	船橋廃寺式素弁軒丸瓦
6	西琳寺	古市古市	素弁八葉軒丸瓦、単弁八葉軒丸瓦、山田寺式重弁軒丸瓦、在塔心礎
7	飛鳥寺	安宿加美	龍王寺、名古屋城内在塔心礎
X	国分尼寺	安宿尾張	天平の寺「柏原市史」
8	片山廃寺	安宿尾張	在塔心礎、藤原宮6281A同笵複弁八葉軒丸瓦、重弁軒丸瓦
8	五十村廃寺	安宿尾張	瓦塔、重弁軒丸瓦、山田寺式軒丸瓦、善正寺式軒丸瓦
8	原山廃寺	安宿尾張	『日本霊異記』信天原山寺、重弁八葉軒丸瓦、山田寺式軒丸瓦、川原式軒丸瓦
8	円明廃寺	安宿尾張	

9	鋤田廃寺	安宿資母	国分寺下層遺蹟、塔本廃寺、『日本霊異記』僧智光
X	尾平廃寺	安宿資母	平安の瓦
X	田辺廃寺	安宿資母	双塔式伽藍配置、在凸塔心礎
X	平野廃寺	大縣大里	平安焼け瓦
10	大里寺	大縣大里	『続日本紀』墨書土器大里寺　素弁八葉軒丸瓦
10	山下寺	大縣大里	『続日本紀』素弁八葉軒丸瓦、単弁八葉軒丸瓦、重弁弁間珠、山田寺式軒丸瓦墨書土器山下瀬川
11	智識寺	大縣家原	『続日本紀』素弁八葉軒丸瓦、川原式軒丸瓦、重弁八葉軒丸瓦、重圏文軒丸瓦、在塔心礎、在京清流亭心礎
X	茨田寺	大縣家原	『聖徳太子傳歴』
11	家原寺	大縣家原	『続日本紀』、在京碧雲荘塔心礎　船橋廃寺式軒丸瓦重弁八葉軒丸瓦
X	普門寺	大縣家原	平安朝凸塔心礎在京碧雲荘
12	鳥坂寺	大縣鳥坂	『続日本紀』素弁八葉軒丸瓦、重弁八葉軒丸瓦、三重弁八葉軒丸瓦墨書土器鳥坂寺、在塔心礎、川原式軒丸瓦
X	鳥取廃寺	大縣鳥取	竹原井離宮下層遺蹟、「柏原市史」
13	三宅寺	大縣津積	白鳳金銅仏、『続日本紀』
14	高麗寺	高安三宅	山田寺系単弁八葉軒丸瓦
15	教興寺	高安掃守	素弁八葉蓮華文軒丸瓦、重弁八葉軒丸瓦、山田寺式軒丸瓦、
16	心合寺	高安玉祖	複弁八葉蓮華紋軒丸瓦
	楽音寺	高安玉祖	「枚岡市史」
17	神感寺	河内桜井	心礎小堀栄三氏は一重園孔式というが所在寸法不明　楉蔵山寺、奈良時代平瓦。「幻の塔を求めて西東」
18	河内寺	河内大宅	素弁八葉蓮華文軒丸瓦、単弁十三葉軒丸瓦
19	石凝寺	河内大戸	行基四九院、紀寺式複弁八葉軒丸瓦
19	穂積寺	河内大戸	藤原宮式軒丸瓦、複弁八葉重圏周珠鋸歯、重圏文軒丸瓦、在塔心礎、法通寺、『今昔物語』
20	寺川廃寺	讃良山家	布目瓦瓦堂
21	正法寺跡	讃良甲可	素弁八葉文軒丸瓦、藤原宮式軒丸瓦、複弁八葉軒丸瓦、清瀧寺『今昔物語』

22	讃良寺跡	讃良枚岡	複弁八葉軒丸瓦周鋸歯、川原式軒丸瓦、三重孤軒平瓦白鳳、尼寺
23	高宮廃寺	讃良高宮	素弁八葉蓮華文軒丸瓦、川原式軒丸瓦双塔式、鴟尾
24	太秦廃寺	茨田幡多	重圏文軒丸瓦、唐草文軒平瓦6761天平
25	蹉跎廃寺	茨田佐太	龍光寺、紀寺式複弁八葉軒丸瓦、雷文縁の複弁軒丸瓦
26	高柳廃寺	茨田茨田	郡寺・茨田寺、骨蔵器出土
26	中山観音寺	茨田茨田	重弁八葉軒丸瓦圏線
27	高瀬寺	茨田高瀬	白鳳
28	倉治廃寺	交野三宅	開元寺、はたもの村、双塔式
28	寺村廃寺	交野三宅	徳泉寺　布目軒平瓦、はたやま村
	津田寺	交野三宅	津田寺、はただ村
	長宝寺	交野	郡門廃寺、重弁八葉軒丸瓦片
29	交野廃寺	交野田宮	高句麗系単弁八葉軒丸瓦間三珠
30	粟倉廃寺	交野山田	「柏原市史」
30	百済寺	交野山田	複弁八葉軒丸瓦周珠、中宮廃寺、双塔式、凸心礎、前身寺院あり。
31	西山廃寺	交野葛葉	足立寺　複弁八葉軒丸瓦周珠、高句麗式軒丸瓦
31	船橋廃寺	交野葛葉	
31	九頭神廃寺	交野葛葉	法隆寺式素弁八葉軒丸瓦、高句麗系単弁八葉軒丸瓦、重弁軒丸瓦、雷文縁の複弁軒丸瓦
31	久修園院	交野葛葉	行基四九院の内
32	弓削廃寺	若江弓削	複弁蓮華文軒丸瓦、均整唐草文軒平瓦
33	東郷廃寺	若江巨摩	重弁八葉軒丸瓦間珠、三重弁八葉軒丸瓦、重圏文軒丸瓦
33	穴太廃寺	若江巨摩	
34	若江廃寺	若江錦織	素弁八葉軒丸瓦、藤原宮式軒丸瓦、川原式軒丸瓦、雷文縁の複弁軒丸瓦
34	西郡廃寺	若江錦織	在塔心礎、十二弁周珠軒丸瓦、重弁八葉軒丸瓦
35	鞍作廃寺	渋川竹淵	山田寺系単弁八葉軒丸瓦
36	龍華寺	渋川加美	安中廃寺、『続日本紀』、地籍大門に唐居敷礎石
37	渋川寺	渋川跡部	在塔心礎、宝積寺、忍冬唐草軒平瓦、重弁紋軒丸瓦、重圏文軒丸瓦
38	藤井寺	志紀長野	葛井寺、在塔心礎、重弁八葉軒丸瓦、山田寺式重弁八葉軒丸瓦、善正寺式軒丸瓦、重圏文軒丸瓦

39	拝志廃寺	志紀拝志	在塔心礎、単弁八葉軒丸瓦、重弁八葉軒丸瓦、三重弁八葉軒丸瓦、雷文縁複弁軒丸瓦
40	船橋廃寺	志紀志紀	玉井寺、素弁八葉軒丸瓦、重弁紋軒丸瓦、藤原宮式軒丸瓦、川原式軒丸瓦、善正寺式軒丸瓦、重圏文軒丸瓦、出土瓦多数のため瓦の集積地かといわれたことあり。
41	衣縫廃寺	志紀井於	在塔心礎、法起寺式伽藍、井上寺、紀寺式軒丸瓦、重弁軒丸瓦、重圏文軒丸瓦
	大井廃寺	志紀井於	井上寺「井」文字瓦出土
42	土師寺	志紀土師	在塔心礎、素弁八葉軒丸瓦、山田寺式重弁八葉軒平瓦
43	黒山廃寺	丹比黒山	重弁八葉軒丸瓦、三重弁八葉軒丸瓦、山田寺式重弁八葉軒丸瓦、在凸塔心礎
43	丹比神宮寺	丹比黒山	6227複弁八葉軒丸瓦塔心礎
44	善正寺	丹比野中	在塔心礎双塔式、骨蔵器出土、山田寺式重弁八葉軒丸瓦、善正寺式複弁八葉軒丸瓦、等
44	野中寺	丹比野中	在塔心礎、骨蔵器出土、素弁八葉軒丸瓦、単弁八葉軒丸瓦周圏線、単弁六葉忍冬文軒丸瓦、山田寺式重弁八葉軒丸瓦、善正寺式軒丸瓦、重圏文軒丸瓦、など多数
44	野中満願寺	丹比野中	平安の瓦多数
45	丹比廃寺	丹比丹上	在塔心礎、徳専寺、丹比太寺、三重弁八葉軒丸瓦
45	泉福寺	丹比丹上	善正寺式軒丸瓦、重孤文軒平瓦
46	瓜破廃寺	丹比三宅	道照寺、善正寺式複弁八葉軒丸瓦
47	小寺廃寺	丹比菅生	「龍田越」
48	津堂廃寺	丹比丹下	単弁忍冬六葉軒丸瓦
49	護国寺	丹比土師	「柏原市史」
50	東野廃寺	丹比狭山	骨蔵器出土、山田寺系単弁八葉軒丸瓦
51	明教寺	丹比長野	「龍田越」「柏原市史」
52	長承寺廃寺	大鳥大鳥	藤原宮式軒丸瓦
52	大園遺跡	大鳥大鳥	山田寺塼仏踏み返し、藤原宮式丸瓦、複弁八葉軒丸瓦、塼仏、飯蛸壺
X	鶴田池東遺跡	大鳥日部	白鳳鴟尾
53	太平寺	大鳥上神	白鳳塼仏
X	大庭寺遺跡	大鳥上神	白鳳塼仏、集落跡と考えられてい

			る
54	土師観音寺	大鳥土師	雷文縁複弁軒丸瓦
54	大野寺	大鳥土師	土塔の寺、神亀四年文字瓦、圏文軒丸瓦
54	百舌鳥陵南廃寺	大鳥土師	
55	蜂田寺	大鳥蜂田	華林寺、三重弁八葉軒丸瓦
55	家原寺	大鳥蜂田	
X	浜寺石津町東遺跡	大鳥石津	藤原宮式軒丸瓦、公的施設と考えられている
56	塩穴寺	大鳥塩穴	法隆（法起）寺式伽藍、山田寺式重弁八葉軒丸瓦
57	信太寺	和泉信太	信太寺平瓦、素弁八葉軒丸瓦、複弁八葉軒丸瓦、重圏文軒丸瓦、雷文縁複弁軒丸瓦、上代観音寺、
58	和泉寺	和泉上泉	雷文縁複弁七葉軒丸瓦、複弁八葉軒丸瓦、和泉郡寺
59	坂本寺	和泉坂本	法隆寺式伽藍、軽寺式単弁八葉軒丸瓦、藤原宮式複弁八葉軒丸瓦、川原式軒丸瓦、在塔心礎、禅寂寺、三尊塼仏
60	池田寺	和泉池田	単弁八葉軒丸瓦、細重十二弁軒丸瓦、池田堂平瓦
X	松尾寺	和泉池田	白鳳の瓦
60	安楽寺	和泉池田	後八三九年和泉国分寺になった
61	田治米廃寺	和泉山直	「龍田越」
62	小松里廃寺	和泉八木	素弁八葉軒丸瓦、三重弁八葉軒丸瓦、鴟尾
63	別所廃寺	和泉掃守	藤原宮式複弁八葉軒丸瓦
63	春木廃寺	和泉掃守	高句麗系単弁八葉重圏縁軒丸、瓦加守寺
64	堂後廃寺	和泉木嶋	
64	秦廃寺	和泉木嶋	素弁八葉軒丸瓦、単弁八葉軒丸瓦、高句麗系軒丸瓦、船橋廃寺系軒丸瓦、雷文縁複弁六葉軒丸瓦、二重孤文軒平瓦
X	堀遺跡	和泉木嶋	高句麗式軒丸瓦、集落跡と考えられている
X	加治神前畠中遺跡	日根近美	高句麗式軒丸瓦、集落跡と考えられている
X	地蔵堂廃寺	日根近美	高句麗式軒丸瓦
65	禅興寺	日根賀美	日根郡寺、山田寺式重弁八葉軒丸瓦、川原式軒丸瓦、雷文縁複弁軒丸瓦
66	海会寺	日根呼唹	法起寺式『日本霊異記』中22尽恵

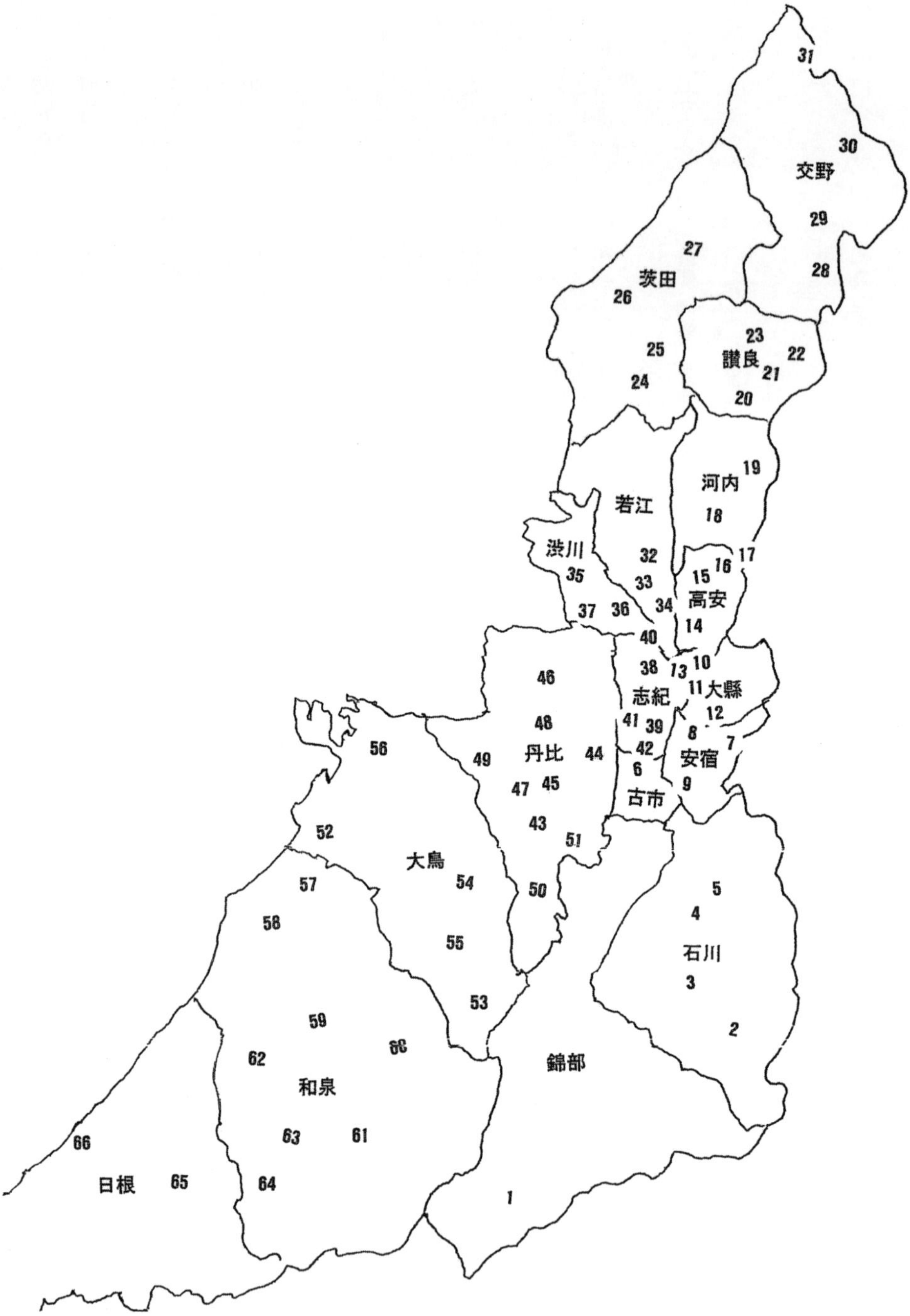

地図Ⅵ六十六区の位置[5]

寺、木の本廃寺大宮大寺・四天王寺同笵瓦、山田寺式重弁八葉軒丸瓦、川原式軒丸瓦　在塔心礎、独尊塼仏

おわりに

以上長年考えて来た「六十六区」に関して「区は郷を表していると考える」という数え方と「和泉を河内に含めて」数えるということを基本に、まずその寺院の存在を文献から証拠を掲げ、更に考古学上の塔心礎の研究と、瓦の発掘発見とその研究発達に則って証拠とし、現状での寺院の位置付が定まった。それに郡郷の研究を加えて寺院の分布を検討し漸くここに完了した。

しかし歴代試みられた先輩と同様の思いがよぎる。すなわち今ちょうど六十六区に納まった。それも偶然ではないだろうか。これからまた発掘されて寺の数が増えてこないか。また研究の結果寺の所在郷が変更になるかもしれない。

しかし「区は郷を表し和泉を河内に含めて六十六区を数える」という考えが全く考えられないということにはならないことが実証出来たと考えている。以上が私の本稿での提案である。

参考資料

（1）「枚岡市史」一八二頁
（2）「竜田越」一四八頁
（3）「柏原市史」第四巻資料編Ⅰ　二頁
（4）『和名類聚抄』名古屋市博物館叢書二
（5）「荘園分布図」上巻　竹内理三
（6）「新堂廃寺二〇〇一附章」摂河泉の古代寺院大阪府教育委員会
（7）「古代瓦研究Ⅰ—飛鳥寺の創建から百済大寺の成立まで—」奈良文化財研究所
（8）「古代瓦研究Ⅱ—山田寺式軒瓦の成立と展開—」奈良文化財研究所
（9）「古代瓦研究Ⅲ—川原寺式軒瓦の成立と展開—」奈良文化財研究所
（10）「飛鳥白鳳の瓦づくりⅧ—法隆寺式軒瓦の成立と展開—」奈良文化財研究所
（11）「飛鳥白鳳の瓦づくりⅨ—雷文縁の複弁軒丸瓦の展開—」奈良文化財研究所
（12）「飛鳥白鳳の瓦づくりⅩ—重弁蓮華文軒丸瓦の展開—」奈良文化財研究所
（13）「飛鳥白鳳の瓦づくりⅪ—藤原宮式軒瓦の展開—」奈良文化財研究所
（14）「古代瓦研究Ⅵ—重圏文系軒瓦の展開—」奈良文化財研究所二五八頁
（15）「日本の木造塔跡」岩井隆次
（16）「古代摂河泉寺院論攷集」第二集

竜田道の変遷

安村俊史

はじめに

『日本書紀』推古二一年（六一三）の条に、「難波より京に至る大道を置く」という記述がみられる。この「大道」について、岸俊男氏が提唱した難波宮中軸線上の道（いわゆる「難波大道」）―竹内街道―横大路という説[1]（図1）が通説となり、広く紹介されてきた。この説に対する疑問も呈されたが、深く顧みられることはなかった。

これに対して、筆者は推古二一年の大道とは、渋河道―竜田道―太子道のルートではないかと考えた。そして、二〇一三年に推古二一年の大道設置から一四〇〇年を迎えるにあたって、竹内街道がクローズアップされることを予想し、その前年にこの考えを論文にまとめ[2]、筆者が勤務する柏原市立歴史資料館の二〇一三年度夏季企画展で、この説に基づいた展示「難波より京に至る大道を置く」を開催した[3]（図2）。予想どおり、竹内街道沿線の市町では、竹内街道開通一四〇〇年などの展示やイベントが開催された[4]。

本稿では、その反響を踏まえたうえで、推古二一年の大道のルートを確認し、このルートの一部が奈良時代には行幸路へと変遷した過程について検討してみたい。

一、推古大道のルート

（一）渋河道ルートの提唱と検証

岸俊男氏の説が通説として定着していた理由は、岸俊男という偉大な先生が提唱した説であること、正方位の南北道・東西道というわかりやすい説であることがあげられるであろう。そして一九八〇年の大和川・今池遺跡の発掘調査によって、難波宮中軸線上の道路遺構が確認された[5]。この調査以降、この道路は推古二一年の記述に相当する道路として「難波大道」と称されるようになった。これらの理由によって、岸説は広く周知され、疑いない説として紹介されてきた。

しかし、筆者は以前からこの説に疑問を感じていた。大和川・今

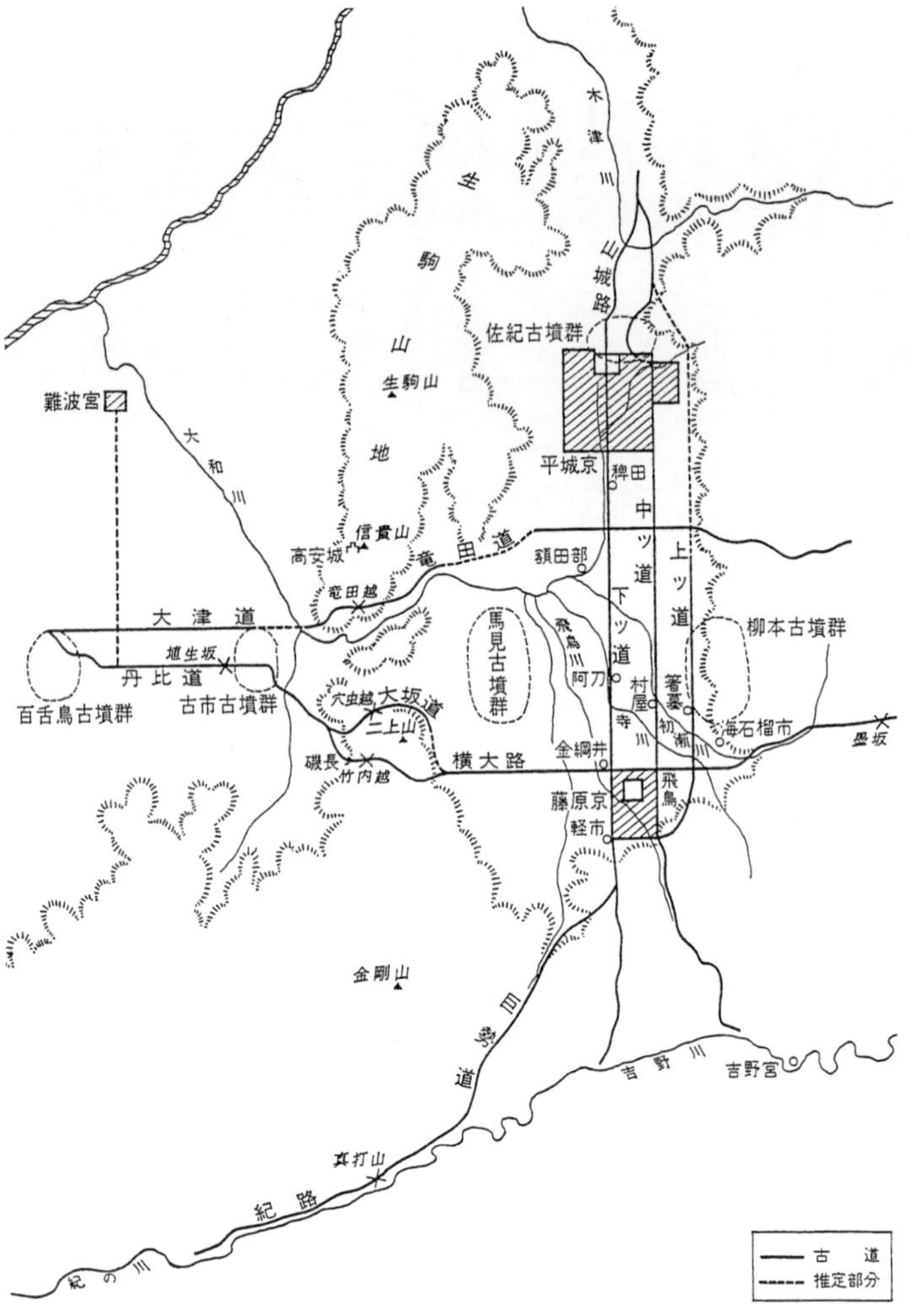

図1　岸俊男氏復元の大和・河内の古道

池遺跡における調査で、側溝から出土したのは、七世紀後半の須恵器のみであること。難波宮造営以前に「難波大道」が設置されていたならば、「難波大道」を基準に孝徳朝難波長柄豊碕宮が造営されたという不自然な想定をしなければならないこと。そして、正方位道路の設置が、七世紀前半まで遡るのか、などである。そのうえで、柏原を中心とする河内の古代史を復元するなかで、渋河道―竜田道ルートの可能性があるのではないかと考えていた。

その後、二〇〇九年に刊行された大阪府文化財センターによる大和川・今池遺跡の調査報告書で、「難波大道」の設置は七世紀中葉、もしくはそれ以降という調査結果が公表されるに及んで[6]、渋河道ルートに対する確信を深めることになった。そして、道路の痕跡や周辺に立地する古代寺院の年代、上宮王家との関わりなどの資料を整理し、この考えを論文にまとめたうえで、企画展においてこの説を紹介し、推古二一年の大道の再検討を求めた。

筆者の説に対して多少の反響もあり、支持していただける方も多かったが、竹内街道周辺の一部の博物館等では、筆者の説に対する反論もないままに竹内街道こそが推古大道であるとする展示が行われていた。展示を通じて議論を深めることができなかったのは残念であった。

筆者が見聞した反論として次のようなものがあった。①竹内街道は古墳時代、さらには縄文時代に遡って存在した道であり、この道こそ推古大道にふさわしい。②渋河道や竜田道は、大道と呼ぶにふ

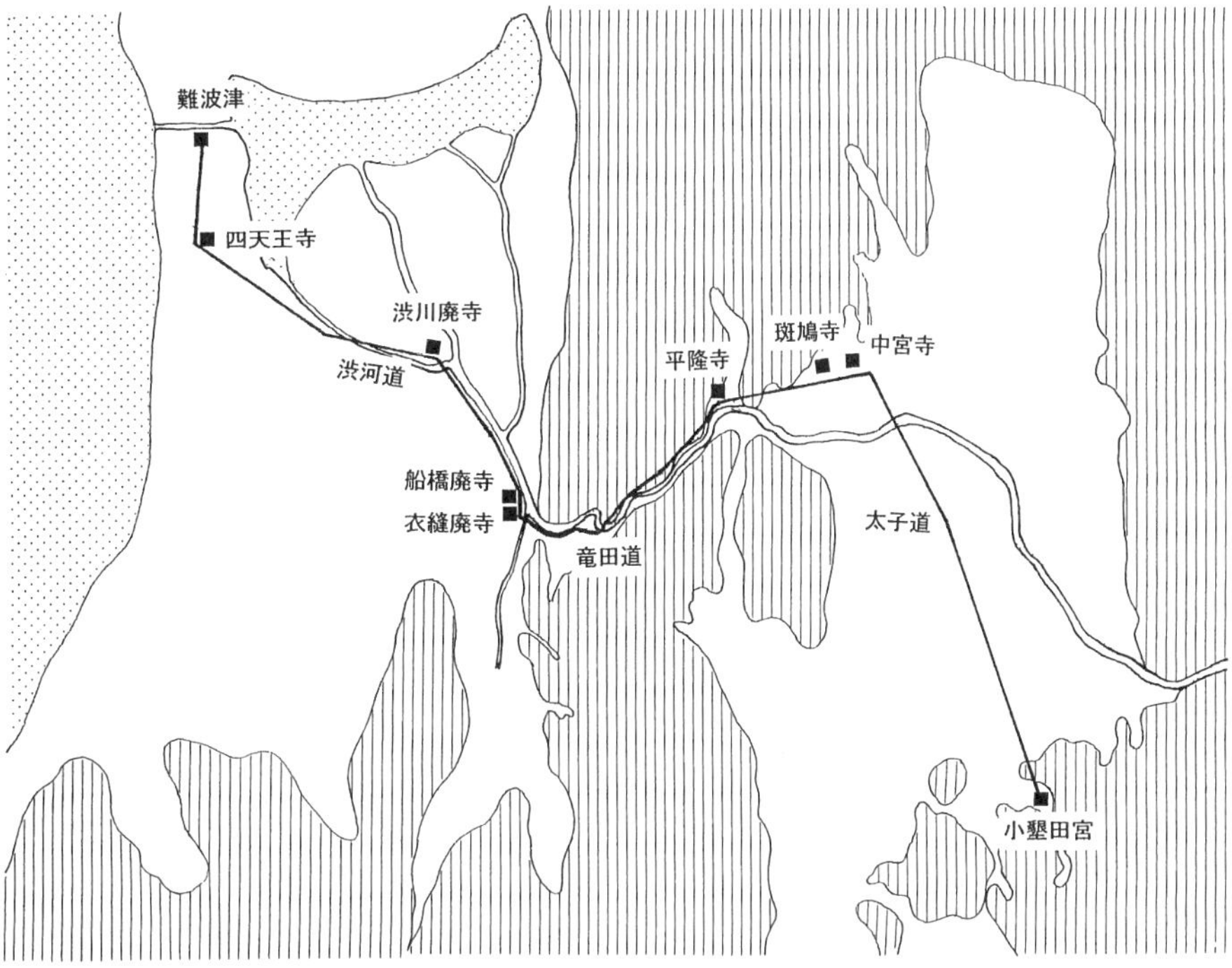

図２　推古21年設置の大道推定ルート

さわしい規模があったとは考えられない。③一箇所だけの調査で「難波大道」の年代を決めることはできない。④安村説のルート上では、道路遺構がまったく確認されていない。⑤裴世清は大和川を利用していない。もしくは利用していたとしても、その後の道路が大和川沿いに設置された理由とはならない。⑥岸説は合理的な説であり、安村説にはそれを否定するだけの根拠が示されていない。などである。

以下でこれらの批判に応えておきたい。

①について、竹内街道が推古朝以前から存在した道であることは、前稿において筆者も指摘している。しかし、竜田道や暗峠などもそれ以前から存在していたと考えられ、それが推古大道の根拠とはならない。ここで問題にしているのは、正方位道路としての竹内街道の設置が、推古二一年だったのか、その点である。

②については、標高二八八メートルの峠を越える竹内街道こそ大道にふさわしくない。渋河道—竜田道ルートは、奈良時代に行幸路として機能していた道なのである。

③の「難波大道」の年代について、「難波大道」が推古朝に遡るという考古学的資料がないなかで、「難波大道」の盛土、および下層遺構出土土器に基づく年代決定は、一箇所で十分である。これを否定するならば、考古学的な資料に基づいて反論すべきである。

④の筆者の想定するルート上で道路遺構が確認されていない点は、筆者の説の最大の弱点であることを自覚している。しかし、さまざ

まな条件から考えると、渋河道ルートが最も可能性が高いという考えを示したものであり、今後、このルート付近で道路遺構や建物方位などを意識した調査が実施されることを期待したい。なお、筆者の復元したルートの細部に対する批判もあるが、図上でルートを示さなければ議論にならないと考えて示したものであり、筆者自身、ルートの細部については今後も修正していきたいと考えている。

⑤の大和川水運について、裴世清は大和川水運を利用したと考えているが、ここでは詳しく触れない。(7) 筆者が大和川水運を前提として渋河道ルートを主張しているようにとらえる方もあるようだが、筆者が最も重視するのは沿線に立地する寺院とその創建年代、そして上宮王家の拠点である斑鳩の位置である。このルート設置の背景の一つとして、先行する大和川水運の存在にも注目しているのである。

⑥では岸説は合理的な説であるというが、岸氏は、そのルートが推古朝に遡る根拠を何も示してはいない。その説が合理的とされ、さまざまな資料を提示した筆者の説が根拠不十分という論評はいかがなものか。

歴史地理学から古代道路を研究されている方には、正方位道路は孝徳朝以降とする方が多いが、近江俊秀氏らは考古学的には正方位道路の設置は推古朝以前に遡るという見解を示してきた。(8)

考古学的手法で道路の年代を決定することは難しい。道路遺構の大半は側溝が検出されるのみであり、生活の場ではなく道路という性格上遺物も少ない。さらに側溝は何度も掘りなおされたり、溝浚えが行われるため、側溝の遺物から道路の設置年代を明らかにすることは困難である。年代を決定するには、大和川・今池遺跡のように下層遺構・包含層や道路設置に伴う盛土遺構出土の遺物が必要となる。この場合でも、下層遺構で間違いないか、上面から切り込まれたものではないかなど十分な検証が必要となる。そのうえで、道路設置の年代は、下層遺構に含まれる最も新しい遺物の年代以降であることを示すのみである。道路設置に伴う盛土も、道路の改修に伴う二次、三次の盛土である可能性があり、慎重な検討が求められることになる。

考古学的手法で道路の年代を検討する場合、詳細な調査と幅広い視野による検討の両者が求められる。考古学的手法による限り、大阪における正方位道路の設置は、現状では七世紀中葉もしくはそれ以降である。竹内街道は、難波から飛鳥への正方位道路として、また長尾街道は竜田道へ至る正方位道路として、「難波大道」は長柄豊碕宮中軸線上に、これらの道へ至る正方位道路として設置されたのであろう。

また、飛鳥地域の道路遺構を検討した相原嘉之氏は、七世紀中ごろ前後に、山田道のルートが変更されていることを明らかにし、七世紀前半段階の道路は直線を指向するが、障害物があるとすぐ迂回すると指摘している。(9)

大和の正方位道路については、詳細な検討が必要であると思われるが、飛鳥での検討のように、大和の正方位道路も、七世紀中葉以降に下るのではないだろうか。

(二)　渋河道ルートの再検討

a　上町台地上のルート

前稿において、推古二一年の大道は難波津から四天王寺の位置まで、上町台地の最高所を通る斜向する直線道路だったと考えた。その考えは現在も変わっていないが、前稿の図３「四天王寺周辺の推定渋河道」に記載したルートは間違っており、もう一本東側の道路（本稿図３）を古道と考えるべきである。

前稿後、植木久氏が四天王寺の北側で検出された溝について、道路側溝と指摘していることを知った(10)。この道路は、一九八六年に大阪市立大江小学校内の調査で確認されたもので、幅一・五〜二・〇メートル、北から約九度東へ振っている。植木氏は、この溝が道路の東側溝と考え、現在の上汐町筋に相当する古道が、四天王寺創建以前に存在していたことを指摘している。この道路は四天王寺の南へも続いているが、四天王寺の南西で、渋河道と接続していたと考えたい。

b　久宝寺遺跡検出の道路遺構

財団法人八尾市文化財調査研究会による久宝寺遺跡三次調査で、

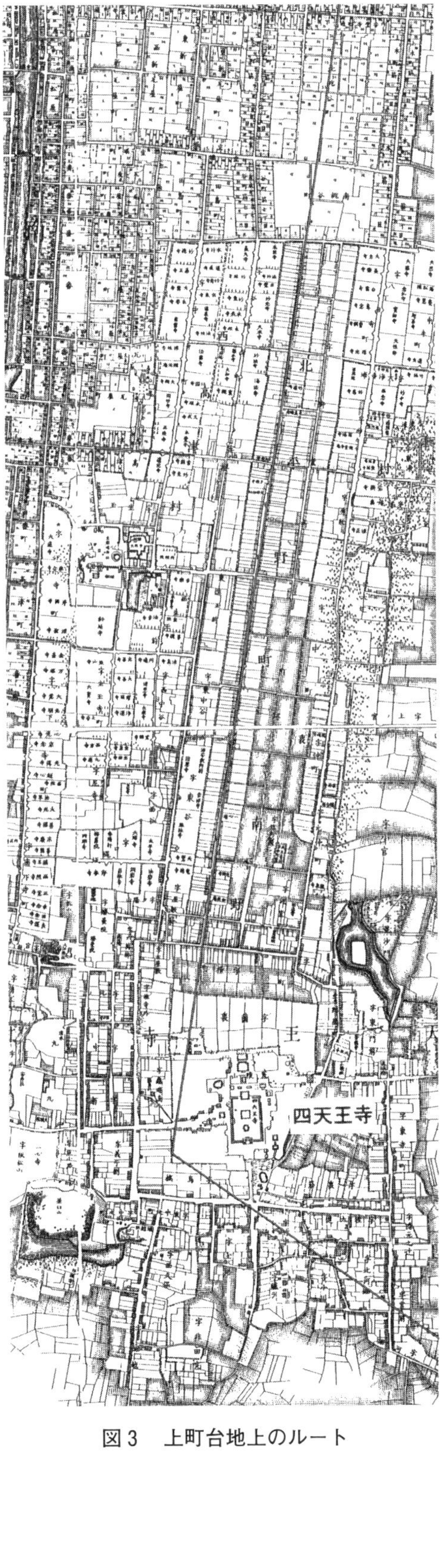

図３　上町台地上のルート

幅九メートル、北から西へ約五〇度振る道路遺構が検出されている(11)。側溝からは六世紀後半から八世紀の遺物が出土しているようであるが、設置年代は特定できない。八尾市文化財調査研究会では、この道路遺構を渋河道の遺構と想定しているが、このまま北西へ直進すると河内湖およびその周辺の低湿地に至るため、渋河道の遺構とは考え難い。渋河道はやはり西へ向かい、四天王寺付近から上町台地を北進したと考えるべきだろう。この道路遺構は、渋河の地と河内湖沿岸の津などを結ぶ道路だったのではないだろうか。

c　竜田道のルート

筆者は、前稿において渋河道から竜田道への取り付き方、そして竜田道の西半をめぐって、二案を提示した。一案は、奈良時代の行幸路と同じく宝永元年（一七〇四）の大和川付け替え地点（築留）付近で大和川を渡り、安堂から山の中に入り、横尾を経由して青谷へ至るルートである。もう一案は、船橋廃寺から衣縫廃寺へと南進し、長尾街道付近で石川を渡り、原川を越えて大和川左岸を東へ進み、青谷の地で大和川を右岸へと渡河するルートである。そして、後者のルートのほうが適切ではないかと考えた。

それに対して、一瀬和夫氏からこの案では石川周辺の低湿地を通過することになり、道路の設置は無理があるのではないかと指摘があった(12)。その後、筆者も検討を加え、衣縫廃寺付近、すなわち石川河口で石川を渡り、そこから大和川左岸堤防上を東へ進むルートに修正した(13)。このルートは、近世の奈良街道のルートにもほぼ一致するものである。現時点では、このルートが最も妥当であると考えている。

d　中村太一氏説の検討

前稿後、中村太一氏が大和・河内の古代道路網の変遷について整理されていることを知ったので、この説について検討を加えておきたい(14)（図4）。

まず、中村氏は近江俊秀氏が下ツ道の側溝出土土器などから大和・河内の正方位道路の建設時期を六世紀末から七世紀前半とする考えに異論を唱えられている。本稿に関連する部分のみを取り上げると、推古二一年に設置された大道を難波から足利説丹比道でほぼ南へ進み、竹内街道から大坂道を経て葛上斜向道路のルートを考えている。この中で、足利説「丹比道」は、丹比郡周辺では地図上でそのルートが明確であり、発掘調査成果もこれを裏付けるものがあるが、上町台地周辺では足利氏の指摘するルート上に、道路痕跡は認められていない。しかし、その延長上に四天王寺が位置することを考えると、このルートが推古朝に存在した可能性は十分に考えられる。残念ながら、中村氏は渋河道についてはまったく考慮されておらず、推古朝において竜田道から大坂道へ比重が移ったとする。しかし、古代寺院や遺跡の立地密度から考えて、このルートが「大道」と考えるのは困難であろう。

中村氏は孝徳朝に「難波大道」―丹比道―横大路のルートが設置されたと考え、孝徳朝に設置された「難波大道」が、最初の正方位

①

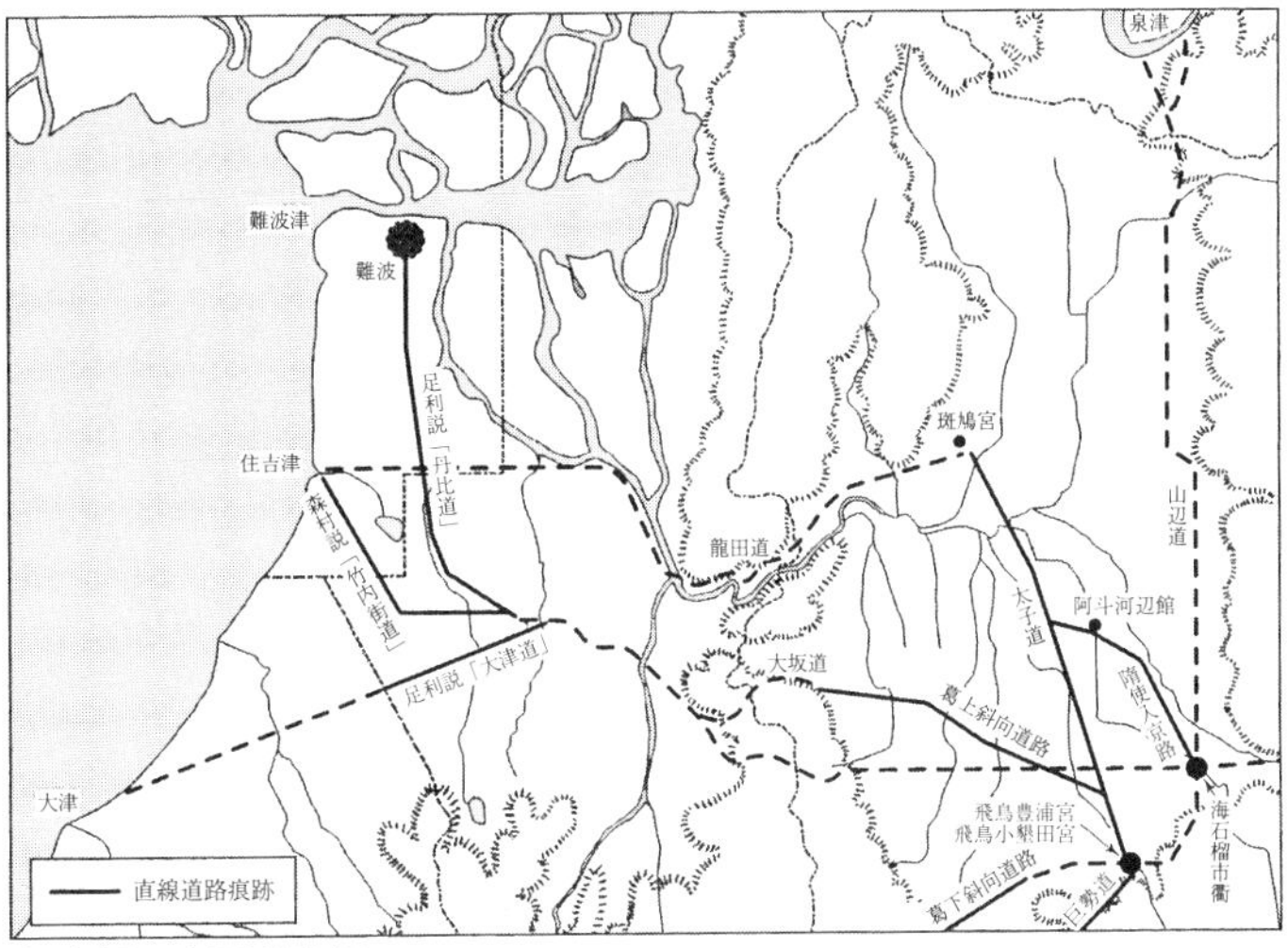

推古朝の主要道路網

②

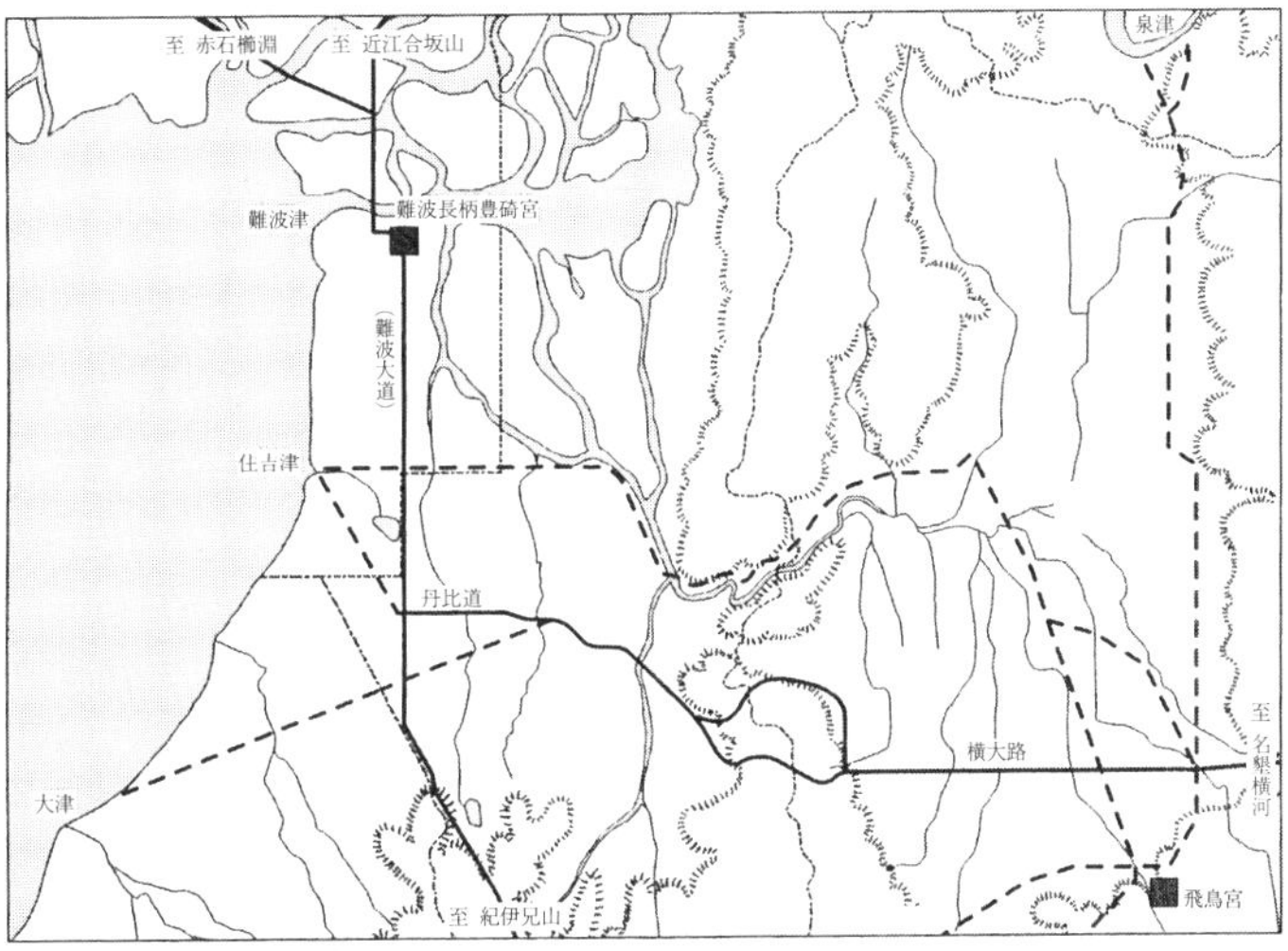

孝徳朝の主要道路網

③

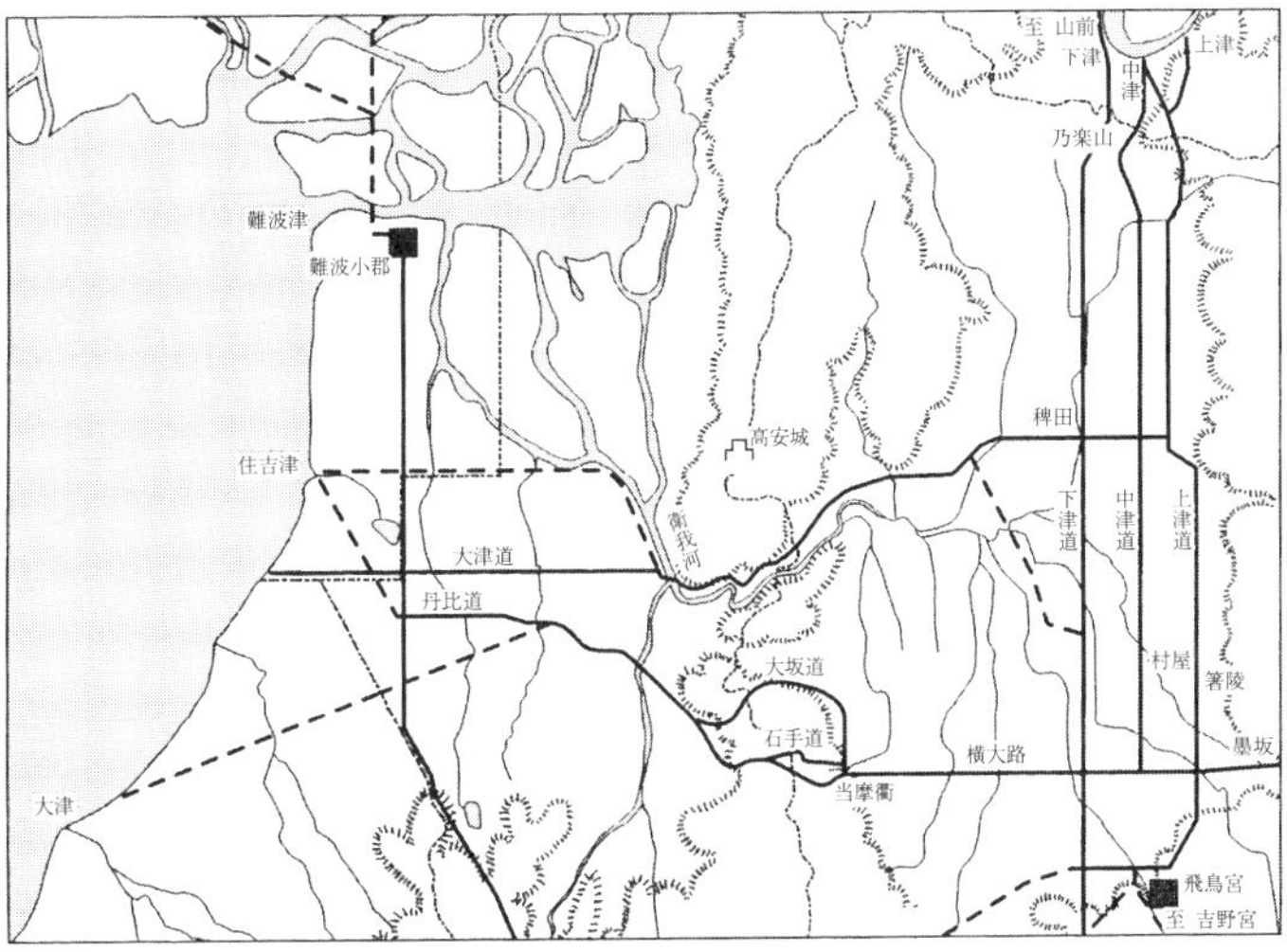

「壬申の乱」時の主要道路網

図４　中村太一氏の復元ルート

道路の一つではないかと指摘する。これが『日本書紀』白雉四年（六五三）の「処々の大道を修治る」に相当するものだろうと考えている。

推古朝には斜方位計画道路であったものが、孝徳・斉明朝に正方位計画道路として整備されたとする考えには筆者も賛同する。ただ、筆者は「丹比道」は後の長尾街道のことと考えており、竹内街道に相当するルートを安易に丹比道と表記する点は納得できない。

下ツ道側溝から六世紀末～七世紀初頭の須恵器が出土したことによって、正方位道路の設置が推古朝に遡る可能性も示唆されているが、一点の土器で道路の年代を決めることができないことは先述のとおりである。さまざまな考古資料を総合するならば、やはり正方位道路の設置は、七世紀中ごろ以降と考えるべきであろう。

二、上宮王家と大県郡

（一）上宮王家の所領

筆者は、前稿で推古二一年の大道設置に厩戸皇子が大きく関わっていたのではないかと指摘した。その理由として、このルート上に厩戸皇子の拠点であった斑鳩が位置すること、渋河道ルート沿いに法隆寺系瓦の出土が多いことと、今一つは、この周辺に法隆寺領が多く、これらは本来上宮王家領であったと考えられることによるものである。

瓦については、平成二四年度の調査で、八尾市渋川廃寺から法隆寺西院伽藍出土軒丸瓦と同范の複弁八葉蓮華文軒丸瓦が出土し、渋川廃寺と法隆寺の関係が七世紀後半に遡ることが確認されている。(15)

ここでは、法隆寺の所領について、もう少し考えてみたい。(16)

天平一九年（七四七）の『法隆寺伽藍縁起幷流記資財帳』に、河内の所領として志貴郡、渋川郡、更浦郡、和泉郡、日根郡、大県郡の所領が記されている。この中で、本稿と関連するものとして、渋川郡、志紀（貴）郡、大県郡の法隆寺の所領について検討を加えてみたい。

渋川郡には、水田四六町二段一八七歩、薗地六町、荘一処があり、これらは旧物部領であったと考えられる。荘の位置は、渋川廃寺周辺に存在したのであろう。鬼頭清明氏は、法隆寺の庄倉が存在する地から法隆寺系軒瓦の出土する例が多いことを指摘している。(17)渋川廃寺から、七世紀後半から八世紀にかけての法隆寺系軒瓦が出土していることもこれに関連する。(18)

志紀（貴）郡には水田一町と荘一処が存在した。水田がわずか一町であることから、鷺森浩幸氏は渋川郡に隣接する地に存在したのではないかと考え、荘は国府の存在に対応する可能性を指摘している。(19)

船橋廃寺より七世紀後半の法隆寺同范瓦が出土していることから（図5）、この付近に志紀郡の荘を求め、船橋廃寺と法隆寺との関わり、さらには上宮王家との関わりを考えてみたい。船橋廃寺周辺は、推古朝以前の大和川水運にとっても、推古朝の大道においても重要

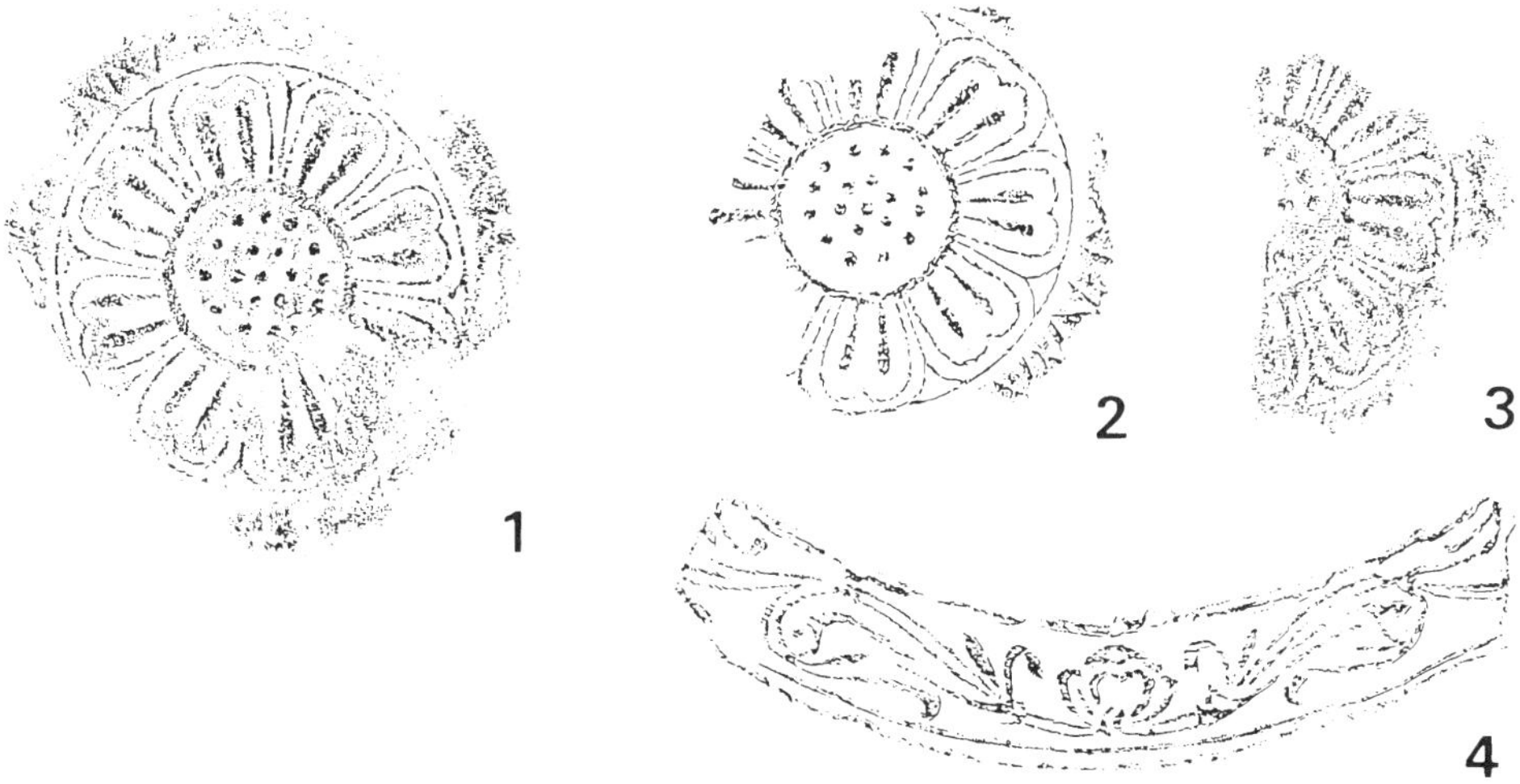

図５　柏原市内出土の法隆寺系軒瓦（１大県南遺跡、２・３船橋遺跡、４渋川廃寺（参考））

な位置を占めていたと考えられる。この地に、上宮王家が何らかの基盤となる施設をもっていた可能性は高いのではないだろうか。一町のみの水田も、この付近に存在したと考えるべきではないだろうか。

　大県郡には荘一処のみで、水田は伴っていない。この荘とはどのような性格をもっていたのだろうか。鷺森氏は、後に離宮の設置された竹原井に上宮王家の何らかの施設が先行して存在した可能性を考える[20]。

　しかし、筆者は山下寺跡（大県南廃寺）から出土している法隆寺同范瓦が荘に関連するものと考えたい[21]（図５）。後述するように、生駒山地西麓の河内六寺周辺は、聖徳太子の伝承の多い地である。そこで、山下寺周辺に荘が存在したと考えてみたいが、その起源と性格については明らかにできない。しかし、河内六寺の建立にかかわった在地の知識らが、法隆寺と何らかの関係を成立させていたのではないだろうか。

（二）　厩戸皇子と河内六寺

『続日本紀』に孝謙天皇が天平勝宝八歳（七五六）に参拝したと記される智識、山下、大里、三宅、家原、鳥坂の六寺を河内六寺と称している（図６）。その中で、先述のように山下寺跡から法隆寺同范瓦が出土しており、法隆寺の荘との関係を想定することができる。

　そして、『太子伝古今目録抄』[22]には、「知識寺　太平寺丈六観音」とある。太平寺は智識寺のことと考えられ、聖徳太子の建立と伝えられていたようである。智識寺の創建は七世紀後半で、上宮王家滅亡後のことであり、仏教を篤く信仰する知識によって建立された寺院と考えられるため、この伝承は信じることができない。しかし、智識寺も法隆寺（上宮王家）と何らかの関わりがあったことまでは否定できないであろう[23]。

『聖徳太子伝暦』には、「河内に至り、茨田寺の東の側わらに駐まる。北のかた大県山の西下を望み、左右に謂うて日はく、一百年の後ち、一りの愚僧あり、彼しこにおいて寺を立て像を造るに高大ならん。」とある。高大な像を有する寺とは智識寺のことであろう。とすると、茨田寺は智識寺の南にあったと考えられ、家原寺（安堂廃寺）の別名と考えるのが妥当であろう。そうであるならば、孝謙天皇が天平勝宝元年（七四九）の智識寺参拝のおりにその宅を行宮とした茨田宿禰弓束女に関連して、茨田氏と関わる寺院名かもしれない。[24] 茨田寺が家原寺と同一寺院であるとすると、家原寺も上宮王家に関わりがあったと考えられることになる。

もしくは、法隆寺同范瓦を出土している山下寺が茨田寺の可能性も考えられる。山下寺周辺には、「茨山」の小字名が広がっている。

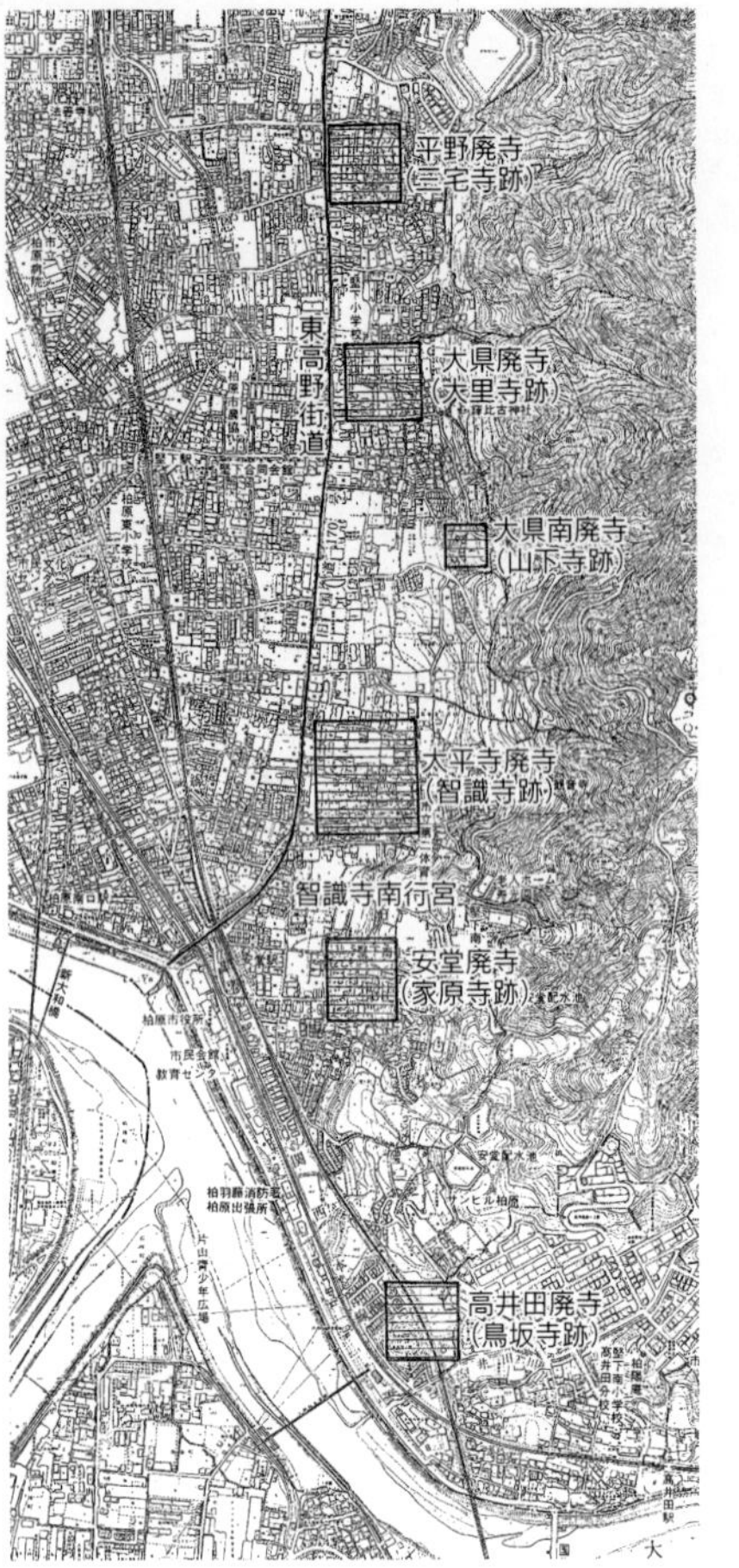

図6　河内六寺の位置

この場合、『聖徳太子伝暦』に「北のかた」とある部分を「南のかた」と読み替えなければならないことになる。

さらに、『聖徳太子伝補闕記』[25] は、「斑鳩寺被災之後、衆人不得定寺地、故、百済入師率衆人、令造葛野蜂岡寺、令造川内高井寺」とある。斑鳩寺の被災は天智天皇九年（六七〇）のことであり、その後法隆寺僧が造ったという川内高井寺とは、鳥坂寺を指すのであろう。これも史実かどうか不明であるが、鳥坂寺の推定創建年代に近いことは注目できる。また、柏原市高井田に現存する高井寺の『高井寺縁起』では、聖徳太子創建とされている。縁起は後世の作であるが、これも示唆的である。

以上の記述は、いずれも伝承ばかりであり、実態を示したものとは考えられない。しかし、河内六寺のうち山下寺、智識寺、家原寺、鳥坂寺の四ケ寺に、聖徳太子なり法隆寺に関わる記録がみられることを、偶然と考えることもできない。

筆者は、河内六寺はすべて知識によって建立されたと考えているが、[26] 彼らのなかに聖徳太子を崇拝する考えがあったのではないか。そして、法隆寺と何らかの関係を有していたと考えることもできる。もしかすると、厩戸皇子が設置した渋河道、竜田道の隣接地に河内六寺が建立されたこととも関連性があるのかもしれない。

三、その後の推古大道

七世紀中ごろの孝徳朝に、「難波大道」、竹内街道などの正方位道路が設置されるにおよんで、渋河道、竜田道ルートの重要性は低下したものと考えられる。その背景には、上宮王家の滅亡（六四三年）による斑鳩の地位の低下も影響していたのであろう。その一方で、このころから河内六寺の建立が始められるなど、大県郡周辺ではこの地の復権を目指した動きがあったようである。

『日本書紀』の天武八年（六七九）一一月の条に、竜田山、大坂山に関を置いたことがみえる。竜田関は竜田道に設置され、おそらく柏原市峠付近に想定できるであろう。大坂関は大坂道（穴虫越）に設置されたものであり、この両道が、当時の河内と大和を結ぶ主要道だったと考えられる。長尾街道は、竜田道へ至る東西直線道として設置されたのであろう。

竹内街道を官道として評価する際に、一般には竹内峠越えのルートが考えられるが、竹内峠は標高二八八メートルもあり、官道としては不適切である。竹内街道をとった場合でも、二上山の峠越えは、通常は標高一六〇メートルの穴虫越えだったのであろう。ちなみに竜田越えの最高所である峠の標高は七八メートルであり、天武朝においても、この両道が河内と大和を結ぶ主要道だったことを示しているのであろう。

四、奈良時代の行幸路としての竜田道

（一）行幸路と知識

和銅三年（七一〇）に平城京に遷都されて以降、平城と難波との往来に利用された行幸路は、竜田道―渋河道だったと考えられる。『続日本紀』天平勝宝八歳（七五六）、難波宮からの帰路に「渋河路」を通って「智識寺（南）行宮」に至ったとある。また、青谷遺跡に比定される竹原井頓宮の位置や智識寺の位置から考えると、大和川右岸の竜田道で山を越え、柏原市安堂付近で大和川を渡り、大和川左岸の渋河道をとり、難波京朱雀大路を通って難波宮に至ったと考えられる（図7）。

筆者は、竜田道のルートについて、上述のように復元したことがあり[27]、今も訂正の必要はないと考えている。そして、大和川渡河点に架けられていたと考えられる「河内大橋」についても検討したところである[28]（図8）。

ここでは、筆者の復元した推古朝の竜田道と奈良時代の竜田道が異なる点について、その変遷過程を明らかにし、その理由についても検討を加えたい。

『続日本紀』養老元年（七一七）二月、元正天皇が和泉宮から竹原井頓宮へ至ったことが記される。これが竹原井頓宮の初見であり、これ以前に竹原井頓宮が整備されていたことがわかる。

それに先立って、大宝元年（七〇一）八月に、河内、摂津、紀伊

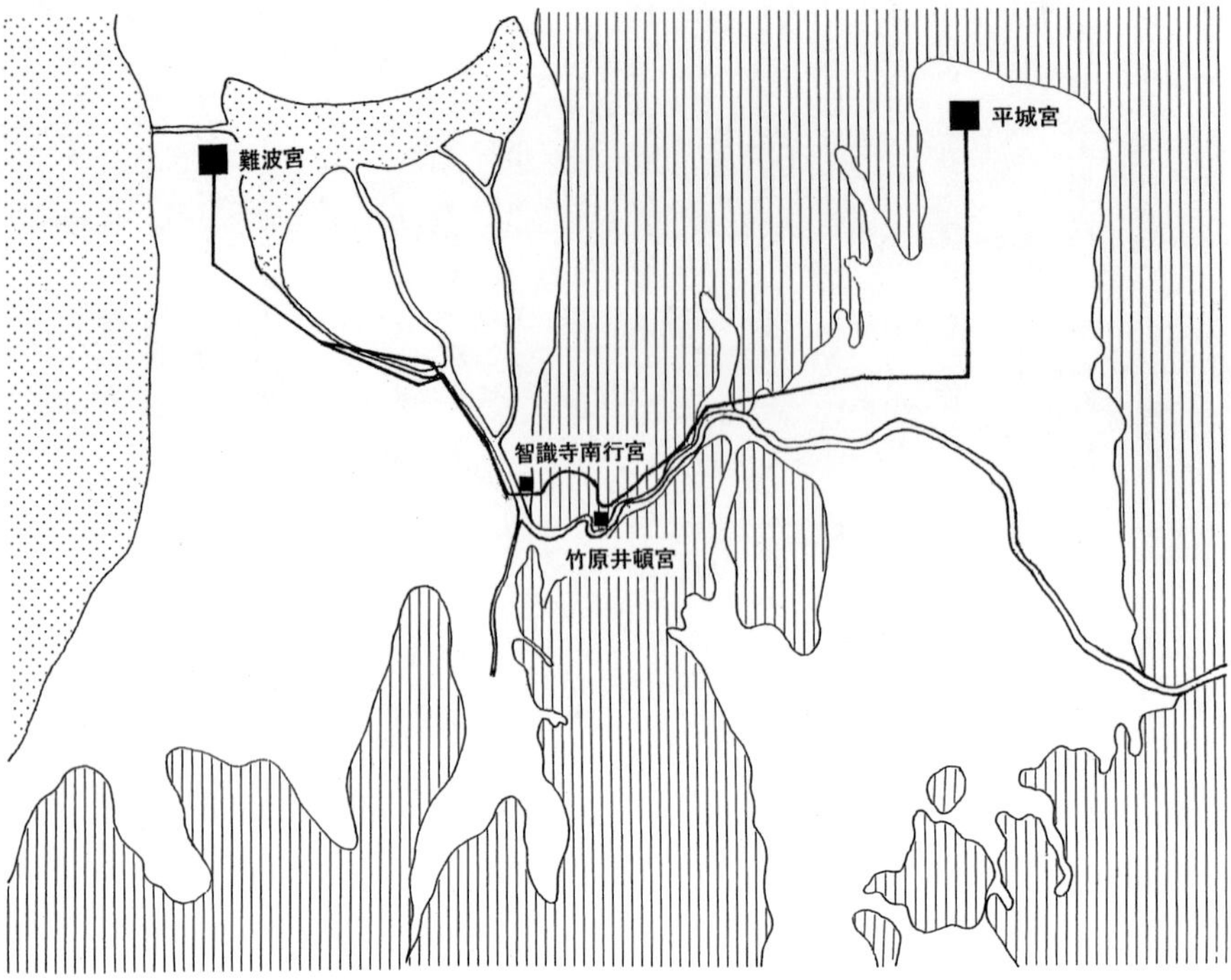

図７　奈良時代の平城と難波を結ぶ道

等国に行宮を造営したことが記される。この行宮造営が竹原井頓宮に関わるものとも考えられるが、藤原宮においては竜田道の重要性は低下していたと考えられ、竜田道の経路上に行宮を設置したと考えるのは不自然である。竹原井頓宮の造営は、平城遷都以降、おそらく養老元年（七一七）の行幸に伴って行われたものと考えていいのではないだろうか。養老元年二月二〇日の条で行宮司にも禄を与えている。この行宮司が和泉宮と竹原井頓宮のどちらを指すのかはわからないが、両者を指すと考えていいだろう。竹原井頓宮の造営は、平城遷都に伴って竜田道が難波方面への行幸路となったことを示すものであろう。

養老元年の経路は、和泉宮から竹原井頓宮へのルートであった。和泉宮の位置は諸説あって確定しないが、長尾街道を利用して竹原井頓宮に至ったことは間違いないであろう。そうであるならば七世紀のルートと同じく青谷付近で大和川左岸から右岸に渡ったものと考えられる。

その後、神亀二年（七二五）、三年（七二六）、五年（七二八）に、聖武天皇が難波宮へ行幸しているが、その経路は明らかにできない。続いて天平六年（七三四）に難波宮に行幸した聖武天皇は、帰路に竹原井頓宮を利用したことが記されている。「河内大橋」の架橋年代を考察した際に、七二〇年代ごろではないかと考えた。その理由の一つとして、『万葉集』に見える「河内大橋」の歌を詠んだ高橋虫麻呂が、神亀三年（七二六）に知造難波宮事となった藤原宇合の

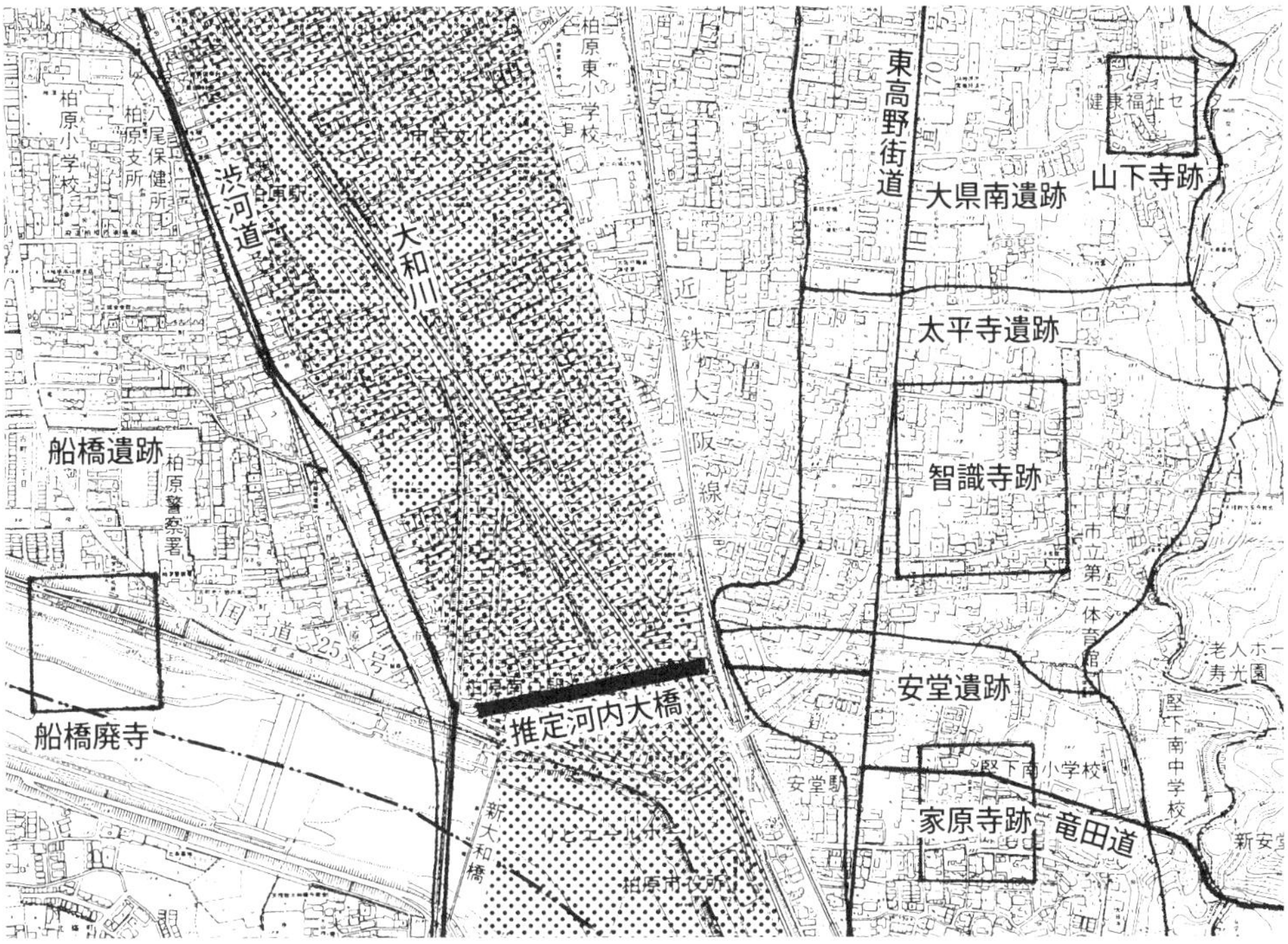

図８　河内大橋の位置

従者だったこと、虫麻呂の詠んだ「河内大橋」が架橋からあまり時を経ていなかったと考えられることなどをあげた(29)。

竜田道の山越えルートへの変更は、この河内大橋架橋と一連の事業だったのではないだろうか。それまでのルートでは、大和川と石川を渡らなければならなかったが、山越えルートならば大和川を一度渡るだけですむ。しかし、激しくないとはいえ起伏もあり、山間部を通過するため幅広い道路を確保することも困難である。安全であるとは思われるが、その道路を切り開いてまで、行幸路を変更しなければならない理由があったとも思えない。

筆者は、「河内大橋」を架橋したのは知識だったのではないかと考えた。そして、この山越えルートを開いたのも知識だったのではないかと考えている。その年代は難波宮造営が開始された神亀三年（七二六）ごろからだったのではないだろうか。大県郡の山麓には仏教を篤く信仰する知識らによって造営された河内六寺を中心とする独特の仏教世界が形づくられていた。難波宮造営に伴って平城と難波の往来が頻繁になることが予想され、仏教を深く信仰する聖武天皇らに、知識らが造りあげた仏教世界を見てもらうために、自らの力で竜田道を山越えルートに変更し、河内大橋を架橋したのではないだろうか。

そのように考えることが許されるならば、天平六年（七三四）の難波行幸時には、この山越えルートを利用した可能性が考えられる。そして、天平一二年（七四〇）、聖武天皇の智識寺盧舎那仏の参拝へとつながるのである。

以上のように、竜田道を山越えルートに変更したのは、難波宮造営に伴う七二〇年代後半で、完成したのは七三〇年前後だったと考えたい。そして、それを完成させたのは、河内の知識の力であったと考えたい。河内六寺の造営は、七世紀代に終了していたと考えられるそして、その知識の力を道路設置、河内大橋架橋へと振り向けたと考えられないだろうか。しかし、この山越えルートも河内六寺各寺院の廃絶とともに一〇～一一世紀には衰退し、再び青谷で大和川を左岸へと渡るルートが主体となったと考えられる。それ以降、この大和川左岸ルートが奈良街道として近世から現代へと続く。このルートへの回帰も、山越えルートの設置に知識らが主体となっていたことを、間接的に示しているのではないだろうか。

(二) 渋河道ルートについて

筆者が想定した推古朝の渋河道ルートについて、平野川を二回も渡河するのは不自然ではないかという指摘を受けた。しかし、阪田育功氏の研究によると、七世紀代の平野川の流量はそれほど多かったとは思えず[30]、何よりも物部氏の旧本貫地で市や津の施設も整っていたと考えられる渋河の地を経由する必要があったのではないだろうか。だから、その地に渋川廃寺も建立されたと考えられる。

しかし、奈良時代には平野川が大和川の本流となったと考えられるため、このルートは問題が生じたであろう。行幸路として渋河道が整備される際に、平野川の左岸を通るルートに変更されていた可能性が高いのではないかと考えているが、今のところ、そのルートを示すことはできない。

渋川廃寺の発掘調査によって、塔が奈良時代に再建されたと結論づけられている[31]。塔の再建も、洪水の影響などによる創建伽藍の損傷が原因と考えられないだろうか。それに伴って、平野川左岸ルートへの変更の可能性を考えている。

まとめ

推古二一年設置の難波から飛鳥への大道は、渋河道―竜田道―太子道だったと考えられる。これが、孝徳朝に「難波大道」―竹内街道―穴虫越え―横大路へと変更されたのであろう。斜向する直線道路から正方位直線道路への変更である。

ところが、渋河道―竜田道ルートが、平城京遷都に伴って難波と平城を結ぶ行幸路として復権する。そして、竜田道西半の大和川左岸ルートが右岸の山越えルートへと変更されたと考えられる。この山越えルートへの変更の主体となったのは、河内の知識たちだったのではないだろうか。彼らは道路を造っただけでなく、「河内大橋」も架橋した。これが、聖武天皇の智識寺参拝へとつながっていくのではないだろうか。

論証不足であるのは十分に承知しているが、大県郡を中心とする道路の変遷を歴史的に位置づけてみたいと考えたものである。そして、河内の知識の力を評価したいと思う。ご批判いただければ幸いである。

注

（1）岸俊男「難波―大和古道略考」『小葉田淳教授退官記念国史論集』一九七〇年、同「古道の歴史」『古代の日本』5・近畿・一九七〇年

（2）安村俊史「推古二一年設置の大道」『古代学研究』第一九六号・二〇一二年、以下前稿と記述する。

（3）柏原市立歴史資料館『難波より京に至る大道を置く』二〇一三年

（4）葛城市立歴史博物館を皮切りに、太子町立竹内街道歴史資料館、大阪府立近つ飛鳥博物館、飛鳥資料館、松原市民ふるさとぴあプラザなどで開催された。

（5）大和川・今池遺跡調査会『大和川・今池遺跡』Ⅲ・一九九五年

（6）（財）大阪府文化財センター『大和川今池遺跡』二〇〇九年

（7）柏原市立歴史資料館『裴世清の見た風景』二〇〇八年

（8）近江俊秀『道路誕生』二〇〇八年ほか

（9）相原嘉之「飛鳥の道路網を復元する」『飛鳥・藤原京への道』飛鳥資料館・二〇一三年、同「七世紀前半の飛鳥の景観」『飛鳥と斑鳩　道で結ばれた宮と寺』奈良大ブックレット・二〇一三年

（10）植木久「四天王寺伽藍についての若干の考察―四天王寺旧境内における最近の発掘調査から―」『大阪の歴史』二一号・一九八七年

（11）注（3）文献、（財）八尾市文化財調査研究会『平成一二年度（財）八尾市文化財調査研究会事業報告』二〇〇一年

（12）一瀬和夫「大和川他についてのコメント」『古代学研究』第一九六号・二〇一二年

（13）注（3）文献

（14）中村太一「畿内における計画道路網の形成過程」『古代東アジアの道路と交通』二〇一一年

（15）樋口薫「渋川廃寺」『歴史発掘おおさか二〇一三』大阪府立近つ飛鳥博物館・二〇一四年

（16）『法隆寺伽藍縁起幷流記資財帳』（『大日本古文書』二巻）、藤澤一夫「柏原市域の古代寺院とその性格」『柏原市史』第四巻・史料編（Ⅰ）・一九七五年

（17）鬼頭清明「法隆寺の庄倉と軒瓦の分布」『古代研究』一一・一九七七年

（18）（財）八尾市文化財調査研究会『渋川廃寺』二〇〇四年、注（15）文献

（19）鷺森浩幸「法隆寺の所領」『日本古代の王家・寺院と所領』二〇〇一年

（20）注（19）文献

（21）法隆寺『法隆寺文化のひろがり』一九九六年

（22）『太子伝古今目録抄』（『大日本仏教全書』第七一巻史伝部一〇・一九七二年）、田中重久「聖徳太子建立四十六院の研究」『聖徳太子御聖蹟の研究』一九五四年

（23）『聖徳太子伝略』（『大日本仏教全書』第七一巻史伝部一〇・一九七二年）、藤澤一夫・注（16）文献

（24）塚口義信「茨田氏と大和川」『河内古文化研究論集』一九九七年

（25）『聖徳太子伝補闕記』（『大日本仏教全書』第七一巻史伝部一〇・一九七二年）、藤澤一夫・注（16）文献

（26）柏原市立歴史資料館『河内六寺の輝き』二〇〇七年

（27）安村俊史「河内国大県郡の古代交通路」『河内古文化研究論集』一九九七年

（28）安村俊史「幻の河内大橋」『河内文化のおもちゃ箱』二〇〇九年、柏原市立歴史資料館『河内大橋』二〇一三年

(29) 注（28）文献

(30) 阪田育功「河内平野低地部における河川流路の変遷」『河内古文化研究論集』一九九七年、阪田育功「流路の変遷」『大和川付替えと流域環境の変遷』二〇〇八年

(31) 注（18）文献

挿図引用文献等

図1　岸俊男「古道の歴史」・注（1）文献より

図2　筆者作成

図4　注（14）文献より

図5　1は大県南遺跡出土（柏原市教育委員会『大県南遺跡―市道大県6号線建設に伴う―』一九八六年、安村採拓）、2は藤井寺市教育委員会『藤井寺市及びその周辺の古代寺院（下）』一九八七年より、3は船橋遺跡採集資料（安村採拓）、4は（財）八尾市文化財調査研究会『渋川廃寺』二〇〇四年より

図6　注（26）文献より

図7　筆者作成

図8　柏原市立歴史資料館『河内大橋』・注（28）文献より

南河内と和泉を結ぶ古道についての覚書

阪田育功

はじめに

第1図は、昭和三七年の堺市の石津川流域の一部を示した地図である。[1]図示した部分は石津川と和田川が合流する地点を中心にした旧大鳥郡「水合里」周辺で、条里地割がよく遺存している。この地域の条里地割は石津川に沿った北一六度西のラインを基準線とし、これに直交するラインによって区画されている。

一見整然とした条里区画のように見えるのであるが、詳細に観察するとa—bラインが周辺地割より、東でやや北にずれていることがわかる。これにつられるように、その一町北の東西界線も同様に、また南北方向のc—dラインも周辺の界線よりも北で西にふれている。

このことは、条里地割とは異なった基準による地割がこの部分に施行された可能性を示すものと考えられる。この小論では、この地割の基準線のずれとその原因について若干の検討を加え、この検討をもとに、南河内と和泉を結ぶ古代道路のひとつである茅渟道について推測してみたい。

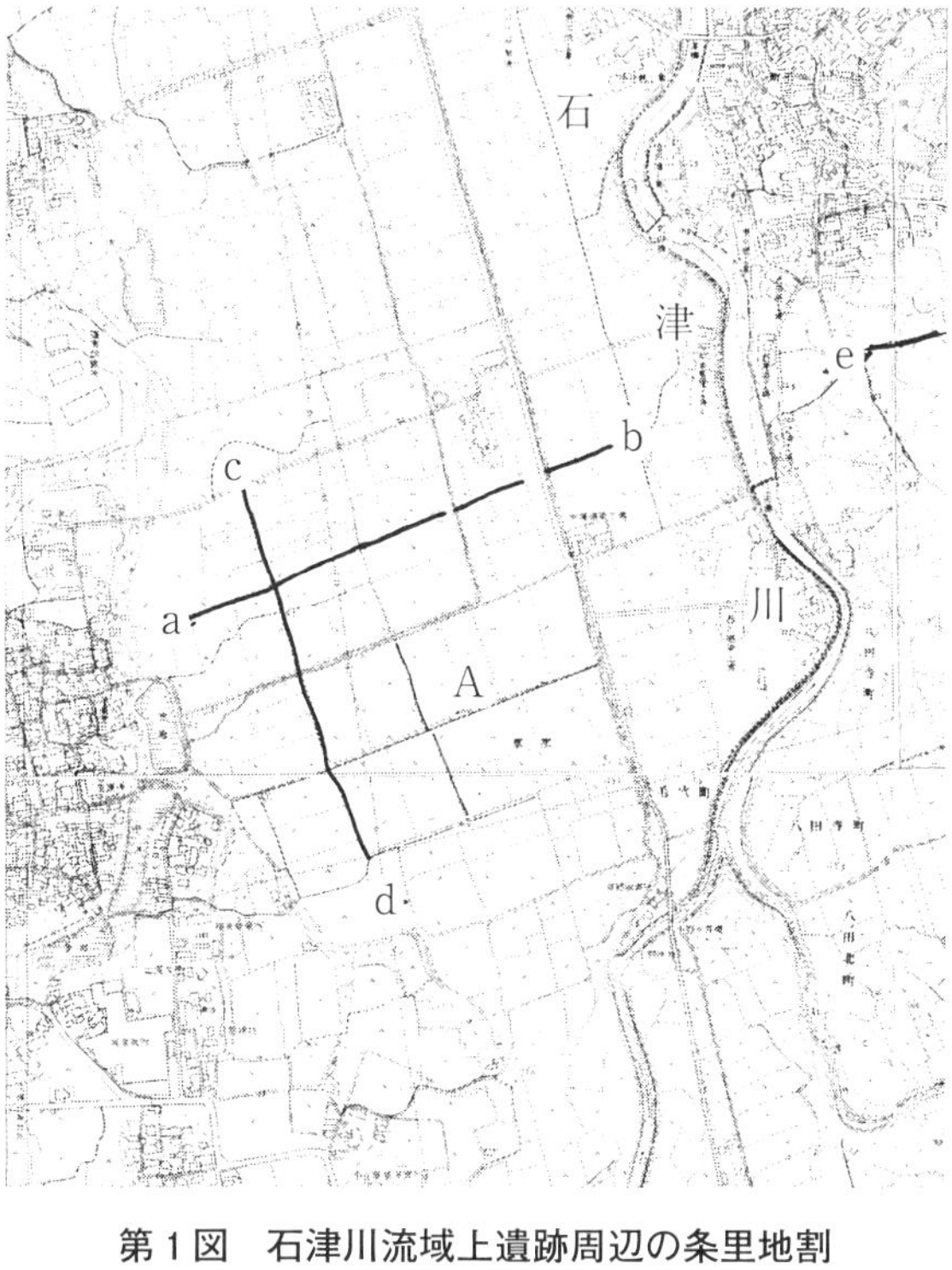

第１図　石津川流域上遺跡周辺の条里地割

一、斜行地割の検出

結論から述べると、この地割基準線a―bラインは、かつて足利健亮氏が検出し、「大津道」の可能性を考えた斜行道路（足利は「大保道」と呼ぶ）に連続する道路痕跡であると考える。

足利氏は大座間池の南から西南西に大津池に至る斜行地割を道路痕跡と考え、この道路が「大津道」である可能性を提示した[2]。

筆者は、この道路痕跡を、その後の発掘調査によって検証し、これが幅一〇メートル程度の道路痕跡であり、七世紀前半以前の測設であると考えた[3]。

足利は、このルートの検証を大津池の西、西高野街道までにとどめているが、本論で提示した地割は、このルートに連続するものと言える。以下、その地割を地形図上で復原してみよう。

二、残存する斜行地割

都市化が急激に進行した現在では、現地表にはわずかに街区の方向や分断された道路にその痕跡を留めるだけであるが、昭和三七年の大縮尺地形図にはその斜行する地割りをよく留めている。第2図を見ると、石津川を東に越えて泉北丘陵に入る式内蜂田神社の北e地点からf地点までは、連続した小径が確認できる。f―j間で北にふれるものの道は連続して南に戻り直線ライン上のj地点に戻る。j地点から深井清水町の集落内を貫通しh地点まで連続する。集落

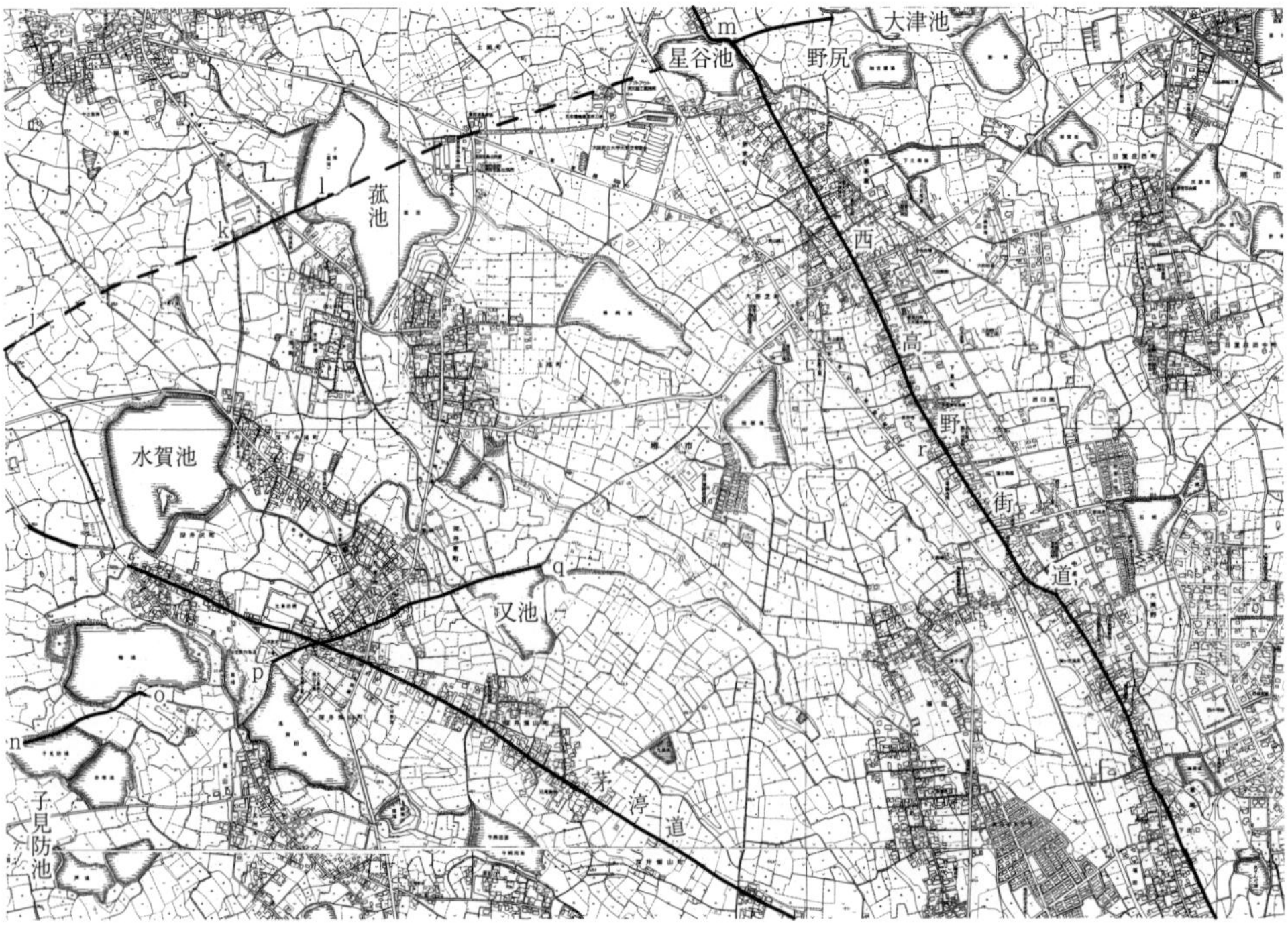

ラインの古道痕跡

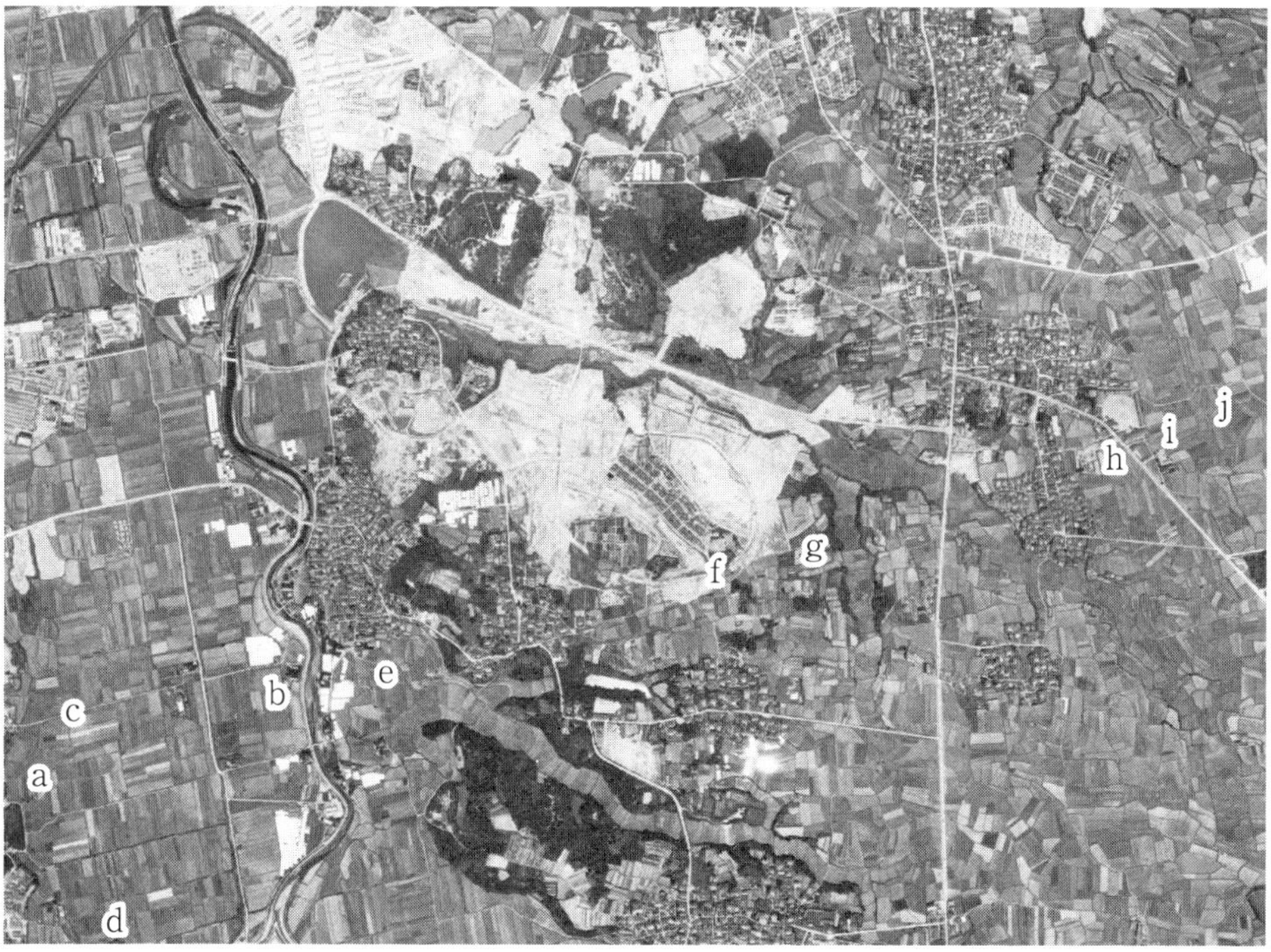

第３図　上一星谷池ラインの古道痕跡（航空写真・昭和37年　大阪府撮影）

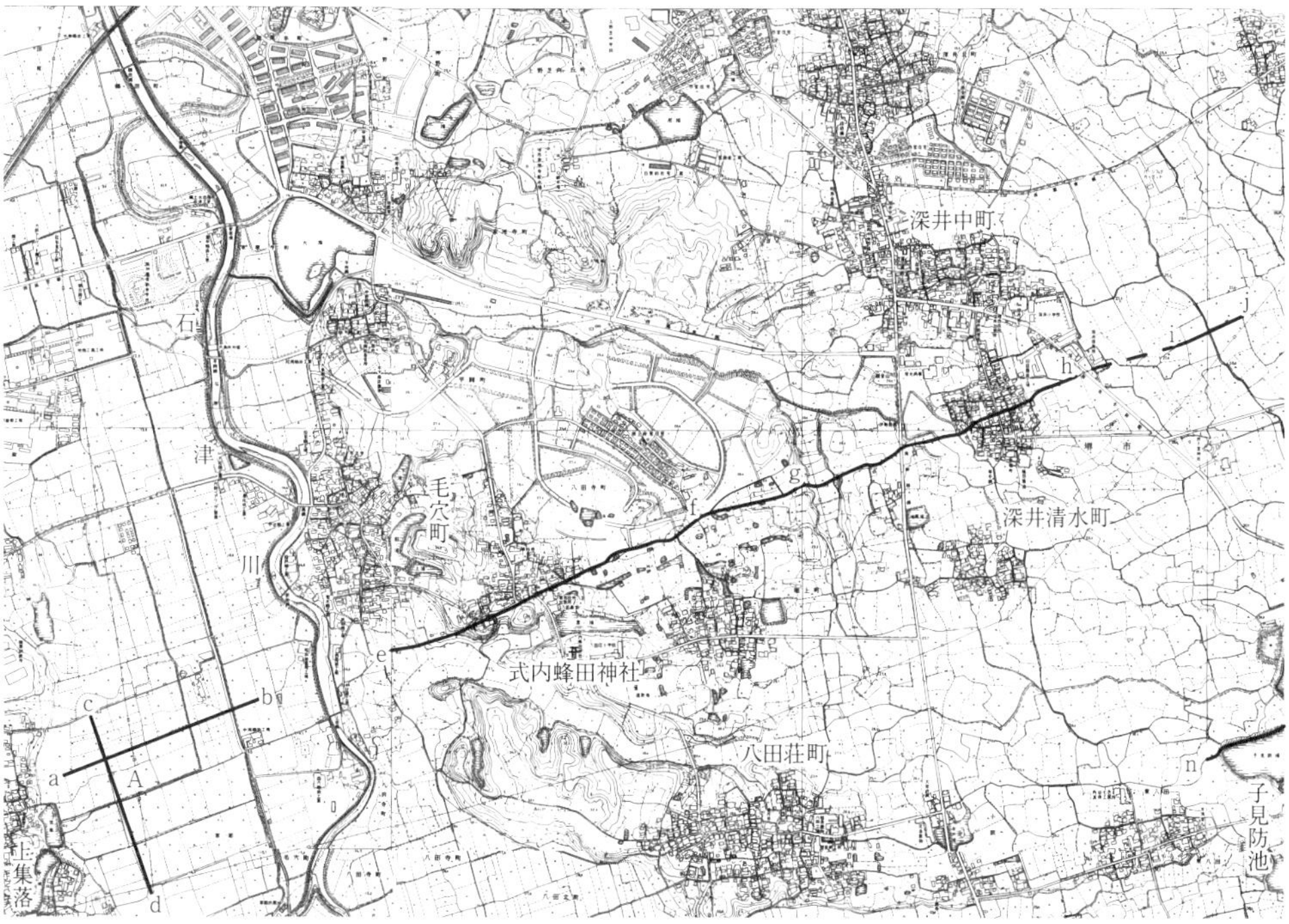

第２図　上一星谷池

の西には、水路と道路に挟まれた地割が、東には道路痕跡を示すような長方形の地割があって、幅一〇メートルを超える道路痕跡を示すような耕地界も見える。昭和三七年大阪府撮影航空写真をみると、e—f間に幅一〇メートル程度の道路痕跡らしい地割が確認できる。

これより東はi—j間、k—l間に、断続的に同一ライン上に地割が認められる。西高野街道との交点には星谷池があり、その北堤に至る。ここではこの地割りにそって西高野街道が鍵形に屈曲している。このことも、この地割が主要な道路痕跡であることを示すようである。

途中、現地表地割りでは不明瞭な部分があるが、地割りとしての遺存状況からみて、足利説大津道に連続する道路痕跡であるのは確実である。地形図上で検証した堺市上集落から西高野街道上に造られた星谷池に続くこのルートを上—星谷池ラインと仮称する。

三、考古学的検証

現地表に遺存した地割りが実際に道路痕跡であるかどうかの検証、またその時期の確定には考古学的検証が有効であるが、直接的に上—星谷池ライン上の地点を発掘調査した例は管見に入らなかった。しかし、近接するA地点では大阪府立上高校建設に先立って発掘調査が実施されている。(4)

調査地はa—bラインの南一町の坪界に沿った調査区とその南に一町分離れた区域に当たる。復元された条里坪呼称では水合里一六

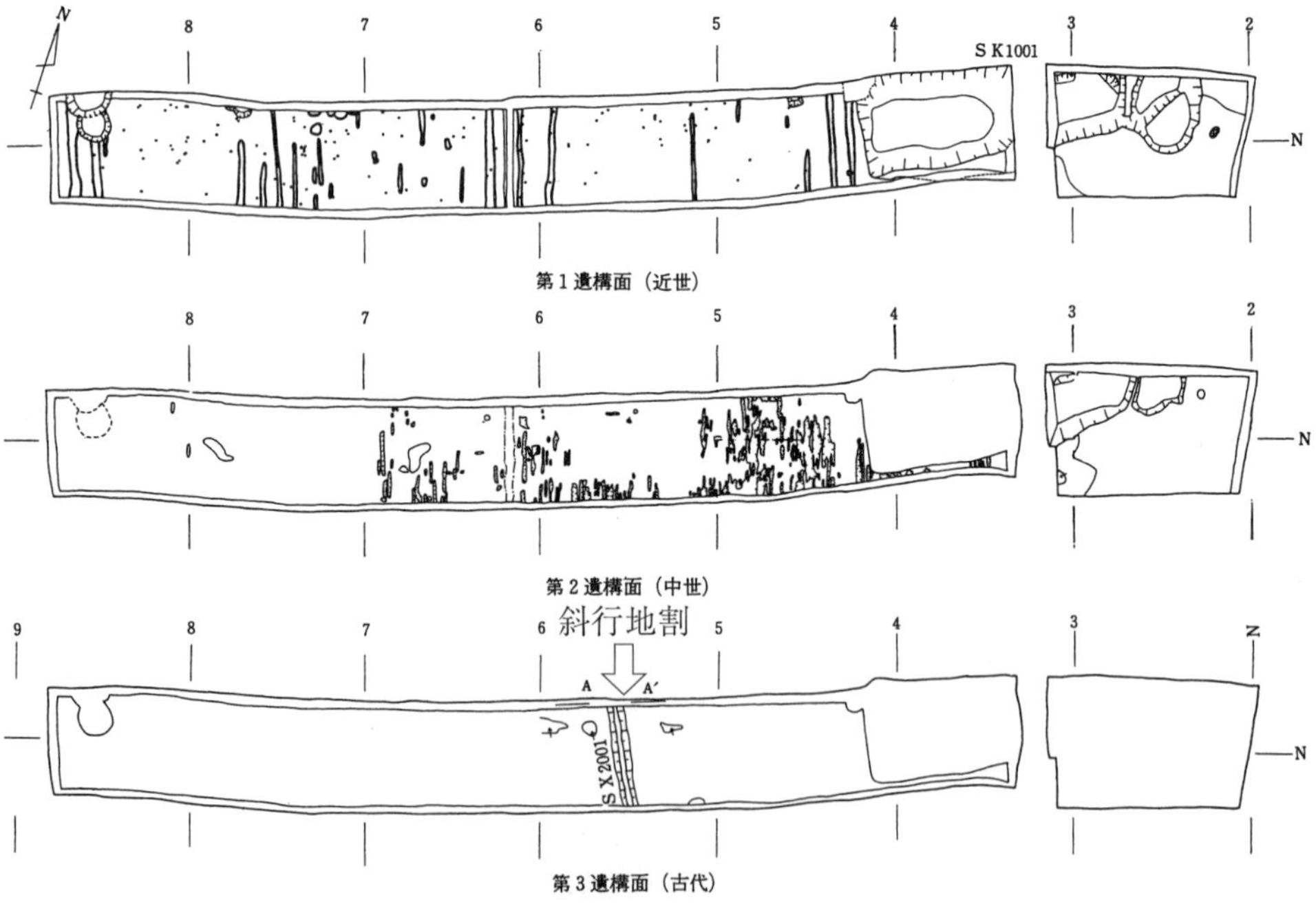

第4図　堺市上遺跡で検出された斜行地割（注4文献）

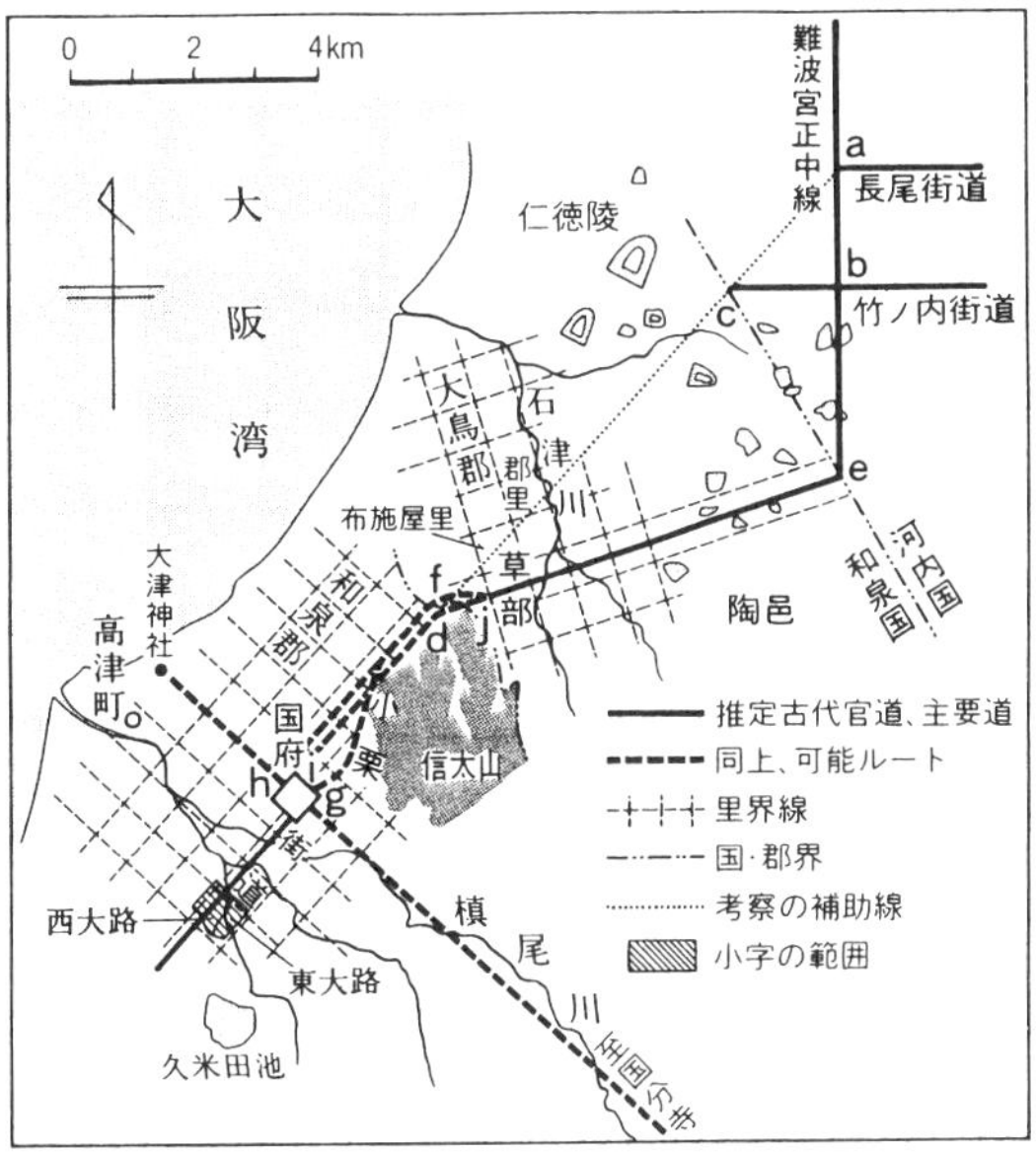

第５図　和泉国府周辺の古道（足利注２文献）

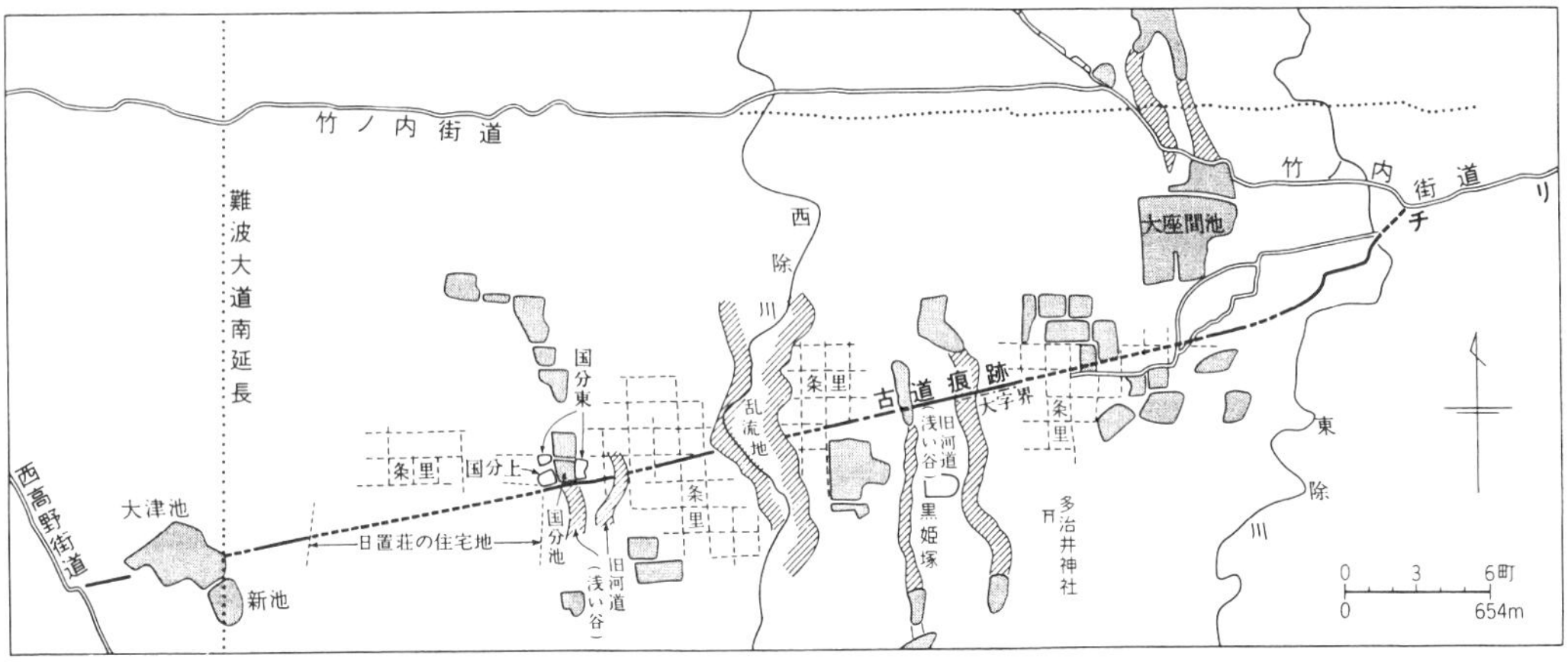

第６図　足利説大津道（大保道）（足利注２文献）

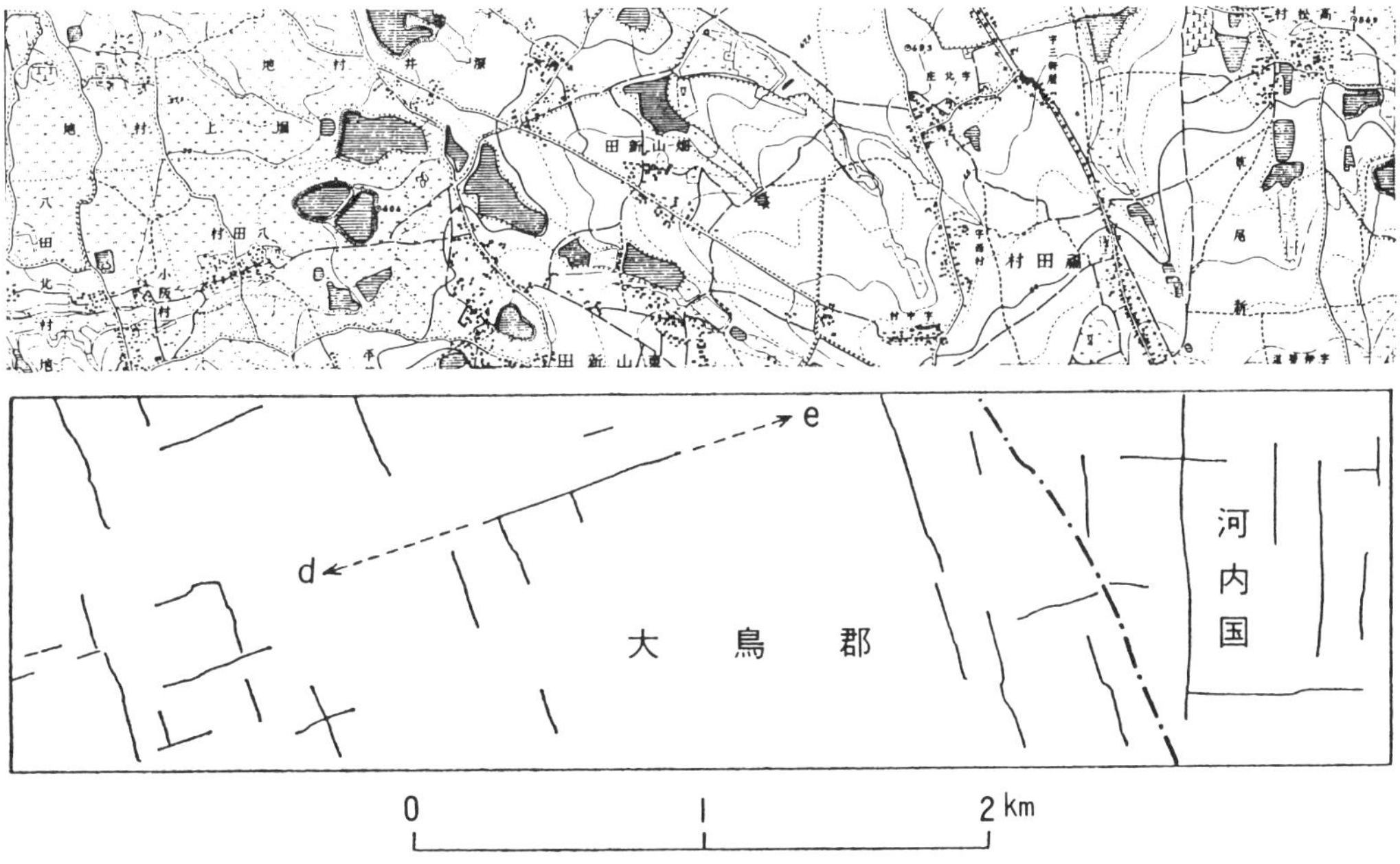

第７図　上一星谷ラインの南に平行する斜向地割（足利注２文献）

坪を中心とした部分にあたる。調査では地形に沿って独自の直角座標を設定しているので、図上の基準線はほぼ、現地表の条里区画線に一致しているものとしてよい。またこの区域の現地表の条里界線はa—bラインに沿うようにこれとほぼ平行に施行されている。調査で検出された地割に関連する溝などの中世以降の耕作遺構は条里地割にほぼ平行である。ただ、1b・2a区の第3遺構面（古代）で検出された畦畔SX2001が北で西に振っている。現地表の条里界線より、道路痕跡a—bラインにより近い方位である。詳細な時期の確定ができないが、現地表条里と異なる地割があって、古代道路に関連すると思われる畦畔遺構が検出されていることに注意したい。

足利は大津池までの斜行道路「足利説大津道」（大保道）を復元したが、なぜか、その西に連続するこの地割には言及していない。これとは別に、上—星谷池ラインの南約一キロメートル付近をほぼこれと平行に遺存する地割に注目している（足利注2文献　5—27・28図d—eライン）。足利は官道である南海道の測設計画との関連で、難波宮中心線と長尾街道との交点a、その南への延長線上の竹内街道との交点b、さらにその南への延長線と河内和泉国境となる現西高野街道との交点eを設定する。e点から石津川沿いの草部（『延喜式』日下駅）に至る直線を、大鳥郡の条里区画線に沿って走る南海道と考えた[5]。

この足利d—eラインを第2図上で示すと子見防池の北堤に沿ったn—o、深井東町の又池北堤にそったp—qラインがこれに当たる。これを西に延長すると、和田川と石津川の合流地点の南約四〇〇メートル、条里地割では水合里の南の里界から三町南を通り、和泉黄金塚古墳後円部に至る。和泉黄金塚古墳は地割の測設基準点にふさわしいランドマークであって、周辺の東西方向条里界線もこれに合致している。しかし、石津川沿いの南北方向の条里界線とは直角とはなっていない。東を見ると、西高野街道との交点r付近に同方向の地割がわずかに認められる。

足利のこの考察は、平安時代前期の南海道と大鳥郡条里に関連したものであるので、今問題としている七世紀の斜行道路との関連は、両道の測設の時期の確定と、その時期差を考慮した別の考察が必要である。条里施行にあたって先行する古代道路を基準線とした可能性も考えられるので、平安時代より古く、上—星谷池ラインと同様に七世紀に遡る古代道路の可能性も考えられる。

さて、地形図で検出した道路痕跡と思われる上—星谷池ラインは、道路である考古学的な証明はされておらず、時期も確定できていない。また、上—星谷池ラインと、その東に続く足利説大津道とは西高野街道を境にわずかに方位を異にしている。このずれについてはいくつかの解釈ができるが、両ラインの道路が連続することを重視して、七世紀前半以前の測設と推定しておきたい。

四、狭山池北堤方向に沿った地割りと交通路

長距離をつなぐ計画的な道路は、できるだけ起伏や障害の少ない

合理的なルートを選択する。狭山池は天野川・今熊川を合わせて南河内を北に流れる。和泉から南河内を経て大和に至るには、どこかで天野川（その下流は現在、西除川・東除川と呼ばれている）の谷筋を越えなければならない。

狭山池の北堤は平成の改修以前にも市道として機能していたように、重要な交通路であった。この堤の下層には六一六年ごろに築かれた堤が現堤防の下層のまったく同位置、同方向に遺存していた。狭山池築造当初の堤防がこの北西方向をとることは、築堤以前にこの位置に交通路があったか、あるいはこの方向の地割があってそれを維持し、または踏襲したことを示している。そして、狭山池北堤の延長線上、堺市陶器地区に同方向の地割りが遺存していることに注意すべきである。狭山池から、北西に堺市深井沢町の水賀池の南に至る直線の小径が明治二〇年製仮製地図でも明瞭に認められ、これと平行な地割りも周辺に認められる。

筆者は陶器南遺跡の発掘調査で検出された六世紀後半の掘立柱建物の方位がこの地割りに沿っていることから、この地割りが道路痕跡であって、六世紀後半に遡る可能性を考えた。

陶器地区から南東方向に狭山池に続くルート（狭山池ルートと仮称する）は羽曳野丘陵を開析する谷に沿って南東方向に進んで錦部集落に至り、石川を越えて千早赤阪村森屋から水越峠越えで御所市名柄に出るルートであったと思われる。

足利も早くこのルートには注目し、「この道は陶器山の北を通るもので、『茅渟県の陶邑』という崇峻紀七年八月条を思い起こすとき興味がもたれる。」と述べている。(6)

五、茅渟道

文献に茅渟道が見えるのは、日本書紀大化五年条の蘇我倉山田石川麻呂謀殺の記事である。記事は大略以下のようである。

大化五年三月、難波宮にいた右大臣石川麻呂は、謀反の疑いをかけられて天皇の軍に宅を囲まれそうになった時、二人の子、法師と赤猪を将いて茅渟道より逃げて倭国の境に向かう。大臣の長子興志は倭に在って山田寺を造っていたが、父が逃げてくるのを聞いて、今来の大槻に迎え先にたって寺に入った。一方、石川麻呂が逃げた翌日、追手の大伴狛と蘇我日向らは黒山で石川麻呂の自経を聞いて丹比坂から引き返した、という。

珍努宮や茅渟道について詳細に検討した直木孝次郎氏は、珍努宮の所在を従来の説のように日根郡ではなく、和泉郡府中付近とし、茅渟道を「難波方面より茅渟を経て大和へ入る道」ではなく、「大和から茅渟へ河内の南部をほぼ東西に走る道」で「黒山からさらに東へ向い平尾から南北に延びる丘陵をこえて、富田林市の喜志へ通じ」「石川を渡って東行し、（中略）科長の盆地で竹内街道の延長と合して竹内峠を越えるルート」、「西半部は黒山より西に進み、和泉国に入るあたり、おそらく今の堺市関茶屋付近から西南に転じ、和泉市府中付近に至った」と考えている。(7)

直木説は、茅渟道に関するこれまでの研究で最も有力な説となっており、和泉の古道について詳細に検討した足利健亮も茅渟道について は、狭山池ルートの可能性を示唆しながらも、直木説に従っている。(8)

遠藤慶太氏は最近の論考「古代和泉の宮と行幸」で、「石川麻呂と追手が同じ経路を取ったとの前提を取り除」いて茅渟道を検討し、難波からいったん和泉に避け、池田谷を通って、水越峠越えで大和に出たルートを考えている。(9)

私は、足利がその可能性を示唆した狭山池ルートが茅渟道であったと考える。以下その理由について述べる。

交通路に付される名称は、大きくわけて二種類ある。それは、「伊勢道」「熊野道」のように到着地(目的地)を示すか、「渋川道」「丹比道」のように通っている地域を示すものである。茅渟道も茅渟へ至るか、あるいは茅渟を通る、あるいは両方であるかもしれない。到着点を示すならば、「どこからの」という起点ないしは呼称する主体の立地点が問題となる。直木氏は大和を起点に茅渟へ至る道と考える。『日本書記』の茅渟道の記述の場合、茅渟は通過地域であり、目的地であるとも取れる。目的地とした場合、記述の立地点は逃走の出発点である難波宮か、あるいは直木氏のいうように一般的に大和から見た呼称であるとも言える。

茅渟道に関する日本書紀の記述で皆が最初にもつ疑問は、石川麻呂が何故わざわざ遠回りとなる茅渟道を通って大和に入ったのかということであろう。難波宮から最短コースで山田寺に行くなら、旧大和川にそった渋川道や、大津道や丹比道もあったであろう。それでもなお、茅渟を通過し茅渟道をとったのには、その理由があるはずである。(10)

石川麻呂は、難波宮から茅渟の地域のなかのどこかに立ち寄る必要があったのだと考える。石川麻呂が茅渟に立ち寄ったのは、二人の子の法師と赤猪と合流するためではなかったか。二子が難波宮に居たのではなく、別のところに居たと仮定するのである。書紀では「大臣乃将二子法師興赤猪自茅渟道逃向於倭国境」とある。「将」の用字を博捜していないが、別のところに居る者を連れて行く意味として問題はないだろう。そう解釈すれば、石川麻呂がわざわざ、茅渟に向った理由が理解できる。滅亡を意識した逃亡の際に、子を引き連れていくのは自然な行動である。では、二子はどこにいたのであろうか。

茅渟北部の中心的な遺跡である大園遺跡から、石川麻呂の本拠地である山田寺の塼仏と同笵の塼仏が出土している。ここに石川麻呂の別邸のような寺院があって、二人の子がいたのではないだろうか。そのうちの一人は「法師」として。(11)

一族を引き連れて、本拠地に帰ろうとするのは滅亡を予感した石川麻呂の行動として十分理解できる。子の一人が「法師」とされていることも塼仏から推定した寺院の存在と符合する。

倭への経路である茅渟道は、狭山池ルートで、水越峠を越えて蘇

第８図　高石市大園遺跡出土塼仏（残存高7.2cm。大阪府教育委員会所蔵）

我氏とつながりの深い南葛城に出たのち、東行して山田寺に至ったのではないだろうか。大園周辺からはできるだけ近い道で、安全な道を選ぶであろう。それは、蘇我氏と縁の深い勢力の本拠地を通り本拠地に至る山田寺への道として、狭山池ルートが妥当と推測する。石川麻呂は大園から上―星谷池ラインで堺市深井清水町付近まで達し、茅渟道すなわち狭山池ルートで倭に至ったと考える。

推測の域を出ないのであるが、富田林市の錦部は蘇我氏と縁の深い渡来系氏族錦織氏の本拠地であるし、水越から大和への出口の南葛城は蘇我氏が自ら本貫と主張した地域である(12)。

このような条件をみれば、狭山池ルートも茅渟道の可能性が高いと考える。

長男の興志は「今来大槻」で父を迎えた。「今来大槻」も茅渟道を考える手がかりとなる。

日本書紀頭注（日本古典文学大系本）では、坂上系図に引く姓氏録逸文の記載をもとに「今来郡」を「高市郡」としている。直木氏が「今来大槻」についてふれていないのは、高市の山田寺に近いところと考えたからであろうか。筆者は、わざわざ迎えに来たところを記述することには意味があると考え、遠藤慶太氏が「今来大槻」を御所市古瀬とする説に魅力を感じるが。どこに比定するかについては判断し得ない。

茅渟道を狭山池ルートとする筆者の推測は、日向らの追跡ルートが石川麻呂の逃走ルートとは別であることを前提にしている。直木

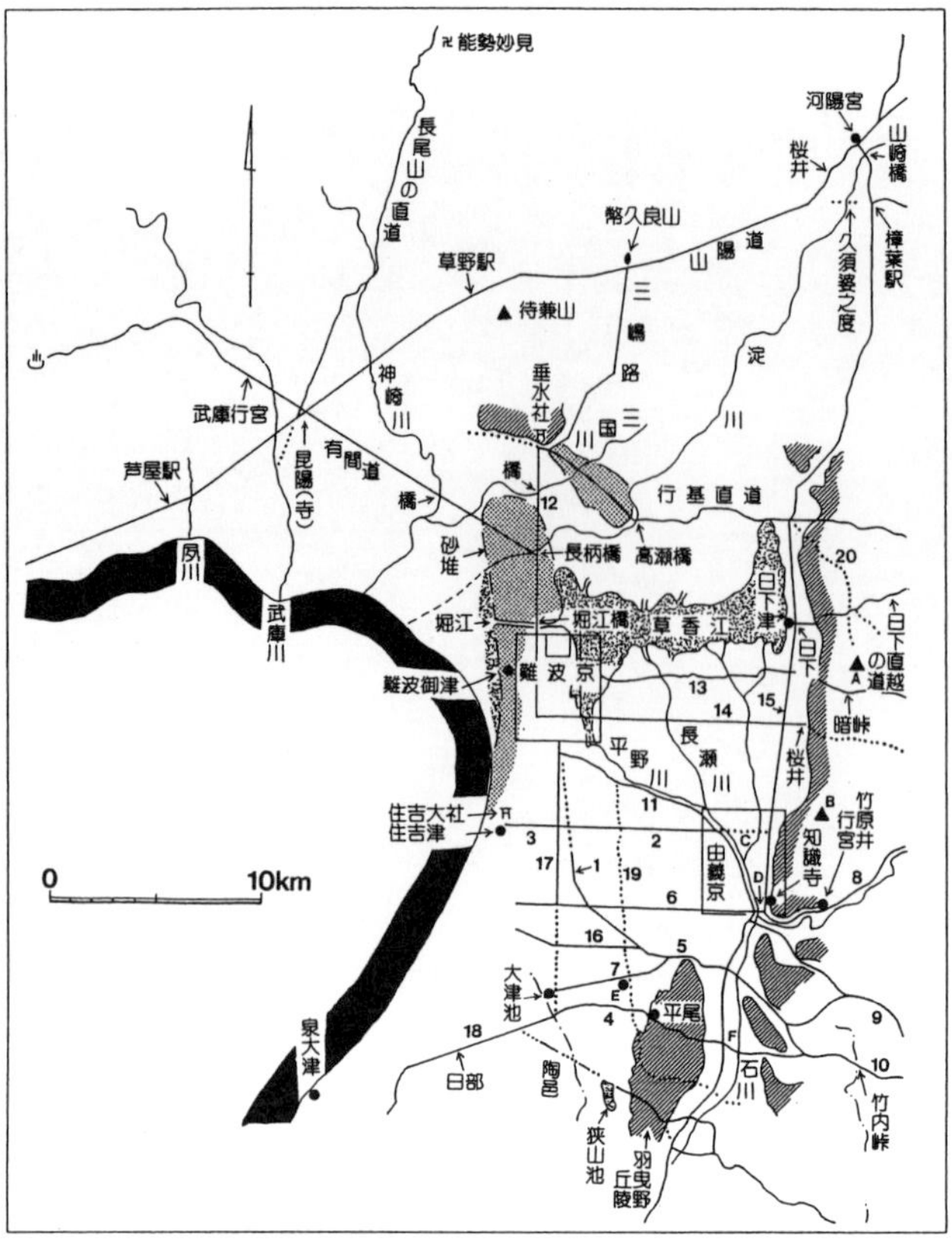

第9図　摂河泉の古代交通網（足利一九九七　枚方市教育委員会主催『シンポジウム淀川流域の交通史』発表資料より転載）

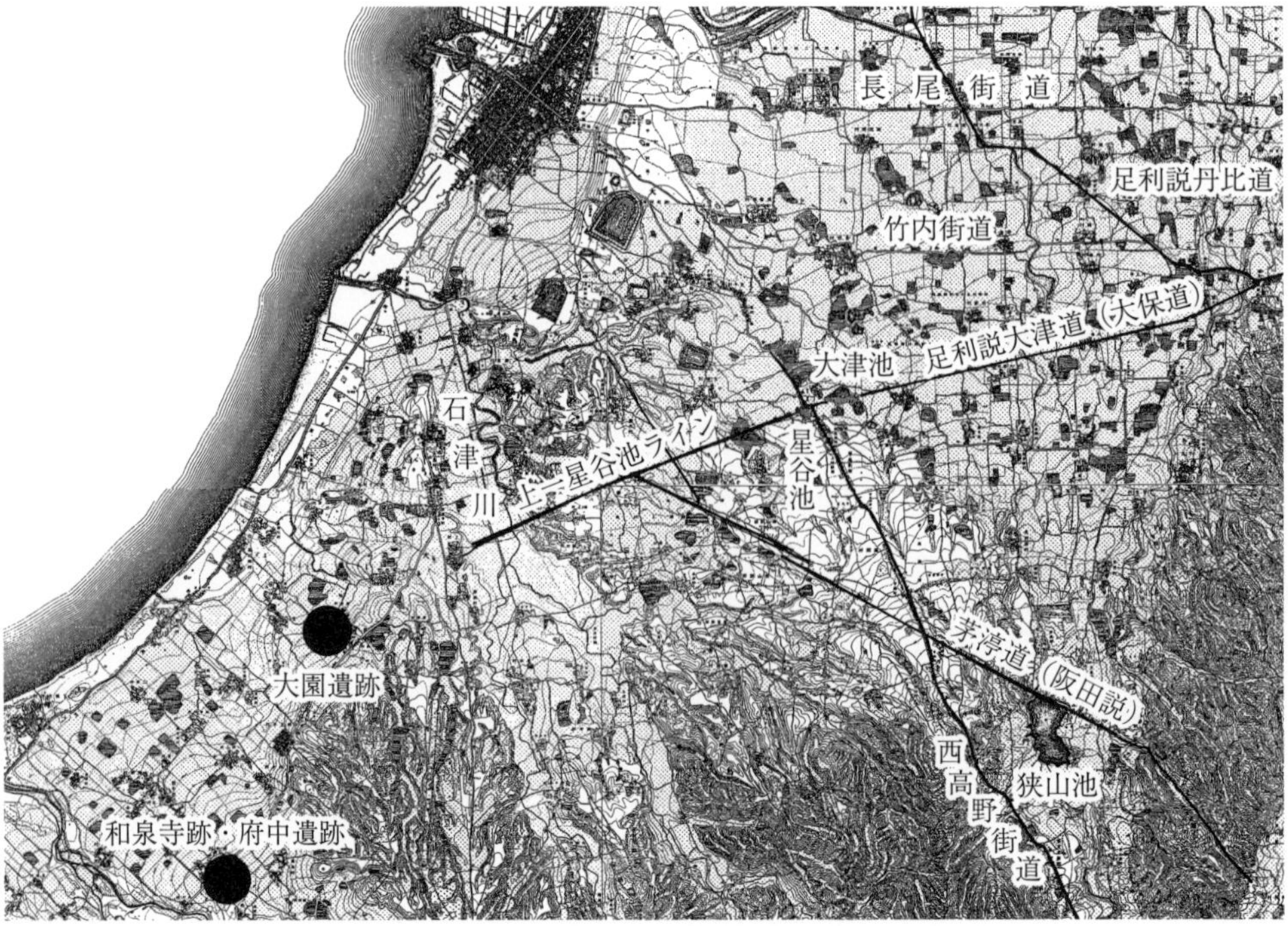

第10図　南河内と和泉を結ぶ古道

氏はじめ多くの研究者は逃走ルートと翌日の日向ら追跡ルートとを同じと考える。これを前提にすれば、狭山池ルートは黒山を通過しないため、追手の日向らが黒山から丹比坂を通って難波宮に戻ったという記述と整合しない。しかし、遠藤氏の言うように逃走路と追跡路が異なる可能性も考えてよいのではないか。石川麻呂は後に自経するにせよ、必要な準備をするために、できるだけ一族の勢力地域を通って確実に早く本拠地に到達しようとしたであろう。追跡者は多人数が短時間で移動できる、黒山を通る主要交通路を通って石川麻呂の根拠地に向かったのであろう。

狛や日向らが兵を衆いて石川麻呂を追ったのは、逃亡した翌日とされており、その時点で先発の追跡者あるいは、飛鳥からの報告者から自経の報告を受けているのであるから、後発の追跡隊が逃亡ルートを取る必然性はなく、狭山池ルートが茅渟道である可能性を考えてよいと思われる。

さて、茅渟道を茅渟から倭へ向う道と考えて論を進めたわけであるが、難波から茅渟へ向う道を茅渟道と呼んだ可能性に言及していない。直木氏もその可能性を捨てているわけではないが、黒山を通る東西の道を茅渟道と考え、難波宮からは朱雀門から直線に南進するいわゆる難波大道を通って茅渟道に至ったとした。足利は中高野街道を南下したと想定している。

筆者は、難波から住吉を通り、大園遺跡に向って海岸に沿って南西に続く古い道があった可能性を考え、それを石川麻呂の難波から大園への逃走ルートと想定している。そして、大園からは、上—星谷池ラインの古道を通って狭山池ルートに出たと推測しているが、そのルートは実証できていない。

以上、現地表の道路痕跡をもとに、推測と文献解釈を重ね、茅渟道が狭山池ルートである可能性を述べた。諸賢のご批判を仰ぎたい。

六、あとがき

地形図上で、足利説大津道に連続する地割り上—星谷池ラインを発見した時には、「これは茅渟道に関係する」と思って、ルート上の発掘調査事例を探そうとした。残念ながら、検証は十分果たせなかった。結局、測設時期を実証することができず、足利説大津道が河内と和泉北部を結ぶ道であることを追認することにとどまってしまった。

茅渟道については、大園遺跡出土の塼仏を根拠に大園付近に寺院の存在を推定し、日本書紀に示す石川麻呂の逃走経路を解釈したが、狭山池ルートについては茅渟道である可能性を提示するにとどまった。

論述にあたっては、先学の研究、特に歴史地理学の膨大な研究史を十分踏まえていないことを自覚する。御寛恕を請い、本稿を覚書として、今後の研究において実証を進めたい(13)。

注

（1）ベースマップは昭和三七年大阪府作成の三千分の一地形図

（2）足利健亮『日本古代地理研究』一九八五年

（3）阪田育功「古代南河内における古代の斜方位直線道路と地割」『大阪府立狭山池博物館研究報告』6　二〇〇九年三月

（4）『上遺跡発掘調査概要』大阪府教育委員会　一九九九年

（5）足利健亮　注2文献249から252ページ
『シンポジウム淀川流域の交通史』枚方市教育委員会主催　一九九七年　足利資料に詳細な図が提示されている。

（6）足利健亮「大阪平野の古代要路網」『大阪府　歴史の道報告書宗教の道』大阪府教育委員会　一九八一年　102ページ

（7）直木孝次郎「茅渟道について」『美原の歴史』第3号　一九七八年三月

（8）足利健亮　注6文献

（9）遠藤慶太「古代和泉の宮と行幸」『和泉市の考古・古代・中世』和泉市史編纂委員会　二〇一三年

（10）古典文学大系頭注以来の研究者が石川麻呂の逃走経路「茅渟道」を、不自然と考えたのは、茅渟宮を日根郡に比定したりする旧説を採用し、かなり南を通る道と考えたことも、その理由であろう。直木氏の言うように、茅渟地域の中心地と言える和泉府中周辺を考えれば、難波宮から一旦茅渟を通過したことは合理的に解釈できる。最近の発掘調査成果は府中遺跡や和泉寺跡がこの地域の中心地であったことを十分示している。

（11）『大園遺跡・豊中遺跡範囲確認調査概要』大阪府教育委員会　一九七四年三月
『高石市史』第2巻資料編Ⅰ　107ページ

（12）南葛城地域が蘇我氏の本貫地であったことは、文献史学から多数の研究がある。
塚口義信「葛城県と蘇我氏」『続日本紀研究』231・232　一九八四年他

（13）岡本武司氏は松原市域の道路遺構について、発掘調査成果を詳細に検証している。
岡本武司「南河内における古代道路―古代丹比地域における古代道路の復元―」『大阪府立狭山池博物館研究報告』7　二〇一一年三月

近鉄道明寺線の鉄道構造物についての覚書

石田成年

はじめに

近畿日本鉄道道明寺線は、大阪府藤井寺市の道明寺駅を起点、柏原市の柏原駅を終点とする、営業距離二・二キロメートルの単線路線である。JRを除く民営鉄道では最大の営業路線を持つ近畿日本鉄道（以下、近鉄）にあって、創業母体が異なるものの、この道明寺線こそ最も歴史が古い路線であることを知る人は少ない[1]。

大阪府の東部、いわゆる河内地域における最初の鉄道路線は、明治二二（一八八九）年五月一四日に開業した大阪鉄道（西日本旅客鉄道関西本線の前身）の湊町～柏原間である。それから遅れること七年、柏原を接続点として大阪と南河内地域とを結ぶことを目的として、河陽鉄道が明治二九（一八九六）年に設立された。明治三一（一八九八）年三月二四日にまず柏原～古市間が開業。翌年、河陽鉄道の営業不振を受けて設立された河南鉄道に引き継がれた後、大阪鉄道（Ⅱ）[2]、関西急行鉄道を経て昭和一九（一九四四）年に近鉄の路線となった。

河陽鉄道および河南鉄道を母体として近鉄道明寺線、南大阪線（一部）、長野線が成立する過程は次のとおりである。

明治二九（一八九六）年、河陽鉄道会社設立
明治三一（一八九八）年三月二四日、河陽鉄道により柏原～古市間開業
明治三一（一八九八）年四月一四日、古市～富田林間開業
明治三二（一八九九）年五月八日、河陽鉄道から河南鉄道へ事業譲渡
明治三五（一九〇二）年三月二五日、富田林～滝谷不動間開業
明治三五（一九〇二）年一二月一二日、滝谷不動～河内長野間開業

この河陽鉄道もそうであるように、明治期のいわゆる鉄道黎明期に全国各地に敷設されていく鉄道路線において、構造物の構築材として煉瓦が採用されることが多い。それら構造物はある種の規格に

より構築されているようにも見えるが、官設鉄道より広範囲に敷設された私設鉄道においては、基本的な煉瓦の組積法を採用しながらも独自の規格、意匠でもって建設された構造物が多くある。本稿では、現在の近鉄道明寺線における煉瓦造をはじめとする鉄道構造物についてその具体相を整理する。

一、現存する煉瓦造構造物

当該路線において筆者が所在を確認した煉瓦造構造物は「大和川橋梁」「奈良街道陸橋」「第二号溝橋」「第一号溝橋」の四件（3）である。なお最初の開業区間は柏原～古市間であるが、大和川橋梁以南、古市に至るまで煉瓦造構造物は確認していない。

（一）大和川橋梁

大和川橋梁は道明寺～柏原南口間に位置し、一級河川大和川を渡河する。開床式の単線上路プレートガーダー一一連により構成され、橋長は二一六・四〇八メートルである。大和川とは左約八〇度をもって斜交している（4）。

橋桁の側面数箇所に「COCHRANE&Co KAYORY DUDLEY ENGLAND」と記された銘板が打ち付けられており、「イギリス・ダッドリー」所在の「コクレーン社」が「河陽鉄道」に納入した桁であることが示されている。「河陽」の名称は明治三二（一八九九）年に消滅していることから、開業時以来の継続的使用がこの銘板により明らかである。

また平成一一（一九九九）年六月二五日の大雨による大和川の増

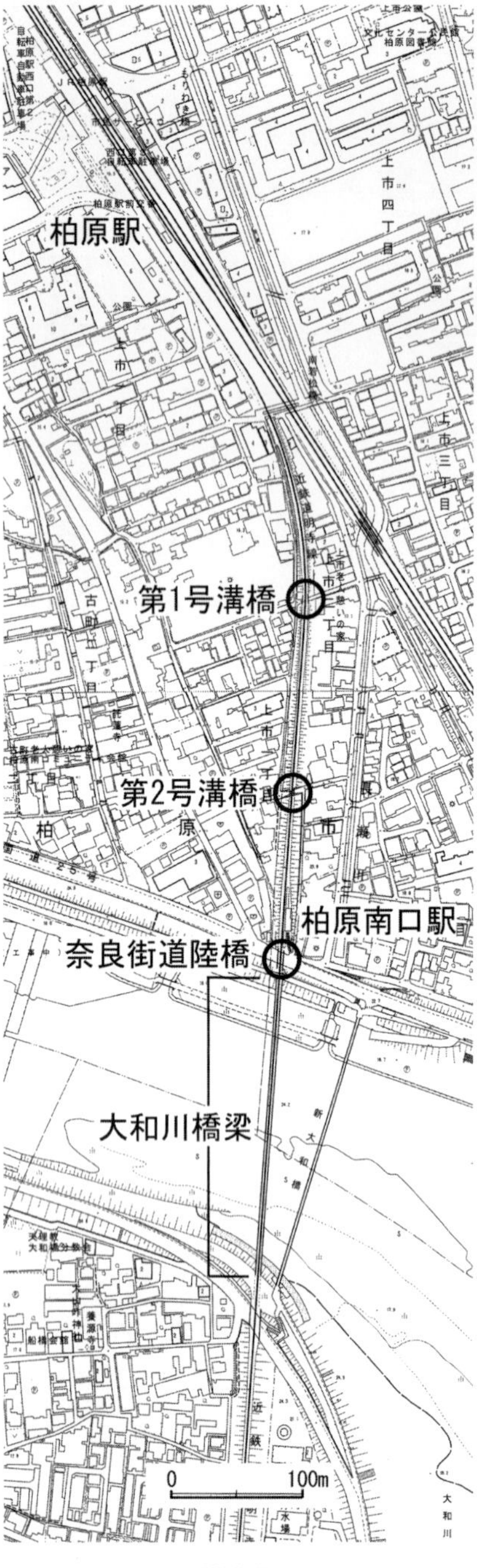

図１　構造物位置図

水では橋脚の根元が抉られ、柏原南口方から三本目の橋脚頭部が大和川上流側に傾くという事態が発生したが、これによっても開業時以来の橋梁の継続性を結果的に証明することとなった。損傷橋脚の周囲に仮橋脚を設置し、それにより桁を支持した後に現橋脚を撤去し、新たに橋脚を建設するという復旧工事において、損傷橋脚のコンクリートを撤去すると、筋交いが施され、直立する二本の鉄管の橋脚が出現したのである。(5) 本橋梁については建設工事時さらに開業後の列車通行状況の写真の存在が知られており、橋脚の形状はそれにより知ることができる。出現した橋脚は全くその通りの形状をしており、そのことからもこの大和川橋梁全体が開業時の姿を伝える

写真１　大和川橋梁（北から）（写真３除き筆者撮影）

写真２　大和川橋梁銘板

写真３　大和川橋梁工事時写真[6]（松永白洲記念館所蔵[7]）

構造物であることがわかる。

この橋梁は南北それぞれにおいて大和川の堤防に接し、そこに煉瓦造の橋台が設置されている。前述のように桁については現在に至るまで架け替えが行われたことは無く、開業時以来のものが使用されているものと思われる。橋台についても大規模な改築があったような痕跡は認められず、堤防強化を目的として石積みやコンクリートにより一部が被覆されたことを除いて、開業時の形状を保っているものと考える。

道明寺方、柏原方とも両橋台の煉瓦組積法はイギリス積みを採用している。なおかつ長手積みの煉瓦には赤色系の色調を呈するものを用い、そして小口積みの煉瓦には鼻黒と呼ばれる褐色から黒色系の色調を呈するものを用いて躯体全体が縞状に見えるポリクロミーと呼ばれる装飾的技法を採用している。花崗岩の隅石を設けており、隅石一石に収まる煉瓦段数は五段であり、胸壁の最下段のみ四段となっている。隅石に接する煉瓦組積の端部調整について、道明寺方では、小口積みの段のほとんどがその一方を羊羹で終結させている。

桁が乗る箇所に設けられた床石の間隔も上下で異なり、羊羹一個分ではあるが道明寺方の方が広い。柏原方橋台の床石に挟まれた部分について見ると、小口積み五個分の幅を持ち、小口積みの段を挟む上、中、下段いずれもが羊羹＋長手×二＋羊羹と、左右対称で均整がとれている。

橋台としての幅は上下方で異なり、道明寺方が広く、一段当たりの煉瓦個数も当然のことながら多い。橋台が設置された堤防と軌道で形成される角度が上下方で異なることに起因するものである。

（二）　奈良街道陸橋

大和川橋梁のすぐ北、柏原南口駅に南接し、国道二五号を跨ぐ橋長九・一メートルのプレートガーダー一連の橋梁である。上部構造

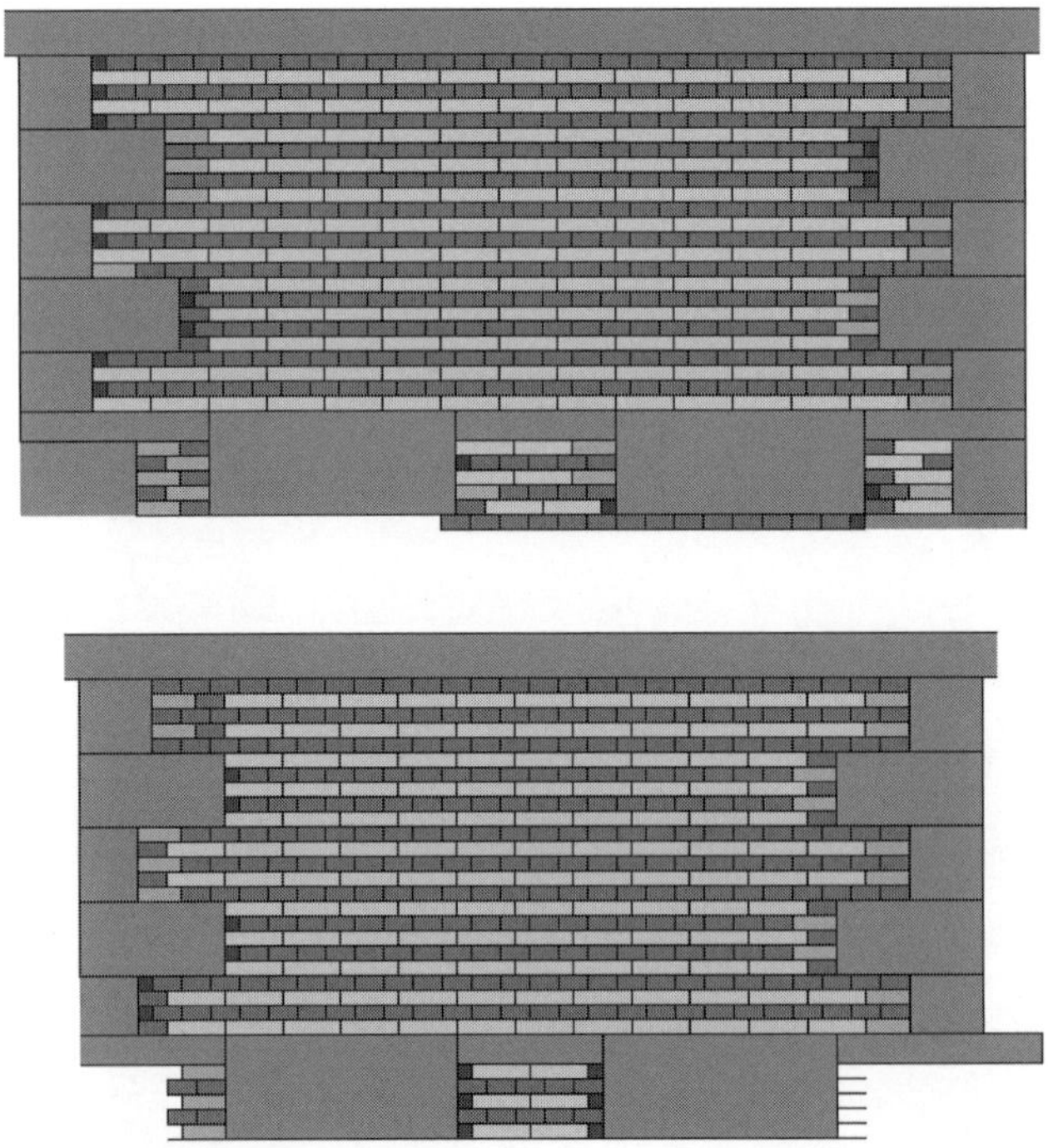

図2　大和川橋梁橋台組積模式図（上・道明寺方、下・柏原方）

写真４　大和川橋梁道明寺方橋台

写真５　大和川橋梁柏原方橋台

の桁については、開業当初に架構されたものが使用され続けているものと考える。

　上下両方の橋台が主に煉瓦で構築されている。使用煉瓦の寸法は長辺二一八～二二五ミリメートル、短辺一〇五～一一〇ミリメートル、厚さ五〇～五五ミリメートルを測る。組積法がイギリス積みであること、ポリクロミーを採用していること、花崗岩の隅石を用い、その一段に煉瓦段数五段がおさまること、これらについては前述の大和川橋梁と共通している。

　煉瓦組積の特徴について、望見できない胸壁部分が未確認ながら、向かい合う上下両方の橋台で大きく異なるところは無い。唯一、床石に挟まれた部分において、使用種、個数、端部調整方法が異なっている。全体的には、長手の段は長手×六＋小口＋長手×六で構成され、隅石に接する部分に調整のための羊羹や七五を置かない。小口の段は羊羹＋小口×二四＋羊羹となっている。国道二五号に面していることもあり排気ガスでの汚れが残念なところであるが、整然とした美しさを持つ橋台である。

（三）第二号溝橋

　柏原南口から築堤を駆け下り柏原へ向かう途中に、幅の狭い市道を跨ぐ橋梁である。橋長一・七五三メートル。橋台の煉瓦組積にフ

写真６　奈良街道陸橋道明寺方橋台

写真７　奈良街道陸橋柏原方橋台

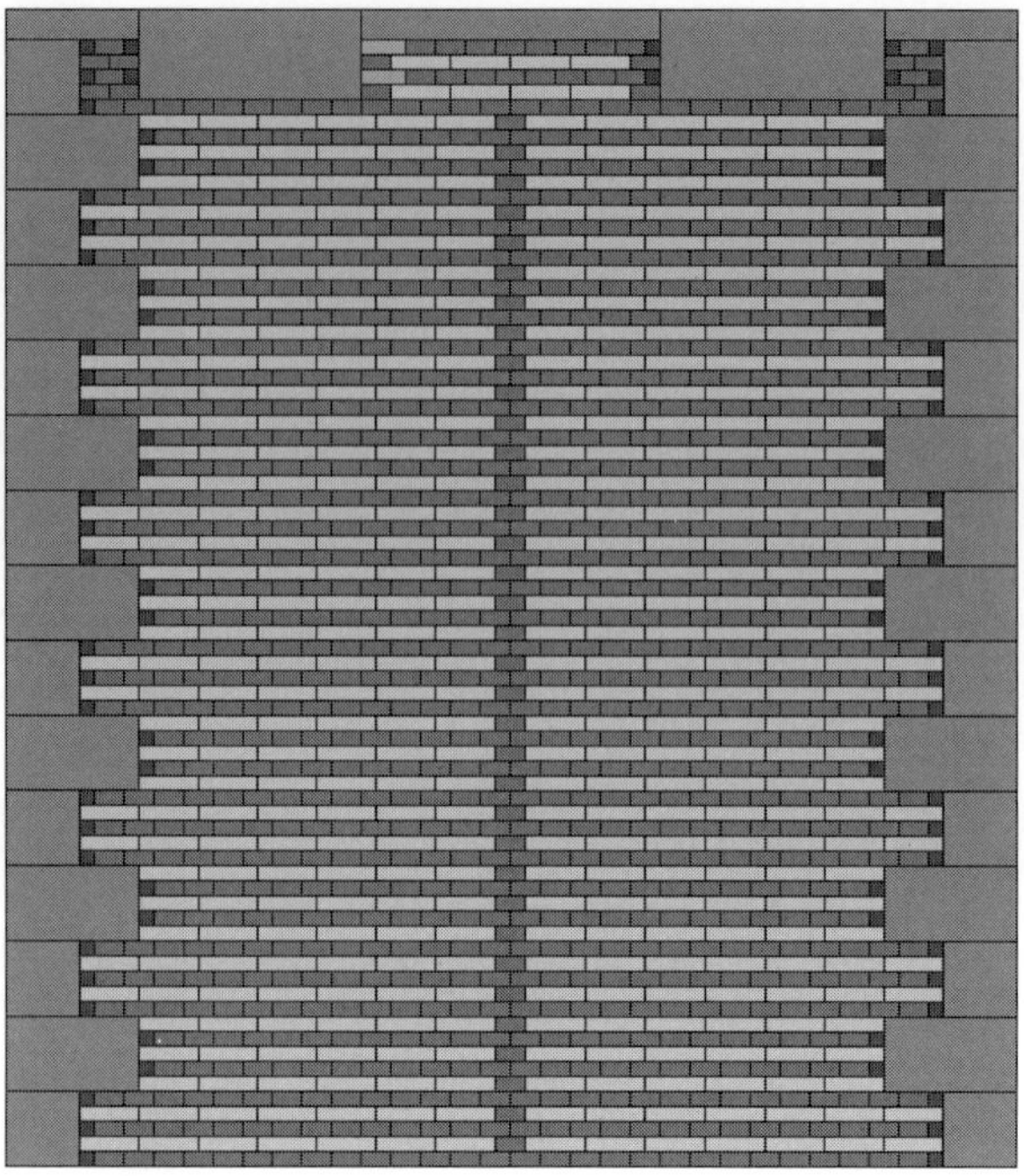

図３　奈良街道陸橋柏原方橋台組積模式図

ランス積みを採用する。

ここ第二号溝橋において、線路と道路とは斜交している。このように跨ぐ対象となる道もしくは河川と斜交する場合に、橋台隅部の平面形が直角ではなく鋭角（槍隅）、そしてもう一方が鈍角（菱角）を呈することがある。煉瓦は直方体であるので組積の際には斜交の角度に応じて上下層で交互に突出するズレが生じる。そこで組積した際の隅の処理が必要となるが、そのほとんどは、直方体の角を打ち欠くなど隅切りを行って斜角を形成するという工夫が施されたものが多い。その突出部を切断すると煉瓦の断面が現れるが、雨水の浸透により強度が損われる可能性もあり、切断面に塗布剤を施している。隅部全体に煉瓦表面の赤色と、その素材そのものは現時点で限定できていないが、塗布剤のピンク色の濃淡ができ、ポリクロミーのような装飾的効果を生んでいる。

道明寺方橋台の西側壁の胸壁と桁座部分を観察すると、組積パターンや目地の通りの相違、また桁が接地する面の嵩上げと床石の設置が認められる。開業時はおそらく木製桁が使用されていたが、鉄製桁への架け替えの際に床石を設け、その部分をコンクリート施工し改修されている。少なくとも一度は桁の架け替えと橋台の改修が実施されたことを示している。大正一三（一九二四）年六月の柏原南口駅設置に伴い、駅設置箇所の勾配緩和のために築堤上の勾配が変更され、それにより二号溝橋の天端をあげる必要が生じて改修されたのがそれに当たる、との指摘がある[8]。

橋台の上部構造の改修要因が軌条規格の変更による橋梁桁の構造の変化、電化や車両更新による車両重量の変化等であるなら、それらの事象は必ず記録として残されているはずである。時系列を把握した上での、資料調査も欠かせない。

（四）　第一号溝橋

前述の第二号溝橋からさらに柏原寄りにある橋長二・三四〇メートル、高さ約二・五メートルのやや小さな橋梁。第二号溝橋と同様

写真 8　第 2 号溝橋全景（西から）

写真 9　第 2 号溝橋柏原方橋台

写真10　第 2 号溝橋桁座部分

写真11　第 2 号溝橋橋台隅部

写真12　第 1 号溝橋全景（東から）

写真13　第 1 号溝橋道明寺方橋台

写真14　第 1 号溝橋柏原方橋台

写真15　第 1 号溝橋橋台隅部

に橋台の煉瓦組積はフランス積み。斜交する道路との位置関係から、端部突出部切断とその面への塗布剤施工も同様に認められる。

桁座、床石の部分についても明らかに当該箇所でのいびつな煉瓦組積の様相が認められ、桁の変更等を要因とする改修が行われたことを示している。

（五）まとめ

近鉄道明寺線の鉄道構造物、特に煉瓦造構造物について注目すべき点は二点である。

一つは、鉄道構造物では少ないとされるフランス積みが採用されていることである。一般的にはイギリス積みは強度的に優れていることから鉄道構造物に多く採用されているといわれ、フランス積みは装飾的に優美であるといわれている。煉瓦組積については、建設当初に厳格に確定しているものではなく、最終的には現場で判断し対応していると既往の研究で指摘されている。そうした傾向の中で、フランス積みを採用した意図はどこにあったのであろう。特に第二号溝橋は、フランス積みの実際を確認する鉄道ファンが時に訪れ、その規模の大きさに感動するという。本路線を象徴する様相でもあり、採用の経過を探ることとしたい。

二点目は、これもまた第一号ならびに第二号溝橋の様相であるが、斜交により橋台隅部の平面形が直角とならない場合の処理方法についてである。煉瓦がはみ出た部分の打ち欠きの作業は、当該橋台が構築される際、構築後に構造物の形状に合わせて打ち欠きされるのではなく、すでに斜交することが設計され、現地作業の中で、細工を必要とする個数が計上され、構築作業時には隅部に用いる打ち欠き煉瓦がすでに準備されて当該箇所に組積される。つまり事前の準備が用意周到であったものと筆者は理解していた。しかしその一方で、打ち欠いた異形煉瓦の使用による隅切りをせずに組積のずれをそのまま残し、隅部において煉瓦の直方体が生きたままになっている橋台が他線にあることも実見したことから、再考が必要であることを痛感している。

一地方の小さな鉄道会社として始まった本路線ではあるが、以上のように煉瓦の組積法、個々の物件における特徴的な様相、正面と側面の組積法の連続性、隅部のおさまりの分類等、鉄道構造物研究のおもしろさに事欠かない所である。

既に開業していた大阪鉄道を介して大阪と南河内を鉄道で結び、当該地域の経済的発展という大きな期待を担って河陽鉄道は開業した。大正一一（一九二二）年には道明寺から西へ分岐し、布忍に至る路線が開通し、翌年には布忍から北上し大阪天王寺（現大阪阿部野橋）に至り、念願の大阪市内乗り入れを果たした。これが現在の近鉄南大阪線である。大正一三（一九二四）年には道明寺線も電化されたものの、大阪市内と南大阪との鉄道輸送の主役は新線に移り、道明寺線はついに本線的性格を失う。しかしながら結果的にはそれが幸いし、複線化等による大きな施設改変もなく、開業当時の構造物が現役として使用され続けてきたのである。

繰り返しになるが、現存する近鉄の営業路線において明治期に開業したものはこの道明寺線のみであり、最古の路線であることは各路線の経緯を繙くことで明らかである。歴史的背景、開業以来現役で使用され続けている煉瓦構造物の特徴からみても、文化財的な評価と保護の必要性も今後提起されるのではないだろうか。

かつて筆者は大阪府近代化遺産総合調査に調査員として参加したが、当該路線の当初の開業区間（柏原～古市間）以南においては開業時に係る煉瓦造構造物の所在から詳細に至るまでの調査には及んでいない。現役の鉄道構造物については列車の安全な運行を妨げてはならないという観点から、線路内への立ち入りはまず控えなければならず、構造体や構成する煉瓦個体の詳細な観察が及ばないのが難点でもある。列車の運行に支障をきたさずに望見できる範囲のみでの情報収集には難渋するが、狭小な物件や煉瓦構造を基礎として改修された物件等、看過したものもあるかと思われ、河陽鉄道および河南鉄道の特徴を顕著に示す物件の存在を知る機会を再び得たいものである。

そうした中、近年、沿線に所在する松永白洲記念館において河陽鉄道、河南鉄道の社内文書が多量に発見され、着々と整理作業が進行し、その内容が精査されている。路線の延伸、停車場の変化、車両の使用状況、経営状況等々あらゆる実態が明らかになる日も遠くないものと思われる。関係各位のご尽力に敬意を表すとともに、またその英知による研究の進展を大いに期待するものである。

注

（1）近鉄の創業母体とされるのは、明治四三（一九一〇）年九月一六日設立の奈良軌道である。一〇月には社名を大阪電気軌道と改め、大正三（一九一四）年四月三〇日に上本町～奈良間が開業した。

（2）本文中の「大阪鉄道」と「大阪鉄道（Ⅱ）」は歴史的に全く異なる別会社である。西日本旅客鉄道株式会社関西本線の一部、同和歌山線の一部の敷設に係るその創業母体である大阪鉄道と、近鉄南大阪線の敷設に係るその創業母体である大阪鉄道は全く異なる会社である。本稿においては後者の大阪鉄道は「大阪鉄道（Ⅱ）」と表記する。

（3）本路線は河陽鉄道の開業時において起点は柏原、終点は古市となっており、それに従い柏原方から「第一号…」「第二号…」と番号が付されている構造物もある。現在の道明寺線は起点が道明寺、終点は柏原であることから本稿においてはそれに従い、道明寺方から柏原方に向けて順に紹介する。

（4）道路や河川と斜交する際の角度の表記については、起点を背にした状態で左右を示した上で、角度の小さい方つまり鋭角を呈する側の角度をもって表現する。

（5）補強材として「G.H.H. 1922」の刻印が施されたレールも使用されていた。ドイツ「グーテ・ホフヌングス・ヒュッテ（Gute Hoffnungs Hutte）」社製で「1922」年（大正一一年）に作られたことを表しており、コンクリートによる橋脚補強が施工された時期の上限を示すものと考える。

（6）タテ六〇センチ、ヨコ七四センチの台紙に貼付されたタテ四三センチ、ヨコ五六センチの写真である。台紙には「大阪市京町堀

通三　獨立軒若林耕謹寫」とある。

（7）松永白洲記念館は藤井寺市船橋町に所在する。河南鉄道初代支配人であり、敷設に際して土地の提供、また会社と地域の調整役を果たす等の多大な功績があった松永長三郎氏はこの家の出身である。明治四四（一九一一）年一一月一二日、蒸気動車運転開始に伴い「大和橋」が開業したが、沿線住民の利便性とともに松永氏の功績を称える意味もあり自宅最寄りに設置されたという話しも伝わる。松永氏の死後「大和橋」は廃止され、「柏原南口」が設置されている。

（8）有田英司氏の指摘による。

参考引用文献

里上龍平「河陽鉄道の創業」『藤井寺市史紀要』第三集　昭和五七（一九八二）年

三木理史「関西大手私鉄の煉瓦建築」『鉄道ピクトリアル』五一九号　平成元（一九八九）年

小野田滋・清水慶一・久保田稔男「鉄道構造物におけるフランス積み煉瓦の地域性とその特徴」『国立科学博物館研究報告』第一九巻　平成八（一九九六）年

小野田滋『わが国における鉄道用煉瓦構造物の技術史的研究』平成一一（一九九九）年

水野信太郎『日本煉瓦史の研究』平成一一（一九九九）年

大阪府教育委員会『大阪府の近代化遺産』平成一九（二〇〇七）年

松原市・(財)松原市文化情報振興事業団『松原鉄道物語』平成二四（二〇一二）年

本稿を成すに当たり、松永明氏（松永白洲記念館館主）には所蔵資料の公開について格別のご高配を賜った。また小野田滋氏（鉄道総合技術研究所）、三木理史氏（奈良大学教授）、武部宏明氏（近畿文化会代表）、有田英司氏（松永白洲記念館顧問）をはじめとする鉄道史研究者、鉄道事業従事者各位には現地調査、資料実見に際し貴重なご指導ならびにご助言を得た。記して謝意を表します。

本書序文にあるように、本書は竹下賢先生の喜寿のお祝いも兼ねて刊行した論集である。

竹下先生と筆者のご縁の始まりは昭和五六年の春先であった。大学に進学が決まり、発掘調査の現場に出たいと柏原市教育委員会にお伺いしたところ「明日から来てください」とのご指示。その柏原市立堅下南中学校建設に伴う平尾山古墳群太平寺支群の発掘調査以来三十有余年、「光陰矢の如し」の言葉を実感している。

筆者は二十年近く前から近代化遺産や近代所産の生活資料に興味を持ち、今や研究の重心は考古学から近代に移ってしまった。本分を離れることに負い目を感じつつも、少なからずその分野で成果を上げてきたと自負している。趣味的な成果のみを求めず、それが柏原市民に還元できるものであることを条件として、職員各人がそれぞれ思う分野に傾注することを許容する環境が柏原市の文化財担当課にあるお陰である。

地域史が一時代をもってのみ語られるものではないことを、たとえば古文書整理や民俗調査等の地道な作業でもって先生は示してこられ、またその姿を筆者ら職員一同は常に見てきたのである。今ある環境はそうしたことにより醸成されてきたものなのだろう。

先生がご存知ない柏原の歴史的情報の掘り起こしに今後も努め、先生に喜んでいただければと思う。そのためにもまだまだお元気でいていただきたいと願うばかりである。

竹下先生の喜寿を心よりお慶び申し上げます。

編集後記

序文にも記したように、柏原市古文化研究会編『河内古文化研究論集』第二集をようやく刊行することができました。研究会会員のほか、会の趣旨にご賛同いただいた方々からも玉稿を賜り、充実したものとなりました。

振り返ると、前集の刊行から十七年と半年が経過しています。継続的にこうした論集を刊行したいとの当初の思惑からすれば、その歳月は長すぎたかもしれません。しかし、決して研究活動を怠けていたのではなく、会員それぞれが活動の場を広げ、さらなる成果を上げているのはご存知の通りです。ただ、この過ぎた歳月を折り返して将来を見た場合、次集の刊行時に果たして持論を取りまとめるだけの気力体力が維持できているのかどうか、少々不安がつきまとうのも事実です。気力が充実しているうちに、また次集を刊行したいものです。

一九七五年、山本昭先生をはじめ会のメンバーも参加した『柏原市史』全五巻が完結しました。そしてその五年後の一九八〇年、柏原市に文化財行政の担当部署ができ、最初の担当者となられたのが竹下賢先生です。当時の柏原市は住宅開発、公共事業等に伴う埋蔵文化財の発掘調査件数が右肩上がりに増えようとしていた時期で、その後の約二十年間は発掘調査に明け暮れる日が続いたものです。それにより得られた成果は、市史ではまだ知られることのなかった柏原の古代の姿をより鮮明なものにし、新たな市史の刊行も望まれています。

一九八四年には柏原市歴史資料館が開館し、竹下先生が初代館長に就任されました。爾来ご退職に至るまでの間、考古学や古代史に限らず、郷土の歴史に係るあらゆる時代の情報を蓄積し、それを普及啓発活動に反映されてきました。現在、資料館の活動が高く評価されているのも、先生のそうした姿を目の当たりにし、それをまた忠実に受け継いできたからにほかならないでしょう。山本先生、竹下先生はともに市立中学校の教員として教壇にお立ちでしたが、地域史の生き字引であるところの郷土史家の姿が両先生に重なります。郷土史家こそ偉大である、との考えは大げさかもしれませんが、地域の歴史研究を担う立場とすれば、目指すべきはそれではないかと思います。

柏原市古文化研究会の設立目的は前集の序文と編集後記に示しているように「柏原市を中心とした地域の原始・古代を研究することによって、会員相互の研究を深め、その研究成果を柏原市における文化財の調査・研究および保存にも反映させる」ことにあります。教室、調査現場、行政の各所で両先生の指導を受けた本会のメンバーは、さらに郷土史の解明に向けて研鑽、精進していく所存です。

本書の刊行にあたり、和泉書院社長廣橋研三氏には計画から刊行までのすべてにおいてご尽力賜りました。心より厚く御礼を申し上げます。

そして何より、私たちが敬愛する竹下賢先生の喜寿をお慶びするとともに、これからも健康に留意され、ご教導賜りますようお願い申し上げます。

（柏原市古文化研究会編集委員会）

執筆者紹介（掲載順）

※所属は二〇一五年三月末日現在

大野　薫（おおの・かおる）　一九五三年生　大阪府立狭山池博物館

山根　航（やまね・わたる）　一九七六年生　柏原市教育委員会

河内一浩（かわち・かずひろ）　一九六一年生　羽曳野市教育委員会

北野　重（きたの・しげる）　一九四九年生　生駒ふるさとミュージアム

辻尾榮市（つじお・えいいち）　一九四九年生　郵政考古学会

田中清美（たなか・きよみ）　一九五四年生　大阪市博物館協会

米田敏幸（よねだ・としゆき）　一九五五年生　古代学研究会

塚口義信（つかぐち・よしのぶ）　一九四六年生　堺女子短期大学名誉学長・名誉教授

高井　晧（たかい・あきら）　一九三五年生　大阪聖心学院

安村俊史（やすむら・しゅんじ）　一九六〇年生　柏原市教育委員会

阪田育功（さかた・やすのり）　一九五五年生　大阪府教育委員会

石田成年（いしだ・なりとし）　一九六二年生　柏原市教育委員会

■柏原市古文化研究会

〒五四二―〇〇一二
大阪市中央区谷町
六―一〇―一〇―九〇三
FAX　〇六―六七六三―七六〇七

河内古文化研究論集　第二集

二〇一五年一一月二三日初版第一刷発行
（検印省略）

編　者　柏原市古文化研究会
発行者　廣橋研三
印刷所　亜細亜印刷
製本所　渋谷文泉閣
発行所　有限会社　和泉書院

大阪市天王寺区上之宮町七―六
〒五四三―〇〇三七
電話　〇六―六七七一―一四六七
振替　〇〇九七〇―八―一五〇四三

ISBN 978-4-7576-0767-5　C3021

日本史研究叢刊

1	初期律令官制の研究	荊木美行著	八〇〇〇円
2	戦国期公家社会の諸様相	中世公家日記研究会編	品切
3	足利義政の研究	森田恭二著	七五〇〇円
4	日本農耕具史の基礎的研究	河野通明著	品切
5	戦国期歴代細川氏の研究	森田恭二著	八〇〇〇円
6	近世畿内の社会と宗教	塩野芳夫著	八〇〇〇円
7	福沢諭吉と大坂	森田康夫著	五〇〇〇円
8	大乗院寺社雑事記の研究	森田恭二著	七五〇〇円
9	継体天皇と古代の王権	水谷千秋著	六〇〇〇円
10	近世大和地方史研究	木村博一著	八〇〇〇円

（価格は税別）